Fachbuchreihe
für wirtschaftliche Bildung

Trump

Spedition und Logistik

Lehr- und Arbeitsbuch — Band 2

Logistikleistungen anbieten und organisieren
Marketingmaßnahmen entwickeln und
durchführen

3. Auflage

Der Band entspricht dem bundeseinheitlichen Rahmenlehrplan für den
Ausbildungsberuf **Kaufmann/Kauffrau für Speditions- und Logistikdienstleistung**
von 2004

VERLAG EUROPA-LEHRMITTEL
Nourney, Vollmer GmbH & Co. KG
Düsselberger Straße 23
42781 Haan-Gruiten

Europa-Nr.: 72469

Autor:
Prof. Dr. Egon H. Trump, Binzen

Mitarbeiter früherer Auflagen:
Hans Kujawski, Weissenhorn †
Friedrich Sackmann, Pfaffenhofen

3. Auflage 2016

Druck 5 4 3 2 1

Alle Drucke derselben Auflage sind parallel einsetzbar, da sie bis auf die Behebung von Druckfehlern untereinander unverändert sind.

ISBN 978-3-8085-2427-5

© 2016 by Verlag Europa-Lehrmittel, Nourney, Vollmer GmbH & Co. KG, 42781 Haan-Gruiten
http://www.europa-lehrmittel.de

Satz: Ruhrstadt Medien AG, 44579 Castrop-Rauxel
Umschlagkonzept: tiff.any GmbH, 10999 Berlin
Umschlagfoto: © Dmitry Kalinovsky – Shutterstock.com
Druck: Konrad Triltsch, Print und digitale Medien GmbH, 97199 Ochsenfurt-Hohestadt

Vorwort zur 3. Auflage

Das vorliegende **Lehr- und Arbeitsbuch *Spedition und Logistik – Band 2*** orientiert sich an den betrieblichen Funktionen im Unternehmen: Beschaffung, Produktion, Absatz und Entsorgung. In einem allgemeinen Teil werden logistische Dienstleistungen funktionsübergreifend beschrieben. Dies schließt die Themen Kontraktlogistik und „grüne" Logistik sowie Digitalisierung ein. Die Intralogistik beschreibt Merkmale logistischer Dienstleistungen für die Produktion. Der Bereich Marketing enthält auch das Instrument Tendermanagement, das für die zuverlässige und erfolgreiche IT-gestützte Bewältigung der zunehmenden Zahl von Ausschreibungen in Logistikunternehmen unverzichtbar geworden ist.

WER kann mit diesem Buch arbeiten?

Junge Praktiker, die sich zum erfolgreichen Einstieg in den Beruf detailliert über die Abwicklung von Logistikaufträgen informieren möchten.

Auszubildende in der beruflichen Erstausbildung, insbesondere

- Kaufleute für Speditions- und Logistikdienstleistung
- Kaufleute des Groß- und Außenhandels
- Industriekaufleute

die ihre Kenntnisse auf diesem für sie immer wichtigeren Gebiet vertiefen wollen.

Studierende an Dualen Hochschulen in den Bachelor-Studiengängen

- Spedition, Transport und Logistik
- Handel
- Industrie
- Wirtschaftsinformatik
- International Business

für die Detailwissen über Supply Chain Management und die Organisation von Prozessen in der SupplyChain die Grundlage für die erfolgreiche Abwicklung von Aufträgen ist.

Studierende in Bachelorstudiengängen mit dem Schwerpunkt Logistik an Fachhochschulen, Hochschulen und Universitäten, die mit dem handlungsorientierten Erwerb von ausführlichem, sofort einsetzbarem logistischen Basiswissen erfolgreich den Berufsstart meistern wollen.

WIE können Sie damit arbeiten?

Jedes Kapitel ist systematisch in **drei Teile** gegliedert:

Der Informationsteil – eine kurze, dennoch die wesentlichen (!) Details übersichtlich (!) und verständlich erläuternde Darstellung der Grundlagen des jeweiligen Lernfeldes.

Die Fallstudien (Lernsituationen) – zusammenhängende, komplexe Aufgaben (Case Studies), bei deren selbstständiger Bearbeitung die Anwendung erforderlicher Kompetenzen praxisgerecht geübt wird.

Die Wiederholungsaufgaben – zur nachhaltigen Erschließung und Festigung wesentlicher Inhalte und Zusammenhänge.

Die Symbole bei den Aufgaben enthalten methodische Empfehlungen.

Das Begleitheft mit den ausführlichen Lösungsvorschlägen zu allen Fallstudien und Wiederholungsfragen zur Vertiefung erleichtert Ihnen die Kontrolle der richtigen Anwendung.

Ihr Feedback ist uns wichtig.

Ihre Anmerkungen, Hinweise, Anregungen und Verbesserungsvorschläge zu diesem Buch nehmen wir gerne auf – schreiben Sie uns bitte unter *lektorat@europa-lehrmittel.de*.

Verfasser und Verlag   Im Frühjahr 2016

Bedeutung der verwendeten Symbole

 Arbeiten mit Gesetzen und Verordnungen

 Formulare ausfüllen, Schriftstücke erstellen

 Arbeiten mit Atlas und Karten

 Arbeiten mit dem PC

 Gruppenarbeit

 Rollenspiel

 Mindmap

Inhaltsverzeichnis

Seite

1 Logistische Dienstleistungen erbringen

Hinweise zum Kapitel 1

- Das Kapitel 1 – Logistische Dienstleistungen erbringen – enthält Informationen, die für **alle Logistikaktivitäten** von Bedeutung sind, unabhängig davon, ob logistische Dienstleistungen die Beschaffung, die Produktion oder die Distribution von Gütern einschließlich der dazu notwendigen Entsorgungsprozesse unterstützen.

- Das Kapitel 1 ermöglicht auch die Bildung von Schwerpunkten entsprechend der jeweiligen Ausgangssituation (Vertiefung ausgewählter Ausbildungsinhalte oder unterschiedliches Leistungsvermögen). **SCHWERPUNKTE**

- Die Fallstudien können ebenfalls dem Leistungsvermögen und den Schwerpunkten entsprechend eingesetzt werden; die Aufgabenstellungen können bei Bedarf leicht an die verfügbare Zeit und das individuelle Interesse angepasst werden.

1.1 Spediteur oder Logistikdienstleister?

Seit mehr als 40 Jahren gewinnt die Logistik[1] im wirtschaftlichen Handeln immer mehr an Bedeutung[2]. Zunächst war das Hauptaugenmerk auf Prozesse der Güterverteilung (Distributionslogistik) gerichtet. Im weiteren Verlauf entwickelten sich als eigenständige Logistikbereiche die Produktionslogistik, die Lagerlogistik, die Beschaffungslogistik und schließlich die Entsorgungslogistik. (vgl. 1.4.2, Logistische Teilsysteme für die betrieblichen Funktionen und die Kapitel 2 - 5). Außerdem bildeten sich Logistiksysteme für spezielle Problemlösungen wie z. B. Baustellen- und Krankenhauslogistik heraus (vgl. 1.4.3 Logistische Teilsysteme für spezielle Problemlösungen). **LOGISTIK** **LOGISTIKBEREICHE** **TEILSYSTEME**

Diese Entwicklung hatte auch großen Einfluss auf viele Speditionsunternehmen.

Zur Ergänzung oder auch anstelle der klassischen Speditionsaktivitäten – vor allem dem Besorgen von Wagenladungen und Sammelguttransporten – haben sich viele Speditionen spezialisiert und wurden dadurch zum Logistikdienstleister. Dieser Logistikdienstleister übernimmt für Unternehmen in Handel und Industrie hauptsächlich solche Aufgaben, die nicht zum Hauptgeschäft, zur sog. Kernkompetenz der Auftraggeber gehören. Dieser Trend, allgemein als Outsourcing bezeichnet, setzt sich weiter fort und hat zu wesentlichen Veränderungen in der Speditionsbranche, vor allem in der Lagerei geführt. Je nach Umfang und Aufgabenschwerpunkt der Outsourcingaktivitäten entstanden Kontraktlogistik (vgl. Kapitel 1.9.3) und Intralogistik (vgl. Exkurs Intralogistik) als eigenständige logistische Entwicklungen bzw. Teilsysteme. **LOGISTIK-DIENSTLEISTER** **KERNKOMPETENZ** **OUTSOURCING** **KONTRAKTLOGISTIK** **INTRALOGISTIK**

1.1.1 Outsourcing von Logistikleistungen

Der Begriff Outsourcing setzt sich zusammen aus **out**side re**sourc**es us**ing** – das Unternehmen nutzt ‚außerhalb' liegende Einrichtungen und Möglichkeiten. **OUTSOURCING**

---

[1] In der Darstellung und Diskussion logistischer Sachverhalte finden sich in sehr großer Zahl Fachbegriffe, oft in Abkürzungen verborgen, die das Verständnis häufig erschweren. Damit der Text nicht mit Begriffserläuterungen überladen wird, ist eine Zusammenstellung von Begriffen und Abkürzungen im Kap. 7 angefügt.
Weitere Informationen findet man auch auf den Webseiten vieler Logistikdienstleister. Beispiele für solche Informationsquellen sind ebenfalls am Ende des Kapitels 7 angegeben.

[2] Vgl. 1.2.2 Der Begriff Logistik sowie die Darstellung im Kap. 1.9: Entwicklungen der Logistik

Outsourcing lässt sich unter verschiedenen Aspekten einteilen:

INTERNES
OUTSOURCING
AUSGLIEDERUNG

Internes Outsourcing – Aufgabenvergabe/Ausgliederung an beteiligte Abteilungen/ Unternehmen
• Ausgliederung innerhalb des Unternehmens, d.h. eigene Abteilungen oder sog. Profit Center
• Ausgliederung an verbundene Unternehmen, z. B.   – Tochterunternehmen   – Beteiligungen   – Kooperationen

EXTERNES
OUTSOURCING
AUSLAGERUNG

Externes Outsourcing – Auslagerung an fremde Unternehmen
• Fremdvergabe   Das Kernproblem dieser Outsourcing-Strategie ist die vertragliche Regelung aller Rechte und Pflichten des Logistikdienstleisters. Gefahren können durch den Verlust von Kundenkontakten und durch Know-how-Verlust entstehen.

Unternehmen verfolgen die Outsourcing-Strategie aus sehr unterschiedlichen Gründen:

Gründe
• Die Unternehmen wollen sich auf ihre Hauptaufgabe (Kernkompetenz) konzentrieren.
• Die Unternehmen wollen Zeit gewinnen und ihre Aufträge schneller fertig stellen (Durchlaufzeiten verringern).
• Die Unternehmen können sich leichter auf veränderte Auftragszahlen einstellen (flexible Kapazitäten).
• Die Unternehmen erhoffen sich Kostenvorteile, wenn sie Leistungen nicht selbst erbringen, sondern günstig einkaufen (variable statt fixe Kosten[3]).
• Die Unternehmen kaufen bei einem Spezialunternehmen bessere Qualität ein.
• Die Unternehmen müssen weniger Kapital investieren, weil sie weniger Hallen, Fahrzeuge, Personal benötigen (geringere Kapitalbindung, Nutzung von Synergien).
• Die Unternehmen können mit Hilfe des Logistikdienstleisters bessere Serviceleistungen anbieten.
• Die Unternehmen können infolge der Leistungsfähigkeit des Logistikdienstleisters flexibler auf Kundenwünsche reagieren.

KERNKOMPETENZ *(neben dem ersten Aufzählungspunkt)*

KOSTEN *(neben dem vierten Aufzählungspunkt)*

Chancen des Outsourcing	**Risiken des Outsourcing**
• Bessere Leistungen durch Konzentration auf das Kerngeschäft	• Hohe Abhängigkeit vom Outsourcing-Partner
• Verringerung der fixen Kosten	• Unterschiedliche Denk- und Arbeitsweisen
• Mehr Flexibilität	• Verlust von Know-how
• Geringeres Risiko	• Höherer Kontrollaufwand

---

[3] Die Kostenarten sind in Band 4 näher erläutert

Diese Übernahme zusätzlicher Aufgaben kann durchaus einen erheblichen Umfang annehmen. Dann wird aus einem „einfachen" Outsourcing ein größeres Logistikprojekt mit komplexen logistischen Leistungen für einen Großkunden, für das sich die Bezeichnung **Kontraktlogistik** durchgesetzt hat. Diese Kontraktlogistik erlangt mehr und mehr an Bedeutung
und wurde deshalb als bedeutsame Entwicklung in der Logistik im Kapitel 1.9.3 ausführlich
dargestellt. Diese umfassenden logistischen Leistungen können auch nicht mehr in einem
Speditionsvertrag mit den ADSp als Vertragsgrundlage vereinbart werden. Die Besonderheiten des Outsourcing-Vertrags als vertragliche Grundlage für umfassendere Leistungen
des Spediteurs, insbesondere für Kontraktlogistikprojekte, sind daher ebenfalls im Kapitel
1.9.3 enthalten.

KONTRAKTLOGISTIK

OUTSOURCING-
VERTRAG

1.1.2 Supply Chain Management

Die Planung und Steuerung der Aktivitäten in der Versorgungskette, das Supply Chain
Management, entwickelte sich erst allmählich mit der Zunahme von Outsourcing-Aufträgen.
Je nach Tätigkeitsschwerpunkt des Auftraggebers entfaltete der Spediteur als Logistikdienstleister zunächst seine Aktivitäten hauptsächlich entweder in der Beschaffung oder in
der Distribution von Gütern. Schon bald aber erkannten die beteiligten Spediteure, dass
zum Ausgleich von Unpaarigkeiten der Güterströme häufig die Kombination von Transporten zur Beschaffung und für die Distribution sinnvoll ist – also die Nutzung von Synergien[4].
Aber auch in Handel und Industrie setzte sich allgemein die Erkenntnis durch, dass die
getrennte Betrachtung der einzelnen Teilsysteme meist nicht den gewünschten wirtschaftlichen Erfolg bringt.

SUPPLY CHAIN
MANAGEMENT

SYNERGIEN

Die wesentlichen Aktivitäten des Supply Chain Management (SCM) sind:

* Planung
* Organisation (Koordination)
* Steuerung
* Kontrolle (Controlling)

PLANUNG

ORGANISATION

STEUERUNG

KONTROLLE

Diese Managementaktivitäten von der Rohstoffgewinnung bis zur Auslieferung an den
Endverbraucher übernimmt am besten <u>ein</u> Logistikdienstleister[5]. Um die gesamte Kette zu
beschreiben sagt man auch: vom Lieferer des Lieferanten zum Kunden des Kunden.

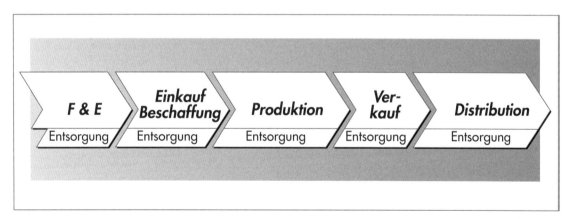

Bild 1: Supply-Chain-Aktivitäten in der Wertschöpfungskette – vereinfachter Überblick

Das Bild zeigt vereinfacht verschiedene Unternehmen in einer Wertschöpfungskette. Dabei
ist die Distributionslogistik für den einen Beteiligten (die sog. supply side – Lieferung der
Waren) in der Kette immer auch die Beschaffungslogistik für das nächste Unternehmen (die
sog. demand side – Bestellung und Beschaffung der Waren).

SUPPLY SIDE –
DISTRIBUTIONS-
LOGISTIK
DEMAND SIDE –
BESCHAFFUNGS-
LOGISTIK

In der betrieblichen Wirklichkeit ist die Aufgabe des Supply Chain Management allerdings
noch wesentlich schwieriger. Die Herstellung eines Produkts ist ein äußerst vielschichtiger
Prozess. Teile der Produktion können bereits in der Beschaffungsphase stattfinden, z. B. die

---

[4]   Synergie – positive Wirkung aus einem Zusammenschluss, einer Zusammenarbeit
[5]   Ein solcher Dienstleister kann als sog. Lead Logistics Provider (LLP) auftreten, vgl. dazu Kap. 1.9.1 S. 71

Montage von Bauteilen und Baugruppen oder die Vormontage von Teilen des Fertigprodukts. Letzte Schritte der Produktion schließlich können noch im Verlauf der Distribution erledigt werden, z. B. die Endmontage sperriger Geräte durch den Logistikdienstleister oder die abschließende Reifung bestimmter Produkte im Lager des Logistikdienstleisters.

Außerdem werden die Rohmaterialien und Vorprodukte in der Regel nicht nur von einem, sondern von vielen, immer häufiger weltweit dislozierten[6] Lieferanten beschafft und müssen genau zum richtigen Zeitpunkt in die Produktion eingesteuert werden. Auch die Produktion selbst erfolgt in mehreren Stufen, oft an verschiedenen Orten und durch unterschiedliche Beteiligte, die in Kooperationen zusammengeschlossen sein können und bereits die Entwicklung der Produkte gemeinsam betreiben.

SUPPLY NET

Die Distribution erfolgt oft an eine Vielzahl von Empfängern, die ganz unterschiedliche Forderungen an Zeit und Form der Anlieferung stellen. Es ist daher in den meisten Fällen eher angebracht, von einem Supply Net als von einer Supply Chain zu sprechen.

Noch komplexer wird dieses Supply Net, wenn der Logistikdienstleister nicht an allen Orten der Beschaffung bzw. Distribution eigene Niederlassungen betreibt; dann müssen auch die Logistikleistungen vom Logistikdienstleister in Zusammenarbeit mit einem Partner oder sogar mehreren Partnerunternehmen in enger Zusammenarbeit und mit aufwändiger Koordination erbracht werden.

Das nachfolgende Schema soll diesen Zusammenhang deutlich machen.

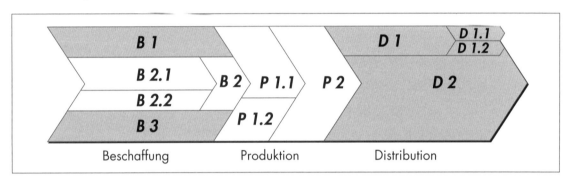

Bild 2: Modell einer komplexen Supply Chain

BESCHAFFUNG

Die Supply Chain umfasst in der **Beschaffung** viele Lieferer. Im Modell sind es „nur" 5 Lieferanten: B1 und B3 liefern direkt für die Produktion, B 2.1 und B 2.2 liefern an B 2, der die Teile vormontiert und dann an die Produktion weiterliefert. Ein Automobilhersteller z. B. übernimmt nicht selbst die Koordination aller Lieferungen einschließlich der Vormontagearbeiten und der fertigungssynchronen Anlieferung, sondern überlässt diese schwierige Aufgabe lieber „seinem" Logistikdienstleister. Ziel ist die **Beschaffungslogistik** aus einer Hand (one face to the customer).

PRODUKTION

Die Supply Chain enthält in der nächsten Stufe sehr komplexe **Produktionsabläufe**, die parallele und sequenzielle, also nebeneinander und/oder hintereinander zu durchlaufende Produktionsschritte umfassen. Im Modell sind es im ersten Schritt die zwei parallel zu durchlaufenden Produktionsstufen P 1.1 und P 1.2, dann folgt die abschließende Produktionsstufe P 2, die je nach Einzelfall auch in einer anderen Betriebsstätte stattfinden kann.

Ein Automobilhersteller z. B. verlangt in dieser Supply Chain von „seinem" Logistikdienstleister eine genau abgestimmte **Produktionslogistik**, die neben taktgenauer Lieferung an das Band auch den Transport der Teile und Baugruppen zwischen mehreren, oft weit auseinander liegenden Produktionsstätten umfasst.

DISTRIBUTION

Die Supply Chain bilden schließlich auch noch zahlreiche Logistikdienstleister in der **Distribution**. Im Modell sind es 4 Unternehmen: D 1 liefert bis zu einem Verteilpunkt, von dem aus D 1.1 und D 1.2 die weitere Verteilung übernehmen; D 2 liefert große Mengen direkt zum Kunden.

Ein Automobilhersteller z. B. lässt die Neufahrzeuge an regionale Verteilstellen und an große Vertragshändler direkt ausliefern.

---

[6]   disloziert: räumlich verteilt

In anderen Branchen werden von der **Distributionslogistik** Privat- oder Firmenkunden direkt, ein- oder mehrstufig (s. D1 und D1.1/D1.2 im Modell), mit kleinen Einzelsendungen oder umfangreichen Sendungen bedient. Die Sendungen können eilig (zeitkritisch) oder zeitlich problemlos sein, die Lieferungen können einmalig oder ständig, z.T. weltweit erfolgen.

Es wird deutlich, dass vielfältige Supply Chains mit unterschiedlich vielen Beteiligten, verschiedenen Zielen und mit regionaler bis globaler Ausdehnung entstanden sind. Betrachtet man die wesentlichen unterschiedlichen Eigenschaften einer Supply Chain, kann man folgende Grundformen[7] unterscheiden.

Mögliche Grundformen (Modelle) einer Supply Chain (SC)					
	Schlanke SC	**Bewegliche SC**	**Verbundene SC**	**Schnelle SC**	
Vorgehen bei der Planung der Supply Chain	• Kurzer Planungszeitraum • Rasche Planung	• Gemeinsame Prognose und Planung (CPFR)	• Gemeinsame Planung • Der Lieferant übernimmt die Steuerung (VMI)	• Gemeinsame Prognose und Planung (CPFR) • EDI ist unverzichtbar	CPFR EDI VMI
Durchführung der Beschaffung	• JIT, JIS • Möglichst wenige Lieferanten (Systemlieferanten)	• Global sourcing • Produktentwicklung mit/durch Lieferanten	• Hohe Rohstoffqualität • Hohe Prozessqualität • Alles aus einer Hand	• Transportoptimierung • Optimierte Lagerhaltung	JIT, JIS
Formen der Produktion	• Lean Production • Pull-Prinzip (s. S. 94)	• Fertigung nach Auftrag • Zentralisierte Produktion	• Weltweiter Produktionsverbund • Viele Produktvarianten	• Zentralisierte Produktion • Wenig Produktvarianten	PULL-PRINZIP
Durchführung der Distribution	• Internet als Vertriebsweg • Vertrieb über Vertragshändler	• Zunehmender Direktvertrieb • Eurologistik-Konzepte	• Europäische oder globale Distributionssysteme • Bestandsoptimierung	• Systemverkehre, Stückgutnetzwerke • Ggf. KEP-Dienste	SYSTEMVERKEHRE KEP-DIENSTE
Beispiele	Hersteller einfacher elektronischer Geräte	Hersteller spezieller Produkte/Maschinen	Automobilherstellung	Versandhandel	

Die Grundformen zeigen, welche Anforderungen an eine Supply Chain und das dazugehörige SCM gestellt werden. In der Praxis finden sich ganz überwiegend Mischungen aus mehreren dieser Grundformen, weil z. B. eine schnelle SC zugleich eine flexible und meist auch eine verbundene Supply Chain sein muss. Diese Supply Chains bilden die Verbindung zwischen

SUPPLY CHAIN

• Zulieferern und Herstellern,

• dem Handel sowie

• den Logistikdienstleistern und

• den Endkunden.

---

[7] Vereinfachte Darstellung in Anlehnung an Corsten, Daniel; Gabriel, Christopher. Supply Chain Management erfolgreich umsetzen, Berlin 2002 S. 237 f.

SUPPLY CHAIN MANAGEMENT

Das Management dieser Verbindung zwischen der Unternehmung und seinen Beschaffungs- und Absatzmärkten, das Supply Chain Management, hat zum Ziel, den Güterstrom mit dem dazugehörigen Informationsstrom so zu organisieren, dass aus den zu überwindenden Schnittstellen Verbundstellen (Nahtstellen) werden und ein reibungsloses Durchführen aller logistischen Prozesse möglich wird.

VERBUNDSTELLEN

Die Verbundstellen sind mit ganz unterschiedlichem Aufwand zu überwinden. Wie groß die erforderlichen Anstrengungen sind richtet sich in besonderem Maße danach, welche Beteiligten zur reibungslosen Kooperation miteinander verbunden werden müssen.

Diese Verbundstellen können in drei Ordnungen eingeteilt werden:[8]

VERBUNDSTELLEN-ORDNUNGEN

1. ORDNUNG

2. ORDNUNG

3. ORDNUNG

Verbundstellenordnungen	
Verbundstellen 1. Ordnung	Verbundstellen zwischen den Beteiligten **innerhalb** eines Aufgabenbereichs/Funktionsbereichs (meist in einer Abteilung, z. B. der Abteilung Beschaffung **oder** der Abteilung Produktion)
Verbundstellen 2. Ordnung	Verbundstellen zwischen den beteiligten Funktionsbereichen (meist Abteilungen), z. B. **zwischen** Beschaffung **und** Produktion **und** Distribution/Absatz. Gleichzeitig muss die Kooperation **zwischen** den verschiedenen betrieblichen Ebenen strategische **und** operative Planung **und** Steuerung gewährleistet sein.
Verbundstellen 3. Ordnung	Verbundstellen zwischen den beteiligten Unternehmen. Häufig sind damit neben den rein organisatorischen Schwierigkeiten auch durch internationale und interkulturelle Unterschiede hervorgerufene Probleme in der Supply Chain zu bewältigen

Fazit

KERNKOMPETEN-ZEN

Im Mittelpunkt der Strategie von Industrie- und Handelsunternehmen steht mehr und mehr die Konzentration auf ihr Hauptgeschäft, ihre Kernkompetenzen; die Logistikdienstleister übernehmen die logistischen Aufgaben, je nach Umfang und Schwerpunkt in Form eines einfachen Outsourcing, in einem umfassenden Kontraktlogistikprojekt oder in einem komplexen intralogistischen System. Eine besondere Herausforderung für den Logistikdienstleister ergibt sich zusätzlich aus den wachsenden Ansprüchen an eine ökologische Gestaltung der logistischen Prozesse, für die sich die Bezeichnung Green Logistics immer mehr durchsetzt und die eine ganzheitliche Betrachtung und entsprechende Gestaltung der Logistik erforderlich macht.

ÖKOLOGISCHE GESTALTUNG GREEN LOGISTICS

LOGISTIKKETTE TEILSYSTEME IN DER LOGISTIK

Die Beschäftigung mit logistischen Aufgabenstellungen ist nicht nur für weltweit operierende Speditionen, sondern gerade auch für **k**leine und **m**ittlere Unternehmen – sog. KMUs – wirtschaftlich interessant. Um die Zielsetzungen der Auftraggeber richtig einschätzen und den eigenen Aufgabenbereich dementsprechend richtig gestalten zu können, ist sowohl der Überblick über die gesamte Logistikkette als auch die Kenntnis der einzelnen Teilsysteme in der Logistik notwendig. Es ist daher sinnvoll, vor der Beschäftigung mit den Besonderheiten der einzelnen Kernbereiche (man nennt sie auch Funktionsbereiche[9]) Beschaffungslogistik, Lagerlogistik, Distributionslogistik und Entsorgungslogistik die bereichsübergreifenden Gemeinsamkeiten der Logistik kennen zu lernen.

---

[8] vgl. Pfohl, Hans-Christian, Logistiksysteme (7. Auflage), Berlin/Heidelberg 2003, S. 325

[9] Funktion = Aufgabe, je nachdem, ob es sich um die Aufgabe Beschaffung, Lager, Distribution oder Entsorgung handelt.

1.2 Was verbirgt sich hinter „Logistik"?

1.2.1 Entwicklungsstufen der Logistik

Die heutige Position der Logistik in den Unternehmen ist das Ergebnis einer mehrjährigen Entwicklung, die – vereinfachend zusammengefasst – in drei[10] Stufen unterteilt werden kann.

Stufe 1 **(1970er Jahre)**	Die klassischen Tätigkeiten Transportieren, Umschlagen, Lagern (sog. TUL-Logistik).	TUL-LOGISTIK
Stufe 2 **(1980er Jahre)**	Die Kombination/Koordination/Integration von TUL-Aktivitäten und Beschaffungs-, Produktions- und Distributionsvorgängen, Logistik als sog. aufgabenübergreifende Querschnittsfunktion.	INTEGRATION QUERSCHNITTS-FUNKTION
Stufe 3 **(1990er Jahre)**	Das umfassende Management des Güterflusses von der Rohstoffgewinnung bis zur Auslieferung der Fertigprodukte an den Endverbraucher; Bildung von Prozessketten. Dafür wird überwiegend der Begriff Supply Chain Management (SCM) verwendet. In dieser Supply Chain übernehmen Logistikdienstleister vielfältige zusätzliche Aufgaben, durch die im Regelfall der Wert des Produktes erhöht wird (= Wertschöpfung durch sog. value added services, vgl. Kap. 1.4.2). Diese Wertschöpfungsketten sind häufig miteinander verknüpft und entwickeln sich in immer stärkerem Maße zu umfangreichen (globalen) Netzen/Netzwerken.	SUPPLY CHAIN MANAGEMENT

In Wissenschaft und Praxis wird ständig intensiv an der Weiterentwicklung und Vervollständigung der Stufe 3 durch immer komplexere Modelle und Verfahren gearbeitet, in der Regel unterstützt durch entsprechend entwickelte DV-Infrastruktur und spezielle Software. (Vgl. Kapitel 1.7 Welche Aufgaben erfüllt die Digitalisierung und Kapitel 1.9 Welche Entwicklungen der Logistik sind erkennbar)

1.2.2 Der Begriff Logistik[11]

Von der Rohstoffgewinnung über die Teileherstellung bis zur Auslieferung eines fertigen Produktes sind zahlreiche und vielfältige logistische Prozesse notwendig, damit ein reibungsloser Güterfluss gewährleistet ist. Die zunehmende weltweite Arbeitsteilung erhöht Anzahl und Vielfalt dieser Prozesse wesentlich. Der Trend, kleine Mengen mit extrem kurzen Lieferzeiten via Internet zu bestellen, bewirkt zusätzliche Veränderungen:

Der Kunde erwartet eine schnelle Abwicklung aller Bestellungen, dies erfordert immer mehr eilbedürftige Transporte von immer kleineren Mengen. Für die Gesamtheit dieser Prozesse wird heute der Begriff Logistik[12] verwendet.

> Logistik ist der Prozess der Planung, Realisierung und Kontrolle des effizienten, kosteneffektiven Fließens und Lagerns von Rohstoffen, Halbfabrikaten und Fertigfabrikaten und der damit zusammenhängenden Informationen vom Liefer- zum Empfangspunkt entsprechend den Anforderungen des Kunden.

---

[10] Vgl. Klaus, Peter (Hrsg.) Die dritte Bedeutung der Logistik, Hamburg 2002, S. 1 ff., vgl. Baumgarten, Helmut, Trends und Strategien in der Logistik, Berlin 2002

[11] logos (griech.), Verstand, Rechenkunst, loger (frz.) versorgen, unterstützen

[12] Die Begriffserklärung orientiert sich an der Definition für Logistik, wie sie der CLM (neuer Name: CSCMP) veröffentlicht hat

Je nachdem, in welchem wirtschaftlichen Bereich und in welcher der betrieblichen Funktionen die logistischen Dienstleistungen erbracht werden, sind sie der Beschaffungs-, Produktions-, Distributions- und Entsorgungslogistik zuzuordnen.

TEILPROZESS

Häufig werden die Begriffe Dienstleistung und Aktivität bzw. Prozess gleichbedeutend verwendet. Bei genauerer Verwendung dieser Begriffe werden Tätigkeiten wie z. B. das Entnehmen eines Gutes aus dem Regal zum Kommissionieren als Teilprozess bezeichnet. Beim Kommissionieren eines Auftrags sind meist mehrere Güter (im Bild unten Gut 1,2 und 3) zu entnehmen, es sind also mehrere Teilprozesse ‚Entnehmen' zu erledigen.

PROZESS

HAUPTPROZESS

Die Gesamtheit dieser Teilprozesse, das Kommissionieren, ist dann ein Prozess. Mehrere unterschiedliche Prozesse, z. B. der Prozess Kommissionieren, der Prozess Verpacken und der Prozess Vorbereiten/Bereitstellen zum Transport, können dann zu einem Hauptprozess (z. B. Warenausgang) zusammengefasst werden. Die Gesamtheit der Hauptprozesse bildet dann die logistische Dienstleistung, die für einen Auftraggeber erbracht wird.

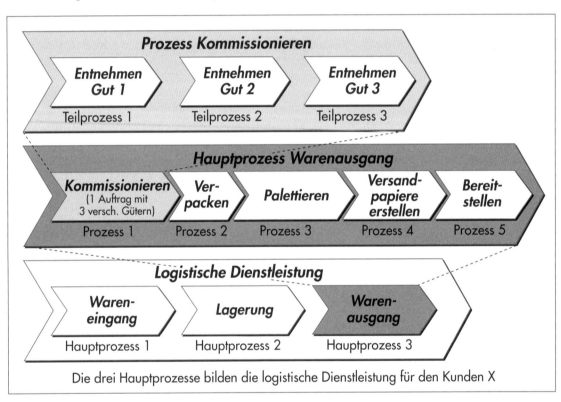

Bild 3: Schematische Darstellung – Teilprozesse, Prozesse und Hauptprozesse für eine lagerlogistische Dienstleistung (vereinfachter Ausschnitt)

QUALITÄT

Diese logistischen Prozesse müssen, wie anderes wirtschaftliches Handeln auch, **möglichst wirkungsvoll** (Produktivität, Effektivität der Logistikprozesse), **kostengünstig** (Wirtschaftlichkeit, Kosteneffektivität der Logistikprozesse,) und den Anforderungen des Kunden entsprechend **in optimaler Qualität**[13] (Qualitätsmanagement) erbracht werden. Sie beeinflussen innerhalb der Unternehmung und unternehmensübergreifend alle Bereiche.

PROZESSKOSTEN

Um diese Ziele zu erreichen, müssen die logistischen Prozesse ständig überprüft und verbessert werden. In der Prozesskostenrechnung[14] bedeutet dies die Suche nach so genannten Kostentreibern und nach Kostenhebeln zur Senkung der Kosten.

KOSTENTREIBER
KOSTENHEBEL

Beispiele: (1) Kostentreiber kann eine aufwändige Transportverpackung sein, Kostenhebel der Einsatz von Mehrwegtransportbehältern.
(2) Kostentreiber kann die Anzahl einzelner, kleiner Sendungen sein, Kostenhebel die Zusammenfassung der Sendungen (Konsolidierung – Consolidation) zu Sammelladungen.

---

[13] Ziel ist es, die **8r** zu verwirklichen: Das richtiges Produkt in richtiger Menge und richtiger Qualität am richtigen Ort zur richtigen Zeit für den richtige Kunden zum richtigen Preis vom richtigen Menschen
[14] Die Darstellung der Kostenrechnung einschließlich Ausführungen zur Prozesskostenrechnung finden Sie in Band 4

1.2.3 Logistik in der Wertschöpfungskette

Logistische Aktivitäten unterschiedlichster Art sind auf allen Stufen und bei allen mit der Herstellung und Auslieferung von Produkten beauftragten Unternehmen zu finden. Sie sind Teil der Wertkette eines Unternehmens. Das Bild zeigt – schematisch – die logistischen Aktivitäten, die den Wert eines Produktes bestimmen.

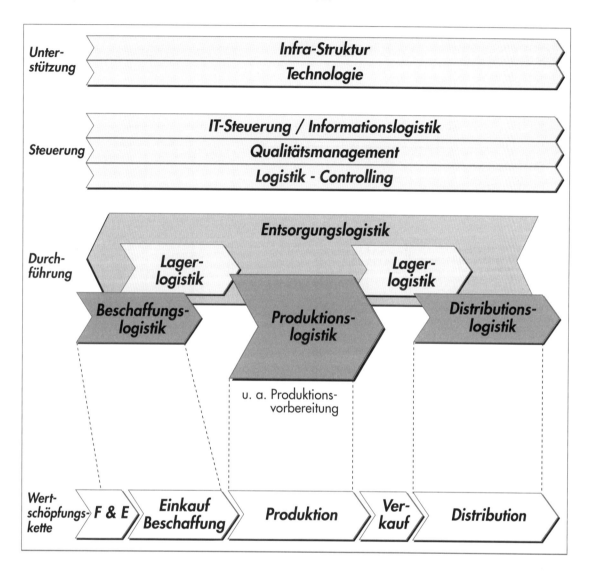

Bild 4: Logistik entlang der Wertschöpfungskette

Ein Fertigprodukt besteht meist aus sehr vielen einzelnen Teilen – häufig auch aus verschiedenen Baugruppen. Es entsteht somit in der Regel aus dem Zusammenwirken zahlreicher Unternehmen, in denen diese unterschiedlichen Einzelteile und/oder Baugruppen hergestellt werden. Der Gesamtwert des Fertigprodukts setzt sich daher aus einer Vielzahl solcher Wertschöpfungsketten und den dort geschaffenen Werten zusammen. So entsteht durch die schrittweise Werterhöhung in dieser Wertschöpfungskette der Gesamtwert des Produkts.

GESAMTWERT
WERTERHÖHUNG

Neben den verschiedenen konkreten Logistikaufgaben von der Beschaffung bis zur Distribution zeigt Bild 4 auch schematisch die Aktivitäten zur Steuerung und Unterstützung der Logistik; alle Aktivitäten entlang der Wertschöpfungskette bilden die Logistikkette. Sie umfasst neben den klassischen Logistikleistungen wie Transport, Umschlag und Lagerung einschließlich der Beachtung bzw. Erfüllung zollrechtlicher oder außenwirtschaftlicher Vorschriften auch vielfältige andere, zusätzliche Aktivitäten wie z. B. Preisauszeichnung, verkaufsgerechte Verpackung, Warenprüfung, einfache Montagearbeiten, produktions- oder

LOGISTIKKETTE

verkaufsgerechte Kommissionierung und sogar das Erstellen von Rechnungen (Fakturierung) für den Warenhandel sowie das Inkasso oder sogar den Forderungseinzug dafür. Diese Aktivitäten, die dem Spediteur als Logistikdienstleister zusätzliche Wert schöpfende, also mit Umsatzerzielung verbundene Tätigkeiten ermöglichen, werden als value added services VAS bezeichnet.

VALUE ADDED SERVICES

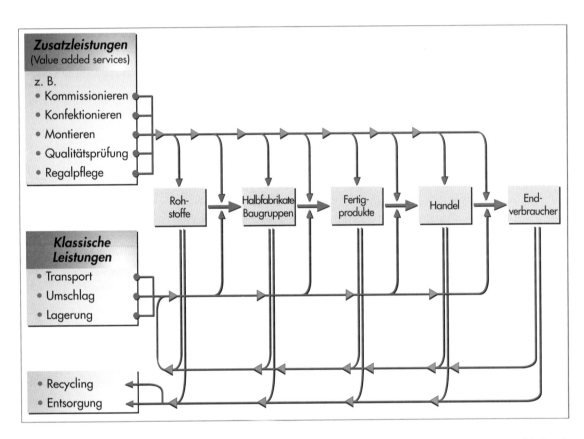

Bild 5: Mitwirken der Logistikdienstleister in Handel und Industrie

Im Zuge der Ausweitung der logistischen Aktivitäten haben sich in der Praxis spezielle Grundsätze und Denkweisen für den Aufbau logistischer Systeme und das Erbringen logistischer Dienstleistungen herausgebildet.

Die wesentlichen Elemente dieser Denkweisen sind in der nachfolgenden Übersicht 1.2.4 zusammengefasst und kurz erläutert.

1.2.4 Denkweisen in der Logistik

Fertigungsverfahren, Marktsituation	Die Gestaltung eines Logistiksystems hängt hauptsächlich von der aktuell vorliegenden Marktsituation ab. Die Fertigungsunternehmen produzieren weitestgehend auftragsorientiert, also nach Möglichkeit erst dann, wenn der Kunde ein Produkt bestellt hat. Damit kein Material unnötig lange auf Lager liegt, müssen nach Eingang des Kundenauftrags schnell – dem konkreten Bedarf entsprechend – die Rohstoffe/Vorprodukte beschafft und das Produkt gefertigt werden (Pull-Prinzip)[15]. Dieses Vorgehen ist nicht in allen Branchen möglich. Wenn nicht auftragsorientiert gefertigt werden kann, muss der voraussichtliche Bedarf möglichst genau geplant, ggf. vorhergesagt, dann produziert und meist auch gelagert werden (Push-Prinzip).
Ziele (siehe 1.3)	Sie lassen sich charakterisieren durch die Begriffe Kostenreduzierungen, durchgängige und unternehmensübergreifende (= interorganisatorische) Gesamtprozessbetrachtung (Flussmanagement) und hohe Dienstleistungsqualität (Servicequalität).
Fließprinzip	Logistikmanagement hat zum Ziel, entsprechend dem Regelkreisprinzip (Planung, Durchführung, Kontrolle) den Güter-/Materialfluss mit dem dazu notwendigen Informationsfluss zu organisieren. Die vorauseilenden (z. B. Avise/Ankündigungen), begleitenden (z. B. Frachtbriefe/Lieferscheine/Zollpapiere) und nachlaufenden (z. B. Rechnungen) Informationen müssen daher reibungslos fließen.
Systemdenken (siehe 1.4)	Ein weiterer zentraler Bestandteil der Denkweisen in der Logistik ist das Systemdenken. Jedes System setzt sich zusammen aus Systemelementen (z. B. Verkehrsmittel, Infrastruktureinrichtungen wie Terminals oder Lager) und Beziehungen zwischen den Elementen (Vertragsbedingungen wie z. B. ADSp, CMR oder Rechtsvorschriften wie die Gefahrgutverordnungen für die Verkehrsträger, aber auch Anweisungen/in Handbüchern beschriebene Prozesse).
Teilsysteme	Ein komplexes logistisches System besteht aus mehreren Systemkomponenten (oft auch als Subsysteme bezeichnet). Üblicherweise gehören dazu die Funktionen Verpackung, Transport, Umschlag, Lagerhaus, Lagerverwaltung und die zentrale Abwicklung (siehe Bild 9 auf S. 29). Die Abwicklung der Geschäftsprozesse ist in diesen Systemen und Teilsystemen mit ihren Systemkomponenten in der erforderlichen Geschwindigkeit und Qualität nur mit Unterstützung durch die elektronische Datenverarbeitung möglich.
Gesamtbetrachtung	Im Mittelpunkt muss die Betrachtung des Gesamtsystems stehen: So lassen sich z. B. die Kosten im Teilsystem Transport durch Zusammenfassung großer Gütermengen absenken; andererseits liegen dann große Materialbestände auf Lager und erhöhen dadurch die Kosten der Systemkomponente Lagerung. Die sog. Minimalkostenkombination für das Gesamtsystem entsteht daher häufig erst durch einen Kompromiss zwischen transportierten und eingelagerten Mengen. Es ist also stets darauf zu achten, dass Kostensenkungen in einer Systemkomponente nicht gleichzeitig zu Kostensteigerungen in einem anderen Teilsystem führen (Vermeidung von sog. Zielkonflikten).

Marginalien: PULL-PRINZIP · PUSH-PRINZIP · FLUSS-MANAGEMENT · GÜTER-/MATERIALFLUSS INFORMATIONSFLUSS · SYSTEMELEMENTE BEZIEHUNGEN · SUBSYSTEME · MINIMALKOSTENKOMBINATION

---

[15] PUSH- und PULL-Prinzip werden in Kap. 2.1.1 ausführlich erläutert

1.3   Welche Ziele verfolgt die Logistik?

1.3.1 Zieleinteilung in der Logistik

Von der Unternehmensleitung bis zu den einzelnen Mitarbeitern, d.h. auf allen Stufen (Hierarchieebenen), werden im Unternehmen unterschiedlichste Ziele verfolgt.

Die für das Unternehmen bedeutsamen Ziele lassen sich nach unterschiedlichsten Merkmalen systematisch gliedern.

Merkmal Zeit	
Langfristige Ziele	<u>Beispiel</u> Ausbau einer regional tätigen Spedition zu einem international erfolgreichen Logistikunternehmen
Mittelfristige Ziele	<u>Beispiel</u> Erweiterung des Netzwerkes aus Niederlassungen und Partnern auf ganz Europa
Kurzfristige Ziele	<u>Beispiel</u> Vertragsabschluss mit einem Partner, der über Niederlassungen in bisher nicht bedienten Regionen verfügt.

LANGFRISTIGE ZIELE

MITTELFRISTIGE ZIELE

KURZFRISTIGE ZIELE

Merkmal Zielinhalt	
Qualitative Ziele	<u>Beispiele</u> • Kundenzufriedenheit • Mitarbeiterzufriedenheit • Imageverbesserung[16]
Quantitative Ziele	<u>Beispiele</u> • Senkung bestimmter Kosten • Senkung der Schadensquote • kürzere Auslieferungszeiten • schnellere Zustellung

QUALITATIVE ZIELE

QUANTITATIVE ZIELE

Merkmal Zielbereich	
Unternehmensziele	Ziele, die für das gesamte Unternehmen eine herausragende Bedeutung haben. Beispiele • Wachstum des Unternehmens (mehr Kunden, neue Geschäftsfelder, neue Dienstleistungen, neue Märkte) • Langfristige, deutliche Verbesserung der Qualität • Erreichen einer herausragend starken Marktmacht
Abteilungs-/Gruppenziele	Ziele, die für die Entwicklung eines Unternehmensbereiches (Abteilung, Gruppe) von besonderer Bedeutung sind. Beispiele • Organisatorische Verbesserung der Teamarbeit innerhalb einer Abteilung • Senkung der Verwaltungskosten in der Kostenstelle Personalabteilung
Einzelziele	Ziele, die für einzelne Mitarbeiter oder bestimmte Aufgaben wichtig sind. Beispiele • Personalentwicklung (Weiterbildung) eines Mitarbeiters • Beschaffung eines Spezialfahrzeugs zur Entsorgung von Flüssigkeiten

UNTERNEHMENSZIELE

ABTEILUNGS-GRUPPENZIELE

EINZELZIELE

---

[16]   Image: Ansehen, Bedeutung der Unternehmung

Merkmal Zielebene[17]	
Strategische Ziele	Wichtige Ziele für die mittel- und langfristige Entwicklung des Unternehmens <u>Beispiel</u> Aufbau einer See- und Luftfrachtabteilung zur Verbesserung des Angebotes und zur Ausweitung der nationalen Landverkehre auf internationale/interkontinentale Distributionsaufträge
Operative Ziele	Wichtige Ziele zur schnell wirksamen Veränderung/Verbesserung bestimmter Situationen im Unternehmen <u>Beispiele</u> • Verringerung der Schadensquote • Vermeidung von Fehlverladungen • Verbesserung der Kundenbetreuung • Erhöhung der Arbeitssicherheit

STRATEGISCHE ZIELE

OPERATIVE ZIELE

Die Unterscheidung zwischen strategischen und operativen Zielen setzt sich fort in der **Planung** zur Umsetzung und Erreichung dieser Ziele mithilfe der **Erfolgsfaktoren**.

Strategische Planung	z. B.: Welche Tätigkeiten sollen im Unternehmen künftig ausgeführt werden? Welche Produkte sollen hergestellt werden? Welche logistischen Dienstleistungen sollen erbracht werden?
Operative Planung	z. B.: Wie sollen die Tätigkeiten ausgeführt werden? Wie werden die Produkte hergestellt? Wie werden die logistischen Dienstleistungen erbracht? z. B.: Aufbau einer See- und Luftfrachtabteilung zur Verbesserung des Angebotes und zur Ausweitung der nationalen Landverkehre auf internationale/interkontinentale Distributionsaufträge
Strategische Erfolgsfaktoren	z. B.: • Qualität der Unternehmensführung • Qualifikation (Fähigkeiten) der Mitarbeiter • Aufwand für neue Betriebsmittel (Fahrzeuge, DV-Ausstattung)
Operative Erfolgsfaktoren	z. B.: • Qualitätssicherung durch TQM • Ständige Verbesserung der Geschäftsprozesse durch KVP/CIP

STRATEGISCHE PLANUNG

OPERATIVE PLANUNG

STRATEGISCHE ERFOLGSFAKTOREN

OPERATIVE ERFOLGSFAKTOREN

1.3.2 Logistische Einzelziele[18]

Allgemeines Zielsystem

ZIELSYSTEM

Zunächst werden für die Logistik, wie für andere betriebliche Aufgabenbereiche (Funktionen) auch, allgemeine Ziele festgelegt, die je nach Unternehmensvision und Leitbildern des Unternehmens in der entsprechenden Rangfolge und mit der von der Unternehmensleitung festgelegten Intensität verfolgt werden:

Rentabilität	z. B. ein geplanter Gewinn, die angestrebte Rentabilität[19] des eingesetzten Kapitals
Finanzielle Ziele	z. B. richtige Liquidität[20], hohe Bonität[21], ein bestimmter Fremdkapitalanteil
Image/Prestige	z. B. politische und gesellschaftliche Einflussnahme
Soziales	z. B. soz. Einrichtungen fördern, soziale (humane) Arbeitsbedingungen schaffen

---

[17] In vielen Lehrbüchern wird neben der strategischen und operativen zusätzlich eine dritte Ebene berücksichtigt: die **taktische**.

[18] Vgl. Ehrmann, H., Logistik. 8., aktualisierte Aufl., Ludwigshafen (2014) S. 67 ff.

[19] Verzinsung

[20] Zahlungsfähigkeit

[21] Kreditwürdigkeit

Ziele für eine optimale Logistikleistung

SERVICE

Logistikservice (Ziel: möglichst hoher Servicegrad) **umfasst:**	
Lieferzeit	= Zeit von der Auftragserteilung bis zur Auslieferung
Lieferzuverlässigkeit	= termingerechte Lieferung, Lieferfähigkeit gem. Absprache; s. u. interkulturelle Probleme
Lieferflexibilität	= Fähigkeit, sich auf aktuelle Anforderungen einzustellen
Lieferbeschaffenheit	= Art, Menge, Qualität und Zustand einer Lieferung

KOSTEN

Logistikkosten (Ziel: möglichst geringe Logistikkosten) **entstehen durch:**	
Bestandskosten	das Vorhandensein und die Finanzierung von Beständen
Lagerkosten	den Bau/die Einrichtung und das Betreiben eines Lagers
Transportkosten	inner- und außerbetriebliche Güterbeförderung
Handlingkosten	Verpacken, Kommissionieren, Güterbehandlung
Verwaltungskosten	Planung, Kontrolle, sonstige Verwaltung

Interkulturelle Kompetenz

INTERKULTURELLE PROBLEME

Zwangsläufig treten mit der Erweiterung des Aufgabenspektrums und der damit verbundenen Internationalisierung in zunehmenden Maße ‚Interkulturelle Probleme' auf, die vor allem Einfluss auf das besonders wichtige logistische Ziel „Zuverlässigkeit" haben. Wie wichtig diese Kompetenz ist zeigt die Feststellung der Bertelsmann Stiftung, dass es sich dabei um **die Schlüsselqualifikation des 21. Jahrhunderts** handelt. Es gibt unterschiedliche Darstellungen dieser Kompetenz, die auch in Gesetzen definiert ist. Als Beispiel soll hier ein Gesetz des Landes Berlin dienen:

> „Interkulturelle Kompetenz ist eine auf Kenntnissen über kulturell geprägte Regeln, Normen, Werthaltungen und Symbole beruhende Form der fachlichen und sozialen Kompetenz…"

INTERKULTURELLE KOMPETENZ

Aus dem Blickwinkel der Logistik betrachtet ist interkulturelle Kompetenz in zwei Richtungen bedeutsam für den wirtschaftlichen Erfolg eines Logistikdienstleisters:

- Zum einen ist es die unternehmensintern, nach innen gerichtete interkulturelle Kompetenz, die erforderlich ist, die Zusammenarbeit von Mitarbeitern auf allen Ebenen des Unternehmens zu optimieren, wenn diese unterschiedlichsten Nationalitäten angehören. Diese Förderung von Vielfalt im Unternehmen wird durch die **„Charta der Vielfalt"**, eine **CHARTA DER** Unternehmensinitiative zur Förderung von Vielfalt im Unternehmen, sogar von der Bundesregierung unterstützt.

  DIVERSITY MANAGEMENT Konkrete Hilfen zu diesem Management der Vielfalt stellt das **Diversity Management** bereit. Der Leitgedanke des Diversity Managements ist: Die Wertschätzung der Vielfalt von Mitarbeiterinnen und Mitarbeitern dient dem wirtschaftlichen Erfolg des Unternehmens oder der Institution. Ziel ist es, … dass alle Mitarbeitenden Wertschätzung erfahren und motiviert sind, ihr Potenzial zum Nutzen der Organisation einzubringen.

- Zum anderen ist es die – nach außen gerichtete – für erfolgreiches Supply Chain Management notwendige interkulturelle Kompetenz, über die ein international tätiger Logistikdienstleister verfügen muss, der mit zahlreichen Partnern aus aller Welt zusammenarbeitet und eine zuverlässige Supply Chain, z. B. zur Durchführung von Beschaffungs- und/oder Distributionsprozessen für einen Auftraggeber, organisiert und betreibt.

Gemäß der Unternehmensbefragung ‚Trends und Strategien in der Logistik' (hrsg. von der Bundesvereinigung Logistik) umfasst interkulturelle Kompetenz:

– Teamfähigkeit mit Menschen aus anderen Kulturen

– Kommunikationsfähigkeit mit Menschen aus anderen Kulturen

– Sprachkenntnis

– Verhandlungsfähigkeit mit Menschen aus anderen Kulturen

– Kenntnisse über andere Kulturen

TEAMFÄHIGKEIT
KOMMUNIKATIONS-
FÄHIGKEIT
SPRACHKENNTNIS
VERHANDLUNGS-
FÄHIGKEIT

Um interkulturelle Kompetenz zu erwerben bzw. zu entwickeln können Logistikdienstleister verschiedene Instrumente einsetzen. Als besonders effektiv sind nach Aussage von darin erfahrenen Unternehmen:

INSTRUMENTE

– Auslandseinsatz in Projekten

– Einstellung ausländischer Mitarbeiter

– Regelmäßige Treffen und Diskussionen in internationalen Teams

– Entsendung von Führungskräften oder Nachwuchs

– Erfahrungsorientiertes Training (z.B. Simulationen, Rollenspiele …)

– Internationaler Arbeitsplatzwechsel

– Coaching von Mentoren mit internationaler Erfahrung

Je nachdem, in welcher Phase sich ein gemeinsames Projekt mit internationalen Partnern befindet, sind es unterschiedliche Ausprägungen interkultureller Kompetenzen, die für den Erfolg der Zusammenarbeit bedeutsam sind:

INTERKULTURELLE
KOMPETENZ

Partnersuche	Hier werden entscheidende Weichen für den Erfolg gemeinsamer Projekte gestellt; die notwendigen Treffen sowie die Verhandlungen enthalten auch interkulturelles Konfliktpotenzial.
Konzeption und Gestaltung	Interkulturell richtiges Verhalten ist auch hier gefordert; die Bedeutung hängt wesentlich vom Umfang und der Komplexität des Projektes und dem davon abhängigen Ausmaß der Kontakte ab.
Durchführung	Diese Phase erfordert zahlreiche persönliche Kontakte und die Eingewöhnung in zumeist extrem unterschiedliche Firmenkulturen. Die direkte Zusammenarbeit mit Kollegen aus anderen Kulturen kann daher nur gestützt auf umfassende interkulturelle Kompetenz erfolgreich sein.
Optimierung	In dieser Phase finden meist Umstrukturierungsvorhaben und Reorganisationsmaßnahmen statt. Die dafür notwendige effektive und effiziente Zusammenarbeit erfordert ‚Fingerspitzengefühl' sowie ein hohes Maß an interkultureller Kompetenz.
Auslauf	Zum Abschluss eines Projekts sind ebenfalls Fingerspitzengefühl und einfühlsames Verhalten von allen Beteiligten auf allen Seiten gefordert; das richtige Verhaltens hängt hier ganz wesentlich vom vorangegangenen Erfolg des Projekts und der praktizierten Art und Weise der interkulturellen Zusammenarbeit im Verlauf des Projekts ab, das abgeschlossen werden soll.

Zusammenfassend kann festgestellt werden: Der Erfolg internationaler Logistikprojekte hängt direkt davon ab, wie gut die interkulturellen Probleme bewältigt werden können. Somit ist interkulturell richtiges Verhalten auf allen Ebenen des Unternehmens ein entscheidender Erfolgsfaktor für diese internationalen Logistikprojekte. Im Zuge der zunehmenden Globalisierung, einem allgemein festgestellten Megatrend in der Logistik, wird interkulturelle Kompetenz deshalb ein immer bedeutenderer Erfolgsfaktor für international tätige Logistikdienstleister.

GLOBALISIERUNG
MEGATREND

1.3.3 Zielformulierung und Zielbeziehungen

Unternehmensziele müssen klar und nachprüfbar/messbar sein. Daher ist die richtige, vollständige Formulierung der Ziele unverzichtbare Voraussetzung für erfolgreiches Arbeiten und die Erreichung der gesteckten Ziele.

Zielinhalt	= Was soll erreicht werden?
Zielausmaß	= Wie viel ist zu leisten (welcher Betrag, welche Menge)?
Zeit	= Wann soll das Ergebnis erzielt sein (Zeitdauer, Zeitpunkt)?

,SMARTE' ZIELE

Noch genauer kennzeichnet die Forderung nach ‚smarten' Zielen, welche Ziele ausgewählt und wie sie formuliert sein sollten:

s	= speziell/spezifisch (d.h. möglichst konkret)
m	= messbar (d.h. nachprüfbar, wie viel erreicht wurde)
a	= aktuell/attraktiv (d.h. Ziele, die Mitarbeiter motivieren)
r	= realistisch/realisierbar (d.h. keine unerreichbaren Ziele)
t	= terminiert (d.h. bis wann das Ziel erreicht sein muss bzw. soll)

Eine weitere Voraussetzung für das Erreichen der Unternehmensziele ist die Berücksichtigung der Beziehungen zwischen Zielen, die gleichzeitig verfolgt werden.

ZIELBEZIEHUNGEN

Auch für die Zielsysteme der Logistik gelten die grundsätzlich denkbaren und möglichen Zielbeziehungen zwischen zwei (oder mehr) Zielen:

Zielharmonie	= **komplementäre Ziele** = Indem man das eine Ziel verfolgt, nähert man sich auch dem anderen Ziel. **Beispiele:** Erhöhung der Lieferzuverlässigkeit und Verbesserung der Kundenzufriedenheit; Verringerung der Kommissionierfehler und Senkung der Fehlerbehebungskosten
Zielkonflikt	= **konkurrierende Ziele** = Indem man das eine Ziel verfolgt, entfernt man sich immer mehr von dem anderen Ziel. **Beispiele:** Erhöhung der Sicherheitslagerbestände und Verringerung der Logistikkosten; Verbesserung der Qualität und Reduzierung der Schnittstellenkontrollen
Zielneutralität (Zielindifferenz)	= **indifferente Ziele** = Die Verfolgung des einen Ziels hat keinen Einfluss auf das Erreichen des anderen Ziels. **Aber:** Eine völlige Unabhängigkeit der Ziele ist sehr selten; indirekte Zusammenhänge und versteckte Einflussmöglichkeiten treten häufig auf. **Beispiele:** Senkung der Transportkosten und Erhöhung der Zufriedenheit des Lagerpersonals; Verbesserung der Arbeitsbedingungen im Lager und Senkung der Verwaltungskosten

Diese möglichen Beziehungen zwischen den Zielen können auch grafisch verdeutlicht werden.

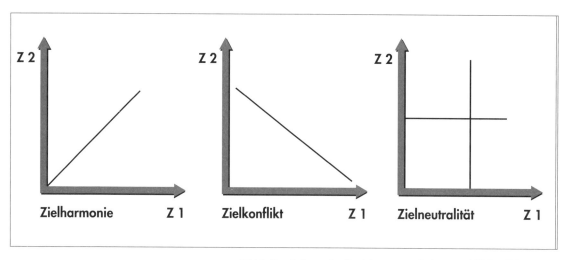

Bild 6: Darstellung der Beziehungen zwischen zwei Zielen Z 1 und Z 2

Erläuterung: Z1 und Z2 sind zwei unterschiedliche Ziele. Eine Bewegung auf den schwarzen Linien in Pfeilrichtung bedeutet zunehmende Zielerreichung des betrachteten Ziels und zeigt die Auswirkungen auf das Erreichen des anderen Ziels.

1.3.4 Das magische Viereck der Logistik

Als „Magisches Viereck" werden gemeinhin die wirtschaftspolitischen Ziele des Stabilitäts-gesetzes bezeichnet: stetiges und angemessenes Wirtschaftswachstum, außenwirtschaftliches Gleichgewicht, Vollbeschäftigung, Stabilität des Preisniveaus. Die Schwierigkeit besteht darin, dass alle Ziele gleichzeitig verfolgt werden sollen, diese aber untereinander oftmals in einem Zielkonflikt stehen.

ZIELE

Ähnlich verhält es sich mit den logistischen Zielen. Auch hier gilt es, die Ziele – häufig alle gleichzeitig – so zu verfolgen, dass insgesamt das beste Ergebnis erzielt werden kann. Und das, obwohl zwischen diesen Zielen die unterschiedlichsten Zielbeziehungen bestehen können. In der Logistik sind im Wesentlichen die folgenden vier Ziele relevant:

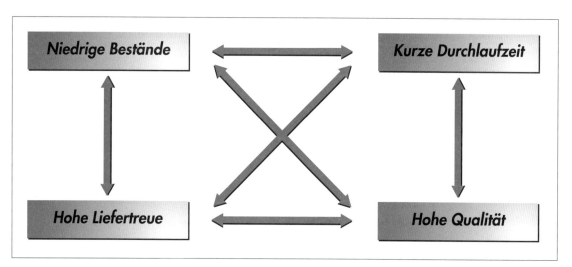

MAGISCHES
VIERECK

Bild 7: Magisches Viereck der Logistik

Bestände	Menge der im Lager bereitgehaltenen Materialien; so wenig wie möglich, nur so viel wie unbedingt nötig
Durchlaufzeit	Zeit zwischen dem Eingang des Auftrags/der Bestellung und dem Abschluss des Auftrags/der Auslieferung der bestellten Ware
Liefertreue	Einhaltung der im Kaufvertrag zwischen Käufer und Verkäufer vereinbarten Lieferbedingungen, v.a. gestützt auf eine hohe Lieferbereitschaft
Qualität	Einhaltung der im Kaufvertrag zwischen Käufer und Verkäufer vereinbarten Produkt- bzw. Dienstleistungseigenschaften

Zwischen diesen Zielen bestehen natürlich ebenfalls die grundsätzlich denkbaren und möglichen Zielbeziehungen:

- Zielharmonie
- Zielkonflikt
- Zieldifferenz

ZIELBEZIEHUNGEN

Zielbeziehungen im Magischen Viereck der Logistik (Beispiele)	
Zielharmonie	Bestände sind z. B. mit dem Ziel hohe Liefertreue vereinbar, weil die Lieferbereitschaft dadurch verbessert wird. Hohe Lieferbereitschaft fördert auch das Ziel Qualität.
Zielkonflikt	Kurze Durchlaufzeiten stehen z. B. im Zielkonflikt mit dem Ziel hohe Qualität, weil weniger Prüfungen bzw. kürzere oder weniger Kontrollen die Fehlerwahrscheinlichkeit erhöhen. Das Ziel niedriger Bestände steht im Konflikt mit dem Ziel Liefertreue und damit auch mit dem Ziel der Qualität.
Zielindifferenz	Bei genauer Betrachtung ist keines der Ziele völlig unabhängig von den übrigen Zielen des Magischen Vierecks. Es besteht immer Zielharmonie oder Zielkonflikt, wenn auch in unterschiedlich starker Ausprägung.

KOSTEN-
WIRKSAMKEIT

Natürlich wirkt sich die Verfolgung dieser Ziele zum Teil ganz erheblich auf die Kosten der Unternehmung aus. Erst die Kenntnis der genauen Kostenwirksamkeit erlaubt eine fundierte Entscheidung, welche Ziele vorrangig angestrebt werden sollten.

1.3.5 Beispiel Peitscheneffekt – bullwhip effect

Ausgangspunkt ist das logistische Einzelziel eines möglichst geringen Lagerbestands in der Logistikkette. Gleichzeitig ist aber jeder Beteiligte in der Kette bestrebt, stets lieferfähig zu sein. Wenn nun die Partner in der Logistikkette unabhängig voneinander planen, produzieren und lagern, können Veränderungen im Kaufverhalten, also Veränderungen der Nachfrage, erhebliche Auswirkungen auf die Bestände in der Logistikkette haben.

In der Logistikpraxis lässt sich dann zunächst folgender Ablauf beobachten:

Schritt 1: Endverbraucher bestellen/kaufen mehr Artikel als in der Vergangenheit.

Schritt 2: Der Einzelhandel beobachtet zunächst die Entwicklung und stellt sich dann, wenn die Entwicklung anhält, auf eine höhere Nachfrage ein. Er erhöht, um stets sofort lieferbereit zu sein, zur Sicherheit den Bestand und bestellt mehr.

Schritt 3: Der Großhandel wartet ebenfalls zunächst ab, reagiert dann auf die gestiegene Nachfrage in gleicher Weise. Er erhöht, um stets und sofort lieferbereit zu sein, zur Sicherheit den Bestand. Weil eventuell auch andere Einzelhändler noch bestellen könnten, bestellt der Großhändler vorsorglich etwas mehr.

Schritt 4: Der Hersteller stellt sich auf höhere Abnahme ein, beschafft mehr Material und produziert zur Sicherheit mehr, um lieferbereit zu sein, falls auch andere Großhändler mehr bestellen.

Dadurch haben sich die Bestände bei jedem Partner in der Kette wesentlich erhöht, die Kosten sind gestiegen. Dies bleibt ohne Folgen, solange die Nachfrage derart steigt, dass die größeren Mengen auch verkauft werden. In der Praxis ist das fast nie der Fall. Die weitere Entwicklung sieht dann häufig folgendermaßen aus: **KOSTEN**

Schritt 5: Die Nachfrage des Endverbrauchers sinkt wieder, d.h. es wird weniger bestellt/ verkauft als in der Vergangenheit.

Schritt 6: Der Einzelhändler stellt die geringere Nachfrage fest, weiß aber nicht, ob dies dauerhaft der Fall sein wird und bestellt zunächst noch nicht weniger. Erst nach einiger Zeit, wenn die Nachfrage niedrig bleibt, bestellt er weniger.

Schritt 7: Auch der Großhändler wartet zunächst ab und bestellt erst dann weniger, wenn er feststellt, dass der Einzelhändler auf Dauer weniger bestellt.

Schritt 8: Der Hersteller stellt sich auch erst mit erheblicher Zeitverzögerung auf die geringere Abnahme ein, beschafft weniger Material und produziert weniger, um seinen Lagerbestand abzubauen und nicht weiter auf Vorrat zu produzieren.

Bei anhaltender, niedriger Nachfrage sinken die Bestände allmählich.

Wenn nun die Endverbraucher wieder mehr Artikel bestellen/kaufen als in der Vergangenheit, kann der Lagerbestand schnell sinken, eventuell entstehen sogar Lieferschwierigkeiten. Nun beginnt der Zyklus wieder von vorne, d.h. es wird auf allen Stufen wieder mehr bestellt und ins Lager genommen, der Hersteller produziert wieder mehr. So entsteht der in Bild 8 dargestellte Peitscheneffekt, die Schwankungen der Lagerbestände. Die Kurve gleicht einer Peitschenschnur, wenn man die Peitsche knallen lässt; daher kommt die Bezeichnung Peitscheneffekt (bullwhip effect).

Das Ziel, die Lagerbestände möglichst gleichmäßig gering zu halten, also den Peitscheneffekt zu vermeiden, kann daher nur durch frühzeitige und umfassende Information erreicht werden. Wenn z. B. jeder Einzelhändler seinen Großhändler **sofort informiert**, dass die Verkaufszahlen steigen und diese Informationen über den Großhändler an den Hersteller weitergegeben werden, können alle Beteiligten aufgrund dieser Informationen besser planen. Kostenwirksame Bestände können so durch Kosten senkende Informationen vermieden werden.

Eine Möglichkeit, dieses Ziel zu erreichen, ist das im Rahmen von Efficient Replenishment – ERP[22] entwickelte Instrument des Vendor managed inventory. Die Beteiligten haben in dieser Kooperation online Einblick in die Bestände und in die Verkaufszahlen ihrer Partner. Der Lieferer (Großhändler bzw. Hersteller) muss nicht warten, bis er von einer Bestellung überrascht wird, sondern kann ständig die Bestandsdaten seines Abnehmers/des Einzelhändlers beobachten. Er kann Veränderungen im geplanten Verlauf sofort erkennen und damit auch sofort darauf reagieren. Kostspielige Sondertransporte und Extraschichten im Produktionsbetrieb können so weitgehend vermieden und damit Kosten in erheblichem Umfang gespart werden. **VENDOR MANAGED INVENTORY**

---

[22] Vgl. Kap. 1.9.2, S. 72 und 4.4.1, S. 219

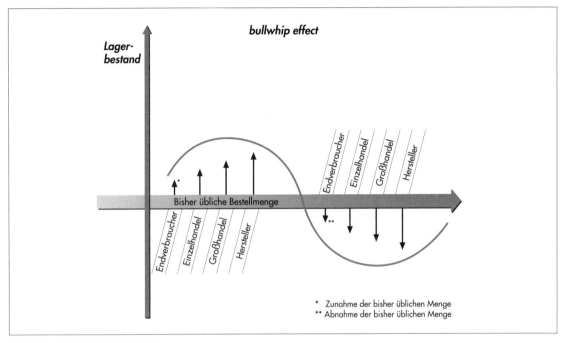

Bild 8: Veränderungen der Lagerbestände in den beteiligten Unternehmen einer Supply Chain (bullwhip effect)

1.4 Wie sind Logistiksysteme aufgebaut?

1.4.1 Grundstruktur eines Logistiksystems

SUBSYSTEME

Ein Logistiksystem besteht aus einer Kombination von Systemkomponenten, oft auch als Subsysteme (Untersysteme) bezeichnet, die effizient zusammenwirken müssen.

In einer Spedition sind diese Systemkomponenten – alle oder auch nur einzelne – bereits vorhanden, müssen allerdings den Kundenwünschen angepasst werden.

Systemkomponenten	Funktionsbeschreibung
Abwicklungssystem	Steuerung der Abläufe, in modernen Systemen maschinell/DV-gestützt Informationssysteme (Internet bzw. EDIFACT) als Infrastruktur für die Informationslogistik Wesentliche Elemente des DV-gestützten Abwicklungssystems sind die Träger der maschinenlesbaren Informationen • Barcode[23] • Transponder[24]
Transportsystem	Auswahl und Einsatz der Transportmittel einschließlich Organisation des Ablaufs. Eine zunehmende Rolle spielt der sog. modal split, die Aufteilung der Transporte auf die unterschiedlichen Verkehrsträger Straßengüterverkehr, Schienengüterverkehr und Binnenschiffsverkehr/ggf. auch Short Sea Shipping. Der Einsatz weiter entwickelter LKW (z. B. Elektroantrieb, v. a. für Citylogistik-Projekte; z. B. Gigaliner – in der Erprobung; z. B. aerodynamische, noch verbrauchsärmere LKW mit abgerundetem Führerhaus und Luftleitvorrichtungen am Heck – zurzeit in der EU diskutiert) wird vorangetrieben. Als innovative Lösung liegt das Konzept CargoCap vor; in unterirdischen Rohrleitungen sollen aerodynamische Transporteinheiten zum Transport von jeweils zwei Europaletten eingesetzt werden, um den Verkehr in Ballungsgebieten zu entlasten.

INFORMATIONS-SYSTEME

GIGALINER

CARGOCAP

---

[23] Maschinenlesbarer Strichcode, der auf Verpackungen oder auf Etiketten gedruckt und auf die Versandeinheiten geklebt werden kann (genauer im Kap. 1.7.2)

[24] Transponder (auch ‚tags' genannt) sind die technische Grundlage der sog. RFID-Technik (genauer im Kap. 1.7.2)

Umschlagsystem	Be- und Entladung der Verkehrsmittel, immer häufiger mit automatisierter Bewegung der Behälter/Container z. B. auf den LKW oder den Eisenbahnwaggon , auch mit Systemen, die transportfahrzeuggestützt ohne zusätzliches Umschlaggerät arbeiten. In den Seehäfen erfolgen die Transporte der Container vermehrt vollautomatisch mit selbstfahrenden Transportmitteln (Automated Guided Vehicles AGV's); fahrerlose Transportsysteme kommen auch zunehmend in der Intralogistik zum Einsatz.
Verpackungssystem	Aufbau eines Systems mit (häufig genormten) Transportbehältern (bevorzugt Mehrwegbehälter, z. B. KLT[25] in der Automobilindustrie) Technische Einrichtungen für die automatische Verpackung der Produkte (z. B. Automaten zur Verpackung mit Schrumpffolie) Ziele/Aufgaben der Verpackung: Schutz, Lager-, Umschlag- und Transportunterstützung, Information/Steuerung, Handlings-Verkaufsunterstützung (Verpackung als Werbeträger).
Lagersystem[26]	Lagerhaltungsstrategien, Lagerverwaltung Aktivitäten zur optimalen Steuerung der Lagerbestände, geeignete Software Technische Ausgestaltung dieses logistischen Knotens (Lagerhaus/Lagertechnik), Lagerplatzzuordnung mit automatischer Lagerverwaltung, Art der Lagerung, innerbetrieblicher Transport des Lagergutes, manuelle oder automatische Kommissionierung (Prinzip „Ware zum Mann" oder Prinzip „Mann zur Ware").

AGV
INTRALOGISTIK

KOMMISSIONIE-
RUNG

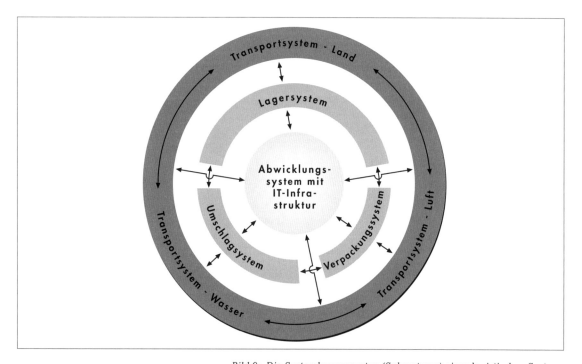

Bild 9: Die Systemkomponenten (Subsysteme) eines logistischen Systems

---

[25] Kleinladungsträger
[26] Vgl. dazu das Kap. 3, Lagerleistungen anbieten und organisieren

1.4.2 Logistische Teilsysteme für die betrieblichen Aufgabenbereiche

BESCHAFFUNG
PRODUKTION
DISTRIBUTION
ENTSORGUNG

Die Aufgabenschwerpunkte des Spediteurs als Logistikdienstleister sind hauptsächlich dadurch geprägt, in welchem Funktionsbereich (Aufgabenbereich) der Produktentstehung – Beschaffung, Produktion, Distribution (Absatz), Entsorgung – logistische Leistungen erbracht werden. Für den Spediteur als Logistikdienstleister sind die Aufgaben Beschaffung und Distribution in Verbindung mit den notwendigen Lagerleistungen die wichtigsten Geschäftsfelder. Auftraggeber des Spediteurs sind in erster Linie Industrie- und Handelsunternehmen. Dafür baut der Logistikdienstleister aufgabenspezifische Teilsysteme auf.

In diesen Teilsystemen werden Aufgaben der Entsorgungslogistik erledigt, z. B. die Rückführung von Mehrwegverpackungen, die Rücknahme von Einwegverpackungen und der Transport von Materialien, die bei der Produktion anfallen (Recycling). Dies trägt auch zur besseren Auslastung der Verkehrsmittel bei. Weiter gehende Aufgaben der Entsorgungslogistik erfordern besonderes Know-how und eine sachgerechte Spezialisierung[27]. Dies hat auch zur Bildung eines eigenständigen Teilsystems Entsorgungslogistik geführt.

Der Logistikdienstleister wird auch immer mehr in die Produktionslogistik eingebunden. Er übernimmt z. B. die Vormontage einzelner Teile, die Zulieferung/Entsorgung der Fertigung, auch an das Fließband, und im Handel die Regalpflege. Diese Einbindung der Logistikdienstleister beruht auf der Unternehmensstrategie, nicht zum eigentlichen Unternehmenszweck gehörende Aufgaben an Logistik-Partnerunternehmen zu vergeben (= Outsourcing[28]) – ein Trend, der in den vergangenen Jahren stetig zugenommen hat[29].

LOGISTISCHE
TEILSYSTEME

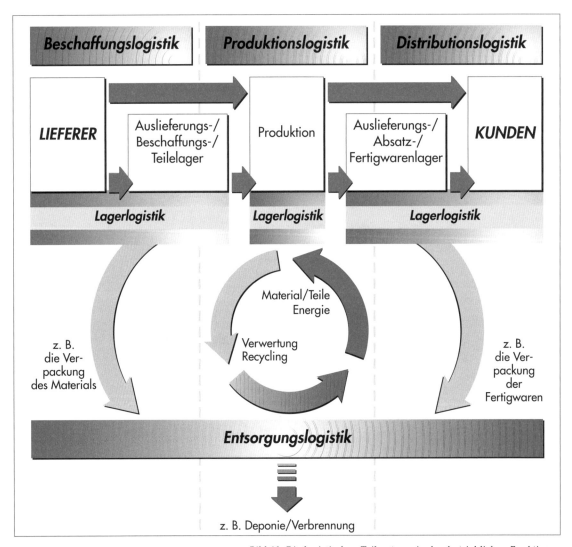

Bild 10: Die logistischen Teilsysteme in den betrieblichen Funktionen

---

[27] Vgl. dazu das Kap. 5 Entsorgungslogistik
[28] „**Out**side **Re**source us**ing**", vgl. Kap. 1.1.1
[29] Vgl. dazu auch Punkt 1.2.3, S. 18, Value added services

Logistische Funktion	Funktionsbeschreibung
Beschaffungslogistik (siehe Kap. 2)	Sie umfasst alle Aktivitäten zur effektiven, kostengünstigen Abwicklung der Beschaffung von Rohstoffen, Halb- und Fertigfabrikaten, häufig auch für Einkaufsgemeinschaften mehrerer Unternehmen weltweit. Die Zulieferung erfolgt – zur Vermeidung unnötiger Lagerbestände – entsprechend dem Fertigungsprozess des Kunden (fertigungssynchron, JIT – just in time, JIS – just in sequence)[30]
Produktionslogistik (siehe Kap. 3 Intralogistik)	Den Kern der Produktionslogistik bildet der exakt nach Bedarf gesteuerte Fluss der Materialien zur Erstellung der jeweiligen Produkte, der je nach Branche und Produkt möglichst weitgehend automatisiert ist. Besonders anschaulich lässt sich das am Beispiel der Automobilherstellung beobachten. In diesen Fertigungsprozess wird der Logistikdienstleister immer stärker eingebunden. Er liefert anforderungsgerecht, übernimmt häufig einfache Teilaufgaben in der Fertigung und entsorgt die Produktionsanlagen, indem er die anfallenden (Wert)-Stoffe sachgerecht einer sinnvollen (Wieder-) Verwertung (Recycling) zuführt.
Distributionslogistik (siehe Kap. 4)	Ziel der Distributionslogistik ist es, die fertigen Produkte möglichst schnell und – den Kundenwünschen entsprechend – kostengünstig auszuliefern. Immer kürzere Lieferzeiten (z. B. 24-Stunden-Service) und geringe Bestellmengen erfordern eine genaue Planung und ein dichtes Netzwerk, um trotz der Vielzahl kleiner Sendungen die notwendigen Transport- und Umschlagkapazitäten durch geschickte Bündelung kostendeckend betreiben zu können.
Entsorgungslogistik (siehe Kap. 5)	Dieser Bereich der Logistik hat in den letzten Jahren zunehmend Bedeutung erlangt. Die Schwerpunktaufgaben dieses logistischen Teilsystems sind: • Die Rücknahme und Wiederverwertung von Einwegverpackungen, • die Steuerung des kostengünstigen Rundlaufs von Mehrwegbehältern, • das Sammeln/die Zuführung von Wertstoffen, die bei der Produktion als Reststoffe anfallen (s.o.) und • die sachgerechte Lagerung bzw. Vernichtung von nicht wieder verwertbaren Materialien.

FUNKTION

Neben diesen logistischen Teilsystemen für die klassischen betrieblichen Funktionen bei der Produkterzeugung hat sich die Lagerlogistik als **Teilsystem besonderer Art** herausgebildet. Wegen der Bedeutung dieses Teilsystems sind die Besonderheiten der Lagerlogistik in einem eigenen Kapitel[31] dargestellt.

LAGERLOGISTIK

In der Lagerlogistik übernimmt der Logistikdienstleister in allen Teilsystemen – Beschaffung, Produktion, Distribution und Entsorgung – unterschiedlichste und vielfältige Aufgaben.

In jedem der funktionsorientierten Teilsysteme sind die oben dargestellten Systemkomponenten/Subsysteme (s. Bild 9) in angepasster Form enthalten.

---

[30] Zur Begriffsklärung siehe das Stichwort im Glossar
[31] Siehe Kap. 3 – Lagerleistungen anbieten und organisieren

SYSTEM-
KOMPONENTEN

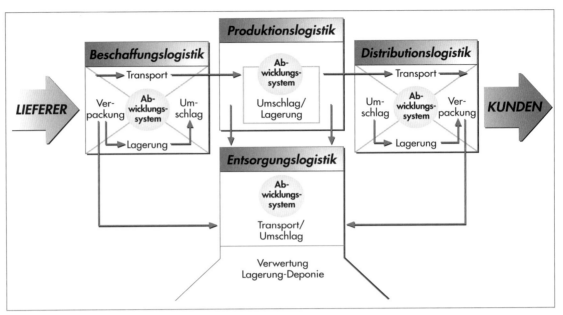

Bild 11: Die Systemkomponenten in den logistischen Teilsystemen

Ein Logistikdienstleister wird versuchen, seine logistischen Systeme für mehrere, unterschiedliche Auftraggeber und damit häufig auch unterschiedliche Aufgaben zu nutzen. Insbesondere die logistischen Systeme für Beschaffung und Distribution sind daher oft ähnlich, weil gerade diese Dienstleistungen von Handel und Industrie an Logistikpartner vergeben werden (Outsourcing).

1.4.3 Netzwerke

Zur zuverlässigen Erledigung der Aufträge, v.a. Beschaffung und Distribution innerhalb eines Logistiksystems, wie es oben beschrieben ist[32], hat jeder Logistikdienstleister ein gut organisiertes Netz errichtet. Dieses Netz enthält die Systemkomponenten für ein konkretes logistisches System (siehe Bild 9), das natürlich, abhängig von den logistischen Aufgaben, die erfüllt werden müssen, sehr unterschiedlich aufgebaut sein kann. In der Praxis überwiegen die drei Grundmuster Hub-and-Spoke-System, Gateway-System und Cross-Docking-Netzwerke.

HUB AND SPOKE

(1)   **Hub-and-Spoke-System (Hub = Nabe, Spoke = Speiche)**

Der einfachste Aufbau kann so dargestellt werden:

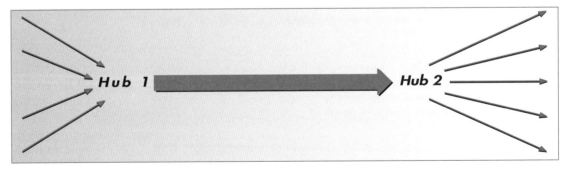

Bild 12: Grundstruktur eines logistischen Hub-and-Spoke-Systems

In einem Hub (1), z. B. dem Umschlaglager eines Spediteurs, werden die Sendungen der einzelnen Absender vorgeholt und zusammengefasst (= konsolidiert). Dieser Hub wird daher auch als consolidation[33] point bezeichnet.

---

[32]   Siehe 1.4.1 und 1.4.2

[33]   Dieser Begriff ist bereits aus der Abwicklung von Luftfrachtaufträgen bekannt; Luftfracht-Sammelgut wird auch als Consolidation bezeichnet.

Am Ziel (2), oft auch wiederum das Umschlaglager eines Spediteurs, wird die große Masse (= bulk) der Sendungen aufgeteilt („auseinanderbrechen" = to break) und den Endempfängern zugestellt. Dieser Hub ist in diesem Logistiksystem daher der break bulk point. Die Lage der Hubs wird meist so gewählt, dass der Güterstrom nicht nur von Punkt 1 zu Punkt 2 verläuft, sondern auch in der entgegengesetzten Richtung. Ein Hub ist daher in den meisten Fällen sowohl consolidation point als auch break bulk point.

CONSOLIDATION POINT
BREAK BULK POINT

Der Zu- und Abtransport der Sendungen wird meist über sog. Begegnungsverkehre abgewickelt. Nach einem festgelegten Fahrplan verlässt ein beladener LKW (Zug mit zwei Wechselbrücken oder ein Sattelauflieger) Hub 1, ein mit gleichen Aufbauten beladener Zug verlässt Hub 2. Am festgelegten Begegnungspunkt werden die Wechselbrücken/Auflieger getauscht und jeder der LKWs fährt zu dem Hub zurück, aus dem er gestartet ist.

Vielfach ist dieses System der Begegnungsverkehre bereits zu einem ganz feinen Netz gesponnen. So können sich z. B. auch drei LKW-Züge treffen; die beiden Wechselbrücken eines Zuges werden dann mit jeweils einer Wechselbrücke von einem der beiden anderen Begegnungsfahrzeuge getauscht. Somit kann das Netz natürlich noch effizienter betrieben werden.

BEGEGNUNGSNETZ

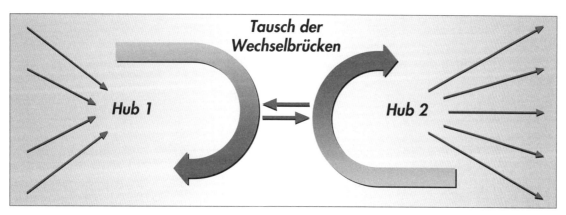

Bild 13: Begegnungsverkehr im Hub-and-Spoke-System

Grundlage für die Wahl der Hub-Standorte bilden meist die Postleitzahlenbereiche. Über die Depots werden die einzelnen Bereiche/Gebiete auf festgelegten Touren bedient. Je nach Güteraufkommen besteht ein solches System aus nur einem sog. Zentral-Hub oder auch aus mehreren regionalen Hubs, die einem Zentral-Hub zugeordnet sind. Welches System günstiger ist, hängt vor allem von den Gütermengen ab, die zwischen den Gebieten bzw. Bereichen transportiert werden müssen und von den Gesamtkosten, die bei der Abwicklung der Transporte im System entstehen und die schon aus Wettbewerbsgründen möglichst niedrig sein müssen.

(2)   Gateway-System

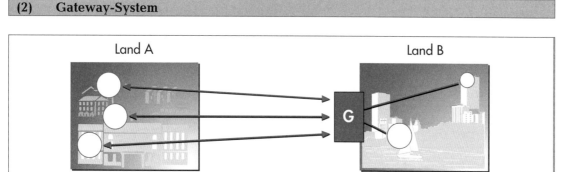

GATES

Bild 14: Gate (G) als Bindeglied zwischen Systemen (Gateway-System)

Gates können – einstufig oder mehrstufig – zwei Systeme (Hub-and-Spoke-System oder Cross-Docking-Netzwerk) verbinden. Ein anschauliches Beispiel für ein einstufiges Gateway-System ist eine Grenzübergangsstelle, an der für ein Unternehmen die Güterströme von Land A in das Land B zusammengefasst abgefertigt und an die Zielorte weitergeleitet werden. Ein zweistufiges Gateway-System entsteht, wenn z. B. für Ziele in der Europäischen Union die Importe aus Asien in einem Hafen (z. B. Genua, Rotterdam oder Hamburg) abgefertigt werden und in jedem Zielland in der EU zusätzlich ein Gate eingerichtet wurde, von dem aus alle Sendungen für dieses Land an die einzelnen Zielorte verteilt werden.

**BEGEGNUNGSVER-
KEHR**

(3)   Cross-Docking-Netzwerke

Ohne Cross Docking bestehen zwischen den Lieferern und den Filialen eines großen Kunden (z. B. Baumärkte, Lebensmittelketten) zahlreiche Einzelverbindungen.

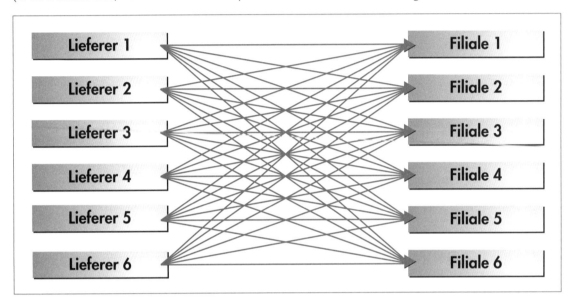

Bild 15: Belieferungssystem ohne Cross Docking

Cross Docking ist in diesem System eine Umschlageinrichtung, in der Sendungen ohne Zwischenlagerung umverteilt und umverladen werden. Aus **lieferantensortierten** Sendungen werden **filialsortierte** Ladungen gebildet und sofort weiterbefördert.

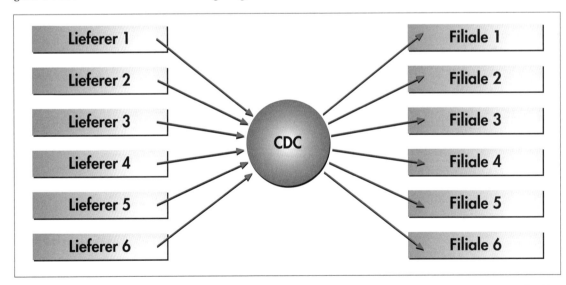

Bild 16: Belieferungssystem mit Cross Docking

Durch die Einschaltung des Cross Docking Centers CDC ergeben sich Vorteile für beide Partner (sog. Win-Win-Situation, d.h. in der Partnerschaft gibt es nur Gewinner):

- **Die Lieferer** müssen weniger Liefersendungen organisieren und können für eine bessere Auslastung der Transportfahrzeuge sorgen.

- **In den Filialen** müssen die Filialleiter weniger einzelne Anlieferungen und Warenannahmen organisieren.

Das Cross-Docking-Konzept wird besonders im Rahmen der Kooperationsstrategie Efficient Replenishment (vgl. 1.9.2) eingesetzt.

Dort ist ein Cross-Docking-Center ein spezifischer Hub, der zur optimalen Abwicklung der Distributionslogistik im Handel eingerichtet wird.
Je nach Umfang/Komplexität der Distributionsprozesse sind unterschiedliche Strukturen und Kombinationen in diesen Netzwerken möglich.

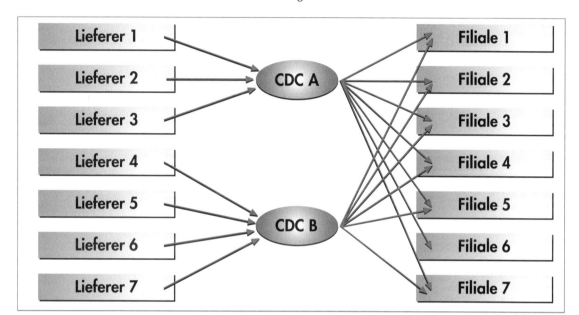

CROSS DOCKING

*Bild 17: Einstufiges, nach **Lieferern** differenziertes Cross Docking*

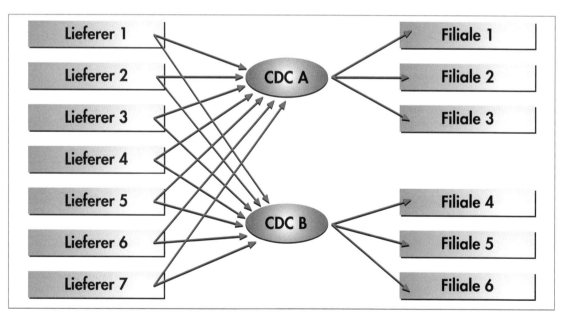

*Bild 18: Einstufiges, nach **Filialen** differenziertes Cross Docking*

Für bestimmte Gruppen von Empfängern (im Bild zwei Gruppen von Filialen) werden – meist nach regionalen Gesichtspunkten (z. B. Nord und Süd) – CDCs eingerichtet. Die CDCs werden von allen Lieferern mit Sendungen für die jeweils an ein CDC angegliederten Filialen versorgt.

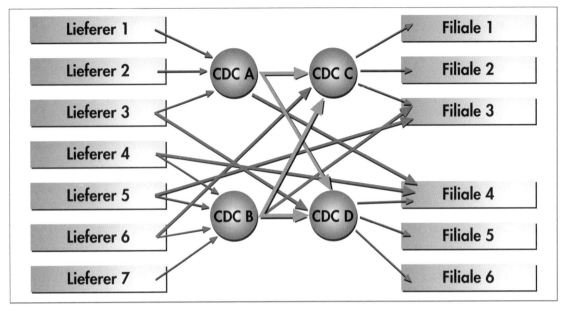

Bild 19: Mehrstufiges Cross Docking – kombiniert mit Regional- und Direktverkehren

MEHRSTUFIGE CDC-SYSTEME

Bei entsprechend hohem regelmäßigen Güteraufkommen (Komplettladungen) werden die betreffenden Filialen von den jeweiligen Lieferern bzw. CDCs direkt versorgt, damit unnötige Umladungen vermieden werden. Mehrstufige CDC-Systeme erlauben meist ein noch höheres Maß an Bündelung und damit eine noch höhere Wirtschaftlichkeit bei der Versorgung der Filialen (Kunden) in diesem Logistiksystem.

1.4.4 Logistische Teilsysteme für spezielle Problemlösungen

Neben diesen überwiegend standardisierten Teilsystemen mit ihren Systemkomponenten und Netzstrukturen wurden im Zuge der Spezialisierung auf besondere Aufgaben logistische Teilbereiche mit den entsprechenden Teilsystemen entwickelt, die aufgrund ihrer Besonderheiten für die Lösung spezieller Aufgaben und Probleme besonders geeignet sind.

Zum besseren Verständnis wurde die folgende Darstellung dieser Teilbereiche nach inhaltlichen Gesichtspunkten gegliedert:

- Teilsysteme für **allgemeine** logistische Einzelprobleme

- Teilsysteme für **spezielle** logistische Probleme

- Teilsysteme für **regionale/internationale** Logistik

SPEZIELLE TEILSYSTEME

Teilsysteme für allgemeine logistische Problemlösungen	
Transportlogistik	Optimale Steuerung der Transporte einschließlich Bereitstellung der Transportbehälter, der Umschlageinrichtungen und der Sicherstellung der Sendungsübergabe.
Lagerlogistik	Bereithaltung des optimalen Lagerbestandes bei ständiger Lieferbereitschaft, Kommissionierung, Verpackung, Zusatzleistungen (VAS) wie z. B. Preisauszeichnung, Retourenabwicklung.
	Siehe auch die Anmerkungen unter 1.3.2 und v.a. in Kapitel 3.
Intralogistik	Organisation, Steuerung, Durchführung und Optimierung des innerbetrieblichen Material- und Informationsflusses sowie des Warenumschlags.
	siehe auch: Exkurs Intralogistik, S. 188 ff.

Informationslogistik	Gewährleistung eines reibungslosen Informationsflusses unter Nutzung leistungsfähiger technischer Einrichtungen wie z. B. Lesegeräte und Übertragungsnetze zur fehlerfreien Erfassung und Übermittlung der Informationen. Siehe auch die Ausführungen unter 1.7.2 und 1.7.3.
Behälterlogistik	Für Transport und Lagerung ist eine sichere und saubere, mehrwegfähige Verpackung von größter Bedeutung. Auch wenn Mehrwegverpackungen **insgesamt** meist kostengünstiger sind als Einwegverpackungen, müssen durch sorgfältige Planung und Steuerung die behälterbezogenen Logistikkosten stets überwacht und durch Prozessoptimierung möglichst niedrig gehalten werden. Teilbereiche des Behältermanagements: • Entwicklung neuer (Spezial-)Behälter • Weiterentwicklung bestehender Behälter • Transport der leeren Behälter • Reinigung der Behälter • Lagerung/bedarfsgerechte Bereitstellung • Reparaturen/technische Änderungen • Überwachung des Behältereinsatzes
Ersatzteillogistik	Optimale (schnelle, zuverlässige) Versorgung der Kunden (Bedarfsträger sind in erster Linie Reparaturwerkstätten/Servicestationen) unter Sicherstellung der Verfügbarkeit der Ersatzteile.
Instandsetzungslogistik	Bereithaltung und Bereitstellung von Teilen (Verschleißteilen, Betriebsstoffen usw.) zur Durchführung von bedarfsgesteuerten oder vorbeugenden Wartungsarbeiten mit dem Ziel, die ständige Funktionsfähigkeit von z. B. Einrichtungen, Anlagen, Maschinen, Fahrzeugen sicherzustellen.

Teilsysteme für spezielle logistische Probleme	
Baustellenlogistik	Eine besondere logistische Herausforderung ist die zentrale Steuerung aller Aktivitäten auf Großbaustellen, insbesondere in Ballungsräumen. Wesentliche Aufgaben sind die umweltschonende Zuführung und der Abtransport von Material, die zentrale Herstellung der Grundmaterialien wie z. B. Beton und die sachgerechte, auf die jeweiligen Erfordernisse abgestimmte Steuerung aller Baumaßnahmen, i.d.R. unterstützt durch leistungsfähige Planungs- und Steuerungssoftware (Netzplantechnik).
City-Logistik	Die Belieferung mit Waren, die Auslieferung gekaufter Artikel und der Abtransport von Verpackungsmaterial/-behältern bereitet in den Ballungszentren, vor allem in den Fußgängerzonen/Einkaufsstraßen der großen Städte, zunehmend Schwierigkeiten (enge Zeitfenster für das Befahren der Fußgängerzonen, Lärm- und Schadstoffbelastung). Die Citylogistik entwickelt Konzepte insbesondere zur Bündelung und umweltschonenden Abwicklung dieser logistischen Prozesse (Beispiel: das für Nürnberg entwickelte Konzept ISOLDE – **i**nnerstädtische **s**erviceorientierte **l**ogistische **D**ienstleistung für den **E**inzelhandel).

Krankenhauslogistik	Dieser Aufgabenbereich (Health-Care Logistics) umfasst vielfältige Aktivitäten zur sinnvollen und kostengünstigen Ver- und Entsorgung (z. B. gemeinsame Beschaffung, Großküchen, spezielles Recycling) und wird ständig intensiv erforscht, um möglichst viele Optimierungspotenziale zu identifizieren und zu erschließen. Der Umgang mit den krankenhausspezifischen Materialien und Objekten, wie z. B. infektiösen und/oder radioaktiven Stoffen, erfordert besondere Kenntnisse und einschlägige Spezialisierung.

Regionale Orientierung	
Regionallogistik	Aufbau eines Logistiksystems für spezielle (z. B. landwirtschaftliche) Produkte einer Region, die gesammelt und zentral weiterverarbeitet werden.
Nationale Logistik/ Euro-Logistik	Ein Logistikdienstleister alleine oder ein Zusammenschluss von Spediteuren/Logistikdienstleistern betreibt ein Netzwerk, um schnell, meist in standardisierten Zeiten (24-Stunden-Service oder Anlieferungstag und – je nach Relation – ein, zwei, drei oder vier Tage) die Beschaffung und/oder Distribution von Gütern durchführen zu können.
Internationale Logistik/ Globallogistik	Ein eigenes internationales Netzwerk von Niederlassungen/Büros/Agenten, mitunter auch die Kooperation mit einem Partner in einer Relation versetzt den Spediteur/Logistikdienstleister in die Lage, für einen Kunden weltweit eine reibungslose Beschaffungs- und/oder Distributionslogistik zu gewährleisten. Internationale Arbeitsteilung führt dazu, dass Logistikdienstleister heute auch sehr stark in die Produktionslogistik (Transport zwischen den weltweit dislozierten Produktionsstätten) eingebunden sind.

1.5 Welche logistischen Dienstleistungen lassen sich unterscheiden?

VALUE ADDED
SERVICES

Logistische Dienstleistungen unterscheiden sich hauptsächlich darin, wie komplex und/oder wie speziell sie sind. Die Palette der Dienstleistungen beginnt bei Transport, Umschlag und Lagerung – den traditionellen Leistungen, die ein Spediteur anbietet. Sie wurde im Laufe der Zeit erweitert um zusätzliche Einzeldienstleistungen, sog. Value Added Services, und es wurden umfassende logistische Dienstleistungen wie z. B. die Steuerung einer vollständigen Supply Chain übernommen. Außerdem spezialisierten sich Logistikdienstleister auf den schnellen und zuverlässigen Transport von Paketen und Dokumenten (KEP-Dienste).

TUL-LOGISTIK

TRANSPORT
UMSCHLAG
LAGERUNG

1.5.1 TUL-Leistungen

TUL-Leistungen sind die Grundleistungen Transport, Umschlag, Lagerung, die der Spediteur eigentlich schon immer erbracht hat und die deshalb vielfach auch noch nicht als logistische Leistungen angesehen werden. Diese Streitfrage kann aber auch nicht eindeutig beantwortet werden. Ist eine Transportleistung z. B. Teil einer fertigungssynchronen Anlieferung, handelt es sich natürlich um eine Logistikleistung. Der einfache Transport von Paletten oder Kisten von einem Ort zum anderen ist sicher eine klassische Frachtführerleistung, die der Spediteur auch im Selbsteintritt erbringen kann.

1.5.2 Logistische Einzeldienstleistungen /Value Added Services

Werden einzelne Leistungen erbracht, die nach Art oder Umfang auch über die reinen speditionellen Aktivitäten hinausgehen, so liegen Teildienstleistungen vor, die üblicherweise zu einem logistischen Gesamtkonzept gehören. Häufig ergeben sich solche Dienstleistungen auch als Teilaufgabe in einem umfangreichen Outsourcing-Projekt.[34] Dies können z. B. sein: Externe Lagerhaltung, einfache Montagearbeiten und Produktionstätigkeiten, Reparaturen, Regalpflege, Qualitätskontrolle, Etikettieren, besonderes Verpacken (z. B. Verkaufs-Displays für den Einzelhandel), Informationsdienste, Beratungsleistungen, Inkasso usw.

Grundsätzlich sind die unterschiedlichsten Tätigkeiten denkbar; sie erhöhen den Wert der Produkte, für die diese Tätigkeiten erbracht werden. Daher hat sich dafür der Begriff Value Added Services eingebürgert – Wert hinzufügende Dienstleistungen.

VAS

1.5.3 Umfassende logistische Dienstleistungen

Es bedarf häufig nur einiger weniger Schritte, um die TUL- und/oder Einzeldienstleistungen zu logistischen Komplettlösungen zu verknüpfen. Je nach Anzahl und internationaler/globaler Verflechtung der Unternehmen, die logistisch zusammenarbeiten (= Collaboration) und je nach technischem Schwierigkeitsgrad der Produkte kann es sich um einfache Logistikketten (Versorgungsketten/Supply Chains) oder um komplexe logistische Netzwerke (Supply Nets) handeln.

SUPPLY CHAIN
SUPPLY NET

Dieses umfassende Management der kompletten Supply Chain (SCM) umfasst die Abholung der Güter (Rohstoffe, Halbfabrikate oder Fertigprodukte), enthält die Bereitstellung an den Produktionsstätten und kann auch die Einsortierung der Waren in die Regale des Handels oder die Auslieferung/Zustellung an den Endverbraucher erfordern. Wird dies im Einzelfall noch ergänzt durch die Value Added Services, so wird deutlich, dass dieses Management zunehmend hohe Anforderungen an den Logistikdienstleister stellt. Welche Anforderungen an diese Unternehmen gestellt werden und welche Aufgaben/Rollen sie übernehmen können, zeigen Kapitel 1.8 und 1.9.

Eine Unterscheidung des Umfangs bzw. der Komplexität logistischer Dienstleistungen versucht man auch durch die beiden Begriffe „Verbunddienstleister" (Frachtketten/Speditionsnetzwerke) oder „Systemdienstleister" (Betreiben von Lager-, Bereitstellungs- und Distributionssystemen) auszudrücken.[35] Wenn es sich um komplexe logistische Leistungen für Großkunden handelt wird dies überwiegend als Kontraktlogistik bezeichnet (vgl. Kapitel 1.9.3)

SYSTEMDIENST-
LEISTER
KONTRAKTLOGISTIK

1.5.4 KEP-Dienstleistungen[36]

Folgende typische Erscheinungsformen wurden entwickelt:

Kurierdienste	Persönliche, individuelle Begleitung eines Transportes, für den alle Transportmittel in Frage kommen
Expressdienste	Straff koordinierte, auf technische Systeme gestützte, termintreue Sammeltransporte
Paketdienste	Transporte von Kleinsendungen im System als Sammelladung

Tatsächlich bieten viele Unternehmen Leistungen auch aus Bereichen an, die ihre Firmenbezeichnungen nicht enthalten, z. B. sind viele Paketdienste zugleich als Expressdienstleister tätig.

---

[34] Vgl. Punkt 1.1.1, S. 9
[35] Vgl. Pfohl, Hans-Christian. Entwicklungstendenzen auf dem Markt logistischer Dienstleistungen, S. 7 in: Pfohl, Hans-Christian (Hrsg.) Güterverkehr – Eine Integrationsaufgabe für die Logistik, Berlin 2003
[36] Voraussetzung für wettbewerbsfähige KEP-Dienstleistungen ist ein gut ausgebautes Netzwerk. Das Themengebiet KEP-Dienste ist daher mit diesem Schwerpunkt auch Bestandteil des Kapitels Systemverkehre in Band 1.

Im Laufe der Zeit haben sich je nach Leistungsschwerpunkt unterschiedliche Formen herausgebildet.

KURIERDIENSTE

Kurierdienste: Sie befördern Dokumente/Kleinstsendungen auf nationalen und internationalen Relationen, z. B. Citykurier (Stadtkurier), Fahrradkurier, Botendienste, Taxi-/Autokurier, Direktkurier, Sameday-Kurier, Overnight-Kurier, internationaler Kurier[37].

EXPRESSDIENSTE

Expressdienste: Sie bieten einen schnellstmöglichen Transport von gewichtsmäßig nicht beschränkten Gütern an, z. B. Sameday-Express, Innight-Express, Overnight-Express, Express-Frachtdienst.

PAKETDIENSTE

Paketdienste: Im Regelfall werden Packstücke bis zu einem Gewicht von 31,5 kg und einem bestimmten maximalen Gurtmaß (= Summe aus größter Länge des Packstücks und dem Umfang) befördert, z. B. Paketpost, Paketdienst.

Je nach transportiertem Gegenstand oder Zusatzservice kann es sich bei den transportierten Gütern auch um Gefahrgut-Transporte oder Nachnahmen handeln.

Die KEP-Dienste haben ihre Allgemeinen Geschäftsbedingungen aus den ADSp entwickelt; zur Risikoabsicherung versichern einige Paketdienste die Sendungen automatisch bis zu 750,– €. Außerdem bieten die meisten Dienste eine Höherversicherung gegen Zusatzprämie an. Die Haftungsregelung für andere als Güterschäden ist unterschiedlich. Informationen dazu stellen die KEP-Dienstleister für ihre Kunden immer aktuell auf ihren Webseiten zur Verfügung.

1.6 Welche Vertragsgrundlagen gelten?

1.6.1 Die Ordnung der rechtlichen Regelungen

Die Ordnung der rechtlichen Regelungen	
• **Individuelle Regelung**	Spezielle Vereinbarung aller vertraglichen Einzelheiten zwischen den Partnern von Logistikverträgen.
• **Vertragsbedingungen**	Allgemeine Bestimmungen, umfangreiche einzelne Regelungen, die in den Gesetzen nicht detailliert enthalten sind und diese ergänzen.
• **Gesetze**	Grundlegende Regeln, die den Rahmen für die Erfüllung des Logistikvertrags festlegen. Vermehrt bestimmen internationale rechtliche Standards die Abwicklung logistischer Prozesse (vgl. Kapitel 1.6.5)

STANDARDS

VERTRAGSFREIHEIT

Wenn geprüft werden muss, welche Regelungen angewandt werden können, so wird, dem Grundsatz der Vertragsfreiheit folgend, in der angegebenen Reihenfolge vorgegangen, d.h.

– Vorrang haben die Einzelabsprachen,

– ergänzend gelten allgemeine Vertragsbedingungen, die angewandt werden können.

– Gesetzliche Regelungen werden herangezogen, wenn Streitfragen in den Einzelabsprachen und in den allgemeinen Vertragbedingungen nicht geregelt sind.

1.6.2 Gesetzliche Bestimmungen

Die wesentlichen gesetzlichen Grundlagen für das Handeln des Logistikdienstleisters sind im HGB geregelt. Dieses bildet den Rahmen für die Gestaltung von Logistikverträgen. Weitere allgemeine Regelungen des BGB, z. B. Bestimmungen des Schuldrechts und des Sachenrechts, ergänzen bzw. vervollständigen diesen Rahmen.

Sofern z. B. der überwiegende Teil der Leistungen eines Logistikdienstleisters für einen Kunden aus Lagerleistungen besteht, werden überwiegend die Bestimmungen des HGB zum Lagervertrag zugrunde gelegt. Ergänzend ist die Vereinbarung allgemeiner Vertragsbedingungen denkbar, z. B. die Vereinbarung der ADSp.[38]

---

37 Wegen der hohen Kosten werden internationale Kuriere nur sehr selten eingesetzt.
38 Die rechtlichen Regelungen zur Lagerei nach HGB und ADSp sind im Kap. 3, Lagerleistungen anbieten und organisieren, ausführlich dargestellt.

1.6.3 Allgemeine Vertragsbedingungen

Bereits 1927 wurden die Allgemeinen Deutschen Spediteurbedingungen ADSp von den an einem Speditionsvertrag beteiligten Vertragspartnern (Spediteure, Verlader, Versicherungsunternehmen) gemeinsam verabschiedet (s. auch Band 1) und seitdem angewandt, zuletzt in der aktualisierten Fassung vom 1.1.2003.

ADSP

Infolge der Änderungen im Seehandelsrecht sollten die ADSp erneut aktualisiert werden. Am 18. September 2015 erklärten die Verlader die Vertragsverhandlungen jedoch für gescheitert und empfahlen, künftig neue, von ihnen verfasste Transport- und Lager-AGB als Vertragsgrundlage zu verwenden, die Deutschen Transport- und Lagerbedingungen DTLB. Als eine wesentliche Änderung enthalten diese eine höhere Haftung, 8,33 SZR je Kilogramm, wie sie auch im HGB festgelegt ist.

DTLB

Mit Wirkung vom 01.01.2016 hat daraufhin der Deutsche Speditions- und Logistikverband DSLV eine überarbeitete Fassung der ADSp, die ADSP 2016 verabschiedet und zur Anwendung empfohlen. Eine wesentliche Änderung ist die Angleichung der Haftungshöhe, ebenso 8,33 SZR je Kilogramm. Diese Neufassung der ADSp vermindert die inhaltlichen Unterschiede zwischen DTLB und ADSp erheblich. Es bleibt daher abzuwarten, welche Vertragsbedingungen sich künftig auf dem Markt behaupten werden, zumal die DTLB auch seitens der Verlader noch nicht allgemein akzeptiert wurden. Sollten beide Vertragsbedingungen bestehen bleiben, muss zwischen den Partnern eines Speditionsvertrags festgelegt werden, welche Bedingungen gelten sollen.

Auf logistische Leistungen, die vielfältiger und umfassender sind als reine speditionelle Logistikaktivitäten, z. B. Montagearbeiten, Waren-/Qualitätsprüfung, Fashion Service in der Textillogistik und andere sog. Value Added Services, sind die ADSp nicht anwendbar. Dann sollte geprüft werden, ob die Logistik-AGB angewandt werden können (vgl. Kapitel 1.9.3, S. 78).

LOGISTIK-AGB

1.6.4 Individuelle Vertragsgestaltung

Somit sind es individuelle Vereinbarungen, die als vertragliche Grundlage für umfassende, vielfältige logistische Dienstleistungen dienen. Der richtige Vertrag – möglichst knapp, aber vollständig und übersichtlich – ist die wichtigste Voraussetzung für eine reibungslose Zusammenarbeit zwischen Auftraggeber und Logistikdienstleister.

Das Aushandeln dieser Vertragsbedingungen für Einzelfälle ist meist mit einem sehr hohen Zeitaufwand verbunden. Üblicherweise handelt es sich dabei um Vertragsbeziehungen, die längere Zeit bestehen. Der hohe Zeitaufwand ist daher durchaus gerechtfertigt.

Die Schwierigkeit besteht zumeist darin, dass aufgrund der vielfältigen Tätigkeiten der Logistikdienstleister bei der Auftragserfüllung sehr unterschiedliche rechtlich bedeutsame Rollen übernimmt. Er ist z. B. nicht nur Spediteur, sondern kann ggf. auch Frachtführer, Hersteller, Händler, Monteur, Zwischenfinanzierer und Investor sein. Besonders deutlich wird dies in Outsourcing-Verträgen. Verträge, die vor allem hinsichtlich Komplexität und Vertragslaufzeit derart herausragen, werden vorwiegend für die vertragliche Gestaltung und Festlegung der Rechte und Pflichten von Logistikpartnern in Kontraktlogistikprojekten geschlossen. Deshalb sind wesentliche Einzelheiten zur Gestaltung von Outsourcing-Verträgen im Kapitel über Kontraktlogistik (Kapitel 1.9.3) aufgeführt.

OUTSOURCING-VERTRÄGE
VERTRAGSLAUFZEIT

KONTRAKTLOGISTIK

1.6.5 Standards in der Logistik

(1) Allgemeines

Neben gesetzlichen Regelungen (national und international) und allgemeinen Vertragsbedingungen wurden Standards für vorwiegend internationales Supply Chain Management in unterschiedlichsten Bereichen entwickelt; sie unterstützen insbesondere arbeitsteilige Aufgabenerfüllung, weil jeder der Beteiligten seine Aufgaben, die standardisierten Rahmenbedingungen und die Anforderungen im Einzelnen kennt. Insbesondere das für Logistikprojekte erfolgsentscheidende reibungsfreie Schnittstellenmanagement (= Verbundstellenmanagement; s. Kapitel 1.1.2) wird dadurch besser und sicherer.

SCHNITTSTELLEN-MANAGEMENT

Diese Standards im Bereich der Logistik sind international, vielfach weltweit bekannt und anwendbar. Es gibt Standards, die **verbindlich** anzuwenden und damit Gesetzen gleichzustellen sind. Daneben wurden jedoch auch viele Standards geschaffen, deren Anwendung zwar nicht zwingend ist sondern **auf freiwilliger Basis** erfolgt, die jedoch vorwiegend aus Wettbewerbsgründen auch von den meisten Logistikdienstleistern angewandt, letztlich also vom Markt aufgezwungen werden.

WETTBEWERB

Gründe für die Entwicklung und Anwendung der Standards im Einzelnen:

QUALITÄT
- Hohe Anforderungen an die Qualität logistischer Dienstleistungen.

KOMPLEXITÄTS-
REDUZIERUNG
- Verbesserte Transparenz und Komplexitätsreduzierung.

GLOBAL SOURCING
- Abkehr vom single sourcing zu multiple/international/global sourcing. Dadurch entstehen mehr Verbundstellen zu (oft auch kulturell) unterschiedlichen Partnern, die jedoch in der Supply Chain gleichen, strengen Qualitätsanforderungen unterliegen und deshalb reibungslos beherrscht werden müssen.

SICHERHEITSBEDARF
- Vermehrter Sicherheitsbedarf, vorbeugende Gefahrenabwehr.

UMWELTSCHUTZ
- Höhere Anforderungen an den Umweltschutz. Im Folgenden soll ein vereinfachter Überblick über die wichtigsten Standards gegeben werden. Diese sind entsprechend ihren Hauptwirkungsbereichen zusammengefasst in die Gruppen

HAUPTWIRKUNGS-
BEREICHE
- Qualitätsstandards
- Umweltschutzstandards
- Sicherheitsstandards, IT-Sicherheitsstandards
- Transportmanagementstandards (Seetransport, Lufttransport, spezielle Transporte)
- Außenhandelsstandards
- Produktions-/sonstige Standards.

(2) Standards zur Verbesserung der Qualität

QUALITÄT
TOTAL QUALITY
MANAGEMENT
TQM

Qualität hat sich im Wettbewerb der Logistikdienstleister untereinander zu einem der entscheidenden Erfolgsfaktoren entwickelt; Total Quality Management TQM mit Hilfe eines Qualitätsmanagementsystems und Standards, deren nachweisliche Einhaltung zur Zertifizierung eines Unternehmens führen, sind daher so wesentlich, dass sie ausführlich im Kapitel 1.8 erläutert und deshalb in dieser kurzen Übersicht nicht weiter dargestellt werden. Die nachfolgenden Standards enthalten Qualitätsnormen für spezielle Bereiche.

Bezeichnung:	HACCP (Hazard Analysis Critical Control Point)
Inhalt	Dieser internationale Standard ist gesetzlich für Lebensmittelhersteller und Händler vorgeschrieben. Zertifizierte Unternehmen weisen damit nach, dass sie nur qualitativ hochwertige, sichere Produkte auf den Markt bringen; die dafür notwendigen logistischen Prozesse und Hilfsmittel (Überwachung, Behälterreinigung) gehören ergänzend dazu.

Bezeichnung:	ISO TS 16949
Inhalt	Diese **T**echnische **S**pezifikation enthält die Anforderungen an das Qualitätsmanagementsystem der amerikanischen und europäischen Automobilzulieferer. Der Standard muss nicht angewandt werden; allerdings ist die Beachtung dieser Vorgaben aus Wettbewerbsgründen praktisch unverzichtbar.

Bezeichnung:	ISPM 15 (International Standard for Phytosanitary Measures)
Inhalt	Für die Verpackung und/oder den Transport von Gütern wird vielfach Holz in Form von Kisten, Euro-Paletten u.ä. verwendet. Um die Einfuhr von Schädlingen in diesem Holz (nur Vollholz ab 6 mm) zu verhindern, schreiben immer mehr Länder vor, für Importe eine genau festgelegte Behandlung des Holzes mit diesem Zertifikat nachzuweisen.

(3) Standards zum Schutz der Umwelt

Ähnlich wie das Qualitätsmanagement kann auch erfolgreiches Umweltmanagement zertifiziert werden und ist zusammen mit weiteren Standards (z. B. Ermittlung und Nachweis des Carbon Footprint) neben seiner gesamtgesellschaftlichen Bedeutung für den Umweltschutz unverzichtbar im Wettbewerb. Daher sind die wesentlichen Standards zu Green Logistics ausführlich im Kapitel 1.9.4 erläutert. Die nachfolgenden Standards regeln Umweltfragen für spezielle Umweltschutzbereiche.

UMWELTSCHUTZ
GREEN LOGISTICS

Bezeichnung:	SQAS (Safety and Quality Assessment System)
Inhalt	Dieser weltweit gültige, freiwillige Standard enthält ein Bewertungsinstrument für den Bereich der chemischen Industrie. Ziel ist eine lückenlose Sicherheitskette vom Hersteller bis zum Endkunden.

Bezeichnung:	Standards für Gefahrguttransporte
Inhalt	Alle nachfolgend aufgeführten Standards enthalten die Sicherheitsvorschriften und regeln die Verfahrensweisen für den Transport von Gefahrgut durch den jeweiligen Verkehrsträger. Sie sind national bzw. europaweit oder auch weltweit zwingend anzuwenden. – ADR (European Agreement Concerning the international Carriage of Dangerous Goods by **Road**) – RID (Règlement concernant le transport international **ferroviaire** des marchandises dangereuses) – IMDG-Code (International **Maritime Dangerous Goods**-Code) – IATA-DGR (International **Air Transport** Association-Dangerous Goods Regulations)

(4) Standards zur Erhöhung der Sicherheit/IT-Sicherheit

Die hier aufgeführten Standards sind allgemeine, nicht auf einzelne Verkehrsträger ausgerichtete Standards. Diese werden bei den Verkehrsträgern Seeverkehr und Luftverkehr erläutert.

Bezeichnung:	TAPA/TAPA EMEA (Transported Asset Protection Association Europe, Middle East and Africa)
Inhalt	In der **TAPA-Vereinigung** sind auf internationaler Ebene Hersteller, Logistikdienstleister, Frachtführer, Strafverfolgungsbehörden und anderen Beteiligte zusammengeschlossen. Ziel des Zusammenschlusses ist es, Verluste in der Supply Chain zu verringern. Die TAPA-Sicherheitsanforderungen sind weltweit als Standard für Logistikdienstleistungsunternehmen und für Transportsicherheit anerkannt; die Einhaltung der Standards wird durch Zertifizierung nachgewiesen. Der **TAPA EMEA Incident Information Service** (IIS) sammelt ständig Daten von Diebstählen/Überfällen etc. und stellt sie zur Verfügung. So können im Vorfeld Maßnahmen zum Schutz der Güter während des Transportes ergriffen werden. Außerdem unterstützen diese Informationen die Ermittlungen der Polizei. Es finden regelmäßige Treffen der Mitglieder zum Erfahrungsaustausch und zur Entwicklung weiterer Schutzmaßnahmen statt.

Bezeichnung:	Taliban-Resolution
Inhalt	Die wesentlichen dieser vom Sicherheitsrat der Vereinten Nationen in mehreren Resolutionen beschlossenen Maßnahmen sind: (1) Verbot der Lieferung von Rüstungsgütern und dazugehörigem Material an terroristische Vereinigungen oder Einzelpersonen (Listen mit den Namen werden ständig aktualisiert und stehen den Unternehmen zur Verfügung) (2) Finanzsanktionen: Sperre von Geldern und wirtschaftlichen Ressourcen. Als wirtschaftliche Ressourcen gelten Vermögenswerte jeder Art, unabhängig davon, ob sie materiell oder immateriell, beweglich oder unbeweglich sind, insbesondere Immobilien und Luxusgüter. Personen und Institutionen, die Gelder verwalten oder Kenntnisse über wirtschaftliche Ressourcen haben, von denen anzunehmen ist, dass sie betroffen sind, müssen dies unverzüglich melden.

Bezeichnung:	ISO 27001 (IT-Sicherheit – Information security management systems – Requirements)
Inhalt	Das international anerkannte, freiwillige Zertifikat weist gegenüber Kunden und Partnern einen festgelegten Qualitäts- und Sicherheitsstandard für IT-Systeme fest. Schwerpunkte sind sowohl die Informationstechnik selbst als auch die Geschäftsprozesse, die mit Hilfe des IT-Systems abgewickelt werden.

(5) Standards für Hafenaktivitäten und Seetransporte

Bezeichnung:	ISPS-Code (International Ship and Port Facility Security-Code)
Inhalt	ISPS, ein weltweit zwingender Standard, umfasst ein Paket von Maßnahmen zur Gefahrenabwehr für Schiffe und Häfen, um die Sicherheit in der Lieferkette sicherzustellen und zu verbessern. Nahezu alle **Schiffe**, die einen Hafen anlaufen, müssen zuvor übermitteln, welche Ladung sich an Bord befindet. Die Hafenbehörden haben umfangreiche Kontrollrechte. **Hafenanlagen** dürfen gemäß ISPS-Code nur noch von bestimmten Personen betreten werden; diese bekommen für die Dauer ihres Aufenthalts im Hafen eine Aufenthaltserlaubnis. Federführend ist die International Maritime Organisation (**IMO**).

Bezeichnung:	CSI (Container Security Initiative)
Inhalt	Dieser freiwillige, weltweit aus Wettbewerbsgründen angewandte Standard ist vor allem im Handel mit den USA bedeutsam. 24 Stunden **vor der Beladung** des Schiffes müssen die Container und deren Inhalt, die für die USA bestimmt sind oder auch mit dem Schiff den US-Hafen zur Weiterfahrt wieder verlassen (Foreign cargo remaining on board – **FROB**), den US-Behörden mit Hilfe des **Automated Manifest Systems AMS** gemeldet werden.

Bezeichnung:	SOLAS – Abkommen (einschl. einer wesentlichen Ergänzung)
Inhalt	Das Abkommen (SOLAS – Safety of Life at Sea) wurde 1914 von der IMO nach dem Titanic-Unglück beschlossen. Es enthält u.a. Vorschriften über die Ausstattung von Schiffen.
	In einer Ergänzung, die 2014 von der IMO beschlossen wurde, wird vorgeschrieben, dass vor der Verladung eines Containers an Bord eine bestätigte Gewichtsangabe (des Containers im Ganzen oder als Summe des leeren Containers zuzüglich des Gewichts aller Einzelsendungen und sonstiger Inhalte des Containers) als Grundlage für die sichere Beladung des Schiffs vorzulegen ist. Diese Gewichtsbestätigung ist ab dem 1. Juli 2016 vorgeschrieben.

Bezeichnung:	ISO PAS 17712 Hochsicherheitsplomben
Inhalt	Alle Container, die in die USA transportiert werden, müssen mit diesen zertifizierten Plomben gesichert sein; der Hersteller der Plomben muss darüber hinaus ein Qualitätsmanagementsystem gemäß dem Standard ISO 9001 (siehe Kapitel 1.8.5) nachweisen.
	Anwendungsvorschriften für diese Plomben sind auch in den Standards ISPS und C-TPAT enthalten.

(6) Standards für Lufttransporte

Bezeichnung:	Reglementierter Beauftragter
Inhalt	Reglementierte Beauftragte sind Luftfahrtunternehmen, Agenturen, Spediteure oder sonstige Stellen, die die Sicherheitskontrollen für Fracht oder Post gewährleisten. Meist übernimmt der Sicherheitsbeauftragte diese Aufgaben. Er ist für das Luftsicherheitsprogramm im Unternehmen verantwortlich und koordiniert die Maßnahmen für die Zugangskontrolle und zur Überwachung der Lagerhalle.

Bezeichnung:	Bekannte (zertifizierte) Versender
Inhalt	Seit dem 28. April 2013 kann nur noch Luftfracht von zertifizierten bekannten Versendern ohne zusätzliche Sicherheitsuntersuchung an Bord eines Flugzeugs verladen werden. Die Zertifizierung durch das Luftfahrt-Bundesamt kann für Verlader ein wesentlicher Vorteil sein.
	Mit dem Zertifikat „bekannter Versender" wird garantiert, dass ihre Sendungen keine gefährlichen oder verbotenen Güter enthalten.

Bezeichnung:	Cargo 2000
Inhalt	Die Interessengruppe Cargo 2000 hat einen freiwilligen, weltweit einheitlichen Qualitätsstandard entwickelt; die Mitglieder dieser Interessengruppe (z.B. Spediteure, Carrier) haben Leistungsgrößen (z.B. vorgegebene Zeiten für die Dauer eines bestimmten Transportes) entwickelt die es ermöglichen, Leistungen der Cargo-2000-Mitglieder hinsichtlich der Qualität, z.B. hinsichtlich der Zuverlässigkeit, zu vergleichen und zu bewerten.

(7) Standards für besondere Transporte – Beispiel Kühltransporte; Tiertransporte

Bezeichnung:	CCQI (Cool Chain Quality Indicator)
Inhalt	Der CCQI Industrie-Standard wurde gemeinsam von der Cool Chain Association (CCA), einem Zusammenschluss international innerhalb der Kühlkette tätigen Unternehmen und der Klassifikationsgesellschaft Germanischer Lloyd (GL) entwickelt. Dieser Standard ermöglicht es, Zuverlässigkeit, Qualität und Leistungsvermögen von Unternehmen in der Kühlkette bei der Beförderung verderblicher und temperaturempfindlicher Produkte zu bewerten und nachzuweisen.

Bezeichnung:	Tiertransportverordnung
Inhalt	EU-weit zwingend für Tiertransporte auf dem Land- oder Seeweg anzuwenden.

(8) Standards für Außenhandelsaktivitäten

Die Darstellung der vielfältige Details regelnden Vorschriften bzw. Standards zur Abwicklung der Ein- und Ausfuhrprozesse (z. B. ECS – Export Control System/ECCN – Export Control Classification Number oder AES – Automated Export System, in der EU einheitlich als IT-Verfahren ATLAS – Automatisiertes Tarif- und Lokales Zollabwicklungssystem eingeführt) muss in dieser kurzen Übersicht unterbleiben.

Bezeichnung:	Incoterms (International commercial terms) 2010 ERA 600 (Einheitliche Richtlinien und Gebräuche für Dokumenten-Akkreditive) UCP 600 (Uniform customs and practice for documentary credits)
Inhalt	Die Incoterms 2010, freiwillig anzuwenden, bestehen aus 11 unterschiedlichen Klauseln, die für die jeweils vereinbarte Transportart die Rechte und Pflichten der Vertragspartner bezüglich aller direkt und indirekt mit dem Transport und der Lieferung der gekauften Güter zusammenhängenden Fragen regeln. Sie vereinfachen den einvernehmlichen Abschluss internationaler Verträge damit ganz erheblich. Die Einheitlichen Richtlinien (ERA / UCP) regeln die gegenseitige Absicherung der im Kaufvertrag vereinbarten finanziellen Aspekte des Kaufs, z. B. die Zahlungsabwicklung.

Bezeichnung:	AEO (Authorized Economic Operator)
Inhalt	EU-weit gegenseitig anerkannter, im internationalen Warenverkehr zwingender Status zur Erhöhung der Sicherheit von Verzollungen. Die AEO, zertifizierte Personen im Unternehmen, ermöglichen Erleichterungen/Beschleunigungen bei der Abwicklung der Zollverfahren. Den Status gibt es in drei Ausprägungen, AEO C, AEO S sowie AEO F.

Bezeichnung:	C-TPAT (Customs – Trade Partnership against Terrorism)
Inhalt	C-TPAT ist ein freiwilliger, aber infolge Wettbewerbsdrucks weit verbreiteter Standard, wesentlich für US-Importe. Er stellt das Gegenstück zum AEO-Konzept in der EU dar und soll die Sicherheit der Warenversorgung im US-Handel gewährleisten. Bei Anwendung der damit verbundenen Sicherheitsstandards (z. B. auch Hochsicherheitsplomben) gewähren die US-Zollbehörden eine bevorzugte Behandlung.

(9) Produktions-/sonstige Standards

Bezeichnung:	GMP (Good Manufactoring Practice)
Inhalt	Die Gute Herstellungspraxis für Arzneimittel und Wirkstoffe ist weltweit in unterschiedlichen Vorschriften festgelegt. Der Standard enthält Methoden, die bei der Herstellung, der Verpackung und/oder bei der Lagerung von Arzneimitteln sowie bei Kontrollen anzuwenden sind, damit die vorgeschriebenen Qualitätsmerkmale gewährleistet werden können. Die Einhaltung der GMP-Vorschriften wird von den Gesundheitsbehörden überwacht. Der Standard ist neben anderen Regelungen auch für Futtermittel-Lieferanten, -Hersteller, - Händler und Frachtführer eine wichtige Vorschrift.

Bezeichnung:	FDA (Food and Drug Administration)
Inhalt	Die FDA ist eine US-Behörde, die sicherstellen soll, dass – Lebensmittel sicher, gesund und hygienisch sind, dass – Medikamente für Mensch und Tier, biologische Produkte und medizinische Geräte qualitativ einwandfrei sind sowie – kosmetische Produkte und elektronische/strahlende Geräte den Vorschriften entsprechen. Die FDA-Bestimmungen werden in vielen Fällen als internationale Kontrollstandards anerkannt.

Die kurze Darstellung zeigt Beispiele für unterschiedlichste Standardisierungen in der Logistik; es ist davon auszugehen, dass neben der großen Zahl weiterer Regelungen, die in dieser Übersicht nicht enthalten sind, zukünftig noch in erheblichem Umfang weitere Standardisierungen vorgenommen und die bestehenden aktualisiert und erweitert werden.

1.7 Welche Aufgaben erfüllt die Digitalisierung

Für die Abwicklung logistischer Aktivitäten ist eine leistungsstarke IT-Unterstützung schon seit langem unverzichtbarer Bestandteil der Auftragserledigung erfolgreich arbeitender Logistikdienstleister. Die Zunahme der Interaktionen zwischen Auftraggebern und Logistikdienstleistern, verbunden mit einer gleichermaßen zunehmenden Aufgabenkomplexität sowie mit steigenden Anforderungen an Schnelligkeit und Zuverlässigkeit, erfordert jedoch ständig verbesserte bzw. neue digitale Möglichkeiten zur Auftragsabwicklung. Dies führt zu einer immer umfassenderen Vernetzung und beständig steigenden Anzahl und Vielfalt von Aufgaben, die nur mit Hilfe der Digitalisierung erfolgreich erledigt werden kann.

1.7.1 Logistik 4.0

(1) Bedeutung

Seit der Hannover Messe 2011 wird allgemein der Begriff Industrie 4.0 diskutiert; man spricht in diesem Zusammenhang auch häufig von der dadurch eingeleiteten vierten industriellen Revolution. Grundlage dafür ist eine alle Bereiche umfassende Ausweitung der Digitalisierung.

VIERTE INDUSTRIELLE REVOLUTION

Einen Schwerpunkt bildet dabei die Umstellung der Produktion hin zu mehr auftragsbezogener Fertigung und zu verminderten Losgrößen bis zur Losgröße 1.

Diese Veränderungen haben natürlich einen erheblichen Einfluss auf die dafür notwendigen logistischen Aktivitäten. Die Logistik im Zeitalter von Industrie 4.0 wird deshalb auch als Logistik 4.0 bezeichnet.

(2) Entwicklung

Zur Verdeutlichung der möglichen Entwicklung von Logistik 4.0 im Zuge der Entwicklung von Industrie 4.0 sollen nachfolgend Erwartungen der Beteiligten und Empfehlungen für die Logistikdienstleister kurz dargestellt werden.

Erwartungen der Beteiligten

- Verbesserte Kommunikation durch umfassende Vernetzung.

- Verbessertes Wissensmanagement zur Steigerung der Innovationsfähigkeit.

- Verbesserte, schnellere internationale Zusammenarbeit.

- Verbesserung des CRM durch leistungsfähigere Systeme (mehr Daten, bessere Auswertung u.a., verbesserte Nutzungsmöglichkeiten).

- Verbesserte Zusammenarbeit und Ausweitung der Kooperationsmöglichkeiten.

- Schnelles Tracking und Tracing mit umfassender Transparenz und zuverlässigen Informationen über Art und Herkunft der Güter.

- Mehr Effizienz durch schnelleres Arbeiten.

- Arbeitserleichterung durch zentrales Datenmanagement.

- Planung und Steuerung der Produktion und der damit verknüpften Intralogistik (Produktionslogistik).

- Weiterentwicklung von elektronischen Marktplätzen (Verfügbarkeit, Funktionalitäten, Zahl der Teilnehmer).

- IT-Integration in der Supply Chain (Lieferanten, LDL, Kunden) um gemeinsam besser planen und damit produktionsorientiert Einkaufsmengen sowie Lagerbestände genauer festlegen zu können. Ziele sind hier vor allem Kosten- und Ausfallrisikominimierung.

Empfehlungen für die Logistikdienstleister

- Logistikdienstleister müssen stets die Entwicklung von Industrie 4.0 im Auge behalten, um rechtzeitig bei Bedarf die dann nachgefragten, neuen Dienstleistungen ihren Kunden anbieten zu können, ggf. zusätzlich gestützt auf eine dazu notwendige, angepasste IT-Infrastruktur.

- Logistikdienstleister sollten prüfen, welche zusätzlichen, neuen Dienstleistungen/VAS sie ihren Kunden, gestützt auf neue Strukturen und Verfahren der Industrie 4.0, anbieten können.

- Damit eine IT-gestützte Zusammenarbeit im Verlauf weiterentwickelter Dienstleistungen reibungslos und ohne Zeitverlust infolge langwieriger Umstellungsmaßnahmen möglich ist, müssen die LDL über leistungsfähige IT-Systeme verfügen, die einfach und rasch mit den Systemen der Kunden vernetzt werden können (keine sog. „Insellösungen" beim Auf- bzw. Ausbau der IT-Systeme des LDL).

- Ein mit den Kundensystemen gut vernetztes IT-System erleichtert es auch, einen - immer wichtigeren – hohen Datenschutz und größtmögliche Datensicherheit zu erreichen.

- Zur vereinfachten und beschleunigten Zusammenarbeit mit den Verladern wird die Vernetzung des Telematik-Systems des Frachtführers mit dem System des Verladers an Bedeutung zunehmen; die Frachtführer sollten dies anbieten.

- Verstärkte Digitalisierung komplexer Einsatzplanungen (Disposition) durch die Verwendung von Planungs- und Optimierungssoftware (Supply Chain-Planning and Optimization-Solutions SCP&O).

- Prognosen von Fachleuten zufolge werden sich im Verlauf der Industrie 4.0-Weiterentwicklung die Datenmengen innerhalb von jeweils 10 Jahren vertausendfachen. Die IT-Systeme des LDL müssen so eingerichtet sein, dass eine reibungslose ständige Anpassung an die Entwicklung der Datenmenge möglich ist.

(3) Beispiele

Zahlreiche Beispiele zeigen, welchen Umfang die Digitalisierung in der Logistik bereits erreicht hat; darüber hinaus sind weitere Anwendungsmöglichkeiten bereits in der Erprobung, neue Anwendungsvorschläge kommen ständig zu den intensiv diskutierten Möglichkeiten hinzu:

- Der digitale Tachograph wird in zunehmendem Umfang auch zur Erfassung, Speicherung und betrieblichen Auswertung einer Vielzahl von Daten genutzt.

- Flottenmanagementsysteme bieten einen stets aktuellen Überblick über den Einsatz der Fahrzeuge und liefern Daten, z.B. Verschleißdaten zur Planung von Wartungsarbeiten sowie Verbrauchsdaten und Angaben über das Fahrverhalten als Basis für die Weiterbildung der Fahrer mit dem Ziel eines wirtschaftlichen Fahrzeugeinsatzes.

- Mit einem Routenkalkulator, gestützt auf eine Karte mit den geographischen Angaben wie z.B. Entfernungen, lassen sich optimierte Reihenfolgen und damit Streckenverläufe ermitteln; dieses Ergebnis kann, je nach Leistungsfähigkeit des Routenkalkulators, ergänzt werden um Zusatzinformationen zur Maut (z.B. Kosten) und Einschränkungen wie z.B. sog. Lichtraumprofile, die bestimmte Lkw in ihren Durchfahrmöglichkeit beeinträchtigen.

- Tests mit selbstfahrenden Lkw zeigen die weitreichenden Möglichkeiten der Digitalisierung, regen aber in zunehmendem Maße auch die Diskussion über Kosten und Sicherheit dieser Systeme an.

- Der Datenaustausch mit den Zollbehörden ist bereits Alltag in den Büros der Logistikdienstleister.

- Sind in einem IT-System alle Unternehmensdaten umfassend erfasst und im System sofort und direkt verfügbar wird es der Unternehmensführung dadurch möglich, zur effektiven und effizienten Steuerung ein sog. MIS (Management-Information-System) zu nutzen. Je nach Leistungsfähigkeit der Systeme erleichtern sie z.B. unterschiedlichste Analysen, bieten Lösungen für Dokumenten-Management, Vertragsmanagement u.ä. und dienen auch der raschen und umfassenden Erstellung von Berichten.

- Logistikdienstleister müssen sich – zunehmend in immer kürzeren Zeitabständen, für manche Kunden sogar häufiger als jährlich – an Ausschreibungen beteiligen. Entscheidender Erfolgsfaktor ist eine gut und umfassend strukturierte Standardisierung dieser Ausschreibungen. Sie hilft, durch Strukturierung der Informationen seitens des anfragenden Unternehmens, oft sehr zeitaufwändige Rückfragen zu vermeiden und führt so zu richtigen und aussagefähigen Angeboten. Nur so lässt sich die zunehmende Ausschreibungsflut (s. auch Tendermanagement Kap. 6.5.5) effektiv und effizient bewältigen, die bei den Logistikdienstleistern zu einem immer größer werdenden Zeitaufwand führen.

  Ausschreibungen sind allerdings für den Unternehmenserfolg ein immer wichtigeres Marketing-Instrument und als Aushängeschild für den LDL ein wesentlicher Wettbewerbsfaktor.

- Die zunehmende Anbahnung von Frachtverträgen über Frachtenbörsen erleichtert zwar das speditionelle Tagesgeschäft. Andererseits wird es dadurch vielfach schwerer, den hohen Sicherheits- und Qualitätsansprüchen der Verlader gerecht zu werden, da der Disponent oder der Auftraggeber in Industrie bzw. Handel in vielen Fällen den Frachtführer und dessen Zuverlässigkeit und Leistungsfähigkeit nicht kennt. Vor diesem Hintergrund wird die Qualitätsoffensive des Bundesverbands Güterkraftverkehr, Logistik und Entsorgung BGL verständlich; analog zu dem „Bekannten Versender" in der Luftfracht soll an registrierte Transortunternehmen ein Gütesiegel „**Bekannter Transporteur** (Trusted Carrier)" vergeben werden.

- Der papierlose Einsatz von Frachtpapieren soll verstärkt werden. Als Beispiel kann auf die langjährigen Anstrengungen der IATA hingewiesen werden, die Anwendung des e-AWB voranzubringen.

- Die Anforderungen an Zustellsysteme im Online-Handel werden im Zuge der Ausweitung von E-Commerce selbst und der damit einhergehenden Umstellung auf M-Commerce (mobile commerce unter Nutzung von Tablets und Smartphones) enorm zunehmen. Damit nimmt auch die Notwendigkeit zu, durch effektive und effiziente Konsolidierung die Probleme der letzten Meile kostengünstig zu verbessern. Gleichzeitig müssen die IT-Systeme in der Lage sein, digitales Bezahlen zuverlässig zu ermöglichen.

- Transparenz sowie eine lückenlose Rückverfolgbarkeit, gestützt auf eine leistungsfähige Datenerfassung und Auswertung, sind unabdingbare Voraussetzungen für Zuverlässigkeit und Sicherheit in einer Supply Chain.

- Die Ausstattung von Wechselbrücken mit speziellen GPS-Modulen eröffnet mehrere, in ihrem Gesamtumfang heute noch nicht absehbare Möglichkeiten der Steuerung und Qualitätsüberwachung.
  Zum einen kann damit z.B., eingebunden in das Flottenmanagementsystems (s.o.) eines Logistikdienstleisters, der Einsatz von Wechselbrücken gesteuert und überwacht werden; insbesondere bei Begegnungsverkehren (vgl. S. 33) erleichtert dies, den Überblick darüber zu behalten, wo sich die Wechselbrücken aktuell befinden.
  Eine Ausstattung dieser GPS-Module mit Temperatursensoren kann zusätzlich die Online-Überwachung temperaturgeführter Ladungen in der Cool Chain verbessern (vgl. CCQI S. 46).

- Die mit dem Retourenmanagement im zunehmenden E-Commerce verbundenen Kosten steigen, werden allerdings – ohne gesetzliche Verpflichtung – überwiegend von den Händlern getragen. Als Maßnahmen zur Retourenreduzierung sollen künftig u.a. bessere Produktinformationen via Internet und erleichterte IT-gestützte persönliche Beratung eingerichtet werden.

- RFID-gestützt lässt sich direkt aus den Filialen einer Modekette ein erheblicher Anteil von Online-Bestellungen bedienen, weil die durch den RFID-Einsatz mögliche schnellere und genauere Bestandserfassung sehr zuverlässige Daten über die Bestände und somit die Verfügbarkeit der bestellten Produkte liefert.

- Besonders zu erwähnen sind die Neuerungen in der Kommissionierung. Die BLG LOGISTICS betreibt für den Kunden engelbert strauss das System G-Com („Regal zum Mann" im Vergleich zu den Systemen „Ware zum Mann"). Die Regale werden vollautomatisch mit „Carrys" zur Pickstation (Stargate) gebracht; dort wird mit Hilfe von Pick-by-Light und Put-to-Light-Techniken kommissioniert, das Regal danach wieder zurücktransportiert. Dieses Verfahren wurde 2015 mit dem Deutschen Logistikpreis ausgezeichnet.

- Eine weitere Neuerung testet aktuell DHL. Eingesetzt werden „Smart glasses", Datenbrillen, über deren Displays während der Kommissionierung wichtige Hinweise (z.B. Lagerort des gesuchten Artikels, benötigte Anzahl) gegeben werden. Das Verfahren ermöglicht freihändiges Arbeiten. Über die weitere Entwicklung (Einsatz, Nutzungsmöglichkeiten) wird nach Auswertung der Testergebnisse entschieden.

- Die Entwicklung des Phänomens „Internet der Dinge" und die damit verbundenen Auswirkungen auf die Logistik sind aktuell nur schwer absehbar. Im Zuge dieser Veränderung soll der PC immer weniger genutzt und durch sog. „intelligente Gegenstände" selbst ersetzt werden. Intelligente Systeme sollen selbstständig denken und ihren Weg zu einem bestimmten Ziel finden. Der aktuelle Stand dieser Entwicklung und die von der Forschung aufgezeigten Möglichkeiten deuten darauf hin, dass sich die Logistikdienstleister noch vielfältigen Herausforderungen stellen und den Anschluss an diese Entwicklung halten müssen, um die sich ergebenden Chancen dann auch erfolgreich nutzen zu können.

1.7.2 Technische Grundlagen

(1) Standardisierter Datenaustausch

Electronic Data Interchange EDI ist die technische Grundlage für einen sehr großen Teil (ca. 90 %) aller geschäftlichen Transaktionen. Es ist eine schnelle, sichere Möglichkeit, weltweit Daten und Dokumente auszutauschen. Voraussetzung dafür ist, dass beide beteiligten Systeme die gleichen standardisierten EDI-Grundlagen verarbeiten können.

Der in der Logistik sehr häufig und international verwendete Standard ist **UN/EDIFACT** – United Nations/Electronic Data Interchange For Administration, Commerce and Transport.

Daneben gibt es – je nach Wirtschaftsbereich bzw. Branche – zahlreiche andere Standards wie z.B. EANCOM, HIPAA, ODETTE oder SWIFT:

- EANCOM - EAN General Assembly; EANCOM wurde ursprünglich für den Einzelhandel entwickelt; inzwischen wird der Standard auch in anderen Branchen wie im Gesundheitswesen, im Baugewerbe und in der Werbung verwendet.

- HIPAA – Health Insurance Portability and Accountability Act; in dessen Folge wurde der Standard entwickelt und findet überwiegend im Gesundheitswesen Verwendung.

- ODETTE – Organisation for Data Exchange by Tele Transmission in Europe; sie entwickelte diesen Standard vornehmlich für die Automobilindustrie.

- SWIFT – Society of Worldwide Interbank Financial Telecommunication; sie entwickelte diesen Standard für Finanzinstitutionen.

(2) Standardisierte Datenträger – Möglichkeiten der automatisierten Datenerfassung

optisch	Maschinenlesbare Schrift (OCR[39]-Schrift)
	Barcode
magnetisch	Magnetkarte
	Magnetband
elektromagnetisch	**RFID[40]-Transponder**
biometrisch	z. B. Fingerabdruck
	Sprache

TRACKING

TRACING

Zur schnellen, weitgehend fehlerfreien Datenerfassung, Datenkontrolle (v.a. an Schnittstellen, besser als Verbundstellen oder Nahtstellen bezeichnet) und zur Übermittlung von Sendungsdaten (z. B. Sendungsverfolgung/Tracking [wo ist die Sendung] and Tracing [auf welchem Weg kam die Sendung dorthin]) wurden leistungsfähige und möglichst kostengünstige Techniken entwickelt. Ohne diese ist eine rasche und flexible Abwicklung der meist äußerst komplexen Logistikprozesse in der geforderten Qualität (möglichst geringe Fehler-/Schadensquote) nicht mehr denkbar: Neben Techniken wie GPS und WAP[41] sind Barcode und Transponder die wesentlichen Elemente in der Informationslogistik. Während Barcodes für eine reibungslos und schnell funktionierende Logistik unverzichtbar geworden sind werden Transponder noch deutlich seltener eingesetzt. Dies liegt einerseits an den damit verbundenen Kosten, andererseits an technischen Problemen in bestimmten Bereichen. Gleichwohl ist jedoch auch in diesem Bereich eine Zunahme der Verwendung festzustellen, überwiegend bei der Abwicklung von komplexen Aufgaben im Rahmen der Kontraktlogistik.

---

[39] OCR – Optical Character Recognition
[40] s. Kap. 7 Glossar
[41] s. Kap. 7 Glossar

(1) Barcode

Anforderungen an Codes

- Der Code muss eindeutig sein.

- Der Code sollte möglichst kurz sein.

- Der Code sollte sicher sein (möglichst automatische Erkennung und Korrektur von Fehlern).

- Der Code sollte einfach aufgebaut/leicht erlernbar sein.

Aufbau eines Barcodes

Die Barcode-Technik ermöglicht es, die gewünschten Informationen maschinenlesbar an der Sendung anzubringen, an jeder Schnittstelle (= Nahtstelle/Verbundstelle) schnell und fehlerfrei maschinell/automatisch zu erfassen und – sofern die Beteiligten am Logistikprozess in einem Datennetz verbunden sind – im System per DFÜ[42] online sofort (real-time) zur Verfügung zu stellen.

Diese Daten können

- nur auf die Sendung (Absender, Empfänger, Gewicht, Route usw.) bezogen sein oder
- zusätzlich auch produktbezogen sein und im Warenwirtschaftssystem von Absender und/oder Empfänger genutzt werden.

BINÄRE CODES
BARCODE
MATRIX-CODE

Alle Codes aufzuführen ist im Rahmen dieses Arbeitsbuches nicht möglich; die nachfolgend aufgeführten Formen und Beispiele sind sog. Binäre Codes, also Kombinationen der zwei (bi-) Zustände Null und Eins. In einem Barcode ist dies eine Folge von unterschiedlich breiten Strichen und Lücken, in einem Matrix-Code ist dies die Kombination von Punkten und Linien. Die Menge an speicherbaren Informationen ist im Matrixcode zwar ca. 15-mal größer als im einfachen Barcode. Dafür ist die Erfassung und Weiterverarbeitung der verschlüsselten Daten technisch erheblich aufwändiger, weshalb diese Codes nur in Spezialbereichen angewendet werden[43].

Mögliche Barcodes (s. auch Bild 20 und Bild 21)

NVE-Code (18 Stellen)	„**N**ummer der **V**ersand**e**inheit"; je nach Verpackung kann jeder einzelne Karton oder auch eine Palette, auf der mehrere Kartons zusammengefasst sind, als eine Versandeinheit erfasst werden.
EAN-Code	„**E**uropäische **A**rtikel**n**ummerierung"; sie wird üblicherweise in den Warenwirtschaftssystemen von Handel und Industrie zur Kennzeichnung der Artikel verwendet.
EAN 128	Dieser Code wird in großem Umfang in den Wertketten (Logistikketten) verwendet und könnte der künftige Standard werden, an dem sich alle Unternehmen orientieren.

GS 1 GERMANY

Voraussetzung für einen reibungslosen Austausch der verschlüsselten (codierten) Daten ist es, dass alle kooperierenden Unternehmen in der Wertkette einen einheitlichen (kompatiblen) Standard verwenden. Daran arbeitet die GS 1 Germany – Global Standards 1 Germany, bis zu Beginn des Jahres 2005 hieß sie Centrale für Coorganisation CCG in Köln. Sie vergibt auch die Artikelnummern und sorgt dafür, dass jede Nummer weltweit nur einmal verwendet wird.

Die jeweils aktuellen Informationen und Standards kann man unter **www.gs1-germany.de** einsehen.

---

[42] DFÜ – Datenfernübertragung
[43] In einer ausführlichen und verständlichen Darstellung dieses Spezialgebietes kann sich der interessierte Leser weiter informieren. Siehe Jesse, Ralf; Rosenbaum, Oliver, Barcode – Theorie, Lexikon, Software; Berlin 2000, Verlag Technik Berlin

Die beiden folgenden Bilder zeigen das Beispiel eines EAN-128-Transportetiketts, wie es von GS 1 Germany entwickelt wurde und empfohlen wird sowie einige weitere Beispiele für mögliche Codes.

Bild 20: Aufbau eines EAN-128-Transportetiketts (Originalgröße)

Daten im Kopfsegment:	Adresse des Warenversenders mit Firmenlogo in Klarschrift
Daten im Mittelsegment:	Warenbegleitende Informationen in Klarschrift
Daten im Fußsegment:	Informationen aus den Klarschriftfeldern in Form eines Strichcodes im EAN-128-Format zur automatischen Scanner-Erfassung

Im Idealfall werden die Informationen dem Empfänger elektronisch vor dem Eintreffen der Ware am Empfangsort zur Verfügung gestellt.

2D-Barcode – Matrix-Code
(Beispiel 1 – Codablock)

2D-Barcode – Matrix-Code
(Beispiel 2 – Datamatrix)

Code 39

PDF 417
(Portable Data File)

Bild 21: Beispiele für weitere Typen von Codes, die in der Logistik verwendet werden können.

(2) Transponder

In einem Strichcode kann nur eine begrenzte Datenmenge gespeichert werden. Die Datenerfassung durch Scannen ist sehr aufwändig. Außerdem gibt es Anwendungsfälle, für die Barcodes nicht geeignet sind, sondern in denen nur Transponder eingesetzt werden können.

Daher wurde nach Möglichkeiten gesucht (RFID wurde bereits 1948 erfunden), die Artikel oder die Versandeinheiten mit leistungsfähigeren und besser erfassbaren Informationsträgern auszustatten.

Die technische Lösung für diese Anforderung aus Handel und Industrie sind derzeit chips, sog. Transponder (**trans**mit – Daten übertragen – und res**pons**e Daten ausstrahlen/antworten), auch ‚tags‘ genannt. Neben den Sendungsdaten können Zusatzinformationen wie z. B. Verfallsdatum, besondere Hinweise für den Handel oder Herstellerinformationen gespeichert werden.

Folgende Transpondertypen können eingesetzt werden:

- Folientransponder
- Scheibentransponder
- Glaskapseltransponder
- Kartentransponder

TRANSPONDER-TYPEN

Beispiele: Einsatzmöglichkeiten und Vielfalt von Transpondern

- Größenordnung: An Bienen werden Transponder befestigt, um ihr Flugverhalten zu erforschen.

- Mechanische Belastbarkeit: Transponder können im Nagelkopf eingebettet werden und funktionieren auch, wenn der Nagel eingeschlagen wird.

- Umwelteinfluss: Transponder, die in Kleidung eingenäht sind, funktionieren auch nach einem Waschgang in der Waschmaschine.

Praxisaspekte

RFID	Radio Frequency Identification mit „Tags", RFID-Transponder. Zwischen einem Sender und einem Empfänger werden funkgesteuert Daten ausgetauscht.
Einsatzarten	• Jedes Einzelprodukt wird mit Transponder versehen (Item-Tagging). • Die Verkaufspackung (z. B. Sechserpack) wird mit einem RFID-Etikett ausgestattet (Packaging). • Die logistische Einheit (z. B. Box, Karton, eine ganze Palette) enthält einen Transponder.
Vorteile	Schnelle, drahtlose Übertragung der Informationen via Transponder-Etiketten, z. B.: schnelles Erfassen der Sendung, automatisches Registrieren der Warenentnahme aus dem Regal, Diebstahlsicherung, vielseitige Verwendbarkeit.
Probleme	Akzeptanz und Ausbau eines einheitlichen RFID-Standards auf Basis der ISO-Norm 15693; hundertprozentige Lesegenauigkeit auch bei Problemgütern (v.a. Güter mit starkem Wasser- oder Metallanteil).[44]

RADIO FREQUENCY IDENTIFICATION

---

[44]   Quelle: LOGISTIK inside 11/2003, S. 14-16

TRANSPONDER

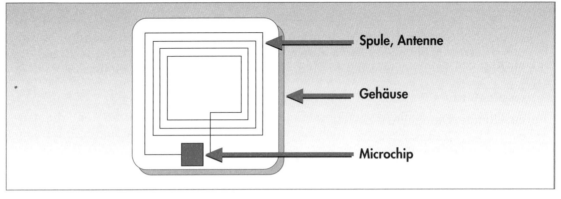

Bild 22: Grundaufbau eines Transponders

Aufbau: Der Microchip speichert die Informationen (einschl. Identifikationsnummer), die Antenne/Spule ist mit dem Chip verbunden und wird mit Strom versorgt. Aktive Transponder haben eine eigene Batterie als Stromquelle, passive Transponder erhalten ihre Energie über Wellen in einem Feld und senden Informationen zurück. Das Gehäuse schützt die Elektronik gegen Umwelteinflüsse.

Funktionsweise: Die am Lesegerät angeschlossene Antenne sendet Radiowellen aus. Der Transponder sendet im vorgesehenen Feld die Informationen zurück, das Lesegerät erfasst die ausgesendeten Informationen.

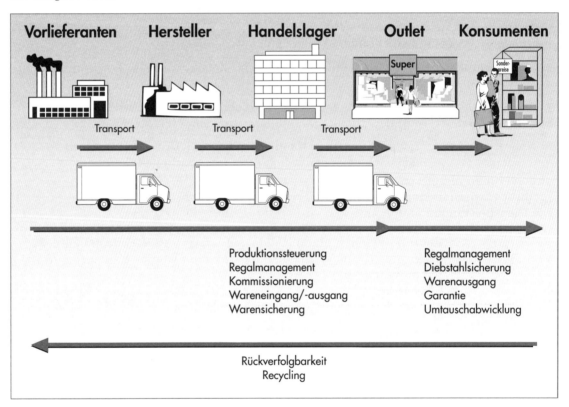

Bild 23: Einsatzmöglichkeiten für Transponder in der Supply Chain

Umfangreiche Informationen und aussagekräftige, aktuelle Abbildungen sind auch im Internet zu finden[45] unter: www.ccg.de und www.ean.de

1.7.3 Informationslogistik und E-Logistics

QUERSCHNITTS-
FUNKTION

Die Informationslogistik ist ein wesentlicher Erfolgsfaktor für die Beschaffungs-, Lager-, Produktions-, Distributions- und Entsorgungslogistik (= Querschnittsfunktion) und hat dadurch eine herausragende Bedeutung erlangt. Die umfangreiche Verarbeitung, schnelle Übermittlung und ständige Bereithaltung der für eine fehlerfreie Abwicklung erforderlichen

---

[45] Ergänzende Informationen sind auch unter den Internet-Adressen in Kap. 7.2 zu finden.

Daten und Informationen wird ermöglicht durch leistungsfähige Softwarelösungen und vor allem durch den Einsatz von Kommunikations- und Informationsdiensten.

SOFTWARE-
LÖSUNGEN

KOMMUNIKATIONS-
UND
INFORMATIONS-
DIENSTE

Diese Daten und Informationen können u.a. nach ihrem Auftreten bzw. ihrer Verwendung im Logistikprozess unterschieden werden:

Prozesskonforme Einteilung von Daten und Informationen		
Vorauseilende	Daten und Informationen	z. B. Avise, Informationen über die Ware zur Verzollung und für Sicherheitsüberprüfungen
Begleitende	Daten und Informationen	z. B. Frachtdaten (barcodeverschlüsselt), Handling-Anweisungen, Informationen für die Ablauf-Kontrolle
Nachfolgende	Daten und Informationen	z. B. Kontrolle der Prozessqualität, Rechnungen/Abrechnungsdaten, Nachkalkulation

E-Logistics ist – abgesehen von einer möglichen weiteren[46] Bedeutung – die unabdingbare Basis für die rasche Abwicklung von Logistikprozessen durch fehlerfreie Übermittlung der richtigen Informationen, im Regelfall gestützt auf EDI und EDIFACT als Standard.[47]

E-Logistics unterstützt alle Bereiche des E-Business.

E-Business – Oberbegriff für alle DV-gestützt abgewickelten Geschäftsprozesse	
E-Procurement	DV-gestützte Geschäftsprozesse zur Beschaffung (zum Einkauf) von Gütern (= demand side/buy side). Dafür wurden die Verfahren der Beschaffungslogistik[48] entwickkelt.
E-Commerce/ M-Commerce	DV-gestützte Verkaufsgeschäfte (supply side/sell side). Dafür wurden die Verfahren der Distributionslogistik[49] entwikkelt.

Betrachtet man die Geschäftsprozesse in der gesamten Supply Chain, so zeigt sich, dass E-Logistics zwischen Lieferanten und Kunden für die Abwicklung des E-Business wesentliche Dienstleistungen übernimmt.

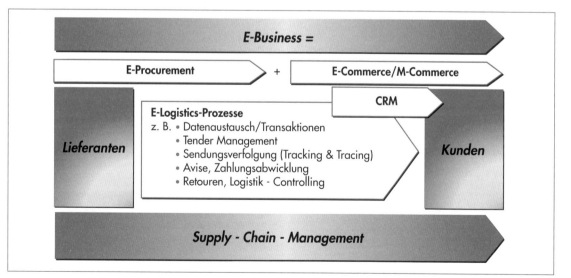

Bild 24: E-Logistics und E-Business

---

[46] Ein weiterer, eigener Geschäftszweig wäre z. B. auch der Handel mit digitalen Gütern, z. B. die kommerzielle Bereitstellung von Musikstücken oder Videos zum Download gegen Entgelt

[47] Siehe Kap. 1.7.2 und Kap. 7 – Glossar

[48] s.u. Kap. 2

[49] s.u. Kap. 4

Da die Geschäftsprozesse (z. B. Beschaffung, Verkauf) immer häufiger mit den Möglichkeiten des E-Business abgewickelt werden, wird E-Logistics in diesem Bereich immer häufiger und äußerst vielfältig eingesetzt. Erfolgreiche E-Logistics-Prozesse sind unverzichtbare Voraussetzung für die kundenorientierte Abwicklung aller E-Business-Aktivitäten unter Einsatz unterschiedlichster Technologien.[50]

RECHNUNGS-STELLUNG

Vollständige und fehlerfreie Rechnungsstellung ist eine wesentliche Grundlage guter, partnerschaftlicher Zusammenarbeit. Treten in diesem Bereich ständig erhebliche Mängel auf, führt das zwangsläufig zu Reklamationen. Bei Kunden kann dies einen erheblichen Vertrauensverlust bewirken, manche Fehler können zudem Einnahmeverluste beim Logistikdienstleister verursachen. E-Invoicing, die elektronische, den bestehenden Vorgaben entsprechende Erstellung und Abwicklung der Rechnungen, trägt wesentlich dazu bei, derartige Mängel und die daraus möglicherweise resultierenden Folgen zu vermeiden.

E-INVOICING

E-Invoicing unterstützt den gesamten Abrechnungsprozess

– von der elektronischen Erstellung der Rechnung auf Basis der im System hinterlegten und geprüften Auftragsdaten

– sowie der rechtlichen Bestimmungen

– bis zur automatisch vorgenommenen Prüfung der Rechnung

– und der abschließenden Buchung im ERP-System, z. B. SAP.

TRANSAKTIONEN

Daneben wurden zahlreiche weitere IT-Verfahren zur Abwicklung von E-Business-Geschäftsprozessen entwickelt, die eine rasche Informationsbeschaffung und -weitergabe, die Durchführung unterschiedlichster Transaktionen und eventuell zukünftig im Rahmen des M-Commerce sogar neben Online-banking andere Verfahren zur digitalen Zahlung ermöglichen.

Überblick/Zusammenfassung – Wesentliche Inhalte des Begriffs E-Logistics

- E-Logistics umfasst die Vorgehensweisen (Konzepte) und Technologien zur Optimierung der Logistikprozesse in der gesamten Wertkette (vgl. Bild 1, S. 11).

  Dazu gehören insbesondere: schnelle, fehlerfreie Bereitstellung und Übermittlung der Auftragsdaten, Qualitätssicherung bei der Abwicklung durch Automatisierung (Barcode/Scannen), Service (Sendungsverfolgung).

- E-Logistics ermöglicht bzw. unterstützt die logistischen Prozesse, die in den Bereichen E-Procurement und E-Commerce abgewickelt werden, insbesondere die zuverlässige und flexible Erfüllung der getroffenen Vereinbarungen und die Unterstützung bei der Kundenbetreuung, auch nach dem Kauf (after sales service).

- E-Logistics beinhaltet auch die Beschaffung von Logistikleistungen (v.a. Angebot/Nachfrage von/nach Transportraum oder Frachtgut), die online (z.B. über Portale, Frachtenbörsen) angeboten und nachgefragt werden.

  INTERMEDIÄRE

  Diese auf Marktplätzen eingerichteten Börsen bezeichnet man auch als Intermediäre; sie vereinfachen die Abwicklung genauso wie Cross Docking Center[51].

E-Logistics kann auch danach unterschieden werden, wer die Beteiligten an einem Logistikprozess sind:

BETEILIGTE

Beteiligte am Logistikprozess		Beispiel
• **C2C**	Consumer **to** consumer	Kauf/Verkauf von Endverbraucher an Endverbraucher
• **C2B**	Consumer **to** business	Bestellungen eines Endverbrauchers
• **C2A**	Consumer **to** administration	Anmeldung eines neuen Einwohners beim Einwohnermeldeamt

---

[50] Siehe 1.7.2. Barcode und Transponder
Einzelne, spezifische Aufgabenfelder im Rahmen von E-Logistics sind auch in den Begriffserläuterungen im Logistik-Glossar, Kap. 7, dargestellt.
[51] vgl. die Darstellung unter 1.4.3, S. 34 ff.

• B2C	Business to consumer	Angebot eines Unternehmens an einen Endverbraucher
• B2B	Business to business	Kauf/Verkauf zwischen zwei Unternehmen
• B2A	Business to administration	Antrag/Anmeldung geschäftlicher Aktivitäten bei einer Verwaltung
• A2C	Administration to consumer	Bescheid (= Rechnung) über Grundbesitzabgaben/Gebühren o. ä.
• A2B	Administration to business	Bescheid (= Rechnung) über Müllentsorgung für ein Unternehmen
• A2A	Administration to administration	Datenaustausch über An- und Abmeldung eines Bürgers bei Umzug von Stadt A nach Stadt B
• B2E	Business to employee	Vorankündigung der Auslieferung bestellter Ware an einen Endverbraucher am Arbeitsplatz

1.7.4 Transaktionsplattformen

Die Abwicklung verschiedenster logistischer Aktivitäten wird erst durch leistungsstarke Transaktionsplattformen ermöglicht. Einige Grundformen werden schon seit langem genutzt, dabei jedoch ständig IT-technisch und anwendungsbezogen der dynamischen Entwicklung von Logistik 4.0 angepasst.

Transaktionsplattformen - Grundformen	
Portale	In einem Portal werden verschiedene Dienste (Dienstleistungen, die der Besucher des Portals nutzen kann) und Informationen bereitgestellt. Es ermöglicht auch den Zugang zu Marktplätzen, die auf solchen Portalen eingerichtet sind.
Marktplätze	Ein Marktplatz ist der zentrale Ort, an dem sich die Marktteilnehmer (Anbieter und Nachfrager) treffen. Dies gilt auch für einen elektronischen Marktplatz (ein gedachter Marktplatz, den man deshalb auch als virtuellen[52] Platz bezeichnet). Auf Marktplätzen werden meist Börsen betrieben, Kataloge bereitgestellt und Auktionen durchgeführt. Es werden folgende Unterscheidungen getroffen: (1) **Offene oder geschlossene Marktplätze** • Offene Marktplätze – Anbieter und Nachfrager haben freien Zutritt, evtl. müssen Gebühren für die Nutzung des Dienstes entrichtet werden. • Geschlossene Marktplätze – nur für Angehörige spezieller Branchen oder für zugelassene Geschäftspartner (Kunden oder Lieferanten) zugänglich. (2) **Horizontale oder vertikale Marktplätze** • Horizontale Marktplätze – branchenunabhängige, allgemeine Güter/Dienstleistungen. • Vertikale Marktplätze – spezielle, branchentypische Güter/Dienstleistungen.

VIRTUELLER PLATZ

---

[52] Virtuell = nicht real, nicht wirklich, sondern nur gedanklich vorhanden

SPOTMÄRKTE

KONTRAKTMÄRKTE

TENDER MANAGE-
MENT

Börsen	Börsen im Logistikbereich sind meist Transportmärkte, die in zwei unterschiedlichen Formen auftreten können:
	Spotmärkte – kurzfristige Transportraum-Nachfrage bzw. kurzfristiges Transportraum-Angebot treffen zusammen. Auf dem Markt werden sog. Standardtransportdienstleistungen (palettierte Güter, Containertransporte) gehandelt. Entscheidend für den Erfolg eines Angebotes sind die Kosten für diese Dienstleistung (Preis).
	Kontraktmärkte – i.d.R. längerfristige Verträge (Rahmenverträge) für umfassende (komplexe) Transportleistungen, meistens in Verbindung mit zusätzlichen Logistikleistungen (vgl. Kapitel 6.5.5 Tender Management). Entscheidend für ein erfolgreiches Angebot ist die Fähigkeit des Anbieters, sich reibungslos in eine Supply Chain zu integrieren (Qualität).

Weitere Möglichkeiten der Abwicklung logistischer Prozesse im Internet	
Kataloge	Kataloge sind vor allem in der Beschaffungslogistik von zentraler Bedeutung. Es ist zwischen folgenden Katalogen zu unterscheiden: • Kataloge von Lieferanten (Angebotsseite) • Kataloge von Kunden (Nachfrageseite) • Kataloge von Maklern/Vermittlern (Intermediäre)
Auktionen	Das Produkt muss genau beschrieben sein; die Teilnehmer können anonym bleiben. Der Betreiber des Marktplatzes kann sich als Schaltstelle (clearing function) betätigen.

Eine aktuelle Studie zeigt die Bedeutung von elektronischen Marktplätzen vor allem für die Beschaffung. Einzelheiten dazu sind daher im Kapitel Beschaffungslogistik unter Punkt 2.4.2 zusammengefasst.

1.8 Wie wird Qualität erreicht?

Grundsäzliches zum Thema Qualität	
Qualität ist – allgemein gesprochen – dann erreicht, wenn die Kunden zufrieden sind. Allerdings hängt das Ergebnis der Qualitätsbewertung sehr stark davon ab, wer die Bewertung vornimmt:	
Subjektive Qualitätsbewertung • intern – durch den Logistikdienstleister • extern – durch den Kunden	Im Allgemeinen bestehen meist große Unterschiede in der Selbsteinschätzung der Qualität durch den Dienstleister und in der Einschätzung durch den Kunden; subjektive Empfindungen verhindern eine objektive Bewertung. Ein häufiger Grund für die unterschiedliche Bewertung der Qualität liegt darin, dass die Kunden verschiedener, kleinerer Ursachen wegen zwar unzufrieden sind, dies aber dem Dienstleister nicht mitteilen, so dass dieser von ungetrübter Kundenzufriedenheit infolge einwandfreier Qualität ausgeht, obwohl das in der Realität nicht zutrifft.
Objektive Qualitätsbewertung • intern – durch Kennzahlenermittlung und den Vergleich mit Best in class-Ergebnissen • extern – durch unabhängige Auditoren anhand von Kennzahlen und den Vergleich mit Best in class-Ergebnissen	Erst eine methodisch sachgerechte, nachvollziehbare Ermittlung aussagekräftiger Kennzahlen, der Vergleich mit analog ermittelten Größen anderer Unternehmen oder Supply Chains und die darauf fußende Bewertung liefert ein objektives, verwertbares Bild von der Qualität eines Prozesses bzw. eine Dienstleistung.

Eine der wichtigsten Voraussetzungen für erfolgreiches Qualitätsmanagement in der Logistik ist ein leistungsfähiges Controllingsystem. Grundlage für ein leistungsfähiges Controllingsystem wiederum sind aussagefähige Kennzahlen und nützliche Controllinginstrumente.

VORAUSSETZUNGEN

Das Logistik-Kennzahlensystem ist im folgenden Kapitel 1.8.1 dargestellt. Für die Teilsysteme Beschaffungs-, Lager-, Distributions- und Entsorgungslogistik sind die Controlling-Grundzüge mit den Kennzahlen zur Steuerung im jeweiligen Kapitel zu finden.

Die Controllinginstrumente Balanced Scorecard und Benchmarking enthalten die Kapitel 2.7.2 und 3.6.1, weitere wichtige Controlling-Instrumente zeigt der Überblick im Kapitel 4.5.1.

1.8.1 Kennzahlen für das Logistik-Controlling

Die Controlling-Aktivitäten beim Erbringen logistischer Dienstleistungen zielen darauf ab, die Wirtschaftlichkeit (v.a. gemessen durch Leistungen und Kosten)[53] und die Qualität (v.a. gemessen durch Qualitätskennzahlen) zu überwachen und zu verbessern.

Es werden unterschiedliche Möglichkeiten zur systematischen Darstellung der Kennzahlen für das Controlling verwendet.

Eine Möglichkeit bietet das häufig verwendete Logistikkennzahlensystem[54]:

Einteilung nach dem Logistik-Kennzahlensystem LKS
Strukturkennzahlen
z. B. Lagergröße in m^2 Sendungsgewichte, Anzahl der Kunden
Produktivitätskennzahlen
z.B. transportierte bzw. umgeschlagene Mengen, zurückgelegte Kilometer in einem Zeitabschnitt, Auftragsbearbeitungszeit, kommissionierte Artikel je Stunde
Wirtschaftlichkeitskennzahlen
z. B. Transportkosten je km, Transportkosten je Sendung, Umschlagskosten, Betriebskosten Gabelstapler, durchschnittlicher Lagerbestand/durchschnittliche Kapitalbindung
Qualitätskennzahlen
z. B. Termintreue, Fehllieferungsquote, Anteil unvollständiger Lieferungen/Nachlieferungen, Schadenshäufigkeit

LKS

Vielfach wird aber auch „nur" zwischen quantitativen und qualitativen Größen unterschieden:

Quantitative Größen
Eingesetzte Mittel (Produktionsfaktoren)
z. B. Anzahl der Mitarbeiter, Lagerfläche, Zahl der Palettenstellplätze, Fuhrparkgröße, Sendungsgewichte, Anzahl der Kunden,
Erbrachte Leistungen (Logistikprozesse)
z. B. transportierte bzw. umgeschlagene Mengen, zurückgelegte Kilometer in einem Zeitabschnitt, Auftragsbearbeitungszeit, kommissionierte Artikel je Stunde
Erreichte Ergebnisse (Logistikqualität)
z. B. Fehlerquote, Schadenshäufigkeit, Liefertreue, Umschlagshäufigkeit, durchschnittlicher Lagerbestand/durchschnittliche Kapitalbindung

QUANTITATIVE GRÖSSEN

---

[53] Vgl. dazu auch das Kapitel 5 – Controlling-Instrumente in Band 4
[54] Vgl. dazu das System der Logistikkennzahlen LKS bei Ehrmann, H. Logistik., 8. aktualisierte Aufl., Ludwigshafen (2014), S. 158 f.

QUALITATIVE
GRÖSSSEN

Qualitative Größen
Mithilfe dieser Kennzahlen wird die Qualität der untersuchten Prozesse gemessen und bewertet, u.a. in den Bereichen • Beschaffung • Lagerung • Distribution • Entsorgung Die wichtigsten Kennzahlen für diese Logistrikbereiche werden in den folgenden Kapiteln 2 bis 5 erläutert. Man unterscheidet hauptsächlich: • Grundzahlen   zur Kennzeichnung von Größen, Mengen (z. B. Lagerfläche, umgeschlagene Mengen) • Verhältniszahlen   z. B. Kosten je Auftrag, Verhältnis Last- zu Leerkilometern, Umschlagmenge je Staplerfahrer

QUALITÄTS-
MANAGEMENT

Die qualitativen Größen sind ein wesentliches Element zur Sicherung der Qualität, die den Anforderungen der Kunden in jeder Hinsicht entspricht. Diese Sicherung der Qualität erfordert im Unternehmen systematisch angewandte Maßnahmen, die allgemein als Qualitätsmanagement bezeichnet werden.

1.8.2 Motive für Qualität

Wie sich aus der folgenden Darstellung ersehen lässt, stellt die Sicherstellung guter Qualität hohe Anforderungen an das Unternehmen. Daher ist zunächst die Frage nach den Motiven interessant, also warum Unternehmen Qualität anstreben und sich dazu überprüfen und zertifizieren[55] lassen.

MOTIVE

Gründe / Motive für eine Zertifizierung (Ergebnisse von Befragungen)[56]	
Erreichen/Erhalten eines Wettbewerbsvorsprungs	76 %
Forderungen der Kunden	60 %
Werbe-/Marketinggründe	55 %
Verbesserung der Leistungen/Qualität	54 %
Absicherung gegen Regressforderungen (z. B. Produkthaftung)	30 %
Forderung der Konzernleitung (Muttergesellschaft)	24 %

Es wird deutlich, dass die Erfordernisse des Marktes (Wettbewerb, Kunden) und die Kundenorientierung (gute Qualität erbringen) die wesentlichen Motive für eine Zertifizierung darstellen. In bestimmten Fällen lässt sich auch nachweisen, dass die Kosten für Qualität (Kosten der Fehlervermeidung) geringer sind als die Folgekosten schlechter Qualität (Kosten der Fehlerbeseitigung).

QM-SYSTEM
TOTAL QUALITY
MANAGEMENT

Generell geht es um ein Qualitätsmanagement-System (QM-System), mit dem Total Quality Management TQM, das Erreichen von Qualitätszielen, im Unternehmen ermöglicht werden soll.

---

[55] Prüfen und bestätigen, s. Kap. 1.8.5, S. 65
[56] Vgl. Malorny, Christian. TQM umsetzen, Stuttgart 1999 (2. Auflage), S. 37 ff.

Kernbereiche der Total-Quality-Management-Strategie	
Technische Qualität	umfasst Maschinen, Werkzeuge, Material, Verfahren
Soziale Qualität	umfasst Motivation und teamorientierte Zusammenarbeit
Prozess-Qualität	umfasst Ablauforganisation, Kommunikation, Know-how

KERNBEREICHE DES TQM

Lange wurde das Wort „Qualität" unklar und unterschiedlich benutzt. Die Norm DIN EN ISO 8402 definiert »Qualität" folgendermaßen:

QUALITÄT

> Qualität ist die Gesamtheit von Merkmalen einer Einheit bezüglich ihrer Eignung, festgelegte und vorausgesetzte Erfordernisse zu erfüllen.

Letztendlich aber ist die Zufriedenheit des Kunden der entscheidende Maßstab; nur (s. o. S. 60) wenn der Kunde zufrieden ist, kann von einer qualitativ hochwertigen logistischen Leistung gesprochen werden. Ziel darf jedoch nicht „nur" Kundenzufriedenheit sein; vielmehr geht es um Kundenbindung über einen möglichst langen Zeitraum durch Kundenbegeisterung.

ZUFRIEDENHEIT

KUNDENBINDUNG

Qualitätsstufen

„vertragsgemäß"
Kundenbelieferung →

„fehlerfrei"
Kundenzufriedenheit →

„Erwartungen übertreffend"
Kundenbegeisterung →

Maßnahmen, die der Qualitätssicherung und der Qualitätsverbesserung dienen, sind somit die wesentlichen Ziele des Qualitätsmanagements. Voraussetzung für das Erreichen dieser Qualitätsziele ist ein leistungsfähiges Qualitätsmanagementsystem (QMS).

1.8.3 Aufgaben und Ziele des Qualitätsmanagements

Aufgaben des Qualitätsmanagements
Das QM-System im Unternehmen soll dafür sorgen, dass die gewünschte Qualität auch erreicht wird (Qualitätssicherung). Ob die Dienstleistung der geforderten Qualität tatsächlich entspricht, muss aus verschiedenen Blickwinkeln betrachtet werden: • aus der Sicht des Kunden (Industrie, Handel oder Endverbraucher) • aus der Sicht des Logistikdienstleisters (Mitarbeiter und Unternehmensführung) • aus der Sicht der übrigen Betroffenen (sog. Stakeholder), z. B. Gesetzgeber, Kapitalgeber, Gesellschaft • unter Berücksichtigung von Aspekten der Umwelt/Rohstoffe

Als Orientierung für alle Beteiligten wird die **Qualitätspolitik** mit den Zielen und Absichten der Unternehmensleitung schriftlich festgelegt. Zur Umsetzung dieser Qualitätspolitik werden die Qualitätsanforderungen an eine Dienstleistung anhand von Standards[57] in einem **Qualitätshandbuch** zusammengefasst (s.u. Elemente eines QM-Systems).

QUALITÄTSPOLITIK

---

[57] Festgelegte Vorgehensweise oder vorgegebene Höchst-/Mindestwerte

OBERZIEL

Oberziel des Qualitätsmanagements

Eine maßgeschneiderte Dienstleistung für den Kunden, die genau den Wünschen/Qualitätsvorstellungen des Kunden entspricht und seine Erwartungen möglichst noch übertrifft.

Anmerkung: Eine amerikanische Studie stellte schon 1989 fest, dass **unzufriedene** Kunden Klagen über eine Leistung an ca. 15 Personen weitergeben; die hervorragende Zufriedenheit mit einer Leistung teilt der **zufriedene** Kunde dagegen nur ca. 4 Personen mit.[58]

Einflussfaktoren

MITARBEITER

HILFSMITTEL

ABWICKLUNG

- die Verhaltensweisen der Mitarbeiter (z. B. Umgang mit Beteiligten, Verhalten bei Anfragen, Erledigung von Reklamationen)
- die eingesetzten Hilfsmittel (z. B. Fahrzeuge, Formulare, Einrichtungen, DV-Anwendungen zur Optimierung, Sendungsverfolgung, Information)
- die fachlich einwandfreie Abwicklung (z. B. Einhaltung der Lenk- und Ruhezeiten sowie der Gefahrgutvorschriften, Termintreue, geringe Schadensquote)

Einzelziele

STRATEGISCHE QUALITÄTSZIELE

TAKTISCHE QUALITÄTSZIELE

OPERATIVE QUALITÄTSZIELE

- strategische Qualitätsziele, z. B. Strategie der ständigen Verbesserung, Qualitätsführerschaft
- taktische Qualitätsziele, z. B. Marktanteile, Preisgestaltung, Steigerung der Produktivität, Kundenzufriedenheit, Einbeziehung der Lieferanten
- operative Qualitätsziele, z. B. geringe Schadensquote (Null Fehler), kurze Durchlaufzeiten, schnelle und kundenfreundliche Reklamationsbearbeitung

1.8.4 Qualitätsmanagement in der Wertkette

Qualität ist langfristig die wesentliche Voraussetzung für die Erhaltung der Wettbewerbsfähigkeit eines Unternehmens. Die Kernaufgabe des Qualitätsmanagements, das Erreichen der strategischen, taktischen und operativen Einzelziele, ist in einer Kette mit vielen Partnern eine besondere Herausforderung. Ein Logistikdienstleister, der für den gesamten logistischen Ablauf in der Wertkette verantwortlich ist, muss natürlich auch für die gesamte Kette eine hohe Qualität gewährleisten.

Dies kann nur erreicht werden, wenn es gelingt, die Rahmenbedingungen als Erfolgsfaktoren für das Qualitätsmanagement optimal zu gestalten.

ERFOLGSFAKTOREN

Erfolgsfaktoren für Qualitätsmanagement

Führungsverhalten	Durch das richtige Verhalten der Unternehmensführung sollen Qualitätsbewusstsein erzeugt und entsprechendes Handeln der Mitarbeiter unterstützt und aktiv gefördert werden.
	Merkmale eines guten Führungsverhaltens sind: ein partnerschaftlicher Führungsstil, gute Kommunikation und Transparenz. Als Grundlage dienen ein aussagekräftiges Kennzahlensystem und ein gutes Qualitätshandbuch als Handlungsanweisung und Orientierung für alle Beteiligten.
Qualitätspolitik	Grundlage einer guten Qualitätspolitik ist die Unternehmensvision, aus der sich das Unternehmensleitbild ableiten lässt.
	Um diesem Leitbild zu entsprechen, müssen geeignete Ziele[59] formuliert und kommuniziert, d.h. den Mitarbeitern bekannt gemacht und erklärt werden.
	Daraus werden Strategien und Umsetzungspläne entwickelt.
	Auf den Homepages der meisten Logistikdienstleister findet man gute Beispiele dafür.

QUALITÄTS-BEWUSSTSEIN

UNTERNEHMENS-VISION

LEITBILD

STRATEGIEN

---

[58]   Vgl. Desatnick, Robert. Long live the king. Quality Progress, 22 (1989) 4, S. 24-26
[59]   s. o. Kap. 1.3.1, 1.3.2 und 1.3.3

Kostenaspekte	Hinsichtlich der Qualität sind dies vor allem Kosten zur Fehlervermeidung (Vorbeugungskosten, z. B. zusätzliche Kontrollen), Prüfkosten und Fehlerbeseitigungs- bzw, Fehlerbehebungskosten (intern und extern).	FEHLERVERMEI-DUNG
Benchmarking	Erfolgreiches Qualitätsmanagement arbeitet nach dem Grundsatz „Lernen von den Besten" und vergleicht sich ständig und systematisch mit anderen Unternehmen.[60]	LERNEN VON DEN BESTEN
Qualitätscontrolling	Das Kennzahlensystem muss der Unternehmensführung Daten liefern – für die Messung und Bewertung der Qualität sowie als Planungs- und Entscheidungsgrundlage.	KENNZAHLEN-SYSTEM

Weil diese Erfolgsfaktoren den Schlüssel für gute Qualität darstellen, wurde u.a. von der European Foundation for Quality Management (EFQM[61]) ein umfassendes System geeigneter und bewährter Erfolgsfaktoren als Handlungsempfehlung für Unternehmen entwickkelt, für die TQM den Rahmen und die oberste Richtlinie der Unternehmensführung bildet. Dieses System dient als Grundkonzept für die Kriterien, nach denen die Vergabe von Qualitätspreisen an besonders erfolgreiche Unternehmen erfolgt.

1.8.5 Organisation des Qualitätsmanagements im Unternehmen

Für die konsequente Umsetzung der Qualitätspolitik eines Unternehmens, und damit für erfolgreiches Qualitätsmanagement, muss ein leistungsfähiges Qualitätsmanagementsystem (QMS) eingerichtet werden. Die folgende Aufstellung zeigt die wesentlichen Elemente eines Qualitätsmanagementsystems. QMS

(1) Grundlagen		
Qualitätsbeauftragter/ QM-Beauftragter	Im Unternehmen wird eine Führungskraft bestimmt, die mit ihrem Team die Einführung eines QM-Systems vorbereitet; das Team erstellt die QM-Dokumentation und führt das System ein. Nach erfolgreichem Start werden die Wirksamkeit kontrolliert und die kontinuierliche Weiterentwicklung des Systems betrieben. (Qualitäts-Controlling)	QM-BEAUFTRAGTER
Qualitätsnormen	Damit bei allen Beteiligten, Unternehmen, Kunden, Lieferanten die Geschäftätigkeit nach gleichen Maßstäben gemessen und damit vergleichbar wird, wurden DIN-EN-ISO-Normen[62] entwickelt.	QUALITÄTSNORMEN
	Die wichtigste Norm DIN EN ISO 9001:2015 wurde vollständig überarbeitet und ist seit dem 23. September 2015 anzuwenden. Unternehmen, die bereits nach 9001:2008 zertifiziert sind, müssen ihr Qualitätssystem innerhalb von drei Jahren auf die neue Norm umstellen. Bisherige Zertifikate verlieren dann ihre Gültigkeit.	
	Eine wesentliche Neuerung dieser Überarbeitung besteht in einer für alle Managementsysteme einheitlichen Struktur mit gemeinsamen Basistexten, die eine Einführung neuer oder die Umstellung bereits zertifizierter Managementsysteme erleichtern sollen. Insbesondere für die weltweit nahezu 300.000 Unternehmen, die ihr Umweltmanagementsystem nach DIN EN ISO 14001 eingerichtet haben, wird die Umstellung erleichtert, da die Norm 14001 zeitgleich mit der Norm 9001 in Kraft gesetzt wurde.	

[60] Immer mehr Unternehmen schließen sich zu Gruppen zusammen, die Erfahrungsaustausch betreiben. Als Beispiel sei das Benchmarking Center BMC der Fraunhofer Arbeitsgruppe für Supply Chain Services SCS in Nürnberg genannt. Das BMC organisiert und moderiert seit mehreren Jahren u. a. für eine Gruppe von Logistikdienstleistern sehr erfolgreich den Benchmarking-Arbeitskreis Lager/Warehousing.
[61] Vgl. Kap. 1.8.6. S. 66
[62] Vgl. die Erläuterungen im Glossar, Kap. 7

QUALITÄTSHAND-
BUCH

(2) Dokumentation	
Qualitätshandbuch	Die Dokumentation von Qualitätssystemen mit den entsprechenden Anforderungen und die Kommunikation der Handlungsempfehlungen bzw. -anweisungen erfolgt mithilfe des Qualitätshandbuches für die Unternehmensführung und der QM-Verfahrens- und Arbeitsanweisungen für die Mitarbeiter.

AUDITS

(3) Auditierung	
Auditierung/Audits	Audits sind Überprüfungen, ob ein QM-System immer noch die ursprünglich beabsichtigte Wirkung erzielt. Die Audits erfolgen als interne Audits (vom Unternehmen selbst durchgeführt) oder als externe Audits (von Kunden oder neutralen Institutionen/Einrichtungen wie z. B. TÜV, Zertifizierungsgesellschaften durchgeführt).
• **Systemaudits**	Die Organisation des Unternehmens/des QM wird überprüft.
• **Prozessaudits**	Die Prozesse/Verfahren/Abläufe im Unternehmen werden auf ihre Zweckmäßigkeit und auf Schwachstellen/Verbesserungsmöglichkeiten hin untersucht.
• **Produktaudits**	Die Produkte werden überprüft, ob sie den Anforderungen des Kunden bzw. den vereinbarten Normen entsprechen.

ZERTIFIZIERUNG

(4) Zertifizierung	
Zertifizierung	Ein neutraler, externer Fachmann (zugelassene Zertifizierungsgesellschaft, z. B. TÜV) überprüft (= externes Qualitätsaudit), ob die festgelegten Anforderungen eingehalten und durch ein geeignetes QM fortwährend erfüllt werden können.

CONTROLLING

(5) Messung/Verbesserungen	
Qualitäts-Controlling	Qualitäts-Controlling ist ein wesentlicher Erfolgsfaktor des QMS (s.o.). Die Messung der Qualität erfolgt zunächst mit quantitativen Größen (s. 1.7.5); aus diesen Größen können Schlüsse auf qualitative Größen (z. B. Kundenzufriedenheit) gezogen werden, die nicht oder nur mit sehr hohem Aufwand gemessen werden können. Konkrete Größen zur Messung der Qualität der betrieblichen Funktionen werden in den Kapiteln über die logistischen Teilsysteme dargestellt.

1.8.6 Modelle für Qualitätsmanagement

Zur Förderung der Qualitätsentwicklung wurden Modelle und darauf aufbauend Auszeichnungen und Preise für die besten Unternehmen entwickelt. Diese dienen auch als Hilfe und Anreiz für Unternehmen, die Erfolgsfaktoren für erfolgreiches Qualitätsmanagement richtig einzusetzen. Die interessierten Unternehmen können sich um einen Preis bewerben und machen dadurch den Geschäftspartnern deutlich, dass sie „Business Excellence" anstreben. Sie zeigen damit, wie ernst ihnen erfolgreiches Qualitätsmanagement ist.

Die folgende Übersicht zeigt die Grundlagen für diese Modelle und einige konkrete Preise.

(1) Modell der European Foundation for Quality Management (EFQM)

EFQM	1988 von 14 führenden europäischen Unternehmen gegründet
EFQM Excellence Modell	Dieses Modell ist als Richtlinie und Hilfe für den Aufbau und die Einführung eines TQM-Systems im Unternehmen weltweit anerkannt.
	Basis: Acht einander verstärkende und teilweise voneinander abhängige Grundkonzepte

EFQM

Grundkonzepte[63]

Kundennutzen	• Nutzen für den Kunden schaffen
Zukunftsgestaltung	• Die Zukunft nachhaltig gestalten
Organisationsentwicklung	• Die Fähigkeiten der Organisation entwickeln
Ständige Verbesserung	• Innovation und Kreativität fördern
Führung	• Mit Vision, Inspiration und Integrität führen
Change Management	• Veränderungen aktiv managen
Mitarbeiterbeteiligung	• Durch Mitarbeiterinnen und Mitarbeiter erfolgreich sein
Ergebnisorientierung	• Dauerhaft herausragende Ergebnisse erzielen

GRUNDKONZEPTE

(2) Excellence-Preise

Für Business Excellence – also für Spitzenleistungen im Wettbewerb hinsichtlich Qualität bei Produkten und Prozessen/Dienstleistungen – werden sehr begehrte Preise verliehen, deren Vergabe nach strengen Regeln erfolgt. Einige international bedeutende Preise („Awards") sind:

BUSINESS EXCELLENCE

Demin Application Price	seit 1951, Japan
Malcolm Baldridge National Quality Award	seit 1988, USA – Der Preis wird vom Präsidenten der USA persönlich überreicht
EFQM – Excellence Award	seit 1992, Europa
Ludwig-Erhard-Preis (LEP)	seit 1997, Europa, Deutschland
	Der Preis wird für Spitzenleistungen im Wettbewerb verliehen.
	Er geht an Unternehmen aller Branchen, an kleine, mittlere und große Unternehmen, auch an Behörden und Handwerksbetriebe.

LUDWIG-ERHARD-PREIS (LEP)

Der Hauptnutzen für die erfolgreichen Unternehmen besteht allerdings nicht darin, den Preis bekommen zu haben, sondern in der damit verbundenen nachhaltigen Verbesserung des Qualitätsmanagements im Unternehmen.

LEP

Zum besseren Verständnis werden im Folgenden am Beispiel des LEP die Grundlagen für die Unternehmensbewertung und die Preisvergabe genauer dargestellt. Daraus wird deutlich, worauf es bei erfolgreichem Qualitätsmanagement ankommt.

EFQM EXCELLENCE MODELL

Beim LEP wird, ebenso wie beim EFQM Excellence Modell, unterschieden zwischen

• den Mitteln und Wegen sowie

• den Ergebnissen.

---

[63] Diesem Grundkonzept entsprechen auch die Kriterien, nach denen die Bewerbungen um den EFQM- Excellence Award bewertet werden. Siehe dazu: Deutscher Excellence Preis, Ergebnisband 2012, hrsg. von der Initiative Ludwig-Erhard-Preis e.V.

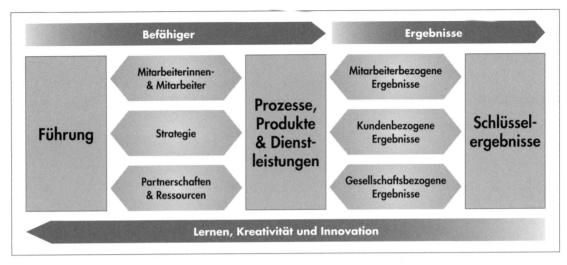

Inhalte der Kriterien

Kundenbezogene Ergebnisse	Wie nehmen Kunden die Leistungen der Unternehmung wahr? Wie werden die Kundenbedürfnisse und Erwartungen erfüllt?
Schlüsselergebnisse	Wie werden die Unternehmensziele erreicht und wie werden die finanziellen Erwartungen erfüllt?
Prozesse, Produkte und Dienstleistungen	Wie innovativ und kreativ werden die Geschäftsprozesse gestaltet, gesteuert und bei Veränderungen angepasst?
Führung	Wie initiiert und fördert die Unternehmensführung Qualitätsbewusstsein und qualitätsorientiertes Verhalten der Mitarbeiter/-innen?
Mitarbeiterinnen und Mitarbeiter	Wie werden die Potenziale/Fähigkeiten der Mitarbeiter/-innen freigesetzt und gefördert?
Mitarbeiterbezogene Ergebnisse	Wie nehmen die Mitarbeiter/-innen das Führungsverhalten wahr und wie werden die Bedürfnisse und Erwartungen der Mitarbeiter/-innen erfüllt?
Partnerschaften und Ressourcen	Wie werden Ressourcen (v.a. Technologien, Materialien, Informationen und finanzielle Mittel) eingesetzt? Wie werden die Lieferantenbeziehungen gepflegt?
Strategie	Wie werden Visionen, Werte und Unternehmensziele kommuniziert und realisiert?
Gesellschaftsbezogene Ergebnisse	Wie nimmt die Gesellschaft die Unternehmung wahr hinsichtlich wichtiger Bereiche wie Umweltschutz, schonendem Ressourceneinsatz, Leistungen für die Allgemeinheit (z. B. Schaffung/Erhaltung von Arbeits- und Ausbildungsplätzen)?

(Weitere Details siehe https://ilep.de)

Es wird deutlich: Business Excellence kann nur erreicht werden, wenn das Qualitätsmanagement alle Unternehmensbereiche umfasst und von allen Mitarbeitern erfolgreich umgesetzt wird. Qualitätsmanagement ist somit der entscheidende Erfolgsfaktor, gerade für Dienstleistungsunternehmen wie den Spediteur als Logistikdienstleister.

ERFOLGSFAKTOR

1.8.7 Ergänzende Konzepte zum Qualitätsmanagement

Qualitätsmanagement alleine reicht meist nicht aus, um nachhaltig im Wettbewerb bestehen zu können. Erst in Verbindung mit ergänzenden Konzepten und Verfahren erreichen die Unternehmen ein hohes Maß an Business Excellence.

Wichtige ergänzende Konzepte zum Qualitätsmanagement		
Change Management	Erfolgreiches (schnelles und auch kostengünstiges) Veränderungsmanagement ist oft ein entscheidender Wettbewerbsvorteil. Schnelles Einführen von TQM und laufende Anpassungen an Veränderungen (Internationalisierung, Rationalisierung, Technischer Fortschritt) sind für das Erreichen hoher kundenorientierter Qualität entscheidend.	CHANGE MANAGEMENT
Umweltmanagement	Umweltmanagement/betrieblicher Umweltschutz ist in gleicher Weise wie Qualitätsmanagement ein Konzept, das im Unternehmen eingeführt und zertifiziert werden kann (z. B. Umweltmanagementsystem UMS nach ISO-Norm 14000, 14001). Aber auch ohne eigenständiges Umweltmanagementsystem mit Zertifizierung ist das Kriterium Umwelt/Ressourcenschonung Teil des TQM.	UMWELTMANAGEMENT
Customer Relationship Management (CRM)	Auf Lieferanten- und Kundenseite besteht ein DV-gestützter Datenaustausch, i.d.R. gestützt auf ERP[64]-Systeme, der einen reibungslosen Materialfluss sicherstellen soll. Ziel ist es, eine langfristige Kunden-Lieferantenbeziehung (Kundenbindung) aufrecht zu erhalten. Grundlage ist die Bereitstellung aller wichtigen Lieferanten-, Kunden- und Marktdaten und ein reibungsloser Fluss dieser Informationen.	CUSTOMER RELATIONSHIP MANAGEMENT CRM
Risikomanagement	Jede Supply Chain ist verwundbar, sei es durch Ereignisse infolge von Fehlern bei logistischen Aktivitäten, sei es durch Ereignisse (Witterung, Unfälle) oder sogar gezielte Angriffe (Terrorismus) von außen. Von besonderer Bedeutung sind angesichts zunehmender Hackerangriffe die Risiken, die durch eine Störung oder gar durch einen Ausfall des IT-Systems eintreten können. Für das erfolgreiche Management einer Supply Chain ist ein reibungsloser, IT-gestützter Datenfluss die unverzichtbare Voraussetzung. Jeder Logistikdienstleister muss daher seine Risiken kennen und geeignete Vorsorgemaßnahmen treffen. Üblicherweise erfolgt das Risikomanagement in vier Schritten: 1. **Risikoanalyse:** Zuerst müssen alle denkbaren Risiken erfasst und untersucht werden. Meist werden die Risiken in Gruppen zusammengefasst, z.B. Risiken, die längere Zeit/dauerhaft bestehen, einmalige Risiken, vertragsbezogene Risiken, servicebezogene Risiken, IT-Risiken u.s.w. 2. **Risikobewertung:** Sodann ermittelt man die Höhe des Schadens (S) bei Eintritt des Risikos und die Wahrscheinlichkeit (W), dass das Risiko eintritt. Daraus ergibt sich eine Rangfolge der Risiken (Risikowert = S x W).	RISIKOMANAGEMENT

---

[64] siehe Glossar Kap. 7, Enterprise Resource Planning sowie Bild 24, S. 57

3. **Risikosteuerung:** Dabei geht es darum, im Voraus geeignete Strategien für die bewerteten Risiken zu entwickeln und dafür Maßnahmen festzulegen.

4. **Risikoüberwachung:** Im letzten Schritt müssen die Risiken überwacht werden, um gegebenenfalls frühzeitig reagieren zu können oder zu erfassen, wenn Risiken sich ändern (Zu-/Abnahme des Risikos) oder sogar ganz entfallen.

Bereits bei der Risikoanalyse sollte ein „Risikoeigentümer" (eine Person oder Abteilung mit Detailkenntnissen über das Risiko) bestimmt werden, der das Risiko ständig überwacht und bei Veränderungen die Strategie und die festgelegten Maßnahmen an die neue Situation anpasst.

Für den Logistikdienstleister gehört es zu den wettbewerbsentscheidenden Erfolgsfaktoren, diese Managementmaßnahmen anzuwenden und zu beherrschen. Insbesondere das Risikomanagement hat seit September 2015 an Bedeutung zugenommen. Für Unternehmen, die eine Zertifizierung nach dem neuen Qualitätsstandard 9001:2015 anstreben, ist ein Risikomanagementsystem zwingende Voraussetzung.

1.9 Welche Entwicklungen der Logistik sind erkennbar?

1.9.1 Erweiterung des Aufgabenspektrums

Wie bereits dargestellt sind in der Logistik, auch unter dem Einfluss des technischen Fortschritts[65] und dadurch ermöglichter neuer Formen der Auftragsabwicklung immer umfangreichere Geschäftsprozesse zu bewältigen. Die drei Entwicklungsstufen im Kapitel 1.2.1, S. 15, lassen sich hinsichtlich des Aufgabenspektrums noch genauer darstellen:

AUFGABENSPEK-
TRUM

Entwicklung des Aufgabenspektrums der Logistik	
Funktionale Spezialisierung	• Übernahme spezieller Aufgaben innerhalb der betrieblichen Funktionen Beschaffung, Produktion, Distribution und Entsorgung. • Entwicklung spezieller Aufgaben wie City-Logistik oder Krankenhauslogistik. • Entwicklung branchenspezifischer Logistiklösungen, z. B. Chemielogistik, Automobillogistik.
Koordinationsfunktion der Logistik	Anpassung der logistischen Abläufe an die Produktion und an Verkaufsaktionen (Sonderverkauf, Abverkauf) mit dem Ziel, Lagerbestände zu reduzieren.
Entwicklung von Standards (EDI, ULD)	Vereinfachung und Beschleunigung des Datenflusses und des Güterflusses in standardisierten Behältern.
Prozessorientierung/ Flussdenken	Beschleunigung des Materialflusses und der administrativen Prozesse, Optimierung der Verbundstellen.
Supply Chain Management	Konzentration der Koordination; d.h. Steuerung der logistischen Prozesse aus einer Hand und Optimierung (Zeit, Kosten) entlang der Supply Chain, v.a. durch weitgehende Standardisierung.
Kontraktlogistik	Die Kontraktlogistik entsteht sowohl durch die Erweiterung des Aufgabenspektrums als auch durch die komplexe Kombination einer Vielzahl einzelner Aufgaben, ggf. entlang einer vollständigen Supply Chain. Vgl. dazu die ausführliche Darstellung in Kapitel 1.9.3

---

[65] vgl. Kap. 1.7.3 Informationslogistik und E-Logistics

Intralogistik	Die Intralogistik entsteht durch eine umfangreiche Veränderung der Aufgaben des Logistikdienstleisters, indem er die innerbetrieblichen logistischen Aktivitäten von Industrie- oder Handelsunternehmen einschließlich des Einsatzes der speziell dafür entwickelten technischen Einrichtungen in großem Umfang übernimmt. Vgl. Dazu den Exkurs Intralogistik, S. 188 ff.
Green Logistics	Green Logistics bedeutet weniger eine Erweiterung des Aufgabenspektrums als vielmehr eine qualitative Veränderung der Prozesse sowie der eingesetzten technischen Einrichtungen. Vgl. dazu die ausführliche Darstellung in Kapitel 1.9.4, S. 79 ff.

Logistische Dienstleister übernehmen somit immer mehr Aufgaben

(1) mit unterschiedlichem Umfang und/oder

(2) von unterschiedlicher Art und Schwierigkeit.

Dies lässt sich nur unter hohem organisatorischen (vgl. Netzwerke) und informationstechnischen (vgl. E-Logistics) Einsatz realisieren. Die große Vielfalt unterschiedlichster, komplexer und leistungsstarker Logistiksysteme zeigt den aktuell möglichen Umfang des Aufgabenspektrums, den ein leistungsstarker Logistikdienstleister übernehmen kann.

Einen anschaulichen Einblick in die Möglichkeiten zeigen die Praxisbeispiele, die wegen ihrer besonders guten Problemlösung mit Preisen ausgezeichnet werden. So verleiht z. B. die Bundesvereinigung Logistik (BVL) alljährlich im Oktober anlässlich des Deutschen Logistikkongresses den Deutschen Logistikpreis. Die „ausgezeichneten" Lösungen werden ausführlich in der Presse dargestellt[66] und zeigen am besten den aktuellen Entwicklungsstand auf.

DEUTSCHER LOGISTIKPREIS

Die ständige Weiterentwicklung und Ausweitung des logistischen Dienstleistungsangebots durch die Speditionen, die Ihre Kernkompetenz als Logistikdienstleister am Markt anbieten, hat dazu geführt, dass aus Speditionen Logistikdienstleister mit unterschiedlichem Leistungsumfang und mit unterschiedlicher Leistungsfähigkeit entstanden sind.

In diesem Logistikverbund, in der Zusammenarbeit mit dem Auftraggeber und den übrigen beteiligten Logistikdienstleistern, übernehmen Spediteure als Logistikdienstleister verschiedenste Aufgaben. Diese können von Einzelaufträgen bis zur Übernahme der kompletten Steuerung der Logistik vom Rohstofflieferanten bis zum Endabnehmer reichen.

Zur leichteren begrifflichen Unterscheidung dieser unterschiedlichen Aufgabenumfänge wurden spezielle Bezeichnungen entwickelt.

Üblich ist die Unterscheidung folgender Stufen:

Neue Konzepte		
Third Party Logistics Provider – 3 PL	Bündelt Frachten und besorgt oder übernimmt selbst den Transport. Plant und steuert komplette, auch intermodale Transportabläufe.	3 PL
Fourth Party Logistics Provider – 4 PL (selten)	Plant und steuert alle Logistikdienstleistungen einer Supply Chain, vertritt als neutraler Vermittler ohne eigene Logistikressourcen (Fahrzeuge, Lager, Einrichtungen) die Interessen der Verlader gegenüber den Anbietern von Logistikdienstleistungen.	4 PL
Lead Logistics Provider – LLP	Übernimmt umfassender als der 3 PL die Steuerung umfangreicher und komplexer logistischer Abläufe als Auftragnehmer des Verladers und erledigt zusätzliche Dienstleistungen, führt z.T. auch den Transport selbst durch.	LLP

---

[66] vgl. die Berichte darüber (meist in den Oktoberausgaben) in den Logistik-Fachzeitschriften der zurückliegenden Jahre

1.9.2 Spezielle Entwicklungen

(1) Efficient Consumer Response (ECR)

Diese Kooperationsstrategie umfasst die kundenorientierte Zusammenarbeit zwischen Handel, Industrie und Dienstleistungsunternehmen der Logistik. Sie soll für alle Beteiligten einen Nutzen erzielen, den ein einzelnes Unternehmen allein nicht erreichen könnte (Win-Win-Situation). ECR besteht aus insgesamt vier Basisstrategien, die in Bild 25 dargestellt sind.

EPI **Efficient Product Introduction**	EA **Efficient Assortment**	EP **Efficient Promotion**
Effiziente Entwicklung und Einführung neuer Produkte, erfolgreiche und kostengünstige Vermarktung	Effiziente Sortimentsgestaltung, verbesserte Produktivität des Sortiments durch Optimierung der Verkaufsflächen	Effiziente Gestaltung von Aktionen zur Verkaufsförderung, schnelle Reaktion auf die Endkundennachfrage

ERP
Efficient Replenishment

Effizienter Informations- und Güterfluss, Optimierung der Verbundstellen (= Verringerung von Schnittstellenproblemen), reibungslose Abwicklung der Abläufe in der Logistikkette

Bild 25: Basisstrategien (Bestandteile) von Efficient Consumer Response

Efficient Replenishment ist die verbindende, die anderen drei Strategien umfassende Basisstrategie. ERP ist seit langem in der Distributionslogistik besonders weit entwickelt und standardisiert; daher werden die Instrumente des ERP in Kapitel 4 (Distributionslogistik) ausführlich erläutert.

(2) Collaborative Planning, Forecasting and Replenishment (CPFR)

Diese Form der Kooperation wird auch als zweite Generation/Weiterentwicklung von ECR bezeichnet. Sie ist besonders bei der Distribution von Produkten von Bedeutung und wurde aus einem Instrument des ERP – dem Vendor Managed Inventory VMI[67] – weiterentwickelt. Daher wird auch CPFR ausführlich im Kapitel 4 (Distributionslogistik) dargestellt.

(3) SCEM

Supply Chain Event Management (SCEM) ist ein proaktives Informationssystem, das alle Beteiligten der Supply Chain frühzeitig und weitgehend automatisch informiert, wenn sich bei einem Soll-Ist Vergleich Abweichungen des vorgesehenen/angekündigten Ablaufs vom tatsächlichen Verlauf des Logistikprozesses ergeben.

Systemmerkmale und Eigenschaften im Einzelnen:

- Umfangreiche Datenmengen, häufig in einer Kombination von Daten aus mehreren logistischen Informationssystemen, werden erfasst und zu Vergleichszwecken bereit gestellt (neben Daten aus Tracking- und Tracing-Systemen z.B. Informationen über die Güter einer Sendung, den Zustand der Güter, Lagerbestände etc.).

- Die logistischen Prozesse und deren Ablauf müssen genau definiert werden.

- Die jeweiligen Ereignisse, die eine Benachrichtigung auslösen, müssen ebenfalls genau festgelegt werden und sich auf die unbedingt notwendigen Meldungen beschränken, um eine unnötige Informationsflut zu vermeiden.

---

[67] vgl. dazu die Erläuterungen im Kap. 4.4.1, S. 219

CPFR

Erfolgskriterien
• Verfügbarkeit aktueller Daten
• Eindeutige Definition der Prozesse
• Festlegung von Benachrichtigungsregeln
• Festlegung der Beteiligten
• Stete Aktualisierung und tatsächliche Erreichbarkeit aller Beteiligten
• Periodische Überprüfung der Funktionsfähigkeit des Systems

Die Vorteile derartiger SCEM-Systeme sind offensichtlich:

• Transparenz über den Verlauf der logistischen Prozesse

• Optimale Steuerungsmöglichkeiten

• Zeitersparnis infolge verzögerungsloser Reaktionsmöglichkeiten

• Reduzierung der Kosten (Fehlervermeidungskosten sind i.d.R. niedriger als Fehlerbehebungskosten, z.B. rechtzeitiges Erkennen von Temperaturänderungen beim Transport temperaturempfindlicher Güter)

• Verbesserung der Gesamtqualität von logistischen Prozessen

Unter Mitwirkung aller Partner und der Bereitstellung der notwendigen, leistungsstarken informationstechnischen Ausstattung in einer geschlossenen Supply Chain wird es somit möglich, auf die meisten denkbaren Störungen optimal vorbereitet zu sein und ohne Zeitverlust die richtigen Maßnahmen ergreifen zu können.

(4) Belieferung/Versorgung JIT (Just in Time), JIS (Just in Sequence)

JUST IN TIME
JUST IN SEQUENCE

Diese Belieferungsformen zielen darauf ab, die Materialien/Produkte genau dann zu liefern, wenn sie im Fertigungsprozess benötigt werden.

Diese Strategien spielen bei der Beschaffung eine zentrale Rolle und werden daher ausführlich in Kapitel 2 (Beschaffungslogistik), dargestellt.

(5) Simulationen

> Simulation ist die Nachbildung eines Prozesses in einem Modell, um zu Erkenntnissen zu gelangen, die auf die Realität übertragen werden können.

(vereinfachte Begriffsbeschreibung nach VDI-Richtlinie 3633)

Für Simulationen in der Logistik gibt es zwei wesentliche Anwendungsbereiche:

(1) Unternehmensplanspiel/Business Simulation in der Lehre/in der Ausbildung

Effektive Aus- und Weiterbildung in der Logistik sind angesichts der zunehmenden Komplexität von Logistikdienstleistungen wesentliche Voraussetzungen für den wirtschaftlichen Erfolg von Logistikdienstleistern. Unternehmensplanspiele – insbesondere computergestützt – werden hier mit großem Erfolg eingesetzt. Sie ermöglichen es, konkrete Situationen mit einer Vielzahl von Einflussgrößen (= Parameter) zu analysieren, darauf aufbauend Entscheidungen zu treffen und die Auswirkungen dieser Entscheidungen anhand der erzielten Ergebnisse zu bewerten und ggf. (oft nacheinander in mehreren Schritten) zu verbessern.

(2) Entscheidungshilfe für die Gestaltung konkreter Logistikprojekte

Ein zweiter Anwendungsbereich ist die Simulation vorgeschlagener Logistiklösungen, z.B. Angebote in Ausschreibungen (s. auch Kapitel 6.5.5. Tender Management), um die Realisierbarkeit des Vorschlags insgesamt sowie Schwachstellen in der Planung feststellen zu können. Soweit verfügbar werden anhand von Daten aus der Vergangenheit die zukünftigen

Entwicklungen errechnet und die Prozesse mit den geplanten Größen (Transportraum, Transportzeiten, Lagerplatz, Kommissionierleistungen, Verpackungsgrößen etc.) getestet; sind die Ergebnisse nicht zufriedenstellend, können die einzelnen Größe (= Parameter) verändert werden, bis eine optimale Zusammensetzung der technischen und organisatorischen Rahmenbedingungen für die von der Praxis nachgefragte Logistikleistung erreicht ist.

Ergänzend können z. B. vorab als Grunddaten für die Simulation von Dienstleistungen in der Handelslogistik Daten über das Kaufverhalten der Kunden ausgewertet und ermittelt werden. Aufbauend auf diesen Daten lassen sich zunächst Preise, Sortimente und Mengen besser planen und die Auswirkungen von Preisänderungen und verkaufsfördernder Aktionen (z. B. Werbung) durch Simulation ermitteln. Der dadurch festgestellte Bedarf dient dann als Grundlage für die eigentliche simulationsgestützte Gestaltung der für eine reibungslose, kostenoptimale Versorgung einzurichtenden logistischen Prozesse.

Vorteile von Simulationen im Einzelnen

- Feststellung von Engpässen (z. B. Transport- oder Lagerkapazitäten), aber auch neuen Möglichkeiten/Kapazitäten

- Ermittlung der Auslastung der technischen Einrichtungen

- Feststellung von Lücken im technischen und/oder organisatorischen Konzept einer geplanten komplexen Logistikdienstleistung

- Aussagekräftige Vergleiche und effektive bzw. kostenwirksame Verbesserungsmöglichkeiten

- Entwicklung von Strategien, Verkehrsträgerauswahl, Modal Split-Lösungen

- Ermittlung und ggf. Optimierung bestimmter Einzelkosten (z. B. Frachtkosten) anhand von konkreten Vergangenheitsdaten

- Analyse von Kosten- bzw. Ertragsänderungen infolge Veränderungen der ursprünglichen Planungsgrößen

- Disposition optimaler Sendungszusammenstellungen und Abholungs- bzw. Auslieferungstouren

- Nutzung der Simulationsergebnisse bei der Vorstellung komplexer Angebote

- Aussagekräftige Visualisierung der Ergebnisse (Diagramme, Routenführungen, Kennzahlen)

Zusammenfassend lässt sich feststellen, dass die Möglichkeit, Strategien und Systeme simulationsgestützt in der praktischen Anwendung zu testen, bevor kostspielige Investitionen getätigt und möglicherweise mit hohen Zusatz- oder Folgekosten korrigiert werden müssen, wesentlich zum wirtschaftlichen Erfolg eines Logistikdienstleisters beitragen können.

1.9.3 Kontraktlogistik

(1) Begriff und Bedeutung

SYSTEMDIENST-
LEISTER

Das Outsourcing logistischer Aktivitäten sowie die Entwicklung von einzelnen Prozessen zu umfassenden logistischen Dienstleistungen (= Systemdienstleister, Systemlieferant von logistischen Dienstleistungen) wurde bereits angesprochen (vgl. Kapitel 1.1.1. und 1.5.3). Diese Entwicklung setzt sich in immer stärkerem Maße fort und hat vielfach für die Unternehmensführung sogar strategische Bedeutung. In vielen Logistikdienstleistungsunternehmen spielen derartige komplexe Dienstleistungen neben dem traditionellen Speditionsgeschäft eine immer wichtigere Rolle und ermöglichen ein deutliches wirtschaftliches Wachstum, z. B. im Jahre 2012 in manchen Unternehmen mit zweistelligen Prozentzahlen. Für diese Form umfassender logistischer Dienstleistungen, die in Extremfällen sogar die Planung und Übernahme der kompletten Supply Chain für ein Unternehmen vom Rohstofflieferanten bis zum Abnehmer des fertigen Produkts einschließlich After-Sales-Services

AFTER-SALES-
SERVICES
RETOUREN-
MANAGEMENT

(Dienstleistungen nach dem Kauf, z. B. Bestellabwicklung, Wartung, Reparaturen) und Retourenmanagement umfassen kann, hat sich in der Praxis die Bezeichnung Kontraktlogistik durchgesetzt. (Kontrakt = Vertrag; daher wird auch der Begriff Vertragslogistik verwendet)

Kontraktlogistik – eine Dienstleistung innerhalb des Supply Chain Managements – ist die enge, auf längere Zeit angelegte, vertraglich vereinbarte Kooperation zwischen Logistik-dienstleistern und Produktions- oder Handelsunternehmen; die Kooperation umfasst üb-licherweise die durchaus auch komplexe Kombination von Leistungen aus dem Bereich der TUL-Logistik mit – je nach Einzelfall unterschiedlich – Beschaffungsaktivitäten, zu-meist einfacheren Produktions- und/oder Montagearbeiten sowie Value Added Services.

Kontraktlogistik kann von Spediteuren, KEP-Dienstleistern oder auch anderen Logistik-dienstleistern übernommen werden.

Das grundlegende, möglichst alle Details erfassende Dokument für die Kontraktlogistik ist im Regelfall ein umfangreicher Outsourcing-Vertrag.

Auf einige wesentliche Aspekte zur Kontraktlogistik ist hier noch hinzuweisen, sofern der Logistikdienstleister für andere Kunden auch Leistungen in den klassischen logistischen Bereichen wie z. B. Transporte und Lagerleistungen erbringt: **KONTRAKTLOGISTIK**

- Kontraktlogistikprojekte haben im Regelfall immer auch Einfluss auf die in den Abteilun-gen See- und Lufttransporte sowie Landverkehre erzielten Umsätze.

- Kontraktlogistikdienstleistungen, die Lagerleistungen beinhalten, können auch die übri-gen Lagerleistungen unterstützen, die für andere Kunden des Logistikdienstleisters er-bracht werden, z. B. durch bessere Auslastung.

- In Krisenzeiten passen Produktions- und Handelsunternehmen ihre Strukturen und Kapa-zitäten den veränderten Situationen an; daher wird Kontraktlogistik auch in Krisenzeiten nachgefragt und wirkt dadurch umsatzstabilisierend, denn Kontraktlogistik kann sowohl von wirtschaftlichen Aufschwung- als auch von Abschwungbewegungen und den damit verbundenen Veränderungen profitieren. **KRISENZEITEN**

- Generell können Kontraktlogistikleistungen die allgemeinen Funktionen in Logistik-dienstleistungsunternehmen (IT, Abrechnung, Verzollung, allg. Personaleinsatz) zusätz-lich auslasten. **AUSLASTUNG**

Somit leisten Kontraktlogistikprojekte einen Beitrag zur Verbesserung der allgemeinen Wirtschaftlichkeit des Logistikdienstleistungsunternehmens, der bei der Kalkulation und Bewertung von Kontraktlogistikleistungen unbedingt berücksichtigt werden sollte. **WIRTSCHAFT-LICHKEIT**

(2) Merkmale – Gründe/Vorteile – Funktionen/Aufgaben

Merkmale der Kontraktlogistik

- Die Dienstleistung hat einen erheblichen Umfang; der Kunde ist der wichtigste bzw. einer der ganz wichtigen Kunden (A-Kunde). Die Klassifizierung der Kunden erfolgt üblicherweise auf der Grundlage ihres Anteils am Gesamtumsatz mittels einer ABC-Analyse (vgl. S. 107).

- Die Dienstleistung ist individuell auf die logistischen Anforderungen des Kunden abge-stimmt (taylor made solution) und eng mit den internen Prozessen des Kunden verzahnt; infolge dieser ausgeprägten Individualisierung der Zusammenarbeit ist ein Austausch des Logistikpartners kurzfristig nur schwer zu bewerkstelligen.

- Der Kontrakt wurde in einem umfangreichen Rahmenvertrag (meist als Outsourcing-Vertrag bezeichnet) abgeschlossen; im Regelfall enthält er komplexe Leistungen, oft auch innerhalb mehrerer logistischer Teilsysteme, vor allem im Rahmen von Transport- und Lagerlogistikleistungen. Dementsprechend enthält er auch unterschiedliche Ver-tragsbedingungen, gestützt auf die dazugehörigen rechtlichen Vorschriften und die Allgemeinen Geschäftsbedingungen.

- Die Zusammenarbeit mit dem Partner/den Partnern ist auf längere Zeit angelegt, wenn auch meist auf eine bestimmte Dauer; es kann vereinbart sein, dass nach Ablauf dieser Dauer eine Fortsetzung der Zusammenarbeit, meist mit aktualisierten Vertragsbedin-gungen, neu vereinbart werden muss. Üblich ist eine Vertragslaufzeit von 3 – 5 Jahren, allerdings ist bereits eine Tendenz zu kürzeren Vertragslaufzeiten erkennbar.

- Kontraktlogistikleistungen entstehen, nachdem die Entscheidung für einen konkreten Logistikpartner gefallen ist, in mehreren Phasen.

Üblich sind die Phasen:

- Zielfindung
- Analyse der Rahmenbedingungen
- Vertragsgestaltung und Abschluss
- Implementierung der Dienstleistung
- Maßnahmen zur Qualitätssicherung

Gründe/Vorteile der Kontraktlogistik

Gründe für die enorme Zunahme des Outsourcings von logistischen Dienstleistungen in Kontraktlogistikprojekte sind vor allem in den Vorteilen eines derartigen Projektes für das outsourcende Unternehmen zu finden.

Wesentliche Vorteile:

- Variabilisierung der Kosten – bezahlt wird nur die (meist im Umfang schwankende) tatsächlich in Anspruch genommene Leistung
- Vermeidung von Investitionen in eigenes Anlagevermögen
- Verfügbarkeit von speziell ausgebildetem Personal oder besonderen Einrichtungen des Logistikdienstleisters, z. B. eine leistungsfähige IT-Infrastruktur mit globaler Vernetzung
- Verfügbarkeit moderner (innovativer) Technik des Logistikdienstleisters
- Nutzung besonderer Fach- und Methodenkenntnisse des Logistikdienstleisters
- Verbesserung der Serviceleistungen
- Nutzung von Synergieeffekten durch Übergabe an den Logistikdienstleister, z. B. Bündelung von Transporten
- Verbesserte Möglichkeiten der Kostensenkung
- Bessere Planungsgrundlagen für Kostenentwicklungen
- Verbesserung der eigenen Leistungsfähigkeit infolge der Konzentration auf das Kerngeschäft

Funktionen/Aufgaben der Kontraktlogistik

Beispielhafte Dienstleistungen:

- Lagerhaltung von palettiertem Gut
- Komplexe Kommissionierleistungen (s.u. CKD-Logistik)
- Komplexe Distributionslogistik
- Abwicklung der Informationslogistik incl. E-Invoicing
- Komplexe Added-Value-Leistungen
- Qualitätskontrollen
- Montagearbeiten
- Retourenmanagement
- Reverse Logistics incl. Demontagearbeiten
- Übernahme von Import-/Exportabwicklungen einschließlich Erledigung der notwendigen Anträge/Berichte etc. aufgrund außenwirtschaftlicher Vorgaben
- Übernahme von Inkassoaufgaben

Sonderfall Automobillogistik

In der CKD-Logistik besteht die Null-Fehler-Vorgabe, auch Null-Fehler-Toleranz genannt. Sie betrifft die Kommissionierung, bei der außerdem das Fifo-Prinzip angewandt werden muss. Angesichts der häufigen Veränderungen an den Modellen muss der Dienstleister fehlerfrei die alten Teile aussortieren und die Neuteile tatsächlich sowie IT-technisch in das Logistiksystem integrieren. Fehler können zu Bandstillständen in der Produktion der Fahrzeuge und damit zu immensen Schadenersatzforderungen führen. Darüber hinaus müssen für den Seetransport oft aufwändige Schutzmaßnahmen, z. B. Ölkonservierung von Karosserieteilen vorgenommen werden, die am Bestimmungsort erst gereinigt und anschließend lackiert werden.

Üblich sind drei unterschiedliche Belieferungsformen:

1. Es wird eine bestimmte Anzahl vollständiger Sätze bestellt; in diesem Fall muss teilgenau kommissioniert und geliefert werden (**CKD-Satzlieferung**).

2. Es wird eine auf jeden Fall ausreichende – jedoch nicht für alle Teile genau disponierte – Menge für die Produktion einer Woche geliefert; nicht benötigte Teile werden gelagert und für die Produktion der nächsten Woche verwendet. Genau kommissioniert und geliefert werden nur A-Teile (**CKD-Bulk-Lieferung**).

3. Die Teilelieferungen erfolgt in ein Lager, von dem aus die Fertigung reibungslos versorgt werden kann; der Nachteil größerer Lagerbestände kann durch die Nutzung kostengünstiger Transportmengen oder die Berücksichtigung optimaler Losgrößen zumindest teilweise kompensiert werden (**Part by Part-Lieferung**)

(3) Risiken/Hemmnisse

Risiken/Hemmnisse der Kontraktlogistik

- Werden vom Logistikdienstleister z. B. gegen ein von der Stückzahl abhängiges Entgelt Teile vormontiert, haftet er möglicherweise wie der Lieferant mit allen Konsequenzen z. B. bei mangelhafter Lieferung; evtl. erwachsen daraus auch Forderungen nach Schadenersatz.

- Ein Logistikdienstleister, der für einen Drittlandskunden die komplette Abwicklung (Verkauf, Vermietung usw.) übernimmt, läuft Gefahr, gemäß Produkthaftungsgesetz als Hersteller haften zu müssen.

- Verlader/Auftraggeber haben Sorge, durch das Outsourcing nicht mehr in allen Bereichen (Einzelaufgaben, Entscheidungen) über direkte Kontrollmöglichkeiten zu verfügen.

- Häufig verhindert fehlendes Vertrauen ein Kontraktlogistikprojekt (nicht alles kann vertraglich abgesichert werden und erfordert daher gegenseitiges Vertrauen).

- Arbeitsrechtliche Konsequenzen bei einem sog. Teilbetriebsübergang, wenn der Kontraktlogistikdienstleister Betriebsteile seines Partners mit den bisher dort beschäftigten Arbeitnehmern übernimmt, wirken abschreckend und verhindern deshalb das Kontraktlogistikprojekt.

- Es bestehen große Unsicherheiten, z. B. wird die erfolgreiche Bewältigung der Komplexität des Projekts bezweifelt und dadurch das Outsourcing verhindert.

- Es bestehen Bedenken gegen längerfristige Bindungen/Abhängigkeiten.

- Es liegt eine grundsätzliche Voreingenommenheit gegen derartige, von erfolgreicher Zusammenarbeit abhängige Projekte.

Branchenabhängige Hemmnisse:

- Besondere Anforderungen an Personal, Technik und Infrastruktur stellen in bestimmten Fällen auch ein besonderes Risiko dar; z. B. sind Kontraktlogistikleistungen im Bereich der chemischen Industrie noch selten anzutreffen; **in welchem Ausmaß Outsourcing in Kontraktlogistikprojekte betrieben wird hängt somit ganz erheblich von den branchenspezifischen Besonderheiten ab**.

(4) Vertragsgestaltung

Gestaltung des Outsourcing-Vertrags für Kontraktlogistikprojekte

Bei der Gestaltung des Outsourcing-Vertrags sind, vor allem aufgrund der unter (3) erläuterten Risiken, vielfältige Aspekte zu berücksichtigen. Wesentliche Hinweise:

LOGISTIK-AGB

- Grundsätzlich ist zu prüfen, ob die ADSp – das ist meistens nicht der Fall – oder ergänzend die Logistik-AGB dem Vertrag zugrunde gelegt werden können.

- Alle Rechte und Pflichten bezüglich der komplexen Prozesse (Einzelaufgaben, personelle Zuständigkeiten) müssen im Detail vereinbart werden.

- Fragen der Abrechnung (z. B. auch Aufteilung von Kosten auf die Vertragspartner) sind festzulegen.

- In jedem Fall muss der Outsourcing-Vertrag auch von den Versicherungsunternehmen geprüft werde, insbesondere, ob die vereinbarte Haftung für die mit der Dienstleistung verbundenen Risiken auch unter den mit dem Versicherungsunternehmen vereinbarten Versicherungsschutz fallen.

- Die Übereinstimmung von Haftungshöhe und Deckungssumme sowie eine eventuelle Selbstbeteiligung sind zu prüfen und genau zu regeln.

- Haftungsbegrenzungen/-ausschlüsse müssen einvernehmlich vereinbart werden, insbesondere Haftungshöchstgrenzen je Gewichtseinheit, Schadensfall bzw. Schadensereignis und/oder je Zeitabschnitt (z. pro Jahr).

- Es sollten Maßnahmen zur kontinuierlichen Verbesserung des Kontraktlogistikprojekts festgelegt werden.

Kontraktlogistikdienstleistungen sind stets eine individuelle Kombination einzelner logistischer Basisleistungen (v.a. TUL-Leistungen und VAS), d.h., sie weisen eine unüberschaubar große Vielfalt auf. Deshalb kann hier kein ideales Modell für die immer und überall richtige Kontraktlogistiklösung mit einem alles abdeckenden Vertrag entwickelt und dargestellt werden; gerade deswegen ist das gegenseitige Vertrauen ein entscheidender Erfolgsfaktor.

(5) Qualitätsmanagement

QUALITÄTSMANAGE-
MENT

Grundsätzliche Ausführungen zum Thema Qualität sowie zum Qualitätsmanagement sind im Kapitel 1.8 zu finden. Die dort erläuterten Methoden und Instrumente können angepasst auch auf logistische Prozesse in Kontraktlogistikprozessen angewandt werden. Dennoch folgen an dieser Stelle einige spezielle Anmerkungen zum Qualitätsmanagement in der Kontraktlogistik.

Zur objektiven Einschätzung der eigenen Leistung (Benchmarking) – sofern das eigene Unternehmen mit bewertet wurde – gibt es in Fachzeitschriften auch externe Qualitätsbewertungen; dort wird von Zeit zu Zeit ein Ranking von Kontraktlogistikleistungen veröffentlicht (z. B. Verkehrsrundschau vom 13.12.2011 | Transport + Logistik; Image-Ranking 2012: Die besten Logistikmarken des Jahres)

Qualitätsmanagement für Kontraktlogistikdienstleistungen

- Die zentrale Leistung ist die modulare Kombination bestehender (und im Regelfall gut funktionierender) Aktivitäten und Prozesse zu kundenspezifischen, individuellen, maßgeschneiderten Logistiklösungen; die für diese logistischen Aktivitäten und Prozesse entwickelten und bewährten Kennzahlen lassen sich meist ohne nennenswerte Probleme zum Controlling des Kontraktlogistikprojekts verwenden. Eine wesentliche Rolle bei derartigen Projekten spielt das Controlling des Projektverlaufs einschließlich der Termineinhaltung.

- Besonders hilfreich wäre eine Balanced Scorecard für Kontraktlogistikdienstleister – Voraussetzung dafür ist jedoch die Messbarkeit und dann die Verfügbarkeit der (v.a. weichen) Faktoren! Ein derartiges Controlling-Instrument zur Steuerung komplexer Kontraktlogistikprojekte muss erst noch erarbeitet werden.

Die Ausführungen zur Kontraktlogistik zeigen die großen Ansprüche an die Leistungsfähigkeit eines Logistikdienstleisters; vielfach wird die Kontraktlogistik daher schon als die **Königsdisziplin der logistischen Dienstleistungen** bezeichnet. Angesichts der hohen Komplexität, insbesondere wenn auch intralogistische Logistikaktivitäten (s. Exkurs: Intralogistik) Teil der Kontraktlogistikdienstleistungen sind, erscheint diese Bezeichnung nicht unangebracht.

KÖNIGSDISZIPLIN

Zusammenfassend und abschließend sei hier der Geschäftsführende Gesellschafter des Logistikdienstleisters Dachser zum Thema erfolgreiche Kontraktlogistik zitiert:

> „Die Kernkompetenz des Logistikdienstleisters ist vor allem das Schnittstellenmanagement."

SCHNITTSTELLEN-
MANAGEMENT

> „Eine intelligente Logistik, die kostengünstige Basismodule mit flexiblen Lösungen verbindet,… ist aus meiner Sicht der wahre Königsweg."

BASISMODULE

(FAZ Nr. 12 vom 15.01.2007, S. 20)

1.9.4 Green Logistics

Die Optimierung von Prozessen, Instrumenten, technischen Einrichtungen sowie Steuerungsmöglichkeiten und Messverfahren ist für Logistikdienstleister eine Daueraufgabe. Ständige Zielsetzungen waren und sind dabei vor allem Möglichkeiten zur Kostenbeeinflussung und zur Qualitätsverbesserung. Das steigende Umweltbewusstsein sowie die daraus resultierenden Forderungen nach ressourcenschonender, nachhaltiger Produktion sowie der dazugehörigen Beschaffungs-, Distributions-, Entsorgungs- und Serviceaktivitäten haben sich zu eine besonderen Herausforderung für die Logistik in allen logistischen Teilsystemen entwickelt. Die Erarbeitung von Lösungen für diese Probleme wird von vielen Beteiligten intensiv vorangetrieben. Als Beispiel sei hier das Verbundprojekt Green Logistics genannt, in dem ein Projektkonsortium aus Wissenschaft und innovativen Unternehmen Methoden und Lösungen für die

- **umfassende** (6 Umweltwirkungen stehen im Fokus)
- **integrative** (Transporte, Immobilien und Intralogistik)
- **verursachungsgerechte** (transparente, einheitliche, vergleichbare Vorgehensweisen) und
- **standardisierte** (Normen und Standards werden weiterentwickelt und konkretisiert)

ökologische Bewertung logistischer Aktivitäten entwickelt, Verbesserungsmaßnahmen für alle logistischen Teilsysteme erarbeitet und hinsichtlich ihrer ökologischen Wirkungen einstuft.

Vielfach werden ökologische Aktivitäten auch unter Corporate Social Responsibility CSR, – gesellschaftliche Verantwortung – vermarktet und, soweit es das Controlling-System ermöglichen kann, anhand von Kennzahlen nachgewiesen. Auch unter der Zielsetzung Nachhaltigkeit werden Maßnahmen der Green Logistics verwirklicht. Sie sind inzwischen ein wesentliches und oft wettbewerbsentscheidendes Qualitätsmerkmal.

Zur Veranschaulichung dieser Maßnahmen, mit denen ökologische Wirkungen angestrebt werden, sollen nachfolgend einige Beispiele aus den Bereichen (logistischen Teilsystemen) Transport, Lagerei sowie aus der Haustechnik für Logistikimmobilien erläutert werden. Entscheidend für den Erfolg von Green Logistics ist dabei die **ganzheitliche Betrachtung der gesamten Supply Chain**.

Green Logistics im Transportsystem

- Zunehmend wird versucht, Leerfahrten zu vermeiden; Potenziale werden in der verbesserten Zusammenarbeit von Partnern gesehen; als Instrument dazu kann ein Transportprogramm dienen, das sog. Collaborative Transportation Program, mit dessen Hilfe z. B. Transporte von Paletten gebündelt werden können.

- Vermehrt werden Automobiltransporte mit Binnenschiffen und der Eisenbahn durchgeführt.

- Die Entwicklung der Fahrzeugtechnik ermöglicht eine weitergehende Reduzierung von Schadstoff- und Lärmemissionen.

- Die EU-Kommission diskutiert neue Möglichkeiten zur Gestaltung der LKW mit dem Ziel eines verbesserten Umweltschutzes (aerodynamischere und damit emissionsärmere Fahrzeuge) und höherer Verkehrssicherheit durch eine stärker abgerundete Fahrzeugform.

- Neuartige sowohl ressourcenschonende als auch wirtschaftliche Batterieladesysteme für überwiegend innerbetriebliche Transportsysteme ermöglichen die Festlegung individueller Ladezeiten und gewährleisten eine vom Entladezustand der Batterie abhängige Energiezufuhr; je länger die Ladedauer festgelegt wird, um so schonender werden die Batterien geladen. In den vollautomatisierten Containerterminals werden batteriegetriebene Automated Guided Vehicles (AGV's) zum vollautomatischen Transport von Containern eingesetzt; zum Erzeugen der in Batterien speicherbaren Energie werden Wind- und Solarenergie eingesetzt.

- Es werden optimierte Verpackungsabmessungen zur besseren Auslastung von LKW und Containern entwickelt.

- Fertige Produkte (z. B. Textilien) werden in großen, vor einer konkreten Bestellung möglichst bedarfsorientiert disponierten Mengen ohne Zeitdruck energie- und schadstoffeffizient sowie kostengünstig (z. B. mit dem Seeschiff bzw. mit der Eisenbahn) in die Nähe der Nachfrager transportiert; wenn dann tatsächlich bestellt wird, können die Produkte auf kurzem Weg und sofort ausgeliefert werden. Große Transportunternehmen (aktuell sind Carrier betroffen, Reedereien können folgen, wenn die Schifffahrt in den Emissionshandel einbezogen wird) sollten sich auf den Emissionshandel vorbereiten; jede transportbedingt erzeugte Tonne CO_2 „kostet" ein Emissionsrecht.

Zukunftsprojekte nachhaltiger Transportsysteme

- Es kommen LKW zum Einsatz, die mit flüssigem Erdgas angetrieben werden und weniger CO_2 ausstoßen.

- Pläne für einen EU-weiten Einsatz längerer, aerodynamisch besserer LKW (abgerundetes Fahrerhaus, abgerundetes Heck) mit höherer Verkehrssicherheit werden bereits diskutiert.

- Es wird untersucht, ob Frachtschiffe auch energiesparend als Segelfrachter eingesetzt werden können.

- Für Flugzeuge mit veränderten Formen, aber auch mit höherer Transportkapazität, wird der Antrieb mit Wasserstoff getestet.

- Rechnergestützt (Voraussetzung sind ausreichend verfügbare Daten) werden für bestimmte Produkte die „saubersten", d. h. emissionsärmsten Beschaffungs-, Produktions- und Distributionsprozesse ermittelt.

- Klimaneutrale Produkte werden hergestellt; ergänzend wird ein Emissionsausgleich für Logistikdienstleistungen (Hellmann Worldwide Logistics plant z. B. die Anpflanzung von Bäumen zur CO_2-Kompensation) durch den Logistikdienstleister oder dessen Kunden – zur Zeit noch als Ausnahmen – angestrebt.

Green Logistics im Lagersystem

- Lager haben in vielerlei Hinsicht einen hohen Energieverbrauch. Die umfangreiche, zur Durchführung der Warenbewegungen eingesetzte Fördertechnik wird überwiegend mit elektrischer Energie betrieben; hierzu wurden neue Batterieladesysteme (s. o. bei Transportsystemen) entwickelt.

- Das Warehouse Management System kann dazu beitragen, die Lagerbewirtschaftung mit einem (wegeoptimierten) Minimum an Warenbewegungen und möglichst ohne Leerlaufverbrauch zu bewerkstelligen.

- Die systematische Nutzung der auftretenden Bremsenergie zur Rückgewinnung von elektrischer Energie für die Lagertechnik kann ebenso einen Beitrag zur Energieeinsparung leisten.

- Die an der Auftragslage orientierte Betriebsgeschwindigkeit der Fördermittel (vordefinierte Energieverbräuche/Nutzung des Spartempos analog der Geschwindigkeitsdrosselung im Seeverkehr) optimiert die Betriebskosten (Verbrauch und Verschleiß).

- Multiorderpicking/gebündelte Auftragsbearbeitung, zentral gesteuerter Staplereinsatz etc. tragen ebenfalls zur Energieeinsparung und zur Vermeidung von Lärm bzw. Emissionen bei.

- Eine bedarfsgesteuerte Lagerplatzverwaltung (Berücksichtigung von schnell- und langsam drehenden Artikeln) sorgt für wegeminimale Pickwege.

Green Logistics in der logistischen Haustechnik/in Logistikimmobilien

Einleitend muss darauf hingewiesen werden, dass von den gesamten Lebenszykluskosten eines Gebäudes (v.a. Bau-, Betriebs- und Instandhaltungs-/Renovierungskosten) ca. 80 % in der Nutzungsphase anfallen. Wenn Planung und Bauausführung darauf abgestimmt sind, lassen sich so erhebliche Einsparpotenziale erzielen. Das zeigen in Stichworten die nachfolgenden Beispiele aus diesem Bereich:

- Begrünte Dächer

- Grünflächen

- Wasserdurchlässige Pflasterung

- Solarthermieanlagen zur Warmwassergewinnung

- Holzbefeuerte Heizung, unterstützt durch Solartechnik

- Staubarme Fußbodenheizung in Lagerhallen

- Konsequente Verwendung regenerativer Energien

- Energiearme Beleuchtung

- Energieeffiziente Fördertechnik

- Fenster/Tageslicht in Umschlaghallen

- Effiziente Torabdichtungen/dichte Andockstellen

- Barcodegesteuerte, wegearme Sendungsbereitstellung

- Unterflurkettenbetriebene Hubwagen

- Photovoltaik

- Geothermie

- Regenwassernutzung

- Gezielte Abwärmenutzung (z.B. aus Serverräumen)

- Optimale Gebäudedämmung, oft sogar dem Passivhaus-Standard entsprechend

- Effiziente Lösungen beim Bau von Lagerhallen für temperaturgeführte, insbesondere tiefgekühlte Güter

- Lärmschutz durch zweckmäßige Anordnung von Hallen und Bürogebäuden

Wenn das Logistikzentrum dazu noch modular konzipiert ist und eine kostenminimale Erweiterung begünstigt, wird immer nur in die tatsächlich notwendigen Kapazitäten investiert.

Um die Bedeutung dieser Maßnahmen zu unterstreichen prämiert die **Deutsche Gesellschaft für Nachhaltiges Bauen** Immobilien, in denen Nachhaltigkeitsziele konsequent und erfolgreich umgesetzt wurden, bestenfalls sogar mir einer Goldmedaille.

Wissenschaftler erarbeiten eine Studie mit dem Ziel, ein optimales Modell für CO_2-neutrale Logistikzentren zu entwickeln.

Abschließend sei noch ein Beispiel aus der Lebensmittelindustrie aufgezeigt: Eine Molkerei hat als **ganzheitliches Nachhaltigkeitskonzept** die Versorgung der Verbraucher mit Milch von der regionalen Milcherzeugung (Viehhaltung, Ställe, Futter) über den energiearmen Molkereibetrieb und moderne, ressourcenschonende (Eco-Powermanagementsystem) Lagerhaltung bis zur energiesparenden Versandreihenfolge mit optimierter Planung der Auslieferungstouren konzipiert; das komplette System zeigt besonders deutlich die oben angesprochene Notwendigkeit der ganzheitlichen Betrachtung von Projekten der Green Logistics.

STANDARDS

Wesentliche Internationale Standards für Green Logistics – Übersicht (sie weichen in anderen EU-Staaten auch ab, z.B. die Public Available Standards PAS der British Standards Institution BSI)

ISO 14000 –
NORMENFAMILIE

Die sog. ISO 14000 – Normenfamilie soll Unternehmen unterstützen, ein möglichst umfassendes Umweltmanagementsystem einzurichten und nachgewiesen (zertifiziert) erfolgreich zu betreiben.

Nachfolgend sind einige der im Bereich Logistik wichtigsten Umweltnormen aufgelistet:

ZERTIFIZIERUNG

● **DIN EN ISO 14001**	Norm für die Zertifizierung von Umweltmanagementsystemen (**E**nvironment **M**anagement **S**ystem EMS)
● **DIN EN ISO 14025**	Norm für Umweltkennzeichnung und Deklaration
● **DIN EN ISO 14040**	Norm für Grundsätze und Rahmenbedingungen einer Ökobilanz
● **DIN EN ISO 14044**	Norm für Anforderungen an und Anleitungen für eine Ökobilanz
● **DIN EN ISO 14064**	Norm für die Grundlagen und Anforderungen zur Quantifizierung, zum Monitoring und zur Berichterstattung von Treibhausgasemissionen auf Unternehmensebene
● **DIN EN ISO 14067**	Norm für transparente Berechnung und Darstellung der Treibhausgas-Emissionen (Carbon Footprint CFP) von Produkten (Waren und Dienstleistungen) während der gesamten Lebens- bzw. Nutzungsdauer
● **DIN EN 16247**	Norm für ein Energieaudit (evtl. Vorstufe für ein Energiemanagementsystem nach DIN ISO 50001) zur Verbesserung der Energieeffizienz (Bestandsaufnahme und Bewertung des Einsatzes und des Verbrauchs von Energie)
● **DIN EN 16258**	Norm für die Ermittlung des Energieverbrauchs und der Treibhausgasemissionen von logistischen Transportleistungen nach einem EU-weit einheitlichen Schema; die Auswirkungen logistischer Aktivitäten auf Klima und Umwelt werden deutlich. Zusätzlich lassen sich Erkenntnisse gewinnen, wie gut der Fahrzeugeinsatz unter Umweltgesichtspunkten organisiert ist und welche Einsparpotenziale noch genutzt werden können. **Die Norm trat im März 2013 in Kraft; in Frankreich mussten Spediteure sowie Unternehmen, die nach Frankreich liefern, schon vorher Auskunft über den transportbedingten CO_2-Ausstoß geben können.**
● **DIN ISO 50001**	Energiemanagementsystem (Vorläufer war DIN EN ISO 16001); kann in das Qualitätsmanagementsystem ISO 9001 oder in das Umweltmanagementsystem 14001 integriert werden.

Die Norm DIN EN ISO 14001:2015 wurde – wie die Norm DIN EN ISO 9001:2015 (siehe Kapitel 1.8.5) – vollständig überarbeitet und ist ebenfalls seit dem 23. September 2015 anzuwenden. Unternehmen, die bereits nach der alten Norm 14001 zertifiziert sind, müssen ihr Qualitätssystem innerhalb von drei Jahren auf die neue Norm umstellen. Bisherige Zertifikate verlieren dann ihre Gültigkeit. Die wesentliche Neuerung dieser Überarbeitung besteht in einer für alle Managementsysteme einheitlichen Struktur mit gemeinsamen Basistexten, die eine Einführung neuer oder die Umstellung bereits zertifizierter Managementsysteme wie z.B. ein QM-System nach DIN EN ISO 9001 erleichtern sollen.

Ermittlung des Carbon Footprint

Eine der wesentlichen Forderungen an Grüne Logistik ist die Forderung nach Vergleichbarkeit, die wiederum Messbarkeit der zu vergleichenden Größen und dafür wiederum einheitliche/standardisierte Messverfahren voraussetzt. Die oben aufgelisteten Normen sollen auch dafür Grundlagen zur Entwicklung geeigneter Verfahren und Instrumente bereitstellen.

STANDARDISIERTE MESSVERFAHREN

Einige Unternehmen sind in der Anwendung der DIN EN ISO 16258 und damit in der Fähigkeit, Daten zur Ermittlung des Carbon Footprint eines Produkts bereit zu stellen, schon weit fortgeschritten. Als Beispiele können genannt werden:

- Das Stückgut-Netzwerk CargoLine z.B. wurde eigenen Angaben zufolge bereits nach dieser Norm zertifiziert, außerdem auch nach ISO 14064; bereits 2008 erlangte CargoLine die Umweltmanagement-Zertifizierung nach DIN EN ISO 14001.

- Auch die Stückgut-Kooperation 24Plus stellt allen Kooperationspartnern einen DIN EN 16258-kompatiblen Rechner zur Verfügung; die Zertifizierung erfolgte 2013.

- DHL setzt ebenfalls einen CO_2-Rechner ein; alle Vorgaben nach DIN EN 16258 werden nach Angaben von DHL erfüllt.

An Lösungen, auch kleinen Transportdienstleistern Möglichkeiten zur standardisierten Kalkulation ihrer Transportemissionen zur Verfügung zu stellen, damit sie nach der verbindlichen Einführung der DIN EN 16258 weiterhin Transporte durchführen können, wird intensiv gearbeitet.

Als Anreiz zu nachhaltigem Handeln einerseits und als Auszeichnung für besonders herausragende ökologische Lösungen bei der Gestaltung und Durchführung logistischer Prozesse, z.B. die Vermeidung von Transportleistungen, der Nachweis des CO_2-Ausstoßes oder eine umfassende Nutzung des Modal Split bzw. für andere besonders umweltschonende Verfahrensweisen, gibt es mehrere Preise, von denen nachfolgend einige beispielhaft aufgeführt sind:

CO_2-AUSSTOSS MODAL SPLIT

- Seit 2012 wird alljährlich der Deutsche Nachhaltigkeitspreis an ein in dieser Hinsicht herausragendes Unternehmen verliehen.

- Aus ähnlichen Gründen wird daneben auch der Deutsche Umweltpreis oder

- der ECO Performance Award verliehen.

Zusammenfassend lässt sich feststellen, dass sich erfolgreiche Aktivitäten im Bereich Green Logistics, soweit sie nicht ohnehin zwingend vorgegeben sind, zu einem herausragenden wettbewerbsbeeinflussenden Erfolgsfaktor entwickelt haben. Allerdings gilt derzeit überwiegend noch die Einschränkung, dass viele Kunden in der Regel kaum bereit sind, zugunsten nachhaltigerer Prozesse höhere Kosten oder längere Laufzeiten ohne spürbare Vorteile in Kauf zu nehmen; die weitere Realisierung nachhaltiger Prozesse hängt daher vor allem davon ab, dass sich Ökonomie und Ökologie gegenseitig ergänzen und die Prozesse wirtschaftlich interessant sind.

GREEN LOGISTICS

1.9.5 Portfolio der Logistikdienstleister

Geordnet nach dem Ausmaß der Integration (Eingliederung) in die Logistikkette und gleichzeitig nach dem Umfang (der Komplexität) ihrer Aufgaben innerhalb der Logistikkette lassen sich die Logistikdienstleister in einem Portfolio darstellen.

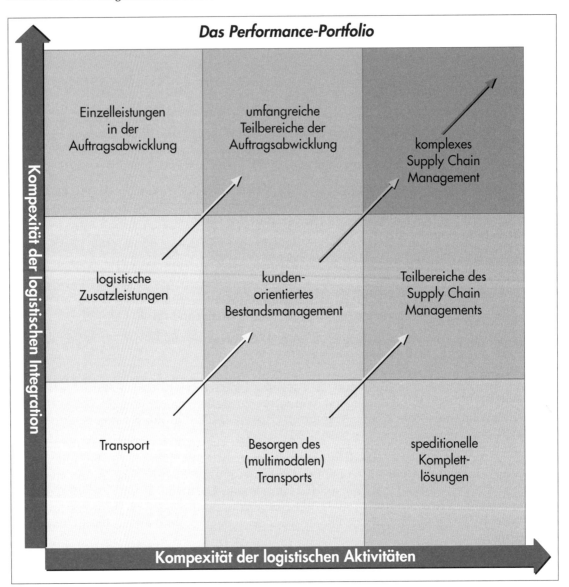

Bild 26: Performance Portfolio der Logistikdienstleister

Erläuterung zum Bild 26

Erste Ebene

- Transport

  Die logistische Aktivität umfasst den Transport von Gütern (Einsatz als Frachtführer). Die Einbindung (Integration) in eine Logistikkette/eine Logistiksystem ist vergleichsweise einfach. Weil diese Standardleistung ohne nennenswerte Probleme von jedem Frachtführer übernommen werden kann, ist dieser Logistikdienstleister leicht austauschbar.

- Besorgen des (multimodalen) Transports

  Der Logistikdienstleister organisiert einen Transport und setzt dazu andere Unternehmen ein, bei multimodalen Transporten unterschiedliche Verkehrsträger.
  Es handelt sich um eine überschaubare Koordinationsaufgabe in der Logistikkette, die prinzipiell jeder Spediteur erbringen kann.

- Speditionelle Komplettlösungen

  Der Logistikdienstleister organisiert eine umfassende logistische Dienstleistung und setzt dazu andere Unternehmen ein, bei multimodalen Transporten auch unterschiedliche Verkehrsträger. Zusätzlich übernimmt er im internationalen Geschäft die Import/Exportabwicklung.

  In den meisten Fällen handelt es sich um anspruchsvolle Koordinationsaufgaben, die jedoch jeder international tätige, leistungsfähige Spediteur erbringen kann.

Zweite Ebene

- Logistische Zusatzleistungen

  Der Logistikdienstleister organisiert eine umfassende logistische Dienstleistung einschließlich multimodaler internationaler Transporte und erledigt weitere zusätzliche Aufgaben wie z. B. Kommissionieren, Etikettieren usw. (VAS).

  Die komplexe Dienstleistung erfordert in diesem Teil der Logistikkette die informatorische Einbindung und meist eine Anpassung der Organisation, z. B. der EDV-Systeme, Umschlageinrichtungen, Behälter.

- Kundenorientiertes Bestandsmanagement

  Zusätzlich zu den oben beschriebenen Zusatzleistungen führt der Logistikdienstleister eine Übersicht über die Warenbestände. Er ist sehr eng – meist online – mit seinem Auftraggeber und evtl. sogar mit Kunden des Auftraggebers verbunden.

- Teilbereiche des Supply Chain Managements

  Der Logistikdienstleister erledigt die bisher in der zweiten Ebene beschriebenen Aufgaben nicht nur für einen, sondern für mehrere Partner in einer Supply Chain, evtl. auch verbunden mit Controlling-Aufgaben.

Dritte Ebene

- Einzelleistungen in der Auftragsabwicklung

  Der Logistikdienstleister übernimmt für einen Auftraggeber eine Fülle einzelner Aufgaben, oft einschließlich der Zustellung der Rechnungen, manchmal auch das Inkasso. Je nach Art des Geschäftes kann auch die Abwicklung von Retouren eingeschlossen sein. Eine enge Verbindung mit dem Auftraggeber und umfassende Informationen sind wesentliche Erfolgsfaktoren.

- Umfangreiche Teilbereiche der Auftragsabwicklung

  Die Aufgaben des Logistikdienstleisters sind noch umfangreicher, umfassen häufig sogar die Erledigung von Garantieleistungen, manchmal auch die Auswertung von Reklamationen und die Weitergabe dieser Informationen an die Konstruktions- und Produktionsabteilung des Kunden.

- Komplexes SCM

  Der Logistikdienstleister steuert die komplette Supply Chain; er erbringt nur wenige Einzelleistungen selbst, überwiegend setzt er Unternehmen zur Auftragsabwicklung ein.

Fallstudie 1.1: Unternehmensziele und Zielbeziehungen

Situation

Für ein Unternehmen sind klare Zielvorgaben, die möglichst in Einklang miteinander stehen sollten, ein unverzichtbarer Erfolgsfaktor. Sie sind in Ihrem Ausbildungsunternehmen Mitglied einer Arbeitsgruppe mit dem Auftrag, sich zunächst zur Vorbereitung grundsätzlich in die Formulierung von Zielen und die Überprüfung von Zielbeziehungen einzuarbeiten und dann einen neuen, aktuellen und aussagefähigen Zielkatalog für das Unternehmen zu erarbeiten.

Aufgabe 1

Stellen Sie bitte fest, welche Zielbeziehungen zwischen den nachfolgend genannten Zielen bestehen:

Fall	Ziele	Zielbeziehungen
1	Transportkosten und Lagerkosten minimieren	
2	Mitarbeiterzufriedenheit erhöhen und Kundenbindung verbessern	
3	Kosten und Schadensquote senken	
4	Kundenzufriedenheit und Betriebsergebnis verbessern	
5	Schadensquote senken und Kundenzufriedenheit erhöhen	
6	Qualität der Dienstleistung verbessern und Kosten senken	
7	Kundenzufriedenheit erhöhen und Qualität der Dienstleistung verbessern	
8	Zufriedenheit von Kapitalgebern (z. B. Banken, Aktionären) erhöhen und Kosten senken	
9	Qualität der Dienstleistung verbessern und Zufriedenheit der Kapitalgeber erhöhen	
10	Produktivität im Lager steigern und Kundenzufriedenheit erhöhen	

Aufgabe 2

Erarbeiten Sie bitte in Ergänzung zur Aufgabe 1 je zwei Beispiele für Ziele, zwischen denen folgende Zielbeziehungen bestehen:

a)	Zielharmonie	Beispiel 1: Beispiel 2:
b)	Zielkonflikt	Beispiel 1: Beispiel 2:
c)	Zielindifferenz	Beispiel 1: Beispiel 2:

Aufgabe 3

Erarbeiten Sie bitte für Ihr Ausbildungsunternehmen ein aussagefähiges Zielsystem.

Hinweis: Informieren Sie sich zur Vorbereitung anhand der Unternehmenszeitschrift, mithilfe des gedruckten Werbematerials oder im Internet über Unternehmensphilosophie bzw. Unternehmensgrundsätze Ihres Ausbildungsunternehmens.

Fallstudie 1.2: Logistische Dienstleistungen entwickeln

Hinweis: Zur Bearbeitung der Situationen 1 und 2 wird die Recherche im www empfohlen.

Situation 1

Sie sind Außendienstmitarbeiter einer international tätigen Spedition.

Ein Kunde (Hersteller von Maschinen für den Heimwerkermarkt) hat bisher in Kooperation[68] mit Ihrer Spedition eine Kette von Heimwerkermärkten in Zentraleuropa beliefert.

Als zusätzlichen Vertriebsweg möchte Ihr Kunde den Direktverkauf via Internet nutzen und hat Sie zu einem Informationsgespräch gebeten. Er hat von einem Geschäftsfreund gehört, dass für diese neue Geschäftsidee sog. Integrator bzw. KEP-Dienstleister am besten geeignet sind und möchte deshalb von Ihnen Antworten auf folgende Fragen:

Aufgabe 1

Was ist eigentlich ein „Integrator"?

Aufgabe 2

Was versteht man heute unter einem KEP[69]-Dienst?

Aufgabe 3

Welches sind die allgemein üblichen Bezeichnungen für die Serviceformen bei den Express-Diensten?

Aufgabe 4

Welche Konzepte können KEP-Dienste nutzen, um unter Berücksichtigung von möglichst vielen ökonomischen und ökologischen Gesichtspunkten eine schnellstmögliche, zuverlässige und für alle Beteiligten bequeme Zustellung zu gewährleisten?

Situation 2

Eine Sendung mit Fotomaterial (15 cm x 15 cm x 10 cm, 442 g) auf verschiedenen Medien aus D-12345 Qwertz soll möglichst kostengünstig innerhalb von 2 Tagen dem Empfänger in den USA-95110 San José zugestellt werden.

Aufgabe 1

Was ist bei der Auswahl des KEP-Dienstleisters zu beachten?

Aufgabe 2

Wie kann bei der Auswahl Zeit gespart werden?

Situation 3

Die Baumarktkette Doityourself, Sitz der Konzernleitung in Grevenbroich, umfasst 8 Baumärkte in der Bundesrepublik.

Standorte: Grevenbroich, Neumünster, Stendal, Halle, Coburg, Ansbach, Augsburg, Kempten

Die Baumarktkette bezieht ihre Verkaufsprodukte überwiegend über sechs Hauptlieferanten aus Frankreich; diese beliefern die Märkte direkt.

Standorte: Bordeaux, Tours, Toulouse, Amiens, Paris, Limoges

Die Importe – ausschließlich aus Taiwan und Korea – werden alle über den Hafen Antwerpen abgewickelt. Die Transporte erfolgen von Antwerpen aus direkt zu den einzelnen Märkten.

---

[68] Zusammenarbeit
[69] Kurier-, Express-, Paketdienst

Die Verkaufszahlen in den Märkten sind sehr unterschiedlich; deshalb sind auch die Liefermengen verschieden.

Sowohl die Lieferanten als auch die Märkte beklagen bei der Konzernleitung die hohen Kosten der Belieferung; als Lieferbedingung ist zentral für alle Märkte „frei deutsche Grenze" vereinbart.

Um die Logistik zu verbessern, richtet die Konzernleitung eine Arbeitsgruppe ein, die folgenden Auftrag erhält:

Entwickeln Sie ein Konzept zur Verbesserung der Belieferung unter Beachtung der Grundsätze der Kooperationsstrategie Efficient Consumer Response (ECR)[70].

Sie sind Mitglied der Arbeitsgruppe und machen zur Vorbereitung auf die erste Sitzung „Ihre Hausaufgaben".

Aufgabe 1

Welches Gesamtziel verfolgt ECR?

Aufgabe 2

Welche Teilbereiche (Basisstrategien) umfasst ECR?

Aufgabe 3

Welche Basisstrategie befasst sich im Schwerpunkt mit Fragen der Belieferung von Kunden/ dem Bezug von Waren vom Lieferanten? Welche Techniken zur Optimierung wurden dafür entwickelt?

Aufgabe 4

Stellen Sie schließlich zur besseren Übersicht die Situation in einer Skizze grafisch dar.

Mit diesen Kenntnissen nehmen Sie an der Arbeitsgruppensitzung teil.

Aufgabe 5

Gemeinsam erarbeiten Sie Vorschläge zur Verbesserung der Belieferung.

Für die Präsentation vor der Konzernleitung stellen Sie Ihre Lösungen grafisch dar; zur Begründung fassen Sie außerdem die wesentlichen (mindestens vier) Vorteile Ihrer Lösung zusammen. (PowerPoint-Spezialisten können Ihre Lösung natürlich auch mithilfe ihres Notebooks präsentieren.)

[70] Vgl. auch Fallstudie 4.5 ECR – Den Kunden im Visier

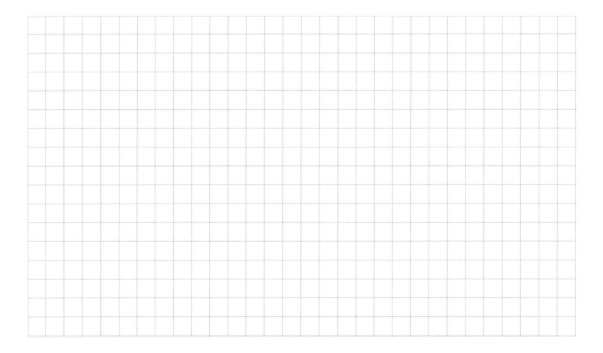

Situation 4

Einige Kunden Ihrer Spedition klagen über Mängel in der Auftragserfüllung (Güterschäden, Lieferverzögerungen, Falschlieferungen).

Die Geschäftsleitung nimmt dies zum Anlass, im Unternehmen eine Initiative zur Verbesserung der Qualität einzuleiten. Dazu richtet sie eine Arbeitsgruppe ein, die folgenden Auftrag erhält:

Entwickeln Sie Kennzahlen, die Aussagen über die Qualität der Auftragserfüllung zulas-sen!

Sie sind Mitglied der Arbeitsgruppe und sollen zur Vorbereitung auf die erste Gruppensitzung folgende Einzelaufgaben bearbeiten:

Aufgabe 1

Sammeln Sie quantitative (mit Zahlen erfassbare) Merkmale, die bei der Auftragsabwicklung erfasst werden können.

Aufgabe 2

Erarbeiten Sie Vorschläge, wie die Zufriedenheit der Kunden direkt festgestellt werden kann.

Aufgabe 3

Erarbeiten Sie einen Vorschlag, wie im Unternehmen nach der Erfassung und der Auswertung der Qualitätsdaten vorgegangen werden soll, damit die Qualität verbessert bzw. eine gute Qualität erhalten werden kann.

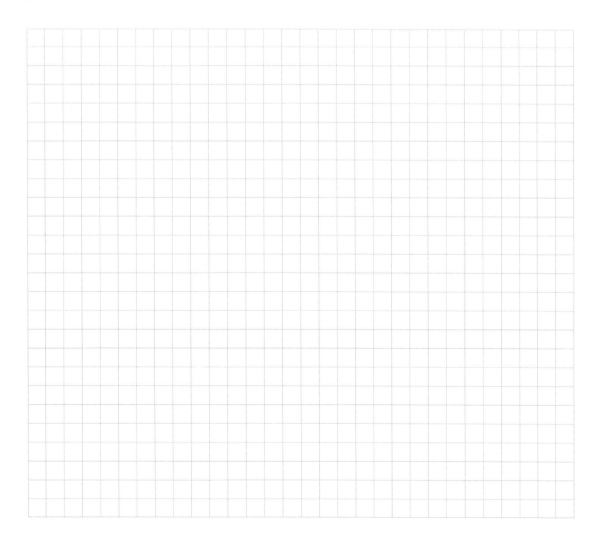

Situation 5

Im Rahmen eines Kontraktlogistikprojekts sind Sie für die reibungslosen, wirtschaftlichen Abläufe in einer Supply Chain verantwortlich. Insbesondere Ihre Projektpartner aus den Bereichen Groß- und Einzelhandel klagen in letzter Zeit sehr über unvorhersehbare, unregelmäßige Veränderungen der Bestände; immer wieder treten Überbestände oder Fehlmengen auf.

Ihre Partner fragen bei Ihnen nach, ob Sie eine Erklärung dafür haben. Da Sie den bull whip effect (Peitscheneffekt) kennen und wissen, dass es eine rechnergestützte Simulationsmöglichkeit zur Darstellung der Bestandsverläufe sowie zur Erarbeitung von Strategien zur Vermeidung dieses Effekts gibt, laden Sie Ihre Partner zu einem Workshop ein.

Hinweis: Die Simulation ist als Freeware mit Anwendungshinweisen zum Download unter www.beergame.org verfügbar.

Aufgabe 1

Arbeiten Sie in Ihrer Gruppe mit dem „beer game"; erfassen Sie in einer Aufstellung die Bestandsveränderungen sowie mögliche Gründe für das Auftreten des Peitscheneffekts und diskutieren Sie anhand Ihrer Aufstellung, wie der Peitscheneffekt vermieden werden kann. Erarbeiten Sie als Ergebnis Ihrer Diskussion eine sinnvolle Vorgehensweise (Strategie).

Aufgabe 2

Testen Sie den Erfolg Ihrer Strategie in weiteren Simulationsdurchläufen.

Aufgabe 3

Entwerfen Sie ein kurzes Anschreiben an alle Partner in der Supply Chain, in dem Sie die Ursachen für die Überbestände bzw. Fehlmengen kurz erläutern; entwickeln Sie darauf aufbauend einen Vorschlag für das künftige gemeinsame Vorgehen aller Partner in der Supply Chain.

Fallstudie 1.3: Qualitätssicherung mit dem Ludwig-Erhard-Preis LEP

Situation

In Ihrem Bekanntenkreis hat es sich herumgesprochen, dass sich Ihr Ausbildungsunterneh-men in diesem Jahr um den Ludwig-Erhard-Preis LEP bewirbt[70].

Aufgabe 1

Erläutern Sie einem neuen Kollegen die Zielsetzung, die mit der Ausschreibung von Quali-tätspreisen und damit auch des LEP verfolgt wird.

Aufgabe 2

Stellen Sie kurz die Ziele dar, die Ihr Ausbildungsunternehmen mit der Bewerbung um den Ludwig-Erhard-Preis verfolgen kann.

Aufgabe 3

Stellen Sie bitte im Überblick die Punkte (Kriterien) dar, die bei der Prüfung durch die Au-ditoren (= Auditierung) besonders untersucht und geprüft werden.

---

[70] Als Unternehmen aus der Logistikbranche hat sich z. B. die TNT Express GmbH um den LEP mit Erfolg beworben und wurde nach umfangreicher Überprüfung und Bewertung mit diesem Qualitätspreis ausgezeichnet.

Wiederholungsaufgaben 1

1 Outsourcing ist ein wesentlicher Grund für den zunehmenden Einsatz von Logistikdienstleistern.

Erläutern Sie bitte kurz die Gründe, die ein Unternehmen zum Outsourcing veranlassen. Stellen Sie bitte in einer übersichtlichen Gegenüberstellung die Chancen und Risiken des Outsourcing kurz dar.

2 Erklären Sie bitte kurz die Begriffe Supply Chain und Supply Chain Management.

3 Erläutern Sie bitte kurz, was man heute unter dem Begriff Logistik versteht.

4 Zeigen Sie bitte – nach verschiedenen Merkmalen geordnet – wesentliche Ziele der Logistik.

5 Erklären Sie bitte, warum die Formulierung von Zielen ‚smart' sein sollte.

6 Stellen Sie grafisch und verbal die möglichen Zielbeziehungen dar.

7 Nennen und erklären Sie bitte die Ziele des magischen Vierecks in der Logistik und nennen Sie für jede der drei grundsätzlich möglichen Zielbeziehungen (s. Frage 6) ein Beispiel aus dem magischen Viereck.

8 Stellen Sie bitte dar, wie der Peitscheneffekt entsteht und wie er sich in der Supply Chain auswirkt.

9 Erläutern Sie bitte die Grundstruktur eines Logistiksystems.

10 Zeigen Sie bitte in einer Skizze die logistischen Teilsysteme für die betrieblichen Aufgabenbereiche im Überblick.

11 Beschreiben Sie bitte neben der Citylogistik zwei weitere spezielle logistische Teilsysteme.

12 Stellen Sie bitte allgemein die auch für die Logistik gültige Ordnung der rechtlichen Regelungen dar.

13 Netzwerke sind ein wesentlicher Erfolgsfaktor für die Erfüllung logistischer Aufträge.

Stellen Sie bitte das Hub-and-Spoke-System grafisch dar und erklären Sie seine Vorteile.

Erläutern Sie bitte den Begegnungsverkehr.

Erklären Sie bitte Einsatzmöglichkeiten des Gateway-Systems.

Stellen Sie bitte zeichnerisch und anhand seiner Vorteile kurz dar:
- einfaches Cross Docking
- nach Lieferern differenziertes Cross Docking und
- nach Filialen differenziertes Cross Docking

14 Erläutern Sie bitte die Begriffe „Barcode" und „Transponder" anhand ihrer technischen Merkmale und ihrer speziellen Vor- und Nachteile.

15 Nennen und erklären Sie bitte drei unterschiedliche Transaktionsplattformen für E-Logistics.

16 Stellen Sie bitte allgemein ein System sinnvoller Kennzahlen für die Logistik dar.

17 Nennen und erläutern Sie bitte wesentliche Gründe, warum sich ein Logistikdienstleister zertifizieren lässt.

18 Stellen Sie bitte kurz die Grundzüge der Organisation des Qualitätsmanagements im Unternehmen dar.

19 Nennen und erklären Sie bitte die Begriffe „Change Management" und „CRM".

20 Erläutern Sie bitte kurz das Gesamtziel von ECR und die wesentlichen Aufgaben der vier Basisstrategien.

2 Beschaffungslogistik anbieten und organisieren

2.1 Welche Beschaffungsaktivitäten gibt es?

2.1.1 Allgemeine Anmerkungen zur Beschaffung

Die Aufgaben, die von den Unternehmen übernommen werden, sind üblicherweise unterteilt in

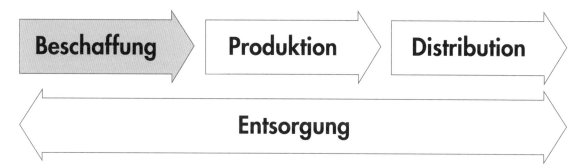

Die betriebliche Aufgabe „Beschaffung" soll die Versorgung der Produktion mit den notwendigen Produktionsfaktoren[1] (= „Inputfaktoren") gewährleisten.   **INPUTFAKTOREN**

Die Bereitstellung dieser Produktionsfaktoren (das sind v. a. Werkstoffe und Betriebsmittel, in der Logistik allgemein kurz als Güter bezeichnet) kann nach zwei unterschiedlichen Grundsätzen (= Prinzipien) erfolgen: dem Push-Prinzip oder dem Pull-Prinzip. Wie in der Praxis tatsächlich vorgegangen wird, ist dann hauptsächlich von den Produkten abhängig und von den Märkten, für die diese Produkte hergestellt werden. Allerdings bietet das Pull-Prinzip in den meisten Fällen mehr Möglichkeiten, Kosten einzusparen; wo immer möglich und sinnvoll wird daher nach dem Pull-Prinzip vorgegangen, z. B. in der Einzelfertigung von Maschinen. Aber auch das Push-Prinzip wird noch in vielen Bereichen angewandt, vor allem dann, wenn Informationen über die zukünftig benötigten Mengen vorhanden sind.

Push-Prinzip (Bringprinzip)	**Bedarfsgesteuerte Bereitstellung** – auf der Grundlage der **vorhergesagten** Verkäufe (Verkaufsprognosen) und der Stücklisten[2] wird das Material kommissioniert und bereitgestellt. Für unvorhergesehenen Bedarf wird dabei meist ein bestimmter Sicherheitsbestand eingeplant; unvorhergesehene Auftragsrückgänge führen andererseits zu Lagerbeständen bei den Fertigprodukten. In beiden Fällen wird Kapital gebunden, was zu einer Erhöhung der Logistikkosten führt.

PUSH-PRINZIP

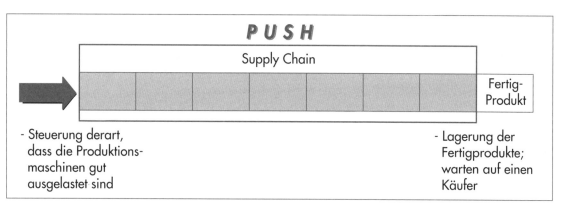

Bild 27: Das Push-Prinzip in der Logistik

---

[1] Vgl. Gutenberg, Erich, Grundlagen der Betriebswirtschaftslehre Band I, Die Produktion, Berlin/Heidelberg, New York 1979, S. 2 ff.

[2] Liste, in der alle Einzelteile eines Produkts mit ihrer Anzahl, d. h. wie oft sie in dem Produkt verwendet werden, übersichtlich aufgeführt sind.

Vorteile des Push-Prinzips	Nachteile des Push-Prinzips
Große Stückzahl, geringere Stückkosten	Kosten für Lager und Lagereinrichtung
Günstiger Einkauf, Mengenrabatte	Kapital ist in Fertigprodukten gebunden
Auslastung teurer Maschinen	Höhere Handling-Kosten[3]
Gleichmäßige Produktion	Verluste bei technologischem Wandel
Geringere Kosten für die Umstellung[4]	Verluste bei Preisverfall

PULL-PRINZIP

KANBAN

Pull-Prinzip (Holprinzip)	**Verbrauchsgesteuerte Bereitstellung** – die Produktion und der dazu erforderliche Materialfluss werden durch eine **Kundenbestellung** bzw. einen **Verkauf** ausgelöst; die Steuerung der Produktionslogistik erfolgt ebenfalls nach diesem Grundprinzip durch eine „Bestellung" im sog. KANBAN-System[5].

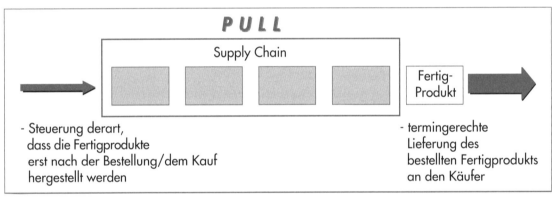

Bild 28: Das Pull-Prinzip in der Logistik

Vorteile des Pull-Prinzips	Nachteile des Pull-Prinzips
Höhere Flexibilität	Höherer Steuerungsaufwand
Auftragsfertigung (built to order)	Hohe Anforderungen an die Produktion
Erfüllung der Terminwünsche	Gefahr von Wartezeiten
Geringere Lagerkosten	Höhere Rüstkosten
Weniger gebundenes Kapital	Schwierigere Auslastung der Maschinen

Bei strikter Befolgung des Pull-Prinzips besteht die Gefahr, dass im Vergleich zur sofortigen Lieferung aus dem Lager längere Wartezeiten entstehen. Die Fertigung nach Auftragserteilung erschwert somit den Verkauf der Produkte. Dieses Problem lässt sich bei manchen Produkten dadurch abmildern, dass für den Verkauf immer <u>ein</u> Produkt als Vorrat bereitgestellt wird. Die Produktion für das nächste Produkt beginnt aber immer erst dann, wenn das bereitstehende Produkt verkauft wird. Somit entstehen nur – im Vergleich zum Push-Prinzip – sehr geringe Lagerkosten bei gleichzeitiger sofortiger Lieferbereitschaft.

---

[3]   Das Handling umfasst insbesondere die Prozesse der Einlagerung, Auslagerung, Kommissionierung und Verpackung
[4]   Kosten für die Umstellung der Maschinen beim Produktwechsel = Rüstkosten
[5]   Im KANBAN-System werden die Materialien in Behältern bereit gestellt. Sowie der Behälter leer ist, wird weiteres Material durch die „Bestellung" (= ein Materialanforderungsschein im leeren Behälter) in den Produktionsprozess „nachgezogen". Weitere Ausführungen dazu siehe E 3, Intralogistik, S. 192

Die Beschaffung der benötigten Güter wird – wie oben bei der Darstellung des Push- und Pull-Prinzips gezeigt – immer durch eine bedarfs- oder eine verbrauchsgesteuerte Bestellung in Gang gesetzt. Damit stets nur so viel Güter beschafft werden, wie für die Fertigprodukte erforderlich sind, wartet die Produktion auf den Auftrag des Kunden (= Bestellung) und beschafft dann erst alle zur Herstellung erforderlichen Materialien. Vor allem bei der Einzelfertigung größerer Maschinen ist dieses Vorgehen üblich, aber auch bei Lieferung großer Mengen an einen Großabnehmer erfolgt zuerst die Bestellung.

Bevor also der sog. Güterfluss beginnt (von der Beschaffung über die Be-/Verarbeitung dieser Güter bis zur Fertigstellung der Endprodukte und bis zur Distribution) müssen die Informationen vom Kunden/Auftraggeber (= die Bestellungen) über den Verkauf (= der Kaufvertrag) und die Produktion (= die Fertigungsplanung) zur Beschaffung fließen.

GÜTERFLUSS

INFORMATIONS-FLUSS

Informationsfluss und **Güterfluss** verlaufen somit in der Logistik zunächst entgegengesetzt und nacheinander; bestimmte Daten aber – z. B. Rechnung, Lieferscheine, Avise – begleiten dann die Güter oder eilen ihnen sogar voraus.

Will man die Kosten der Beschaffung untersuchen, so müssen zwei Aspekte berücksichtigt werden:

- die Kosten des beschafften Materials/der beschafften Objekte und
- die Kosten, die der Beschaffungsvorgang selbst verursacht (= Prozesskosten), z. B. die Gehaltskosten des Einkäufers, die Kosten der Informationsübermittlung (Telefon, Telefax, E-Mail usw.) und die Kosten des Gütertransports.

Wenn also die Logistikkosten untersucht werden sollen, geht es um die Prozesskosten[6], die durch logistische Teilprozesse (z. B. Lagern, Verpacken, Umschlagen, Transportieren) innerhalb des Gesamtprozesses Beschaffung (i.d.R. Hauptprozess genannt) verursacht werden. Auch wenn bei entsprechenden Lieferbedingungen (z. B. Frei Haus/DDP) manche Aktivitäten nicht von der Beschaffungslogistik des Käufers, sondern von der Distributionslogistik des Verkäufers zu erledigen und zu bezahlen sind, so hat dies doch insgesamt Einfluss auf die Kosten des Beschaffungsprozesses.

PROZESSKOSTEN

Die Funktion Beschaffung als betriebliche Aufgabe in Industrie und Handel übernimmt folgende Einzelschritte in der Unternehmung:

Managementschritte
Bedarfsermittlung
Lieferantenauswahl
Kaufverhandlungen
Vertragsabschluss
Lieferung
Abrechnung

Diese Übersicht über die einzelnen Aufgaben zeigt, dass für den Spediteur als Logistikdienstleister im Rahmen der Beschaffungslogistik ganz unterschiedliche Tätigkeiten infrage kommen können:

TÄTIGKEITEN

- Die Sicherstellung der Lieferung (die durchaus auch sehr hohe Anforderungen mit sich bringen kann)
- Die Erledigung des Teilekaufs von der Lieferantenauswahl bis zum Vertragsschluss
- Die Bedarfsermittlung, am besten gemeinsam mit dem Kunden
- Die Abrechnung mit den Lieferanten

---

[6] In der modernen Kostenrechnung wird neben Kostenarten-, Kostenstellen- und Kostenträgerrechnung die Prozesskostenrechnung als zusätzlicher Kostenrechnungsbereich in immer stärkerem Maße weiterentwickelt.
Vgl. auch in Band 4, Teil B, Kap. 6.

2.1.2 Arten der Beschaffungsprozesse

BESCHAFFUNGS-OBJEKTE

Die wichtigste Unterscheidung der Beschaffungsprozesse ergibt sich aus der Art der Beschaffungsobjekte. Es wird unterschieden zwischen der Beschaffung von:

- Roh-, Hilfs- und Betriebsstoffen
- Halbfabrikaten, Baugruppen
- Fertigprodukten

Betrachtet man die daraus entstehende Logistikkette (Supply Chain), so wird deutlich, dass z. B. die Beschaffungslogistik für die Hersteller der Einbauteile und Baugruppen zugleich die Distributionslogistik für die Lieferanten der Roh-, Hilfs- und Betriebsstoffe ist. Es kommt also immer auf den Blickwinkel an.

Logistikkette von der Rohstoffgewinnung zur Auslieferung an den Endempfänger	
Schritt 1	Gewinnung der Rohstoffe
Schritt 2	Herstellung der Hilfs- und Betriebsstoffe
Schritt 3	Beschaffung der Roh-, Hilfs- und Betriebsstoffe
Schritt 4	Lagerung der Roh-, Hilfs- und Betriebsstoffe (sofern nötig)
Schritt 5	Herstellung der Einbauteile und der Baugruppen
Schritt 6	Zwischenlagerung (sofern nötig)
Schritt 7	Herstellung der Fertigprodukte
Schritt 8	Lagerung der Fertigprodukte in der Distribution (sofern nötig)
Schritt 9	Auslieferung an den Endempfänger

2.2 Welche Aufgaben übernimmt die Beschaffungslogistik?

Im Verbund der betrieblichen Funktionen bilden die Beschaffung und damit auch das logistische Teilsystem Beschaffungslogistik den Beginn der Wertkette. Wie in den anderen logistischen Teilsystemen auch sind in den Beschaffungsprozess Teile der Lagerlogistik integriert.

2.2.1 Das Teilsystem für Beschaffungsaufgaben

BESCHAFFUNGS-LOGISTISCHES TEILSYSTEM

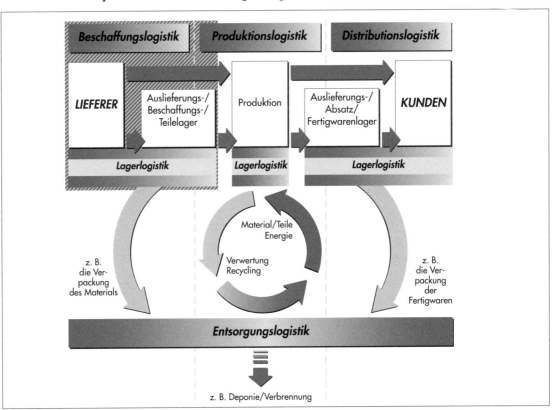

Bild 29: Beschaffungslogistik als funktionsorientiertes logistisches Teilsystem

Beschaffung als wichtige betriebliche Aufgabe vor Beginn der Produktion bzw. abgestimmt auf die Produktionsschritte (produktionssynchron) findet sowohl auf strategischer als auch auf operativer Ebene[7] statt.

Die Aktivitäten der Beschaffungslogistik verbinden die strategische und die operative Beschaffung zu einer reibungslos funktionierenden Einheit.

Strategische Beschaffung	Operative Beschaffung

Beschaffungslogistik

Aufgaben/Instrumente (Bsp.)	Aufgaben/Instrumente (Bsp.)
• Beschaffungsstrategien • Grundlegende Organisation der Beschaffung • Gestaltung der Lieferantenbeziehungen	• Bedarfsermittlung und Bestellung • Warenannahme, Mengen-, Qualitätskontrolle • Weitergabe der Waren an Produktion oder Lager

Bild 30: Beschaffungslogistik als zentrale Funktion der Beschaffung

2.2.2 Management der Beschaffung

Das Beschaffungsmanagement zur Umsetzung der beschaffungslogistischen Prozesse kann in fünf Schritte unterteilt werden. Von diesen können einige, in bestimmten Fällen auch alle, vom Logistikdienstleister erledigt werden.

Schritte des Beschaffungsmanagements		
Bedarfsermittlung	Strategische Ebene – Unternehmensleitung	Festlegung der Beschaffungsstrategie (regional, national, international, global)
	Taktische Ebene – Bereich/Sparte/Abteilung	Festlegung der zu beschaffenden Qualität und der Gesamtmengen
	Operative Ebene – Ausführungsebene	Festlegung der Lieferzeiten und der jeweiligen Liefermengen
Lieferantenauswahl	Strategische Ebene – Unternehmensleitung	Bewertung und Auswahl (nur einer oder mehrere Lieferanten)
	Taktische Ebene – Bereich/Sparte/Abteilung	Gestaltung der Lieferantenbeziehung (Kommunikation, Betreuung)
	Operative Ebene – Ausführungsebene	Erfüllung der vertraglichen Vereinbarungen auf der operativen Ebene
Kaufverhandlungen	Strategische Ebene – Unternehmensleitung	Generelle Konditionen und Regelung des Entgelts
	Taktische Ebene – Bereich/Sparte/Abteilung	Optimierung der Material- und Beschaffungskosten
	Operative Ebene – Ausführungsebene	Bestellung zu den vereinbarten Konditionen

---

[7] In großen Unternehmen wird zur genaueren Unterscheidung zwischen die strategische und die operative Ebene die taktische Ebene eingefügt.

BESCHAFFUNGS-
MANAGEMENT

Schritte des Beschaffungsmanagements[8]		
Vertrag/Lieferung	Strategische Ebene – Unternehmensleitung	Generelle Regelung der Lieferkonditionen und Qualitätsgarantien
	Taktische Ebene – Bereich/Sparte/Abteilung	Festlegung der Prüfpläne und Lieferverfahren
	Operative Ebene – Ausführungsebene	Operative Erfüllung der Pflichten des Käufers
Abrechnung	Strategische Ebene – Unternehmensleitung	Generelle Festlegung des Geldmittelflusses
	Taktische Ebene – Bereich/Sparte/Abteilung	Optimierung der Kosten des Geldverkehrs
	Operative Ebene – Ausführungsebene	Erledigung des Zahlungsverkehrs (Überweisungen, Einzugsverfahren u.ä.)

2.2.3 Besondere Einzelaufgaben der Beschaffungslogistik

Um diese Schritte des Beschaffungsmanagements/der Beschaffungslogistik zuverlässig erledigen zu können, muss der Logistikdienstleister – je nach Umfang der Aufgaben – auch die folgenden Einzelaufgaben bewältigen:

EINZELAUFGABEN

Einzelaufgaben[9]	
Beschaffungsmarktforschung	Sie dient der Vorbereitung der Beschaffungsaktivitäten und besteht darin, systematisch Informationen über die Liefermärkte zu sammeln und hinsichtlich des Bedarfs auszuwerten. Im Mittelpunkt des Interesses stehen • die Produkte, • die technologische Entwicklung und • die (oft globalen) Märkte (Lieferanten, Preise).
Produkt- und Versorgungspolitik	Sie soll die zuverlässige Versorgung durch die Lieferanten sicherstellen. Im Mittelpunkt des Interesses stehen • die Produktqualität und • die Erfüllung der Lieferung durch Lieferanten.
Entgeltpolitik	Ihr Ziel ist es, die Höhe der Kosten für die Beschaffung der benötigten Objekte zu beeinflussen. Im Mittelpunkt des Interesses stehen • die Produktpreise, • die Zahlungsfristen, • die Abwicklung der Zahlungen.

---

[8] In Anlehnung an Eichler, B., Beschaffungsmarketing und -logistik, Herne/Berlin 2003, S. 37 ff.
[9] Vgl. dazu Eichler, B., Beschaffungsmarketing und -logistik, Herne/Berlin 2003, S. 9 ff.

Einzelaufgaben	
Bezugs- und Lieferantenpolitik	Sie legt die grundsätzliche Vorgehensweise bei der Beschaffung fest.
	Im Mittelpunkt des Interesses stehen Entscheidungen über
	• Beschaffungswege,
	• Strategien[10],
	• Lieferkonditionen,
	• Versorgungskonzepte.
Kommunikationspolitik	Sie regelt den Informationsaustausch zwischen Käufer, Logistikdienstleister und Verkäufer.
	Im Mittelpunkt des Interesses stehen
	• Informationen über die Produkte,
	• Informationen über die technologische Entwicklung,
	• Informationen über die Abwicklung der Lieferprozesse,
	• die Kommunikation zwischen den Mitarbeitern (Partnerschaft oder Gegnerschaft).

2.3 Wie gehen Handel und Industrie bei der Beschaffung vor?

Die Entwicklung der Logistik und die damit verbundenen Veränderungen der Aufgaben des Spediteurs wurden allgemein bereits dargestellt[11]. So wie zuvor schon in der Distributionslogistik erfolgte auch in der Beschaffungslogistik eine immer weiter reichende Übernahme von logistischen Aufgaben in dieser speziellen betrieblichen Funktion. Mit der zunehmenden Bedeutung der Beschaffung für eine reibungslose, kostengünstige Produktion wurden daher auch in der dazu erforderlichen Logistik Möglichkeiten der Einbindung von Logistikdienstleistern in den Beschaffungsprozess genutzt, in vielen Fällen von der Lieferantenauswahl über die Qualitätskontrolle der zu beschaffenden Güter bis hin zur Anlieferung Just in Time. Dabei ist eine gravierende Veränderung zu beobachten. Die Zeiträume, in denen ein Produkt entwickelt und am Markt zum Verkauf angeboten wird (Produktlebenszyklus) werden immer kürzer, neue Produkte sollen in immer kürzerer Zeit die bisherigen Produkte ersetzen. Dadurch müssen die Beschaffungsprozesse immer wieder den Veränderungen angepasst werden, die Logistikdienstleister stehen daher immer häufiger vor der Herausforderung, diese Anpassung an die veränderten Produktionsprozesse möglichst kostengünstig und in der gewünschten Qualität vorzunehmen.

2.3.1 Die Rolle des Spediteurs

Die Optimierungsmöglichkeiten können Handel und Industrie nur gemeinsam mit dem Spediteur voll ausschöpfen. Sehr schnell wurde die Kooperation ausgebaut; sie wird seitdem überwiegend gemeinsam immer weiter entwickelt. Der Spediteur spielt dabei eine immer wichtigere Rolle. In dieser Kooperation ist es daher von entscheidender Bedeutung, dass der Spediteur die Grundsätze, Strategien, Konzepte und Instrumente der Beschaffung kennt, damit er seine Aufgaben im Sinne seines Auftraggebers zuverlässig erledigen kann.

KOOPERATION

2.3.2 Grundsätze und Strategien der Beschaffung

Vorrangiges Ziel der Beschaffung und somit auch der Beschaffungslogistik ist die Senkung der Kosten ohne Qualitätsverlust. Es wird unterschieden zwischen

• Kosten der Objekte (v. a. Kostensenkung durch Bestandsverringerung) und

• Kosten der Vorgehensweise (v. a. Kostensenkung durch Prozessoptimierung).

KOSTENSENKUNG

---

[10] Vgl. dazu vor allem Kap. 2.3 und 2.4
[11] Vgl. vor allem Kap. 1.1

Daneben sind es noch zahlreiche weitere der in Kapitel 1.3 umfassend dargestellten Ziele, die ein Unternehmen durch beschaffungslogistische Aktivitäten zu erreichen versucht. Die **Grundsätze und Strategien**, die dafür entwickelt wurden, zeigen die Wege auf, wie diese Ziele erreicht werden sollen bzw. können.

Umfassende Strategien, die auch die Beschaffungslogistik beeinflussen	
Pull-Prinzip/ver-brauchsgesteuerte Beschaffung	Das Pull-Prinzip (s. auch Kap. 2.1.1) hat weit reichende Auswirkungen auf die Beschaffung: • Hohes Risiko bei JIT/JIS-Lieferungen im Falle von nicht termingerechter Lieferung (Gefahr eines kostenträchtigen Produktionsausfalls) • Kurze Lieferzeiten bei verbrauchsgesteuerten Einzelbestellungen (erfordert äußerst leistungsfähige Lieferanten) • Schnelle Reaktion auf Sonderwünsche (erfordert ebenfalls leistungsfähige Lieferanten) • Häufigere Bestellungen, dadurch höhere bestellfixe Kosten[12] • Je nach Lieferkonditionen können wegen der kleineren Anzahl an Sendungen Probleme bei der Kapazitätsauslastung von Transportfahrzeugen auftreten.
Planung/Zusammen-arbeit (Efficient Consumer Re-sponse)[13]	Diese Kooperationsstrategie – kundenorientierte Zusammenarbeit zwischen Handel, Industrie und Logistikdienstleister – hat zum Ziel, für alle Beteiligten einen Nutzen zu erzielen, den ein einzelnes Unternehmen allein nicht erreichen könnte (Win-Win-Situation). Für den logistischen Bereich wurden vor allem in der Basisstrategie Efficient Replenishment ERP Instrumente und Methoden zur Optimierung der Zusammenarbeit – zunächst in der Distributionslogistik – entwickelt. Wie bereits dargestellt müssen gerade im Beschaffungsbereich die logistischen Systeme von Lieferer (= Distribution) und Abnehmer (= Beschaffung) möglichst reibungslos aufeinander abgestimmt sein. Die Erläuterung der Verfahren für eine reibungslose Logistik-Kooperation enthält Kap. 4.4.1.

Spezielle – grundsätzliche und operative – Beschaffungsstrategien	
JIT – Just in Time	Die Beschaffungsstrategie JIT ist u.a. aus dem in Japan als „**Vermeidung von Verschwendung**" (= jap. Muda) formulierten wirtschaftlichen Grundprinzip entstanden. Ziel ist dabei, nur im unbedingt notwendigen Umfang Maschinen, Arbeitskräfte, Material und Hilfsstoffe in der Produktion einzusetzen. Bei der Beschaffungsstrategie JIT handelt es sich um eine besonders konsequent verfolgte Form des Pull-Prinzips. Im Mittelpunkt steht der Verzicht auf jede Form der Lagerung; dies gilt sowohl für Fertigwarenlager als auch für Eingangs- und Zwischenlager für Rohmaterialien, Teile oder Baugruppen. Somit müssen die Beteiligten auf unregelmäßige Bedarfsverläufe rasch und flexibel reagieren, da als Folge der nicht mehr vorhandenen Sicherheitsbestände auch die Reaktionszeiten praktisch auf Null reduziert sind. Dies erfordert ständigen Informationsaustausch zwischen Beschaffungsabteilung oder beauftragtem Logistikdienstleister und Lieferer, eine fehlerfreie Lieferzuverlässigkeit und hohe Produktqualität.

PULL-PRINZIP

ECR

JIT

---

[12] Bestellfixe Kosten sind die weitgehend mengenunabhängigen Kosten des Bestellvorgangs. Vgl. auch Kap. 2.5.3, S. 110
[13] Vgl. die Darstellung in Kap. 1.9.2, S. 72 und in Kap. 4.4.1, S. 219

Spezielle – grundsätzliche und operative – Beschaffungsstrategien		
JIS – Just in Sequence	Bei der Beschaffungsstrategie JIS besteht das Ziel darin, nicht nur, wie bei der Strategie JIT, die Gesamtsendung zur rechten Zeit, sondern die einzelnen Teile dieser Sendung auch in der richtigen, produktionssynchronen Reihenfolge auszuliefern (z. B. nach Größe, Farbe, Sonderausstattung o.Ä.). Die Strategie JIS stellt daher besonders hohe Anforderungen an die **Datenverfügbarkeit**; entscheidend für den Erfolg ist vor allem die frühzeitige Übertragung der Lieferdaten. Für die Strategie JIS wurden von den Lieferern verschiedene Möglichkeiten der **Teilefertigung** entwickelt: • Fertigung beim Lieferer, dann sortieren und liefern • Fertigung der Teile in der vorher bestellten Reihenfolge (Sequenz) • Fertigung der Teile kurz vor dem Lieferzeitpunkt in der vorher bestellten Reihenfolge in unmittelbarer Nähe des Kunden (in sog. Industrieparks)[14]	JIS
Quick Response	Die Strategie Quick Response ist ein Verfahren zur schnellen Umsetzung des Pull-Prinzips und wird u.a. in der Bekleidungsindustrie angewandt. So liegen z. B. in der Fertigung ungefärbte Kleidungsstücke bereit. Nach einer – meist kurzfristigen – Bestellung mit den entsprechenden Farbwünschen muss die Beschaffungslogistik eine rasche Bereitstellung der frisch eingefärbten Kleidungsstücke gewährleisten.	QUICK RESPONSE
Wertorientierung	In Kap. 2.4.4 ist die Einteilung von Beschaffungsgütern in A-, B- und C-Güter dargestellt. Ziel ist das Kostenminimum für jeden Beschaffungsvorgang. Je nach Wert der zu beschaffenden Güter ändert sich der Anteil der bestellfixen Kosten an den Gesamtkosten und damit deren Bedeutung. Die kostenoptimalen Verfahren der Beschaffungslogistik hängen daher auch davon ab, ob es sich um A-, B- oder C-Teile handelt, die beschafft werden müssen.	ABC-GÜTER

Das letzte Beispiel zeigt, dass auch die Beschaffungsobjekte selbst die Vorgehensweise bei der Beschaffung beeinflussen.

2.3.3 Beschaffungsobjekte

Bei der Beschaffung können – je nach Objekt bzw. Produkt – unterschiedliche **Risiken** auftreten, die auf das Vorgehen bei der Beschaffung wesentlichen Einfluss haben. Unterscheiden kann man zwei Risikokategorien:

RISIKEN

(A) Ausfallrisiko
(B) Kostenrisiko

Diese haben einen unterschiedlich starken Einfluss auf die Beschaffungslogistik. In der folgenden Übersicht ist dargestellt, in welchen Kombinationen diese Risiken auftreten können und wie sie sich auf den Beschaffungsprozess auswirken. Details zum Risikomanagement s. Kap. 1.8.7.

---

[14] Eines der bekanntesten Beispiele für diese Strategie ist die mit dem Deutschen Logistikpreis 2000 ausgezeichnete Lösung, wie sie in ‚Smartville' (im französischen Hambach) bei der Smart-Produktion realisiert wurde.

Objekte (Produkte) mit **Doppelrisiko**	schwer zu beschaffen **und** äußerst kostenintensiv
Objekte (Produkte) mit **Ausfallrisiko**	**schwer zu beschaffen**, aber weniger kostenintensiv
Objekte (Produkte) mit **Kostenrisiko**	**hohe Kosten**, aber relativ einfach zu beschaffen
Objekte (Produkte) **ohne Risiko**	einfach zu beschaffen **und** geringe Kosten[15]

In Abhängigkeit vom Ausmaß des Beschaffungsrisikos lässt sich für jede der unterschiedlichen Gruppen die jeweils **optimale Beschaffungsstrategie** entwickeln. Für Produkte ohne Risiko werden die Beschaffungsaktivitäten im Allgemeinen weniger aufwändig sein als für Produkte mit Doppelrisiko.

Beschaffungsstrategien für Güter mit unterschiedlichem Beschaffungsrisiko	
Objekte (Produkte) mit Doppelrisiko	• sorgfältige Bedarfsermittlung • Pflege ausgezeichneter Lieferantenbeziehungen • Risikomanagement • Notfallplan für unvorhersehbare bzw. nicht vorhergesehene Ereignisse • Ggf. Insourcing-Aktivitäten (s. Kap. 2.4.3)
Objekte (Produkte) mit Ausfallrisiko	• Sorgfältige Lieferantenauswahl • Evtl. Sicherheitbestand • Notfallplan
Objekte (Produkte) mit Kostenrisiko	• Verhandlungen, sorgfältige Vertragsabschlüsse • Pflege ausgezeichneter Lieferantenbeziehungen • Bestellmengenoptimierung • Marktanalyse • Ausweichmärkte
Objekte (Produkte) ohne Risiko	• Gute Marktkenntnisse • Ggf. optimierte Lagerung

Neben den dargestellten Risiken für die Güterbeschaffung sind es bestimmte, wesentliche **Eigenschaften** der Beschaffungsobjekte, die Einfluss auf die Art und Weise (Strategie bzw. Verfahren) der Beschaffung haben.

Wert der Beschaffungsobjekte	Einteilung mithilfe der ABC-Analyse; entsprechend abgestufte Beschaffungsverfahren
Ausmaß der Standardisierung	Standardisierte Teile (Normteile) sind vergleichsweise einfach zu beschaffen; erst in Verbindung mit dem Wert (s.o. Beschaffungsrisiken) können sich besondere Anforderungen an die Beschaffung ergeben.

2.3.4 Rahmenbedingungen der Beschaffung

Die Beschaffungslogistik wird von unterschiedlichsten Rahmenbedingungen beeinflusst. Besondere Bedeutung kommt denjenigen Rahmenbedingungen zu, die direkt/sofort oder indirekt/zeitverzögert Auswirkungen auf die Kosten haben.

---

[15] Diese Einteilung in Risikokategorien folgt der Systematik bei Ehrmann, H., Logistik, 5., überarbeitete und aktualisierte Aufl., Ludwigshafen 2005 S. 259 f.

Einige der wichtigsten Rahmenbedingungen sind:

- Strafen bei Lieferungsverzug

- Kosten der Produktionsumstellung

- Kosten der speziellen Personalentwicklung

- Kosten als Folge von Qualitätsveränderungen

- Kosten als Folge von Produktveränderungen

Diese Rahmenbedingungen und die daraus entstehenden Kosten müssen daher auch bei beschaffungsrelevanten Entscheidungen berücksichtigt werden. So kann z. B. der Wechsel von einem Lieferanten A zum Lieferanten B zunächst sinnvoll erscheinen, wenn Lieferant B günstiger anbietet als Lieferer A. Vor der Entscheidung müssen bei der Gesamtbetrachtung[16] aber auch mögliche zusätzliche Kosten berücksichtigt werden, die z. B. bei der Umstellung der Produktion notwendig werden können (sofern diese schon vorher bekannt sind) oder Kosten als Folge von Qualitätsveränderungen.

2.4 Welche Konzepte und Instrumente werden eingesetzt?

2.4.1 Netzwerke des Spediteurs

Bereits zur Durchführung der klassischen speditionellen Aufgaben haben Speditionen – oft gemeinsam in Kooperationen – Netzwerke[17] mit Hub and Spoke-Systemen und Begegnungsverkehren aufgebaut und betrieben, die eine kostengünstige Erledigung der distributionslogistischen Aufgaben und den weiteren Ausbau von Logistiksystemen erleichtern. Mithilfe dieser vorhandenen Infrastruktur können in zunehmendem Maße auch beschaffungslogistische Prozesse kostengünstig in diese Abläufe integriert werden. Insbesondere dort, wo durch diese Kombination von Beschaffungs- und Distributionsaufgaben die Paarigkeit der Verkehre und damit Auslastung und Produktivität verbessert werden können, ist der Nutzen der Netzwerke bei der Erledigung der Logistikaufträge besonders groß.

Für die dafür notwendigen administrativen Prozesse setzen die Speditionen leistungsfähige informationstechnische Netze ein. Verbunden mit den Netzen der Auftraggeber wird so eine rasche, reibungslose auftragsgerechte Organisation und Steuerung der Aufgaben in der Beschaffungs- und Distributionslogistik erst möglich.

Gestützt auf diese Netzwerke und die Möglichkeiten des Informationsaustausches wurden in der Beschaffungslogistik umfassende Konzepte entwickelt, die eine elektronische und damit schnellere, meist auch zuverlässigere Erledigung wichtiger Beschaffungsprozesse erlauben sowie Effizienz und Qualität steigern.

2.4.2 Electronic Procurement (E-Procurement)

E-Procurement ist eines der wichtigsten und in zunehmendem Umfang eingesetzten Konzepte zur effizienten Beschaffung von Gütern.

Wie bereits gezeigt[18] ist in der Logistikkette die Beschaffungslogistik für den Hersteller von Teilen zugleich auch die Distributionslogistik für seine(n) Lieferanten. E-Procurement ist der überwiegend im logistischen Teilsystem Beschaffung eingesetzte Bereich des E-Business[19] und wird daher auch als elektronische Beschaffung bezeichnet.

---

[16] Dieses Vorgehen, alle Kosten zu berücksichtigen, die durch die Beschaffung entstehen, wird auch als TCO-Ansatz bezeichnet. (TCO = Total Cost of Ownership)
[17] Vgl. dazu Kap. 1.4.3, Netzwerke
[18] Vgl. Kap. 2.1.2, Arten von Beschaffungsprozessen
[19] Siehe auch Bild 24, S. 57

E-PROCUREMENT

E-Procurement ist die elektronische Unterstützung des Beschaffungsmanagements einer Unternehmung mithilfe der neuen Informations- und Kommunikationstechniken; im Mittelpunkt stehen Aktivitäten von der Informationsbeschaffung über die Lieferermärkte bis zur Abrechnung erledigter Beschaffungen einschließlich der nachfolgenden Pflege der Kunden-Lieferantenbeziehung. Die Möglichkeiten, die durch die Internet-Technologie zur Verfügung stehen, vor allem die e-mail-gestützte Kommunikation, sind mittlerweile unverzichtbar für E-Procurement. Mithilfe der Instrumente des E-Procurement werden überwiegend B2B-Geschäfte[20] abgewickelt.

E-Procurement wirkt sich kostensenkend aus durch:

- stark verbesserte Markttransparenz mithilfe von Portalen,

- günstige Möglichkeiten zur Information mithilfe von elektronischen Katalogen und

- Unterstützung von Transaktionen (Bestellungen, Verhandlungen, Vertragsabschlüsse).

Möglichkeiten der Umsetzung von E-Procurement

BRANCHEN

Unternehmen, die E-Procurement anwenden (Branchen, Unternehmensgrößen)

- E-Procurement kann in vielen Branchen eingesetzt werden; zurzeit wird der Einkauf vor allem in der Automobilindustrie, im Maschinenbau, im Chemie- und im Pharmabereich elektronisch erledigt.

- Nicht nur große, sondern auch kleine Unternehmen (KMUs) können E-Procurement sinnvoll nutzen; entscheidend ist der Umfang/die Anzahl der Beschaffungsvorgänge. Je mehr Beschaffungsvorgänge erledigt werden müssen, umso größer ist der wirtschaftliche Nutzen.

IT-TECHNIK

IT-technischer Betrieb des E-Procurement

- E-Procurement kann von einem externen IT-Dienstleister (= Procurement Service Provider) betrieben werden (= Outsourcing); insbesondere für KMU's ist dies eine interessante Alternative.

- Die IT-Technik für E-Procurement-Aktivitäten kann auch vom Unternehmen selbst betrieben werden; dadurch wird vor allem die Anpassung der Instrumente und Verfahren der elektronischen Beschaffung erleichtert.

OBJEKTE

Objekte des E-Procurement

- E-Procurement ist insbesondere für B- und C-Artikel (zur Einteilung s. Kapitel 2.4.4) geeignet, weil damit die im Vergleich zum Wert des Gutes hohen Kosten des Beschaffungsprozesses verringert werden.

- Je aufwändiger der Prozess der Beschaffung eines Gutes ist (z. B. schwierige Informationsbeschaffung, Ausmaß und Umfang der Kommunikation/Kaufverhandlungen), umso mehr ist E-Procurement auch für die Beschaffung von allen Gütern wirtschaftlich sinnvoll, unabhängig von ihrem Wert.

ERFOLGSFAKTOREN

Erfolgsfaktoren

- Konsequente Umstellung der Beschaffungsprozesse (keine manuelle Beschaffung mehr)

- Zahl der Lieferanten verringern, Integration (technisch und organisatorisch, z. B. durch Lieferanten-Portale) in die elektronische Beschaffung

- Genaue Vereinbarungen mit den Lieferanten (Rahmenverträge, Lieferqualität definieren)

- Gemeinsames Katalogmanagement mit den Lieferanten

---

[20]   Vgl. die Übersicht in Kap. 1.7.3, S. 56 f.

Instrumente
• Genau definierte Schnittstellen (wenn keine Standards vorliegen)
• Elektronische Marktplätze bei unregelmäßigem Bedarf und bei großer Zahl von Lieferanten und Gütern
• Direkte technische E-Procurement-Anbindung der Lieferanten zur Vertiefung und Festigung wichtiger Lieferantenbeziehungen (z. B. A-Lieferanten)

2.4.3 Sourcing-Konzepte

Sourcing-Konzepte sind grundsätzliche Vorgehensweisen bei der Lieferanten- bzw. Dienstleisterauswahl. Die Vielfalt der Möglichkeiten spiegelt sich in der großen Zahl unterschiedlicher Konzepte wider.

Nachfolgend sind einige der Konzepte dargestellt, die in der betrieblichen Praxis angewandt werden. Die Konzepte beruhen auf unterschiedlichen Schwerpunkten, z. B. der Anzahl der Lieferanten, dem Sitz des Lieferanten oder seinem Aufgabenumfang.

Sourcing-Konzepte
Auswahl der Lieferanten bzw. Dienstleister
• **Outsourcing – Insourcing**
Für ein Unternehmen stellt sich grundsätzlich die Frage, welche Leistungen/Tätigkeiten im Unternehmen selbst erbracht werden sollen und welche Leistungen/Tätigkeiten/Produkte dazugekauft werden sollen (= sog. **Make or buy**-Entscheidungen, **Fremdbezug**). Handelt es sich dabei nicht um einen Einzelfall (z. B. Kauf von sonst selbst produzierten Teilen wegen eines unvorhersehbaren einmaligen Engpasses), sondern um eine grundsätzliche und langfristige Entscheidung für den Fremdbezug, so wird dies als Outsourcing[21] bezeichnet.
Beim Outsourcing wird zwischen zwei Abstufungen unterschieden:
(1) Internes Outsourcing (Ausgliederung): die Vergabe erfolgt z. B. an ein rechtlich selbstständiges Tochterunternehmen oder ein Unternehmen, an dem der ausgliedernde Auftraggeber finanziell beteiligt ist.
(2) Externes Outsourcing (Auslagerung): echte Fremdvergabe
• **Insourcing**
Nicht immer führt Outsourcing zum gewünschten Erfolg.
Nicht zufriedenstellende Zuverlässigkeit und/oder Qualität der Lieferantenleistungen und ggf. auch mangelnde Beschäftigung im Unternehmen selbst können ein Unternehmen veranlassen, eine Outsourcing-Entscheidung rückgängig zu machen (= Insourcing) und die Leistung/Tätigkeit wieder selbst zu erbringen.
• **Single Sourcing**
Ein Unternehmen entscheidet sich, bestimmte Leistungen/Tätigkeiten/Produkte nur von einem **einzigen** (single) Lieferanten zu beschaffen.
• **Dual Sourcing**
Ein Unternehmen arbeitet bei der Beschaffung bestimmter Leistungen/Tätigkeiten/Produkte mit **zwei** (dual) Lieferanten zusammen; dabei ist es oft sinnvoll, wenn auch die beiden Lieferanten miteinander kooperieren und gemeinsam die zuverlässige Belieferung ihres Kunden gewährleisten.
• **Multiple Sourcing**
Ein Unternehmen arbeitet bei der Beschaffung bestimmter Leistungen/Tätigkeiten/Produkte mit **mehreren** (multiple) Lieferanten zusammen; im Vordergrund stehen vor allem der Preiswettbewerb und die Entwicklung besserer Angebote durch die Lieferanten.

---

[21] Vgl. die Darstellung in Kap. 1.1.1

Auswahl der Lieferanten bzw. Dienstleister

- **Local Sourcing – International Sourcing – Global Sourcing**

  Bei der Beschaffung kann ein Unternehmen zusammenarbeiten mit

  – Lieferanten aus dem näheren Umfeld (lokal, regional, national),

  – Lieferanten außerhalb des eigenen Landes, ggf. begrenzt auf bestimmte (internationale) Wirtschaftsräume oder

  – weltweit dislozierten Lieferanten (global).

- **Modular Sourcing – Systems/Set Sourcing**

  Bei der Beschaffung arbeitet ein Unternehmen mit Lieferanten zusammen, die aus Einzelteilen Module/Systeme/Sets fertigen. Diese Lieferanten arbeiten dazu wiederum mit den Lieferanten der Einzelteile zusammen. Bei komplexen Modulen sind auch mehrere Produktionsstufen mit jeweils selbstständigen Lieferern möglich. (In der Automobilindustrie werden die Zulieferer dementsprechend in eine mehrstufige Pyramide eingeordnet – sog. third tier supplier, second tier supplier, first tier supplier).

ZULIEFERER-PYRAMIDE

Mit diesen Sourcing-Konzepten sind natürlich sowohl spezielle Vorteile als auch entsprechende Nachteile verbunden, die bei der Bewertung der Eignung dieser Konzepte einander gegenübergestellt werden müssen.

Die Vorteile eines Konzeptes sind dabei meist gleichzeitig die Nachteile des alternativen Konzepts. So sind z. B. die gleiche Arbeitsweise, die einfache Kommunikation als Vorteile des local sourcing zugleich wesentliche Nachteile des global sourcing, das meist durch unterschiedliche Arbeitsweisen und erschwerte Kommunikation gekennzeichnet ist. Aus den nachfolgend dargestellten Vor- und Nachteilen lassen sich daher unschwer weitere Argumente für oder gegen ein Konzept entwickeln.

Wesentliche Vor- und Nachteile der wichtigsten Sourcing-Konzepte im vereinfachten Überblick:

OUTSOURCING

Outsourcing	
Vorteile	**Nachteile**
Konzentration auf das Kerngeschäft/ die Kernkompetenz	Abhängigkeit vom Lieferanten
Nutzung des Spezialwissens der Lieferanten	Verlust an Know-how
Günstigere Einkaufspreise/ Beschaffungskosten	Gefahr von Produktionsstörungen

SINGLE SOURCING

Single Sourcing	
Vorteile	**Nachteile**
Günstige Preise	Sehr hohe Abhängigkeit, ggf. gegenseitig
Vereinfachung der Beschaffungsprozesse	Dämpfende Wirkung auf den Wettbewerb möglich
Enge Kunden-Lieferantenbeziehung	Kurzfristiger Wechsel des Lieferanten nur sehr schwer möglich, ggf. unmöglich

LOCAL SOURCING

Local Sourcing	
Vorteile	**Nachteile**
Keine Währungsrisiken	Kein Überblick über mögliche Lieferanten
Geringere Kosten der Informationsbeschaffung	Ggf. deutlich höhere Einkaufspreise
Keine Kommunikationsprobleme, gleiche Arbeitsweisen	Schwächeres Innovationspotential

MODULAR SOURCING

Modular Sourcing/Systems Sourcing	
Vorteile	**Nachteile**
Einfachere Beschaffung	Hohe gegenseitige Abhängigkeit
Flache, kostengünstige Fertigung, geringe Lagerhaltung	Hohe Gefahr von Störungen im komplexen Lieferantennetzwerk
Bündelung des Spezialwissen der großen Anzahl von Lieferanten	Kurzfristige Veränderungen werden erschwert

2.4.4 ABC- und XYZ-Analyse

Mithilfe der ABC-Analyse und der XYZ-Analyse kann ein Unternehmen bestimmte Maßnahmen, z. B. die Verbesserung der Kundenbeziehungen oder Kostensenkungsmaßnahmen im Lager, zielgerichteter und mit besseren Erfolgsaussichten vorbereiten. Wichtige Bereiche wie Kunden, Lieferanten oder Güter werden dabei entsprechend ihrer Bedeutung oder dem Wert für das Unternehmen in Gruppen eingeteilt.

Das folgende Beispiel zeigt zunächst die ABC-Analyse, dann die XYZ-Analyse von Gütern. Immer häufiger werden Güter für die Produktion vom Spediteur als Logistikdienstleister beschafft. Die Analysen unterstützen den Logistikdienstleister bei der Auswahl der am besten geeigneten Strategien und Maßnahmen für die Beschaffung.

STRATEGIEN

	Beispiele für ABC-Artikel	Beschaffungsstrategie
A-Artikel ca. 20 % der Menge ca. 80 % des Wertes	Maschinen, wertvolles Material (sog. direktes Material)	Hier bringt die Verringerung des Lagerbestandes schnell den größten Nutzen
B-Artikel ca. 30 % der Menge ca. 15 % des Wertes	Einfache Einrichtungsgegenstände, Büromaschinen, einfache Werkzeuge, Güter von mittlerem Wert	Sowohl durch Bestandsverringerung als auch durch Beschaffungsvereinfachung lässt sich schnell großer Nutzen erzielen
C-Artikel ca. 50 % der Menge ca. 5 % des Wertes	Büromaterial, Verbrauchsmaterial für die Produktion und für Forschung und Entwicklung (Schmierstoffe, Farben, Labormaterial)	Hier bringt die Vereinfachung der Beschaffungsvorgänge schnell den größten Nutzen

Die ABC-Analyse hilft dabei, schnell einen Überblick darüber zu erhalten, wie wichtig ein Objekt/Produkt ist.[22] Man geht dabei folgendermaßen[23] vor:

---

22 Das gleiche Verfahren kann auch bei der Untersuchung der Kunden eines Unternehmens angewandt werden, zum Beispiel bei der Planung und Steuerung der Distributionslogistik (vgl. Kap. 4)
23 Übung und Vertiefung in Fallstudie 2.4 – Eine ABC-Analyse durchführen

ABC-ANALYSE

Beispiel: Einteilung des zu beschaffenden Materials nach dem wertmäßigen Anteil <u>eines</u> Artikels am Gesamteinkaufswert <u>aller</u> Artikel		
Schritt 1	Ermittlung der Basisdaten	Artikel-Nr., Einkaufsmenge, Einkaufspreis je Stück
Schritt 2	Berechnung und Ordnung des Einkaufwerts eines Artikels	Einkaufsmenge · Einkaufswert, nach absteigendem Wert geordnet
Schritt 3	Ermittlung des relativen Anteils des Einkaufswerts eines Artikels am Gesamteinkaufswert	(Einkaufswert eines Artikels) : Gesamteinkaufswert · 100 [%]
Schritt 4	Kumulieren (= zeilenweise Hinzufügen) der Einkaufswerte der Artikel	(Summe der Einkaufswerte der bisher addierten Artikel) + (Einkaufswert des folgenden Artikels)
Schritt 5	Ermittlung des Prozentanteils der Artikelzahl an der Gesamtartikelzahl und Kumulieren der Prozentanteile	100 : Artikelzahl = Prozentanteil (Prozentanteil an der Anzahl der bisher addierten Artikel) + (Prozentanteil an der Anzahl des folgenden Artikels)
Schritt 6	Einteilung in üblicherweise 3 Gruppen A, B und C	Festlegung der kumulierten Schwellengrößen für den kumulierten Prozentanteil an der Gesamtartikelzahl und den dazugehörigen kumulierten Prozentanteil am Einkaufswert aller Artikel

Neben der **wertbezogenen** ABC-Analyse ist für die Beschaffungslogistik die **verbrauchsbezogene** XYZ-Analyse – auch als RSU-Analyse bezeichnet – ein wichtiges Hilfsmittel. Sie führt u.a.[24] zur Einteilung in Gruppen entsprechend dem Verbrauchsverhalten und der Vorhersagbarkeit des Güterbedarfs.

XYZ-/RSU-
ANALYSE

	Verbrauchsverhalten	Vorhersagbarkeit
X-Artikel Regelmäßige Artikel	Konstant, nur gelegentliche Abweichungen	Genaue Vorhersagen möglich
Y-Artikel Saisonale Artikel	Änderungen gemäß einem Trend bzw. saisonale Schwankungen	In begrenztem Umfang Vorhersagen möglich
Z-Artikel Unregelmäßige Artikel	Zeitlich und/oder mengenmäßig unregelmäßige Schwankungen	Kaum Vorhersagen möglich

Beide Analyseverfahren lassen sich zur Entwicklung von güterbezogenen Beschaffungsstrategien miteinander kombinieren:

	A	B	C
X (= R)	AX	BX	CX
Y (= S)	AY	BY	CY
Z (= U)	AZ	BZ	CZ

---

[24] Auch bei dieser Analyse gibt es weitere Unterscheidungsmöglichkeiten, z. B. Kosten bzw. Wege oder Risiken der Beschaffung.

	Menge	Wert	Verbrauch	Vorhersage	Strategie
AX	gering	hoch	regelmäßig	sehr genau	Genau planbar, JIT oder JIS ist möglich
AY	gering	hoch	saisonal	meist ungenau	(Ggf. elektronische) Beschaffung entsprechend dem Produktionsbedarf
AZ	gering	hoch	unregel-mäßig	kaum möglich	Beschaffung, wenn möglich auch durch E-Procurement, bei Bedarf
BX	mittel	mittel	regelmäßig	sehr genau	Genau planbar, gegebenenfalls JIT/JIS-Belieferung in Verbindung mit A-Teilen
BY	mittel	mittel	saisonal	meist ungenau	(Ggf. elektronische) Beschaffung entsprechend dem Produktionsbedarf, evtl. auch Lagerhaltung
BZ	mittel	mittel	unregel-mäßig	kaum möglich	Beschaffung bei Bedarf – häufig auch durch E-Procurement – oder Lagerhaltung
CX	hoch	gering	regelmäßig	sehr genau	Langfristige Beschaffung über E-Procurement, ggf. mit Lagerhaltung
CY	hoch	gering	saisonal	meist ungenau	Beschaffung über E-Procurement und Lagerhaltung
CZ	hoch	gering	unregel-mäßig	kaum möglich	Beschaffung durch E-Procurement bei Bedarf oder Lagerhaltung

2.5 Wie wird der Bedarf ermittelt?

2.5.1 Allgemeine Anmerkungen zur Bedarfsermittlung

Eine möglichst genaue Ermittlung des Bedarfs ist zur Vermeidung von unnötigen Kosten und anderer negativen Folgen unbedingt erforderlich.

Ist die Ermittlung des Bedarfs nicht korrekt, sind zwei Ausgangssituationen mit folgenden Konsequenzen denkbar:

Situation 1: Es wird eine zu kleine Menge beschafft.

- Kundenaufträge können nicht vertragsgerecht erfüllt werden.
- Es entstehen Kosten, weil nicht produziert werden kann.
- Es entstehen Kosten, weil die Fehlmengen nur teurer beschafft werden können.
- Es müssen eventuell sogar Arbeitskräfte entlassen werden.
- Die Lieferzuverlässigkeit des Unternehmens leidet.

Situation 2: Es wird eine zu große Menge beschafft.

- Es können unnötige Lagerkosten entstehen.
- Es entstehen zusätzliche Kapitalkosten (Kapitalbindung, Zinsen).
- Es besteht die Gefahr, dass Produkte nicht weiterentwickelt werden, weil die alten Teile aufgebraucht werden sollen/müssen.
- Es besteht die Gefahr, dass die großen Lagerbestände veralten.

Zur Ermittlung des Bedarfs wurden zahlreiche Verfahren entwickelt, z. B.:

- das Mittelwertverfahren
- die optimale Bestellmenge

2.5.2 Mittelwertverfahren

Es gibt drei unterschiedlich genaue Berechnungsverfahren:

EINFACHER MITTELWERT

(1) einfacher Mittelwert (einfacher Durchschnitt)

Wegen der ungenauen Ergebnisse wird dieser Wert in der Praxis nicht ermittelt. Das Berechnungsverfahren (im Beispiel werden 4 Perioden erfasst) ist einfach:

$$\textbf{(Wert 1 + Wert 2 + Wert 3 + Wert 4) : Anzahl der Werte} = M_{einfach}$$

GLEITENDER MITTELWERT

(2) gleitender Mittelwert (gleitender Durchschnitt)

Zunächst muss der Zeitraum (= die Zahl der Werte = Zahl der Perioden) festgelegt werden (z. B. monatlicher Güterbedarf für 8 Monate).

Dann wird die Summe der 8 Werte ermittelt.

Für jede folgende Periode (im Beispiel 1 Monat) wird nun der gleitende Mittelwert $M_{gleitend}$ ermittelt, indem der Wert der ältesten Periode von der jeweiligen Summe aller (im Beispiel 8) Periodenwerte subtrahiert. Dafür wird der neue Periodenwert addiert und das Ergebnis durch die Zahl der Perioden dividiert.

$$\textbf{(Summe der Werte – ältester Periodenwert + neuer Periodenwert) : Anzahl der Werte} = M_{gleitend}$$

GEWOGENER MITTELWERT

(3) gewogener gleitender Mittelwert (gewogener gleitender Durchschnitt)

Zunächst werden die Werte wie bei der Berechnung von $M_{einfach}$ zusammengestellt.

Dann wird jeder einzelne Wert mit einem Gewichtungsfaktor multipliziert (im Normalfall werden die neueren Werte stärker gewichtet als die älteren Werte), die Ergebnisse addiert und durch die Summe der Gewichtungsfaktoren dividiert.

In den folgenden Perioden wird, vergleichbar der Berechnung von $M_{gleitend}$, der älteste Wert subtrahiert, dafür der neue, mit dem Gewichtungsfaktor multiplizierte Wert addiert. Dividiert wird das so errechnete Ergebnis durch die Summe der neuen Gewichtungsfaktoren, d.h. von der Summe der Gewichtungsfaktoren wird in jeder Periode der Gewichtungsfaktor des ältesten Wertes subtrahiert und der Gewichtungsfaktor des neuen Wertes addiert.

$$\textbf{(Summe der Werte – ältester gewichteter Periodenwert + neuer gewichteter Periodenwert) : Summe der jeweiligen Gewichtungsfaktoren} = M_{gewogen + gleitend}$$

2.5.3 Optimale Bestellmenge

Generelles Ziel[25] der Beschaffungslogistik ist sowohl die Senkung der Bestandskosten als auch der Prozesskosten.

Dies führt zur Frage, welche Bestellmenge optimal ist.

BESTELLFIXE KOSTEN

Jede Bearbeitung eines Bestellvorgangs verursacht, im Wesentlichen unabhängig von der Bestellmenge, die gleichen Kosten. Man nennt diese Kosten daher auch die bestellfixen Kosten. Diese lassen sich verringern, wenn große Mengen bestellt werden, weil dann seltener bestellt werden muss. Die großen Mengen aber führen zu hohen durchschnittlichen Lagerbeständen, wodurch wiederum hohe Lagerkosten entstehen. Dazu gehören Kosten für die Lagerräume selbst, jedoch vor allem die Kosten für das in den Bestellobjekten (= Beständen) gebundene Kapital (= Kapitalbindungskosten).

---

[25] s. Kap. 2.1.1

Zwischen den Zielen „Bestellkostenminimierung" und „Minimierung der Lagerhaltungs-kosten" besteht also ein Zielkonflikt[26]. Dieser Zielkonflikt soll durch die optimale Bestell-menge aufgelöst werden soll. Demnach gilt für die optimale Bestellmenge:

Die optimale Bestellmenge ist die Menge, bei der die Gesamtkosten aus bestellfixen Ko-sten und Lagerhaltungskosten am geringsten (minimal) sind.	MINIMALKOSTEN-KOMBINATION

Für die Ermittlung der optimalen Bestellmenge wurde eine Berechnungsformel entwickelt[27]:

$$\text{Optimale Bestellmenge} = \sqrt{\frac{200 \cdot \text{Bestellfixe Kosten} \cdot \text{Jahresbedarf}}{\text{Einkaufspreis pro Stück} \cdot \text{Lagerkostensatz in Prozent}}}$$

Beispiel: Je Periode (z. B. im Jahr) werden 300 Stück benötigt. Der Preis pro Stück (Ein-standspreis) beträgt 100,– €. Bestellfixe Kosten fallen in Höhe von 240,– € an, der Lagerko-stensatz beträgt 10 %.

Die Berechnung nach der Formel ergibt als optimale Bestellmenge 120 Stück.

Das Ergebnis der Berechnung, das als Ausgangspunkt der Überlegungen natürlich wichtig ist, muss auf jeden Fall überprüft und entsprechend den logistischen Rahmenbedingungen ggf. „nachjustiert" werden.

So zeigt das Beispiel zunächst, dass über die Periode hinaus gedacht und gerechnet werden muss, weil der Bedarf von 300 Stück kein Vielfaches der optimalen Bestellmenge 120 Stück ist.

Daneben bestehen für eine optimierte Beschaffungslogistik häufig noch zusätzliche Ein-schränkungen bzw. Rahmenbedingungen, die in der Formel nicht alle erfasst sind. So erge-ben sich meist erhebliche Kostenreduktionen bei Bestellung einer größeren Menge, wenn dadurch komplette Paletten oder sogar komplette Containerladungen (sog. FCL/FCL-Sen-dungen) mit deutlich geringeren Transportkosten zustande kommen.   BESTELLMENGE

Außerdem muss der Faktor Zeit berücksichtigt werden.

Schematisch verändert sich der Bestand meist gemäß der sog. „Sägezahnkurve". Wie aus   BESTELLZEIT
dem Bild ersichtlich ist, wird immer wieder sofort vom Anfangsbestand ausgegangen, wenn der Bestand aufgebraucht ist. Da jedoch der Bestellvorgang von der Versendung der Bestel-lung bis zum Eintreffen der Ware je nach Herkunft erhebliche Zeit beanspruchen kann, muss rechtzeitig gehandelt werden. Deshalb muss für jede Güterart im Lager festgelegt werden, wann eine Bestellung ausgelöst werden soll. Dies geschieht mithilfe eines Melde- und Si-cherheitsbestandes.

Moderne Logistikkonzepte berücksichtigen dies. So ist es bei der in den Kapiteln 1.9.2 und 4.4.1 gezeigten Kooperationsstrategien vorgesehen, dass der Lieferer die Bestandsverände-rungen online stets prüfen und so frühzeitig die Auffüllung des Lagers seines Kunden ein-planen kann.

---

[26] Vgl. die allgemeine Darstellung der Zielbeziehungen im Kap. 1.3.3
[27] Auf die mathematische Herleitung der Formel (die sog. Losgrößenformel von Andler) wird hier verzichtet; sie kann in zahlreichen Fachbüchern nachgelesen werden.

SÄGEZAHNKURVE

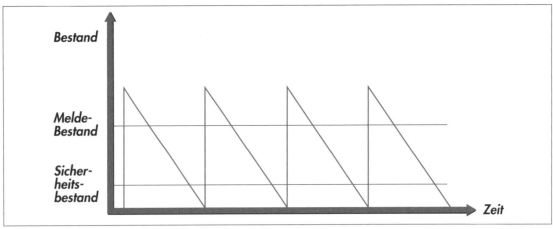

Bild 31: Bestandsverlauf gemäß „Sägezahnkurve"

Meldebestand: Wenn der Meldebestand erreicht ist wird – ggf. automatisch durch das Bestandsverwaltungsprogramm – eine Meldung ausgelöst, dass wieder beschafft werden muss. Die Höhe des Meldebestandes richtet sich vor allem danach, wie lange es dauert, bis die bestellten Güter im Lager eintreffen.

Sicherheitsbestand: Der Sicherheitsbestand soll vor Produktionsausfällen schützen, falls unvorhersehbare Ereignisse auftreten, z. B. Lieferschwierigkeiten oder Produktions- bzw. Auftragsschwankungen.

2.6 Wie werden Beschaffungsaufträge erfüllt?

2.6.1 Rechtliche Grundlagen

KAUFVERTRAG

Rechtliche Grundlage für beschaffungslogistische Aktivitäten sind **Verträge**.

In der Beschaffungslogistik sind in erster Linie Kaufverträge von besonderer Bedeutung. Daneben müssen jedoch meistens zur Erfüllung der Kaufverträge oder unabhängig davon zur Erledigung zusätzlicher Aufgaben im Rahmen der Beschaffung vielfältige unterschiedliche Verträge abgeschlossen und erfüllt werden (z. B. Speditionsverträge, Frachtverträge bzw. Leasingverträge, Miet- oder Pachtverträge für Lagerhallen u.ä.).

Unabhängig von den Vertragsinhalten gilt generell: An die Verträge müssen unterschiedliche Anforderungen gestellt werden, die vor allem stark vom jeweils angewandten Sourcing-Konzept abhängig sind. So ist die Vertragsgestaltung beim Local Sourcing (→ gleiche Rechtsordnung, keine sprachlichen Schwierigkeiten, übereinstimmende Denk- und Arbeitsweise) vergleichsweise einfach. Global Sourcing (→ unterschiedliche Rechtsordnungen, häufig Sprachschwierigkeiten, grundlegend verschiedene Denk- und Arbeitsweisen) hat dagegen eine ungleich aufwändigere Vertragsgestaltung und damit auch höhere Kosten und Risiken zur Folge.

BGB, HGB

Während im nationalen Bereich BGB und HGB als Rechtsgrundlagen in den meisten Fällen ausreichen, ist für internationale Verträge in der Regel internationales Recht bzw. UN-Kaufrecht als Rechtsgrundlage heranzuziehen. Das UN-Kaufrecht ist inzwischen weitgehend bekannt und in der Anwendung ohne wesentliche Probleme.

Die Vereinbarungen können getroffen werden in Form von
- Einzelverträgen oder
- Rahmenverträgen.

Rahmenverträge werden in der Regel schon vor dem konkreten Beschaffungsvorgang abgeschlossen und lassen den vertragsschließenden Parteien noch Spielraum für genaue Regelungen im jeweiligen Einzelfall.

Gemäß dem Grundsatz der Vertragsfreiheit können die Verträge im Rahmen der gesetzlichen Vorschriften beliebig gestaltet werden. In der betrieblichen Praxis haben sich allerdings bestimmte Grundmuster herausgebildet, in denen je nach Zielsetzung verschiedene Rahmenbedingungen vereinbart sein können.

Rahmenverträge können

- **Wiederholungsmöglichkeiten** für Einzelverträge regeln (erleichtert nach der ersten Vereinbarung die Folgeverträge; es sind aber auch neue Vereinbarungen möglich),
- am Beginn einer **langfristig beabsichtigten Kooperation** stehen (evtl. Jahresvertrag mit Verlängerungsmöglichkeit),
- über die Lieferung zu festgelegten **Preisen** oder von bestimmten **Mengen** abgeschlossen werden,
- **Abrufvereinbarungen** (sog. Sukzessivvertrag) enthalten. Das bedeutet, dass der Kunde seine Beschaffung individuell flexibel steuern und kurzfristig gemäß den vorher vereinbarten Bedingungen den jeweiligen Bedarf an Gütern beim Lieferanten abrufen kann.

2.6.2 DV-gestützte Abwicklung[28]

Als Grundlage für den reibungslosen Datenaustausch müssen leistungsfähige Netze und Standards zur Verfügung stehen. DATENAUSTAUSCH

Für diese leistungsfähige technische Infrastruktur werden laufend Instrumente des E-Procurement, SCM-Tools (Supply Chain Collaboration – vielfach eingesetzt in der Automobilindustrie[29]) und andere Verwaltungs- und Steuerungsinstrumente entwickelt und den sich ändernden Erfordernissen angepasst.

Die DV-Unterstützung schafft vielfältigen **Nutzen**. Sie

- ist Enabler[30] der Zusammenarbeit (Unterstützung der Geschäftsprozesse) zwischen dem Hersteller (OEM)[31] und den Lieferern mit dem Ziel eines proaktiven Managements,
- ermöglicht es, Kapazitätsengpässe schnell zu entdecken,
- unterstützt die Erfassung und Überwachung der Transporte in der SC,
- liefert und verarbeitet Informationen zur Qualitätsverbesserung, z. B. für Lieferantenbewertungen (s. das Webtool in Kap. 2.7.1 und die Nutzwertanalyse in Fallstudie 2.2).

Die Häufigkeit der **Anwendung** von DV-gestützten Instrumenten stellte sich schon 2003 so dar:

- 47 % der Industrieunternehmen nutzen E-Markets in der Beschaffung.
- 16 % dieser Industrieunternehmen sind als Experten anzusehen, die das Angebot uneingeschränkt aktiv nutzen.
- 21 % dieser Unternehmen befinden sich in einer Testphase.
- Die übrigen Unternehmen sind passive Nutzer[32].

Fazit:

Eine deutliche Verbesserung von Flexibilität und Qualität der Beschaffungsprozesse sowie die Senkung der Beschaffungskosten sind die wesentlichen Vorteile, die sich die Unternehmen für ihre Beschaffungsaktivitäten mithilfe von E-Markets versprechen. VORTEILE

2.7 Wie wird Qualität erreicht?

Die DV-Unterstützung dient neben der Steigerung der Effizienz auch der Qualitätssicherung und der kontinuierlichen Qualitätsverbesserung.

2.7.1 Produkt- und Prozessqualität

(1) Produktqualität

Das Ziel einer möglichst erfolgreichen Beschaffungslogistik wird zunächst durch eine hohe Produktqualität erreicht. Dazu müssen die Fertigwaren – die bereits der Hersteller mit seinem QMS kontinuierlich prüft und verbessert – in Stichproben nach vorgegebenen, mit dem Hersteller im Kaufvertrag vereinbarten Prüfplänen[33] kontrolliert werden. QMS

---

[28] Vgl. dazu auch Kap. 1.7
[29] Vgl. Das Beispiel Lieferantenbewertung im Zuge des E-Procurement zur Qualitätsverbesserung in Kap. 2.7.1
[30] s. Kap. 1.8.6, S. 66 ff.
[31] Vgl. Glossar, Kap. 7
[32] Vgl. Die Nutzung von E-Markets steigt, in: LOGISTIK inside 11/2003 S 34-35.
[33] Mithilfe statistischer Berechnungsverfahren entwickelte Prüfpläne schreiben u.a. vor, wie groß bei einer bestimmten Liefermenge die Stichprobe sein muss und wie viele Teile darin höchstens fehlerhaft sein dürfen.

KENNZAHLEN

Als Grundlage für diese Qualitätskontrollen dienen dem beauftragten Logistikdienstleister festgelegte Kennzahlen als Grenzwerte, die nicht über- bzw. unterschritten werden dürfen (z. B. Anteil schadhafter Teile oder bestimmte Maße/Gewichte).

(2) Prozessqualität[34]

Eine hervorragende Beschaffungslogistik kann nur erreicht werden, wenn neben der ausgezeichneten Produktqualität auch die Prozesse höchsten Qualitätsanforderungen genügen. Zur Steuerung wurden aussagefähige Kennzahlen entwickelt (s.u.), die von allen Vertragsbeteiligten zur Verbesserung der Kooperation genutzt werden können.

TQM
QMS

Als eine der wichtigsten Grundlagen für Total Quality Management haben bereits viele Unternehmen ein zertifiziertes[35] Quality Management System eingerichtet, mit dessen Hilfe Qualitätssicherung und Qualitätsverbesserung erreicht werden soll.

Es werden ständig neue TQM-Verfahren entwickelt, die u.a. die kontinuierliche Verbesserung der Lieferantenleistungen zum Ziel haben.

Beispiel

Lieferantenbewertung mithilfe eines Webtools, das in die E-Procurement-Maßnahmen des Unternehmens integriert ist: Dieser „eSupplier Evaluation Process" hat die interaktive, DV-unterstützte Sicherung der Prozessqualität zum Ziel. Er ermöglicht die kontinuierliche Bewertung der logistischen Leistungsfähigkeit von Lieferanten. Für jeden Lieferanten wird auf der Grundlage einer Vielzahl unterschiedlicher Einzelbewertungen durch verschiedene Beteiligte eine Gesamtbewertung vorgenommen. Bewertet werden im Einzelnen z. B. Liefergenauigkeit, Einhaltung der Mengenvorgaben und Termintreue (bei einer Lieferzeit von nur sechs Stunden!). Nach dem in der Automobilwirtschaft entwickelten „Ampelsystem" wird jeder Lieferant dann mit Farben gekennzeichnet: grün = keine Beanstandungen, gelb = Fehler in einem noch hinnehmbaren Umfang sind aufgetreten, rot = zu viele Fehler.

AMPELSYSTEM

Überblick über die Bewertungskriterien:

DATEN

Objektive, weitgehend automatisch erfasste bzw. erzeugte (berechnete) Daten
• Übereinstimmung von Lieferabruf durch den Hersteller mit der tatsächlichen Zeit der Anlieferung durch den Lieferanten bzw. dessen Logistikdienstleister
• Sicherstellung und Einhaltung von vereinbarten Maximal- oder Minimalbeständen
• Störungen des Produktionsablaufs infolge logistischer Fehler und dadurch verursachte Kosten
• Umsatz des Lieferanten

NOTEN

Subjektive, von Beteiligten vergebene „Noten"
• Flexibilität bei – kurzfristigen – Änderungswünschen
• Kommunikation, Offenheit
• Kooperationsbereitschaft
• Wichtigkeit der Teile

SCHWACHSTELLEN

Die Bewertungsskala der Gesamtbewertung reicht von A (Top-Performance, Null Fehler) über AB und B bis C. Besonders gute bzw. besonders schlechte Leistungen werden, wie oben erklärt, durch grüne bzw. rote Ampeln deutlich gemacht, die der Lieferant via Internet jederzeit sehen kann. Informationen zu den einzelnen Bewertungen erleichtern die Analyse von Schwachstellen und zeigen, wo Maßnahmen zur Verbesserung ergriffen werden müssen.

Sollte es einem Lieferanten nicht gelingen, wieder von der „Schlusslichtposition" wegzukommen und bessere Leistungen zu erbringen, folgt die Beendigung des Vertragsverhältnisses als letzte Konsequenz.

---

34 Vgl. dazu die Darstellung im Kap. 1.8 – Wie wird Qualität erreicht?
35 Vgl. Kap. 1.8.1 – 1.8.3

2.7.2 Grundzüge des Beschaffungscontrolling

Beschaffungscontrolling hat die **Aufgabe**, den Beschaffungsprozess von der Planung über die Abwicklung bis zur Kontrolle zu unterstützen.

Wesentliche Anforderungen an ein Beschaffungs-Controlling-System sind:

- **Standards** – z. B. Festlegung von Merkmalen, die das Informations- und Kommunikationssystem erfüllen muss (vor allem für die umfassende interne Information und Kommunikation und für den reibungslosen Datenaustausch mit Lieferanten); Festlegung von Bewertungssystemen (z. B. Lieferantenbewertung); Abstimmung der Controlling-Instrumente mit den Controlling-Instrumenten aus den übrigen Unternehmensbereichen.

- **Informationen** (Systeme) über die Beschaffungsprozesse – Aufbau eines Beschaffungsinformationssystems (z. B. Informationen über bestehende Lieferantenbeziehungen, mögliche neue Lieferanten / Beschaffungsmärkte, Abwicklungsinformationen, Auswertungen vergangener Perioden usw.).

- **Berichtswesen** – Festlegung, welche Auswertungen/Kennzahlen in welcher Form und zu welchen Terminen von welchen Mitarbeitern welchen Entscheidungsträgern im Unternehmen zur Verfügung gestellt werden müssen.

Daneben sind noch vielfältige Einzelprobleme zu lösen, z. B. die verursachungsgerechte Verrechnung der Kosten im Unternehmen.

Ein umfassendes kennzahlengestütztes Controllinginstrument ist im betriebswirtschaftlichen Bereich die sog. Balanced Scorecard. Darunter versteht man eine ausgewogene (= balanced) Zusammenstellung von quantitativen und qualitativen Kennzahlen aus unterschiedlichen Unternehmensbereichen.

BALANCED SCORE-CARD

Damit jeder Bereich möglichst umfassend analysiert und gesteuert werden kann wurden zahlreiche BSC entwickelt, für den Bereich Beschaffung eine umfassende Procurement Balanced Scorecard, mit deren Hilfe auch das Controlling der logistischen Aktivitäten in der Beschaffung ermöglicht wird.

PROCUREMENT BALANCED SCORE-CARD

Üblich bei Verwendung einer Balanced Scorecard ist die Analyse und Darstellung folgender Bereiche:

Unternehmensbereiche in einer Balanced Scorecard			
Bereich Finanzen	**Bereich Prozesse**	**Bereich Kunden**	**Bereich Mitarbeiter**
Beispiele • Kapital-Rentabilität • Liquidität • Umsatzrendite	Beispiele • Produktivität • Qualität • Wirtschaftlichkeit	Beispiele • Kundenzufriedenheit • Kundentreue • A-, B-, C-Kunden	Beispiele • Fluktuation • Krankenstand • Weiterbildung

Neben diesen Bereichen, die in den ersten Versionen der BSC-Entwicklung üblicherweise erfasst wurden, enthält inzwischen nahezu jede BSC je nach Einsatzbereich und Zielsetzung weitere Bereiche; eine Procurement-BSC kann z.B. um die Bereiche Lieferantenperspektive, Projektperspektive oder andere, von der Geschäftsleitung geforderte Perspektiven erweitert werden. Voraussetzungen für eine aussagekräftige BSC sind in jedem Fall immer auch aussagefähige Kennzahlen über die jeweiligen Bereiche.

PROCUREMENT-BSC

2.7.3 Kennzahlen zur Steuerung der Beschaffungsvorgänge

Zur besseren Übersicht werden die Kennzahlen ihrem Inhalt entsprechend nach Gruppen geordnet.

Das Logistik-Kennzahlen-System[36] stellt auch für die Beschaffungslogistik eine Vielzahl von nach Gruppen geordneten Steuerungs-Kennzahlen zur Verfügung.

LKS

---

[36] Das vollständige LKS siehe bei Ehrmann, H., Logistik, 8., aktualisierte Aufl., Ludwigshafen (2014) S. 158 f.

Die folgende Übersicht zeigt Beispiele für beschaffungslogistische Kennzahlen:

Rahmendaten der Beschaffungsvorgänge

- Zahl der zu beschaffenden Teile
- Auftragsvolumen
- Anzahl der Bestellungen pro Monat
- Anzahl der Lieferanten
- Lieferpositionen je Sendung

Steuerung der Produktivität

- Anzahl der in einer Zeiteinheit erledigten Sendungen
- Auslastungsgrade ausgewählter technischer Einrichtungen

Steuerung der Wirtschaftlichkeit

- Zahl der zu beschaffenden Teile
- Kosten je Bestellung
- Kosten des Warenbestands

Steuerung der Qualität

- Anzahl der zu beschaffenden Teile
- Anzahl der beanstandeten Lieferungen (Mängel am Produkt)
- Anzahl nicht termingerechter Lieferungen
- Durchschnittliche Lieferzeit[37]
- Durchschnittliche Reaktionszeit bei Sonderwünschen
- Durchschnittliche Bearbeitungszeit bei Beanstandungen

Folgendes Vorgehen bei der Entwicklung und Anwendung von Kennzahlen ist üblich:

Die Steuerung der Logistikprozesse mithilfe aussagefähiger Kennzahlen	
Schritt 1	Auswahl und Festlegung der Unternehmensbereiche
Schritt 2	Auswahl und Festlegung der gewünschten Kennzahlen
Schritt 3	Berechnungsverfahren („Formeln") für die Kennzahlen
Schritt 4	Erhebung der zur Berechnung notwendigen Daten
Schritt 5	Berechnung der Kennzahlen
Schritt 6	Auswertung (ggf. Vergleich mit früheren bzw. Branchenzahlen)
Schritt 7	Suche nach Möglichkeiten zur Verbesserung (KVP/CIP)[38]

---

[37] Je nach Produkt ist ein Wandel in der Lieferzeit zu beobachten; anstelle der bisher vereinbarten Standardlieferzeit für ein bestimmtes Produkt tritt eine individuell vereinbarte (versprochene) Lieferzeit. Diese Lieferstrategie wird in der Praxis unter der Bezeichnung **Available to Promise** eingeführt.

[38] s. Glossar Kap. 7

Formeln für die Berechnung von Kennzahlen zur Steuerung der Beschaffungslogistik (ausgewählte Beispiele)

Kosten pro Bestellung

$$\frac{\text{Jährliche Beschaffungskosten}}{\text{Anzahl der Bestellungen}}$$

Warenannahmekosten pro Palette

$$\frac{\text{Jährliche Warenannahmekosten}}{\text{Anzahl der angenommenen Paletten}}$$

Annahmezeit pro Palette

$$\frac{\text{Monatliche Zeit für Warenannahme}}{\text{Anzahl der angenommenen Paletten}}$$

Angenommene Paletten pro Personalstunde

$$\frac{\text{Anzahl der im Jahr angenommenen Paletten}}{\text{Arbeitsstunden pro Jahr}}$$

Quote der mangelhaften Lieferungen in %
(Verspäteter Ausgang oder verspäteter Eingang)

$$\frac{\text{Mangelhafte Lieferungen pro Jahr} \cdot 100}{\text{Anzahl der Lieferungen pro Jahr}}$$

Quote der verspäteten Auslieferungen in %

$$\frac{\text{Verspätete Auslieferungen pro Jahr} \cdot 100}{\text{Anzahl der Auslieferungen pro Jahr}}$$

Formeln für die Bewertung der Leistungsfähigkeit von Lieferanten und/oder Logistikdienstleistern in der Beschaffungslogistik (ausgewählte Beispiele)

Lieferzuverlässigkeit in einer Periode

$$\frac{\text{Lieferung ohne Termineinhaltung}}{\text{Alle Lieferungen}}$$

Lieferfähigkeit in einer Periode

$$\frac{\text{Lieferung zugesagter Aufträge}}{\text{Alle Aufträge}}$$

Lieferflexibilität in einer Periode

$$\frac{\text{Erfüllte besondere Lieferwünsche}}{\text{Alle besonderen Lieferwünsche}}$$

Lieferqualität in einer Periode (s. auch o.)

$$\frac{\text{Lieferung ohne Beanstandungen}}{\text{Alle Lieferungen}}$$

Fallstudie 2.1: Beschaffungsdienstleistungen anbieten

Situation

Ihr Ausbildungsunternehmen ist bisher im Geschäftsfeld Speditionssammelgut tätig. Zur besseren Auslastung der speditionellen Einrichtungen wollen Sie neue Kunden gewinnen und darum zusätzlich Leistungen in der Beschaffungslogistik anbieten.

Aufgabe 1

Welche Leistungen kann der Spediteur einem Auftraggeber in der Beschaffungslogistik anbieten?

Aufgabe 2

Nicht alle Produkte sind für die Produktion gleich wichtig; entsprechend dieser Wichtigkeit muss daher das Risiko untersucht und bewertet werden, das mit der Beschaffung dieser Güter verbunden ist (v.a. Kosten, Lieferungsverzögerungen bzw. Beschaffungsengpässe).

Entwickeln Sie Bewertungssysteme für die Waren, die Gegenstand der Beschaffungslogistik sind (Einordnung/Bewertung der Beschaffungsobjekte).

Aufgabe 3

Geografie:

3.1 Erarbeiten Sie für ausgewählte Länder eine Liste länderspezifischer Produkte, die für die Beschaffungslogistik wichtig sein können.

3.2 Beschreiben Sie besonders geeignete Verkehrswege, auf denen die unter 3.1 aufgelisteten Güter transportiert werden können.

3.3 Bestimmen Sie für die Güter (3.1) und die beschriebenen Verkehrswege (3.2) geeignete Verkehrsmittel für den Transport.

3.4 Stellen Sie fest, für welche Güter alternative Verkehrsmittel (ggf. dadurch bedingt alternative Verkehrswege) in Frage kommen und zeigen Sie die Vor- und Nachteile der Transportmöglichkeiten für diese Güter auf (Kosten, Schnelligkeit, Güter schonender Transport).

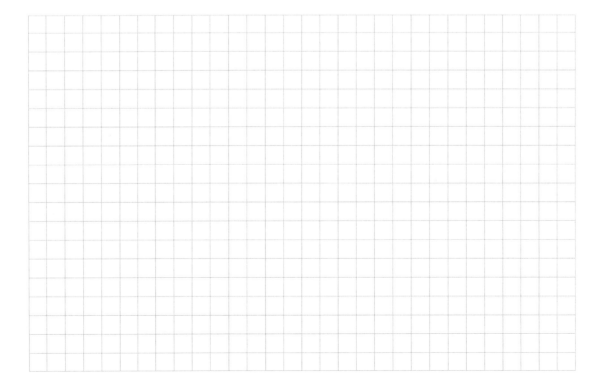

Fallstudie 2.2: Einen geeigneten Lieferanten auswählen

Situation

Ihr Ausbildungsunternehmen ist bisher deutschlandweit im speditionellen Sammelgutverkehr tätig.

Die Carport-Selbstbau GmbH mit Sitz in Schweden baut dort Selbstbausätze für Carports und liefert sie von zwei Auslieferungslagern in Deutschland (Hannover und München) an Kunden in Deutschland und im angrenzenden EU-Ausland. Die GmbH sucht zurzeit nach einem neuen Lieferanten in Deutschland, der rasch und zuverlässig Metallbeschläge/Befestigungsmaterial (z. B. Winkel und Lochbleche als Verbindungsteile sowie Schrauben für die Montage) in Komplettbausätzen für die Selbstmontage der hölzernen Carports produziert und zur Auslieferung bereitstellt. Derzeitiger Bedarf ca. 100 Komplettbausätze pro Monat, je 50 Sätze in Hannover und in München. Eine Steigerung der Absatzzahlen soll durch Verstärkung der Werbemaßnahmen und Ausweitung der Märkte erreicht werden.

Die Carport Selbstbau GmbH ist zur Verbesserung der Auslieferungsprozesse an einem Logistikdienstleister vor Ort interessiert, der sie bei der Erarbeitung eines neuen logistischen Konzepts unterstützt und später die logistischen Aktivitäten auch durchführt. Sie wendet sich daher mit der Bitte an Ihr Ausbildungsunternehmen,

(1) hier in Deutschland bei der **Vorauswahl eines geeigneten Lieferanten** behilflich zu sein,
(2) die von der Carport-Selbstbau GmbH bestellten Komplettbausätze beim Hersteller abzuholen,
(3) stichprobenartig die Qualität zu prüfen, zu lagern und
(4) nach Weisung der Carport-Selbstbau GmbH an die beiden – bisherigen – Auslieferungslager der Carport-Selbstbau GmbH in Hannover und in München zu liefern.
(5) Es soll später noch geprüft werden, ob Ihr Ausbildungsunternehmen auch die Lagerung (ggf. in anderen, unternehmenseigenen Lagern) und die Auslieferung der Bausätze an den Käufer übernehmen kann.

Insgesamt verspricht diese Anfrage beste Chancen, längerfristig als Logistikdienstleister für die Carport-Selbstbau GmbH in Deutschland tätig sein zu können. Daher ist es besonders wichtig, die Anfrage zur Zufriedenheit des möglichen zukünftigen Auftraggebers zu erledigen.

Im Schritt (1) geht es zunächst darum, die Lieferantenauswahl vorzubereiten. Mit Unterstützung der Beschaffungsabteilung der Carport-Selbstbau GmbH wurden aussagekräftige Informationen über die Qualitätsanforderungen des Carport-Herstellers und über mögliche Beschaffungsquellen zusammengestellt.

Anforderungen der Carport-Selbstbau GmbH an die Leistungsfähigkeit des/der Lieferanten:

An erster Stelle steht natürlich der **Bezugspreis** für die Produkte.

Weitere Anforderungen sind:

Produktqualität	
Maßgenauigkeit	Genauigkeit der 90°-Winkel, Materialstärke, exakte Bohrungen
Stabilität	Biegefestigkeit/Belastbarkeit
Verarbeitung	Glatte Flächen, keine scharfen Kanten und Lochränder
Oberfläche	Glatte, geschlossene, gleichmäßige Farboberfläche im Farbtauchbad

Prozessqualität	
Lieferzeit	Zeit zwischen Bestellung und Auslieferung/Übergabe oder Abholung
Lieferfähigkeit	Fähigkeit, eine Bestellung wie zugesagt auszuliefern oder zu übergeben
Lieferzuverlässigkeit	Fehleranteil/Zeitabweichungen bei der Erledigung von Bestellungen
Lieferflexibilität	Fähigkeit, auch besondere Wünsche des Kunden schnell zu erfüllen

Damit die Carport-Selbstbau GmbH sich für einen – oder ggf. mehrere – geeignete Lieferanten entscheiden kann, müssen die Angaben über alle Lieferanten, die in Frage kommen, in einer aussagekräftigen Übersicht zusammengestellt, verglichen und ausgewertet werden.

Sie wissen aus früheren Anfragen, dass bei einem derartigen Vergleich und zur Lieferantenbewertung das Instrument der Nutzwertanalyse meist sehr gute Ergebnisse bringt. Da Sie sich an die Vorgehensweise aber nicht mehr genau erinnern können, suchen Sie nach geeigneter Hilfe. In einer Unterlage Ihrer Unternehmung finden Sie Hinweise, wie man bei der Bewertung und Auswahl von Lieferanten mithilfe der Nutzwertanalyse vorgehen kann.

Vorgehen bei der Nutzwertanalyse	
Schritt 1	Eine Tabelle erstellen (Matrix): Kopfzeile – Lieferanten, Kopfspalte – Bewertungsmerkmale (Bewertungskriterien)
Schritt 2	Jedes Bewertungsmerkmal mit einer Gewichtungszahl G bewerten (Summe aller Gewichte = 100)
Schritt 3	Die Gewichtungszahlen G in die Matrix bei dem jeweiligen Bewertungsmerkmal/Kriterium eintragen
Schritt 4	Jeden Lieferanten hinsichtlich eines jeden Bewertungsmerkmals/Kriteriums mit Punkten P bewerten (0 – 6)*
Schritt 5	Die Gewichtungszahl des jeweiligen Bewertungsmerkmals mit dem vergebenen Punktwert multiplizieren = **g**ewichteter **P**unktwert
Schritt 6	Die gewichteten Punktwerte für jeden Lieferanten addieren
Schritt 7	Die Rangfolge der Lieferanten bilden

* 0 Punkte – unbrauchbar
  1 Punkt – noch brauchbar
  2 Punkte – brauchbar
  3 Punkte – durchschnittlich
  4 Punkte – gut
  5 Punkte – sehr gut
  6 Punkte – ausgezeichnet

Als Sie mit der Erarbeitung der Tabelle (Matrix) beginnen wollen, erinnern Sie sich gerade noch rechtzeitig, dass die Angebotspreise unterschiedlicher Lieferanten nicht immer für sofortige Vergleiche geeignet sind, sondern immer erst genau geprüft und vergleichbar gemacht werden müssen.

Erst nach sorgfältiger Prüfung, welche Leistungen im Preis enthalten sind und ggf. welche Preisabschläge berücksichtigt werden müssen, kann ein vergleichsfähiger Bezugspreis ermittelt werden.

Aufgabe 1

Entwickeln Sie ein Schema, das Sie zur Ermittlung des Bezugspreises für einen objektiven Vergleich verwenden können.

Preisermittlung
_____
= Bezugspreis

Aufgabe 2

Ergänzen Sie die Kopfspalte der Matrix für die Nutzwertanalyse. Beschränken Sie sich auf fünf wichtige Kriterien (Bewertungsmerkmale).

Nutzwertanalyse								
Lieferant		1		2		3		
Kriterium	**G**	**P**	**gP**	**P**	**gP**	**P**	**gP**	
∑	100							

Aufgabe 3

Entscheiden Sie, wie Sie die einzelnen Kriterien gewichten wollen und tragen Sie die fünf Gewichtungszahlen in die Matrix ein.

Aufgabe 4

Anhand der Unterlagen, die Ihr Ausbildungsunternehmen in Zusammenarbeit mit der Carport-Selbstbau GmbH zusammengetragen hat, bleiben drei Lieferanten in der engeren Wahl.

Aus dieser Gruppe soll nach Bewertung aller Informationen die endgültige Auswahl getroffen werden.

Daher müssen zunächst die vorliegenden Angaben über die Lieferanten ausgewertet und die Erkenntnisse in die Nutzwertmatrix übertragen werden.

Angaben zum Lieferanten 1 – Metallbau GmbH, Rubensstrasse 103, 80804 München

Preis pro Satz: 22,– EUR frei Haus, 2 % Skonto
Das Unternehmen arbeitet mit einer Schwesterfirma in Kassel zusammen. Vereinzelt Lieferschwierigkeiten/Verspätungen

---

Angaben zum Lieferanten 2 – Eisen-Kolb KG, Steinmatten 99, 74656 Künzelsau

Preis pro Satz: 19,– EUR ab Werk ohne Abzüge
Insgesamt zuverlässiger Lieferant, der Sonderwünsche nur mit Mühe umsetzen kann; Lieferung größerer Mengen bisher ohne Schwierigkeiten möglich. Bei Lieferschwierigkeiten Sonderfahrten zur Engpassbeseitigung

---

Angaben zum Lieferanten 3 – Hugo Dürr e.K. Konstruktionsteile, Schlossweg 56, 15344 Strausberg

Preis pro Satz: 18,50 EUR FCA, Rabatt-Mengenstaffelung, 3 % Skonto
Mittelständisches, inhabergeführtes, sehr zuverlässiges Unternehmen, das schnell auf Kundenwünsche (Formen, Farben) reagieren kann. Größere Mengen – über den bestellten Umfang hinaus – sind kurzfristig nicht lieferbar.

Eine interne vergleichende Qualitätsprüfung der von den Lieferanten vorgelegten Muster, die von der Carport-Selbstbau GmbH vorgenommen wurde, erbrachte folgende Ergebnisse:

Produktqualität	
Lieferant 1	Zum Teil noch scharfkantige Bohrungen, gute Farboberfläche, leichte Unterschiede in der Materialstärke
Lieferant 2	Einige weniger gravierende Mängel in der Farboberfläche (Bläschen, leichte Unebenheiten)
Lieferant 3	In jeder Hinsicht einwandfreie Qualität

Ihre Aufgabe besteht nun darin, diese Angaben auszuwerten, dafür Punkte zu vergeben und diese Punkte für jeden Lieferanten in die Matrix einzutragen.

Aufgabe 5

Vervollständigen Sie die Nutzwertanalyse, indem Sie für jeden Lieferanten und für jedes Kriterium die gewichteten Punktwerte gP ermitteln und für jeden Lieferanten addieren.

Aufgabe 6

Bilden Sie nun als Entscheidungsgrundlage eine Rangfolge der Lieferanten.

Aufgabe 7

Überlegen Sie, ob Sie der Carport-Selbstbau GmbH empfehlen sollen, den am besten bewerteten Lieferanten auszuwählen oder auch mit dem zweiten, evtl. sogar auch mit dem dritten Lieferanten zusammenzuarbeiten.

Stellen Sie die drei wichtigsten Möglichkeiten unter Verwendung der Fachbegriffe kurz dar und begründen Sie diese Möglichkeiten anhand wesentlicher Vor- und Nachteile.

Sourcing-Konzepte	Vorteile	Nachteile

Aufgabe 8

Überlegen und notieren Sie weitere Merkmale und Informationsquellen, die Sie zur Lieferantenbewertung heranziehen können.

Aufgabe 9

Überlegen Sie, welche Vor-, aber auch welche Nachteile das Verfahren der Nutzwertanalyse hat.

Vorteile	Nachteile

Aufgabe 10

Entwickeln Sie Möglichkeiten, wie Sie die Prozessqualität des Lieferers der Komplettbausätze mithilfe von Kennziffern ermitteln und damit fortlaufend steuern können, indem Sie die dazu notwendigen Angaben zusammenstellen und daraus geeignete Kennzahlen (Formeln) entwickeln.

Prozessqualität
Lieferzeit
Lieferfähigkeit
Lieferzuverlässigkeit
Lieferflexibilität

Fallstudie 2.3: Eine internationale Beschaffungsdienstleistung entwickeln

Situation

Ihr Ausbildungsunternehmen ist im nationalen und internationalen speditionellen Sammelgutverkehr tätig, aber auch für verschiedene Auftraggeber in einigen Kontraktlogistikprojekten. Zur Erledigung internationaler Aufträge betreibt die Spedition Niederlassungen in Nord- und Südamerika sowie in Neu-Delhi, in Hongkong und in Shanghai. Auf dem Seeweg ankommende Sendungen übernimmt das Büro in Antwerpen und veranlasst von dort die Weiterleitung per Lkw oder Eisenbahn.

Ihrem Ausbildungsunternehmen liegt seit gestern eine Anfrage der Laufschuh GmbH vor. Der Anfrage ist zunächst Folgendes zu entnehmen:

Die Laufschuh GmbH importiert Schuhe und verkauft sie bundesweit in 39 eigenen Filialen.

Sie lässt in China von mehreren Herstellern Laufschuhe fertigen (für Damen und Herren, verschiedene Farben und Größen).

Bisheriges Vorgehen in der Beschaffungslogistik

Die Schuhe der Hersteller aus China werden in der Regel auf dem Seeweg im Container in das Gebiet der Europäischen Union verbracht, verzollt und dann in das Zentrallager der Laufschuh GmbH in Homberg/Efze transportiert. Die Filialen bestellen bei dem Betreiber des Zentrallagers – einem von der Laufschuh GmbH beauftragten Dienstleister – die Schuhe in unterschiedlichen Stückelungen (= Zusammensetzung nach Typen, Größen und Farben). Die Bestellungen werden im Zentrallager zuerst in Verkaufskartons verpackt und dann filialgerecht kommissioniert in Umkartons an die Laufschuh-Filialen versandt.

In der Anfrage eröffnet die Laufschuh GmbH die interessante Möglichkeit, als Beschaffungslogistiker den gesamten Prozess von der Lieferung durch die Hersteller in China bis zur Auslieferung an die Filialen in der gewünschten Stückelung zu übernehmen. Entscheidungsgrundlage dafür, ob Ihr Ausbildungsunternehmen als Logistikdienstleister in die engere Wahl gezogen wird, ist ein aussagefähiges Konzept, wie Sie den Beschaffungsprozess organisieren wollen. Insbesondere sollen auch die durch den Wechsel realisierbaren Verbesserungen herausgestellt werden.

Für die Bearbeitung der Anfrage wird von der Geschäftsleitung Ihres Ausbildungsunternehmens eine Arbeitsgruppe gebildet, in der Sie mitarbeiten sollen.

Damit das Konzept erstellt werden kann sind folgende Fragen zu beantworten:

Aufgabe 1

Entwickeln Sie einen Vorschlag, in dem Sie Fragen der Zwischenlagerung, des Transportes, der Kommissionierung, der Verteilung auf die Filialen und möglicher zusätzlicher Leistungen beantworten.

Aufgabe 2

Die Laufschuh GmbH hat in der Anfrage die Möglichkeit angesprochen, dass in Ausnahmefällen auch kurzfristige Lieferungen – auch kleinerer Mengen – möglich sein sollen.

Entwickeln Sie alternative Transportmöglichkeiten zum zeitintensiven Seetransport und skizzieren Sie für Ihre Lösungen die Verkehrswege.

Aufgabe 3

Entwickeln Sie den grundsätzlichen Aufbau einer Kalkulation für den Seetransport und für die Belieferung frei Filiale verzollt, indem Sie die einzelnen Kosten, die bei diesem Beschaffungsprozess anfallen, übersichtlich zusammenstellen.

Aufgabe 4

Beschaffen Sie die notwendigen konkreten Informationen und ermitteln Sie für einen oder mehrere Fälle aktuelle Angebotspreise für Seefracht und Nachlauf.

Fallstudie 2.4: Eine ABC-Analyse durchführen

Situation

Wir, die Spedition Eurocargo, betreiben schon seit Jahren im Just-in-time-Verfahren für den Motorradbauer Fox die Beschaffungslogistik. Dazu unterhalten wir eigens ein Einkaufslager für Fox, sodass wir unabhängig von Dritten sehr sicher die taktgenaue Anlieferung der Bauteile garantieren können. Obwohl die Firma Fox mit unserer Arbeit zufrieden ist, macht ihr der immer härtere Wettbewerb auf dem Motorradmarkt zu schaffen. Die Geschäftsleitung der Firma Fox hat intern Teilprozesse der Motorradproduktion auf den Prüfstand gestellt und auf Kosteneinsparungen untersucht. Jede dabei auftauchende Kosteneinsparung wurde konsequent umgesetzt. Ergebnis: Die Kosten sind immer noch zu hoch. Im Zuge externer Untersuchungen zur Kostenreduzierung ist die Fa. Fox auch auf uns zugekommen. Sie bittet uns eindringlich, den Prozess der Beschaffungslogistik auf Kosteneinsparpotenziale zu untersuchen und mit uns zukünftig in neue Preisverhandlungen einzusteigen.

Aufgabe 1

Sie als Mitarbeiter der Controlling-Abteilung erhalten den Auftrag in einer ersten Untersuchung den Bestand der Bauteile der Fa. Fox, die bei uns lagern, genauer anzuschauen. Hierbei soll die Beurteilung der Güter mithilfe der ABC-Analyse vorgenommen werden.

Die Analyse geht – einfach formuliert – von der Vermutung aus, dass die Gesamtheit aller Güter aus sehr wenigen teuren und vielen relativ preiswerten Güter besteht. Wenn die wenigen teuren Güter einen **hohen Anteil** am Gesamtwert aller gelagerten Gütern ausmachen, dann verdienen sie die höchste Aufmerksamkeit. Durch z. B. exakte Bedarfsermittlung, kurze Verweildauer im Lager, genaue Bestandsüberwachung, können bei diesen Gütern erhebliche Logistikkosten eingespart werden.

Sie sollen nun die Bauteile in die drei Klassen A, B und C einteilen.

Das **Einteilungsschema** bekommen Sie von Ihrem Abteilungsleiter Herrn Kraus:

Kategorien	Mengenanteil	Wertanteil
A-Güter	geringer Anteil (bis 25 %)	70 % - 80 % des Gesamtwertes
B-Güter	30 % - 50 % der Gesamtmenge	15 % - 20 % des Gesamtwertes
C-Güter	40 % - 50 % der Gesamtmenge	5 % - 10 % des Gesamtwertes

Füllen Sie schrittweise die Tabelle 1 aus:

1.1 Spalte: „Jahresbedarf in EUR"

1.2 Summen bilden: Jahresbedarf in Stück bzw. EUR

1.3 Spalte: „Rang". Bilden Sie eine Rangfolge der Werte: Rang 1 = höchster Jahresbedarf in EUR usw.

Tabelle 1

1	2	3	4	5
Bauteil-Nr.	**Jahresbedarf in Stück**	**Stückpreis**	**Jahresbedarf in EUR**	**Rang**
1	100.000	3,00		
2	37.500	18,00		
3	180.000	1,00		
4	105.000	36,00		
5	250.000	2,80		
6	10.000	20,00		
7	20.000	40,00		
8	55.000	5,00		
9	175.000	1,40		
10	97.500	38,00		
Summe:		Summe:		

Aufgabe 2

Füllen Sie in einem zweiten Arbeitsgang orientiert am **Einteilungsschema** die folgende Tabelle 2 (Seite 104) aus:

2.1 Vervollständigen Sie die Spalte 5! Die Zahlen entnehmen Sie der Tabelle 1, Spalte 4. Tragen Sie die weiteren Zahlen der Größe nach ebenso geordnet ein, wie es bereits bei den ersten drei geschehen ist.

2.2 Anschließend vervollständigen Sie die Spalten 6 und 7! Orientieren Sie sich auch hier an den bereits vorgegebenen Zahlen.

2.3 Vervollständigen Sie die Spalte 1, indem Sie die Zahlen aus der Tabelle 1 übernehmen!

2.4 Da Sie schon etwas Übung haben, dürfte es Ihnen nicht schwer fallen, Spalte 2 und 3 auszufüllen.

2.5 Unten in der Spalte 4 tragen sie noch den Prozentsatz ein, den die Mengen der Bauteile der Nr. 3, 6, 8 und 9 an der Gesamtmenge aller Bauteile (= 1.030.000) ausmachen. Ähnlich verfahren Sie jetzt mit Spalte 8 und errechnen die drei fehlenden Prozentsätze.

2.6 Jetzt geht es an die Klassenbildung:
Aufgrund der vorstrukturierten Tabelle und mithilfe des Einteilungsschemas erkennen wir, dass die Bauteile
Nr. 4, 7, 10   zur A-Klasse,
Nr. 1, 2, 5   zur B-Klasse
Nr. 3, 6, 8, 9   zur C-Klasse gehören.
Tragen Sie die Klassen in Spalte 9 ein!

Tabelle 2

1	2	3	4	5	6	7	8	9
Bauteile Nr.	kumulierter[39] Mengen- bedarf Stück	%	Bedarf je Klasse %	Bedarf in EUR	kumulierter Werte- bedarf EUR	%	Bedarf je Klasse %	Klasse
4	105.000			3.780.000	3.780.000	34,81		
10	202.500			3.705.000	7.485.000			
			21,60	800.000				
5								
			37,62					
8								
					10.860.000	100,00		

Aufgabe 3

Herr Kraus, Ihr Abteilungsleiter, gibt Ihnen einen vorgefertigten Auswertungsbogen, den Sie nur noch aktualisieren müssen, indem Sie die Lücken ausfüllen.

Auswertungsbogen

Die ABC-Analyse führt zu folgendem Ergebnis:

............% des Mengenbedarfs entspricht einem Wertebedarf von ....% (Klasse A).

............% des Mengenbedarfs entspricht einem Wertebedarf von .... %(Klasse B).

.... % des Mengenbedarfs entspricht einem Wertebedarf von .... % (Klasse C).

Die Zuordnung der Mengen und Werte orientierte sich an dem Einteilungsschema für ABC-Analysen unseres Hauses.

Unser gesamter Lagerbestand an Bauteilen hat nun folgende Klassenzugehörigkeit:

Bauteile-Nummern	Klasse	Bauteile
	A	A-Bauteile
	B	B-Bauteile
	C	C-Bauteile

Aufgabe 4

Wir wissen nun um die mengen- und wertmäßige Bedeutung der verschiedenen bei uns im Verteilungslager aufbewahrten Bauteile. Diese Erkenntnisse sollten wir **kostenreduzierend** umsetzen.

In einer ersten Umsetzungsphase werden die Aufbewahrungsorte (= Lagerplätze) für die Bauteile in der Lagerhalle neu geordnet. Hier stellt sich die Frage der Standortnähe der Bauteile zur Kommissionierungszone. Schließlich verlassen alle Bauteile über die Kommissionierungszone das Lager.

---

[39] bedeutet **aufaddierter** Bedarf, z. B. die Zahl 202.500 der Spalte 2 setzt sich zusammen aus 105.000 Bauteile der Nr. 4 und 97.500 Bauteile der Nr. 10. Dies gilt auch für die Prozentsätze der Spalte 3 und für die Werte der Spalten 6 und 7.

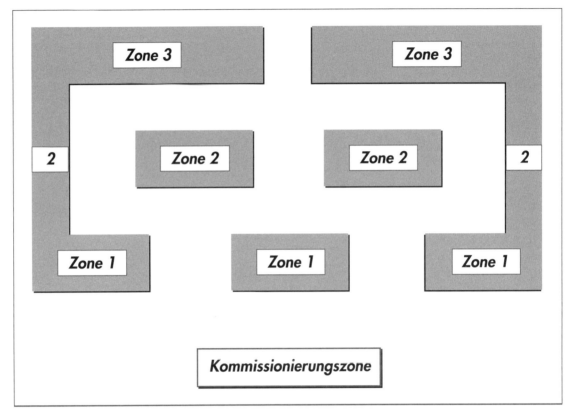

Bild 31: Lagergrundriss

4.1 Entscheiden Sie, welche Bauteile in welcher Zone gelagert werden sollen!

- A-Bauteile ....
- B- Bauteile ....
- C- Bauteile ....

4.2 Begründen Sie Ihre Entscheidung!

....

....

....

....

Aufgabe 5

Herr Kraus hat auf seinem Schreibtisch noch Material über ein kürzlich besuchtes Seminar zur Beschaffungslogistik liegen. In diesen Unterlagen hat er u.a. persönliche – leider unstrukturierte – Aufzeichnungen über die **unterschiedlichen Behandlungsweisen** von ABC-Gütern. Er weiß noch, dass die Übung zeigen sollte, wie durch ein angemessenes Handling der Güter Kosten eingespart werden können. Leider weiß er nicht mehr, wie mit A- und C-Gütern verfahren werden soll.

Er gibt Ihnen diese Liste:

Handlingliste
• gründliche Kostenanalysen
• vereinfachte Bestellabwicklung
• exakte Bedarfsermittlung
• vereinfachte Bestandsüberwachung
• gründliche Bestellvorbereitung
• exakte Dispositionsverfahren
• Disposition in kurzen Zeitabständen
• vereinfachte Disposition
• intensive Bestandsrechnung
• genaue Bestandsüberwachung
• vereinfachte Lagerbuchführung
• geringe Anlieferhäufigkeit
• strenge Handhabung der Sicherheits- und Meldebestände
• geringe Bestellhäufigkeit bei hoher Abrufhäufigkeit
• Just-in-Time-Bezug
• wenig aufwändige Terminkontrolle
• verstärkte Automatisierung bei allen Vorgängen

Er bittet Sie, in einer Übersicht diese Verfahren unter Kosteneinspareffekten den A- und C-Bauteilen zuzuordnen.

Bauteile	Handling
A-Bauteile	1. ....
	2. ....
	3. ....
	4. ....
	5. ....
	6. ....
	7. ....
	8. ....
	9. ....
	10. ....
C-Bauteile	1. ....
	2. ....
	3. ....
	4. ....
	5. ....
	6. ....
	7. ....

Aufgabe 6

Ein kurzer kritischer Ausblick.

Es gibt einige Bauteile, die aufgrund ihrer besonderen Stellung in der Vorratshaltung nur bedingt unter das Diktat der ABC-Analyse gestellt werden sollten. Kreuzen Sie bitte die Bauteile an, auf die das zutrifft, und begründen Sie kurz Ihre Auswahl.

Bauteile, die

6.1   problemlos regelmäßig bezogen werden können

6.2   strategisch bedeutsam eingestuft werden (z. B. Motor)

6.3   als unkritische angesehen werden (z. B. Befestigungsschrauben)

6.4   eine spezielle Größe haben

6.5   nur auf Bestellung maßgeschneidert angefertigt werden

6.6   aufgrund eines hohen Beschaffungsrisiko als Engpassprodukte eingestuft werden

6.7   schnell und routiniert disponiert werden können

Fallstudie 2.5: Den Bedarf ermitteln

Situation

Der Elektrogroßhändler Haug kauft schon seit Jahren im ganzen ostasiatischen Raum Elektroartikel (E-Artikel) der Unterhaltungsbranche für den europäischen Markt ein. Das Einkaufsvolumen wächst ständig. Die bisherige Einkaufsorganisation kommt an ihre Grenzen, sodass eine grundsätzliche Neuorientierung im Beschaffungsbereich notwendig wird. Da wir profunde Kenntnisse in der Beschaffungslogistik haben, bittet Herr Haug uns, ihn bei der Organisation des Einkaufs zu unterstützen. Die oder das europäische(n) Einkaufslager sollte(n) natürlich nicht zu groß, aber auch nicht zu klein sein.

Das Unternehmen Haug hat ein großes Interesse daran, den Bedarf an elektronischen Unterhaltungsgütern für seine europäischen Kunden so exakt wie möglich festzustellen, um stets die optimale Menge vorhalten zu können.

Bei den Gesprächen auf der Ebene der Geschäftsführung zwischen Haug und uns, Spedition EUROCARGO, haben Sie als Mitarbeiter der Spedition EUROCARGO Protokoll geführt. Dabei sind u. a. folgende Fragen aufgetaucht, die zur Beantwortung anstehen. Dafür steht Ihnen auch Informationsmaterial zur Verfügung, das Sie im Verlauf der Sitzung erhalten haben.

Aufgabe 1

Welche möglichen Konsequenzen hat die Beschaffung einer zu geringen Menge an E-Artikeln?

Aufgabe 2

Welche negativen Folgen hat ein zu hoher Lagerbestand an E-Artikeln?

Aufgabe 3

Neben der **verbrauchsorientierten Bedarfsermittlung** gibt es die programmorientierte Bedarfsermittlung. Warum ist die **programmorientierte Bedarfsermittlung** nicht für die Elektrogroßhandlung Haug geeignet?

Aufgabe 4

In der Arbeitssitzung wurde u. a. beim Thema Bedarfsermittlung die Methode der **Mittelwertberechnungen** favorisiert. Hier sollte insbesondere der **gleitende** Mittelwert zur Berechnung des zukünftigen Beschaffungsgutes herangezogen werden.

In Ihrem Informationsmaterial, das Sie aus der Sitzung mitgenommen haben, ist am Beispiel des Beschaffungsgutes A die Bedarfsmenge für die Monate Juli und August anhand des gleitenden Mittelwertes berechnet worden. Grundlage zur Berechnung des gleitenden Mittelwertes ist in diesem Beispiel ein Rückblick auf die letzten 6 Monate. So wird der Bedarf des Beschaffungsgutes A für den Monat Juli aus dem Mittelwert der vorangegangen 6 Monate, also Januar bis Juni, berechnet usw.

Führen Sie die Berechnungen bis zum Jahresende fort!

Verbrauchsorientierte Bedarfsermittlung nach der Methode der gleitenden Mittelwertbildung		
Beschaffungsgut A im Jahr 200(X)		
Periode	Absatz (Istzahlen)	Beschaffungsbedarf laut gleitendem Mittelwert
Januar	190	
Februar	140	
März	203	
April	253	
Mai	216	
Juni	216	
Juli	274	203[40]
August	308	217[41]
September	275	
Oktober	265	
November	282	
Dezember	310	

Aufgabe 5

Wie Sie aus Ihren Berechnungen erkennen können, weist diese Methoden Schwächen auf. Trends bleiben einfach unberücksichtigt. Herr Haug weiß aus Erfahrung, dass im Sommer und zur Weihnachtszeit der Bedarf an Unterhaltungselektronik steigt. Die Bedarfszahlen nach der gleitenden Mittelwertmethode geben diesen Trend ungenügend wieder.

Ihr Mitarbeiter, Herr Maier, kommt Ihnen zu Hilfe. Er weiß noch aus seiner Studienzeit, dass man dieses Problem dadurch beseitigen kann, dass man die einzelnen Perioden gewichtet. Die Methode des gleitenden Mittelwertes wird dabei zur Methode des **gewogenen** gleitenden Mittelwertes erweitert. Hierbei werden – um bei diesem Beispiel zu bleiben – die Absatzzahlen mit einem Faktor gewichtet, um den einzelnen Monaten eine besondere Bedeutung zu geben. Prinzipiell werden die älteren Perioden geringer gewichtet als die zeitnäheren, um die aktuellen Entwicklungen besser zu reflektieren. Dies muss aber nicht so sein, da die Auswahl der Gewichtungsfaktoren durchaus subjektiven Einflüssen unterliegt.

Wir setzen uns mit Herrn Haug in Verbindung und bitten ihn, uns aufgrund seiner Erfahrung die Gewichtungsfaktoren zu nennen für die Monate:

- Januar - Juni (= 6 Monate)

- Juni - November (= 6 Monate)

Ziel ist es, für August und Dezember bessere Bedarfe voraussagen zu können.

Einige Tage später erhalten wir ein Fax mit den gewünschten Werten:

Gewichtungsfaktoren für Beschaffungsgut A:
Januar - Juni: 1 %; 4 %; 5 %; 40 %; 25 %; 25 %.
Juni - November: 2 %; 3 %; 50 %; 11 %; 9 %; 25 %.

---

[40] 190 + 140 + 203 + 253 + 216 + 216 = 1.218; 1.218 : 6 = 203
[41] (1.218 – 190 + 274) = 1.302; 1.302 : 6 = 217

Herr Maier hilft Ihnen bei der Berechnung des gewogenen gleitenden Mittelwertes (GGM) für den Monat August. Die Istzahlen des Beschaffungsgutes A aus der obigen Tabelle werden auch dieser Berechnung zugrunde gelegt.

GGM $=$ 190 x 0,01 + 140 x 0,04 + 203 x 0,05 + 253 x 0,4 + 216 x 0,25 + 216 x 0,25
$=$ 226,85

Der Bedarf an Beschaffungsgüter A für den Monat Juli beträgt **227**.

Ermitteln Sie den Bedarf für das Beschaffungsgut A im Monat Dezember!

Aufgabe 6

Sie erhalten von Herrn Haug Absatzzahlen zum Beschaffungsgut B. Er bittet Sie, den Bedarf sowohl nach der Methode des gleitenden Mittelwertes als auch nach der Methode des gewogenen gleitenden Mittelwertes zu berechnen und in der folgenden Tabelle einzutragen!

Beschaffungsgut B im Jahr 200(0)			
Periode	**Absatz (Istzahlen)**	**Beschaffungsbedarf:**	
		gleitender Mittelwert	gewogener gleitender Mittelwert
Januar	185		
Februar	190		
März	205		
April	225		
Mai	250		
Juni	260		
Juli	275		
August	300		
September	285		
Oktober	275		
November	280		
Dezember	305		

Gewichtungsfaktoren

- Januar - Juni: 2 %; 3 %; 10 %; 20 %; 30 %; 35 %.

- Juni - November: 5 %; 10 %; 30 %; 25 %; 10 %; 20 %.

Aufgabe 7

Vergleichen Sie die beiden Methoden und untersuchen Sie ihre Anwendbarkeit auf unsere Situation!

Aufgabe 8

Nachdem der Bedarf einigermaßen sicher prognostiziert werden kann, stellt sich nun die Frage, welche Mengen im Einzelfall zu bestellen sind.

Hierbei ist aus kostenrechnerischer Sicht zu beachten:

Je größer die Bestellmenge,

- desto höher werden die Lagerkosten (Kosten für Lagerräume, gebundenes Kapital usw.),
- desto niedriger sind die Bestellkosten pro Stück (Mengenrabatt, weniger Verwaltungsaufwand, geringere Transportkosten usw.).

Offensichtlich muss es eine Bestellmenge geben, bei der die Summe aus Lagerkosten und Bestellkosten ein Minimum erreicht. Die Betriebswirte sprechen von **optimaler Bestellmenge.**

Für das Beschaffungsgut A lässt sich annäherungsweise eine solche Menge bestimmen, indem man die Anzahl der Bestellungen variieren lässt und die entsprechenden Kosten ermittelt. Die Ergebnisse stellt man anschließend in einer Tabelle zusammen und vergleicht die Beschaffungskosten (= Summe aus Lager- und Bestellkosten) unterschiedlicher Bestellmengen miteinander.

Beschaffungsgut A	
Jahresbedarf: 3.000 Stck.	Kosten/Bestellung: 180,00 EUR
Einkaufspreis/Stck.: 150,00 EUR	Lagerkostensatz: 7 %
Hinweis: Ø Lagerbestand = Bestellmenge/2 Lagerkosten = Ø Lagerbestand in EUR · Lagerkostensatz	

Aufgabe: Vervollständigen Sie die Tabelle und ermitteln Sie das Ergebnis!

Zahl der Bestellungen im Jahr	Bestellmenge in	Bestellkosten in	Ø Lagerbestand in	Ø Lagerbestand in	Lagerkosten in	Beschaffungskosten in
	Stück	**EUR**	**Stück**	**EUR**	**EUR**	**EUR**
1	3.000	180,00	1.500	225.000,00	15.750,00	15.930,00
2						
3						
4						
5						
6						
7						
8						
9						
10						
11						
12						

Ergebnis:

- Die optimale Bestellmenge beträgt: [   ]

- Es müssen demzufolge [   ] Bestellungen im Jahr durchgeführt werden.

Aufgabe 9

In der Betriebswirtschaft hat sich aufgrund empirischer Forschungen folgende Formel für die Berechnung der optimalen Bestellmenge herauskristallisiert:

$$\text{Optimale Bestellmenge} = \sqrt{\frac{200 \cdot \text{Jahresbedarf} \cdot \text{Kosten/Bestellung}}{\text{Einkaufspreis/Stück} \cdot \text{Lagerkostensatz in \%}}}$$

Mithilfe dieser Formel lässt sich die optimale Bestellmenge noch genauer ermitteln als über die Annäherungsmethode mittels einer Tabelle.

Berechnen Sie für das Beschaffungsgut A mithilfe der Formel die optimale Bestellmenge!

Fallstudie 2.6: Den Beschaffungsprozess steuern

Situation

Die Spedition EUROCARGO hat mit dem Autobauer SILBERPFEIL vor zwei Jahren einen Beschaffungslogistikvertrag abgeschlossen. Unkoordinierte Anlieferung, mangelnde Transparenz in der Zulaufsteuerung, geringer Einfluss auf die Lieferantenlogistik sowie hohe Kosten in der Beschaffungslogistik machten dem Autobauer zu schaffen.

Seit etwa einem Jahr nimmt EUROGARGO die Autoteile in Empfang, prüft sie, lagert sie ein, kommissioniert die variantenabhängigen Teile und liefert sie zweimal täglich auf Paletten direkt in die Produktion – und zwar sequenzgenau entsprechend dem Produktionsplan von SILBERPFEIL.

Das Unternehmen SILBERPFEIL rechnet damit, dass durch Outsourcing der gesamten Leistungen an EUROCARGO – von der Teilebestellung bis zur Lieferung in die Produktion – enorme Einsparungen erzielt wurden.

Es gilt nun zu prüfen, ob tatsächlich in technischer, finanzieller und qualitativer Hinsicht Verbesserungen eingetreten sind. Dies soll anhand von Kennzahlen geschehen.

Aufgabe 1

Ihr Chef hat Ihnen eine Liste wahllos aufgelisteter Kennzahlen gegeben und bittet Sie, diese nach den folgenden Kriterien zu sortieren, sodass durch die gewonnene Struktur ein besserer Überblick über die Kennzahlen entsteht:

- Produktivität
- Wirtschaftlichkeit
- Qualität

Liste der Kennzahlen

- Anzahl abgewickelter Paletten pro Personalstunde
- Beschaffungskosten je Bestellung
- Ø Verweilzeit im Wareneingang
- Auslastungsgrad der Entladeeinrichtungen
- Warenannahmekosten je eingehende Palette
- Quote der mangelhaften Lieferungen
- Warenannahmezeit pro eingehende Palette
- Ø Wiederbeschaffungszeit
- Lieferverzögerungsquote
- Beschaffungskosten in % des Einkaufsvolumens
- Zurückweisungsquote
- Beanstandungsquote

Erinnern Sie sich noch?

Produktivität hat etwas mit **Fleiß**, Wirtschaftlichkeit mit **Kosten** und Qualität mit **Güte** zu tun.

Versuchen Sie die Kennzahlen aufgrund dieser Schlagworte richtig in die Tabelle einzutragen!

Kennzahlen		
Produktivität	**Wirtschaftlichkeit**	**Qualität**

Aufgabe 2

Das Unternehmen SILBERPFEIL hat schon vor der Umstellung auf EUROCARGO Kontroll-untersuchungen gemacht. So liegen z. B. vom Jahr vor der Umstellung aus den Bereichen **Produktivität**, **Wirtschaftlichkeit** und **Qualität** Ergebnisse vor. Leider sind die entsprechenden Dokumente nicht mehr auffindbar, aber wenigstens die Ausgangszahlen zur Untersuchung sind noch fragmentarisch vorhanden, sodass die Ergebnisse rekonstruierbar sind.

Daten aus der Zeit vor der Umstellung:

- Anzahl eingehender Paletten pro Monat 10.000
- Gesamte Beschaffungskosten pro Monat in EUR 2.000
- Ist-Mitarbeiterstunden pro Jahr 9.600
- Mangelhafte Lieferungen pro Jahr 4
- Anzahl der Bestellungen pro Vierteljahr 6
- Verspätet eingegangene Paletten im Jahr.. 16.800
- Warenannahmekosten pro Jahr in EUR.. 60.000
- Gesamtlieferungen pro Halbjahr 12
- Warenannahmezeit pro Monat in Stunden 480
- Bemerkung:
  Alle pro Jahr eingegangenen 120.000 Paletten wurden auch umgeschlagen.

Ihr Abteilungsleiter Herr Larsen bittet Sie, anhand der Daten und einer vorgefertigten Tabelle die Kennzahlen nochmals zu ermitteln.

Kennzahlen des Autobauers SILBERPFEIL vor der Umstellung			Ergebnisse
Anzahl abgewickelter Paletten pro Personalstunde	$=$ $\dfrac{\text{Istpaletten pro Jahr}}{\text{Istmitarbeiterstunden pro Jahr}} =$	$=$	
Beschaffungskosten je Bestellung	$=$ $\dfrac{\text{Gesamte Beschaffungskosten pro Jahr}}{\text{Anzahl der Bestellungen im Jahr}} =$	$=$	
Lieferverzögerungsquote	$=$ $\dfrac{\text{Verspäteter Wareneingang (Paletten)} \cdot 100}{\text{Gesamter Wareneingang (Paletten)}} =$	$=$	
Warenannahmekosten je eingehende Palette	$=$ $\dfrac{\text{Gesamte Warenannahmekosten}}{\text{Anzahl eingehender Paletten}} =$	$=$	
Quote der mangelhaften Lieferung	$=$ $\dfrac{\text{Mangelhafte Lieferungen pro Jahr} \cdot 100}{\text{Gesamtlieferungen pro Jahr}} =$	$=$	
Warenannahmezeit pro eingehende Palette	$=$ $\dfrac{\text{Gesamte Warenannahmezeit pro Monat in min.}}{\text{Anzahl eingehender Paletten pro Monat}} =$	$=$	

Aufgabe 3

In dem eigens von EUROCARGO für die Beschaffungslogistik des Autobauers SILBERPFEIL eingerichteten Auslieferungslager im EUROCARGO Distributionszentrum liegen zum Ende des Jahres folgende Daten vor:

Distributionszentrum EUROCARGO – Auslieferungslager für Silberpfeil	
Gesamte Beschaffungskosten pro Monat in EUR	2.200
Ist-Mitarbeiterstunden pro Jahr	10.000
Verspätet eingegangen Paletten im Halbjahr	7.500
Gesamtlieferungen pro Vierteljahr	7
Mangelhafte Lieferungen pro Halbjahr	3
Anzahl eingehender Paletten pro Monat	12.000
Warenannahmekosten pro Jahr in EUR	65.000
Warenannahmezeit pro Monat in Stunden	480
Anzahl der Bestellungen im Jahr	28
Bemerkung: Alle eingegangenen 144.000 Paletten wurden umgeschlagen.	

Stellen Sie nun in einer Tabelle die Kennzahlen des neu errichteten Auslieferungslagers im Distributionszentrum EUROCARGO den Kennzahlen des Autobauers SILBERPFEIL aus der Zeit vor der Umstellung gegenüber!

Vergleichsanalyse		Kennzahlen	
		vor der Umstellung	nach der Umstellung
1	Anzahl abgewickelter Paletten pro Personalstunde		
2	Beschaffungskosten je Bestellung in EUR		
3	Lieferverzögerungsquote in %		
4	Warenannahmekosten je eingehende Palette		
5	Quote der mangelhaften Lieferung in %		
6	Warenannahmezeit pro eingehende Palette in min./Palette		

Aufgabe 4

Zur Erinnerung: Ausgangspunkt unserer Fallstudie ist nach wie vor die Prüfung, ob tatsächlich in technischer, finanzieller und qualitativer Hinsicht Verbesserungen eingetreten sind. Dabei können die technischen Verbesserungen mit Kennzahlen zur Produktivität gemessen werden, die finanziellen Verbesserungen mit Kennzahlen zur Wirtschaftlichkeit und die qualitativen Verbesserungen mit Kennzahlen zur Qualität.

Dokumentieren Sie in einem Kurzbericht

4.1 die Ergebnisse bezüglich Produktivität, Wirtschaftlichkeit und Qualität. Vergleichen Sie die Ergebnisse der Kennzahlen vor der Umstellung mit den Ergebnissen nach der Umstellung!

4.2 die prozentuale Veränderung der Ergebnisse der Kennzahlen durch die Neustrukturierung!

4.3 Ziehen Sie ein Fazit!

Wiederholungsaufgaben 2

1 Erklären Sie bitte die wichtigsten Vor- und Nachteile des Push-Prinzips.

2 Erklären Sie bitte die wichtigsten Vor- und Nachteile des Pull-Prinzips.

3 Stellen Sie bitte die Beschaffungsprozesse in der Logistikkette kurz dar.

4 Nennen Sie bitte kurz die Schritte des Beschaffungsmanagements.

5 Erläutern Sie bitte wesentliche Einzelaufgaben der Beschaffungslogistik.

6 Nennen und erklären Sie bitte zwei wesentliche Beschaffungsstrategien.

7 Zeigen Sie bitte zwei wesentliche unterschiedliche Risiken bei der Beschaffung auf und bilden Sie unter diesem Gesichtspunkt vier Gruppen von Beschaffungsobjekten.

8 Nennen und erläutern Sie bitte für jede der vier Risikogruppen zwei geeignete Beschaffungsstrategien.

9 Erläutern Sie bitte den Begriff E-Procurement und wichtige Erfolgsfaktoren

10 Stellen Sie bitte die in der Beschaffungslogistik möglichen Sourcing-Konzepte dar und erklären Sie die unterschiedlichen Konzepte.

11 Erläutern Sie bitte die Vor- und Nachteile der folgenden Konzepte:

- Insourcing
- Dual/Multiple Sourcing
- International/Global Sourcing
- Systems/Set Sourcing.

12 Erklären Sie bitte das Ziel der ABC-Analyse.

13 Beschreiben Sie bitte das Vorgehen bei der ABC-Analyse.

14 Erklären Sie bitte das Ziel der XYZ-Analyse.

15 Beschreiben Sie bitte das Vorgehen bei der XYZ-Analyse.

16 Kombinieren Sie bitte diese beiden Analysemöglichkeiten in einer Übersicht.

17 Entwickeln Sie bitte Strategien für die wichtigsten Gütergruppen, die sich durch die Kombination der beiden Analyseverfahren ergeben.

18 Zeigen Sie bitte (Formel mit Erklärung) die verschiedenen Möglichkeiten, für die Bedarfsermittlung einen Mittelwert zu errechnen.

19 Zeigen Sie bitte (Formel mit Erklärung) die Berechnung der optimalen Bestellmenge.

20 Erläutern Sie bitte wesentliche Kennzahlen aus der Beschaffungslogistik

- zur Steuerung der Beschaffungsvorgänge und
- zur Bewertung der Lieferanten.

3 Lagerleistungen anbieten und organisieren

Der Spediteur als Logistikdienstleister übernimmt für Auftraggeber aus Handel und Indus- **LAGERLEISTUNGEN**
trie in zunehmendem Umfang[1] äußerst komplexe **Lagerleistungen**. Aus diesem Geschäftsfeld, dem Bindeglied zwischen Beschaffungs-, Distributions-, Produktions- und Entsorgungslogistik, entstand ein eigenständiges logistisches Teilsystem, die **Lagerlogistik**.

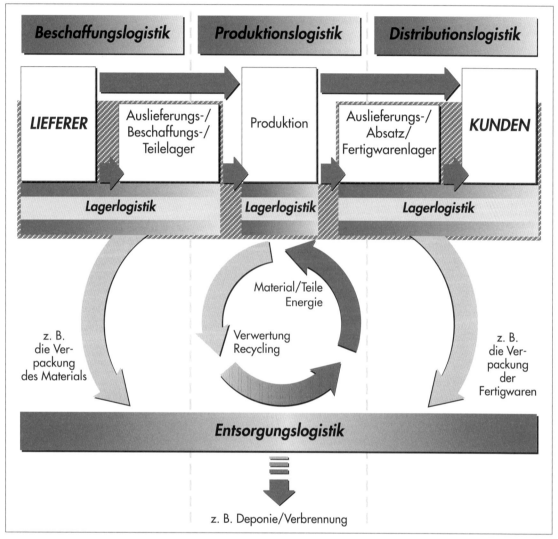

**LAGER-
LOGISTISCHES
TEILSYSTEM**

Bild 32: Lagerlogistik als funktionsorientiertes logistisches Teilsystem

3.1 Welche Aufgaben übernimmt die Lagerlogistik?

3.1.1 Aufgaben und Ziele der Lagerlogistik

Unsere Wirtschaft ist in zunehmendem Ausmaß durch Arbeitsteilung gekennzeichnet. An
der Herstellung von Sachgütern sind überwiegend mehrere, oft internationale Produktionsunternehmen beteiligt; in die Verteilung der Güter sind Handelsunternehmen und Frachtführer eingebunden. Jedes dieser Unternehmen bildet ein Glied in dieser Kette, der sog.
Demand-and-Supply-Chain[2]. Aus der Verknüpfung mehrerer Ketten werden ganze Netze **NETZE**
gebildet. So entsteht oft ein weltumspannendes Netzwerk, das erst die Voraussetzungen für
eine reibungslose Kooperation schafft. Die Lagerei übernimmt dabei zwangsläufig an vielen
Netzknoten und Anschlusspunkten (= Schnittstellen) die logistische Schlüsselfunktion im
Zusammenwirken aller Partner im Netzwerk.

---

[1] Siehe Kap. 1.1.1, Outsourcing von Logistikleistungen
[2] Beschaffungs- (Nachfrage-) und Versorgungs-Kette; s. auch Kap. 1.1.2

Es sind überwiegend Spediteure, die an derartigen Schnittstellen Lagergeschäfte betreiben und damit ganz unterschiedliche logistische Dienstleistungen erbringen[3]. Das Outsourcing der Lageraufgaben ermöglicht es den Auftraggebern des Spediteurs, ihre Hauptaufgabe (das Kerngeschäft) zu betreiben. Beschaffung und/oder Distribution einschließlich der dazu notwendigen Lageraufgaben überlassen sie den Spezialisten. Diese erledigen alle Aufträge mithilfe ihrer Lagereinrichtungen über ein leistungsfähiges Netz schnell, zuverlässig und kostengünstig gemäß den Anforderungen des Kunden (z. B. JIT, JIS[4], 24-h Service).

KERNGESCHÄFT

Von besonderer Bedeutung ist dies, wenn spezielle Gebäude, Einrichtungen und Kenntnisse gefragt sind, z. B. für die Lagerung und den Transport gefährlicher Güter[5]. Dann schreiben die Bestimmungen (z. B. Gefahrgutgesetz, Gefahrgutverordnungen für die Verkehrsträger, Gefahrgutbeauftragtenverordnung) entsprechend bestelltes, sachkundiges und geprüftes Personal vor. Diese Aufträge können somit nur von einem darauf spezialisierten Logistikdienstleister erledigt werden. An vielen Stellen in Kontraktlogistikprojekte eingebunden (vgl. Kap. 1.9.3) gewinnt die Lagerlogistik ebenfalls zunehmend an Bedeutung.

Insgesamt hilft die Lagerlogistik dabei, wichtige logistische Ziele in der Supply Chain zu erreichen:

ZIELE

Die wichtigsten Ziele der Lagerlogistik
• Ständige Materialverfügbarkeit • Minimale Kapitalbindungskosten[6] • Geringe Lagerkosten • Hohe Qualität der Dienstleistung Lagerlogistik

Als logistisches Teilsystem plant und realisiert die Lagerlogistik alle Prozesse, mit deren Hilfe Rohmaterialien, Halbfabrikate und Fertigwaren unter Einsatz optimaler Lagerorganisation und Lagertechnik den Auftraggebern oder deren Kunden bereitgestellt werden. Wichtig sind dabei ein effizientes Lagersystem und die Wahl des richtigen Lagerstandortes.

3.1.2 Motive und Funktionen der Lagerung

MOTIVE DER LAGERHALTUNG

Lagerfunktionen können auf allen Stufen und an allen Stellen der Supply Chain erforderlich sein. Daher werden im Folgenden erst die Motive der Lagerhaltung an den jeweiligen Stellen der Supply Chain erläutert, bevor die wesentlichen Lagerfunktionen dargestellt werden.

Motiv	Erläuterung
In der Beschaffungslogistik	
Unterstützung von Einkauf und Transport	Ausnutzung günstiger Einkaufsbedingungen und/oder Transportmöglichkeiten
Unterstützung der Beschaffung	Beseitigung von Beschaffungsunsicherheiten: Reservebestände zum Ausgleich von nicht vorhersehbaren Entwicklungen auf den Beschaffungsmärkten bereithalten
In der Produktionslogistik	
Unterstützung der Produktion	Ausgleich produktionsbedingter Schwankungen bei gleich bleibender Nachfrage
In der Distributionslogistik	
Unterstützung von Absatz und Vertrieb	Gleichmäßige Produktion und Warenverfügbarkeit trotz (z. B. aus saisonalen Gründen) schwankender Nachfrage
An allen Stellen der Supply Chain	
Vorräte in Kundennähe	Schnelle, flexible Reaktion auf Kundenwünsche
Realisierung von Spekulationsgewinnen	Warten auf Preissteigerungen vor dem Verkauf Warten auf Preissenkungen vor dem Einkauf

BESCHAFFUNG

PRODUKTION

DISTRIBUTION

KUNDENNÄHE

SPEKULATIONSGEWINNE

[3] Siehe auch das Kap. 1.1.2 Supply Chain Management
[4] Siehe die Erklärungen im Glossar, Kap. 7
[5] Zum Thema Gefahrgutvorschriften siehe Band 3
[6] In den eingelagerten Gütern ist Kapital gebunden. Die Kosten für das Kapital (v.a. Zinsen), mit dem die Warenbestände finanziert werden, bezeichnet man als Kapitalbindungskosten.

Bei der Entscheidung, ob ein Gut gelagert werden soll oder nicht, liegt immer ein Zielkonflikt[7] vor. Eine Ausnahme bilden diejenigen Güter, bei denen die Lagerung einen unverzichtbaren Schritt im Herstellungsprozess dieses Gutes darstellt (z. B. Reifeprozess, Trocknung). Der Zielkonflikt stellt sich folgendermaßen dar: Einerseits steht bei einem Verzicht auf Lagerhaltung das benötigte Wirtschaftsgut in der Produktion oder bei der Kundenversorgung im Augenblick des Bedarfs nicht zur Verfügung. Andererseits verursacht Lagerung Kosten (Lagerkosten, Kapitalbindung), die so gering wie möglich sein sollten.

Diesen Zielkonflikt versucht man überwiegend durch zuverlässige zeit- und bedarfsgerechte (produktionssynchrone) Anlieferung (Just in time, Just in Sequenz[8]) auf der Beschaffungsseite (Supply Chain) oder auf der Distributionsseite (Demand Chain) zu lösen.

Aus den dargestellten Motiven für die Lagerhaltung lassen sich die Lagerfunktionen ableiten:

LAGERFUNKTIONEN

Lagerfunktion	Wirkung im Wirtschaftsprozess
Zeitausgleich	Zeitüberbrückung bei Beschaffungsunsicherheiten
Mengenausgleich	Ausgleich von Mengenschwankungen in der Produktion und bei schwankender Nachfrage
Veredelung	Fortsetzung des Produktionsvorgangs, z. B. Reifung, Trocknung
Spekulation	Nutzung einer Wertveränderung im Zeitablauf[9]

3.2 Welche Lagermöglichkeiten gibt es?

Die Möglichkeiten der Lagerung lassen sich nach unterschiedlichen Gesichtspunkten systematisch darstellen. Im Folgenden wird ein Überblick gegeben, unter welchen Aspekten Lager betrachtet und welche Lagerarten demnach unterschieden werden können.

3.2.1 Lagerarten – Überblick

Unterscheidungsmöglichkeiten	Lagerarten
Nach dem Verwendungszweck	**aufgabenbezogen** • Dauerlager (Vorratshaltung) • Verteilungslager (Kommissions-, Konsignationslager) • Umschlaglager (Vor-, Zwischen-, Nachlagerung) **stufenbezogen** • Eingangslager • Werkstattlager • Erzeugnislager

LAGERARTEN

---

[7] Zielbeziehungen siehe Kap. 1.3.3, S. 24 f.
[8] Siehe vorne die allgemeinen Ausführungen unter Kap. 1.9.2 und die JIT/JIS-Beschaffung unter Kap. 2.3.2
[9] Dies trifft vor allem bei Gütern zu, die an Warenbörsen versteigert und für die Tagespreise gebildet werden (z. B. Öl, Kupfer, Getreide etc.)

STANDORT

BAUART

EINRICHTUNG

LAGERUNG

Unterscheidungsmöglichkeiten	Lagerarten
Nach dem Standort	**verkehrsträgerbezogen** • Landseitiges Lager (Zentrale Lage, Infrastrukturanbindung) • Wasserseitiges Lager (Binnenwasseranschluss, Lager im Seehafen) **lagebezogen** • Zentrales Lager • Dezentrales Lager

Nach der Bauart	• Offenes Lager
	
	• Geschlossenes Lager
	  – Etagenlager
	  – Flachlager
	  – Flachregallager (bis 7 m Höhe)
	  – Mittelhochregallager (bis 12 m Höhe)
	  – Hochregallager (ab 12 m, realisiert bis 45 m Höhe)
	
	• Speziallager (z. B. für bestimmtes Gefahrgut)

Nach der Einrichtung	• Ohne Lagereinrichtung (s. u. Bodenlagerung) • Mit Lagergestellen/Regalen (s. u. statische/dynamische Regallagerung)

Nach der Art der Lagerung	• Bodenlagerung
	  – Blocklagerung
	  – Zeilenlagerung
	
	• Statische Regallagerung
	  – Einfahrregal (für das Lifo[10]-Prinzip)
	  – Durchfahrregale (für das Fifo[11]-Prinzip)
	  – Wabenregale
	  – Fachbodenregale
	  – Palettenregale
	  – Kragarmregale
	
	• Dynamische Regallagerung
	  – Durchlaufregallager
	  – Einschubregallager
	  – Umlaufregale
	  – Verschieberegale
	
	• Lagerung auf Fördermitteln

---

[10] Last in first out – z. B. bei Schüttgütern, s.u. Kap. 3.5.1
[11] First in first out – z. B. bei Gütern mit begrenzter Lagerfähigkeit, s.u. Kap. 3.5.1

Die Vielfalt dieser technisch meist äußerst anspruchsvollen Lagerarten soll hier nicht ausführlicher dargestellt werden. Als Folge der ständigen technischen Weiterentwicklung würden diese Darstellungen sehr rasch an Aktualität verlieren. Die meisten Hersteller von Lagereinrichtungen und Lagertechnik bieten jedoch auf ihren Websites ausführliche Bilddarstellungen, häufig auch kurze Demonstrationsfilme an, auf denen viele der angesprochenen Lagerarten mit der darin eingesetzten Lagertechnik anschaulich präsentiert werden. Mit Begriffen wie z. B. „Lagertechnik" und/oder „Regaltechnik" erzielt man gute Suchergebnisse und hat damit stets aktuelle Informationsmöglichkeiten in großer Vielfalt und Auswahl.

WEBSITES

Im folgenden Kapitel werden daher nur die allgemein zutreffenden Funktionen und Einsatzmöglichkeiten für technische Hilfsmittel im Überblick aufgeführt, wie sie in den meisten von Spediteuren betriebenen Lagern verwendet werden.

3.2.2 Lagertechnik

Zur schnellen und kostengünstigen Abwicklung von Lageraufträgen werden im Lager vielfältige technische Einrichtungen eingesetzt, die ganz unterschiedliche Aufgaben und Funktionen übernehmen. Dies sind insbesondere innerbetriebliche Transportsysteme (= Fördermittel) und – meist standardisierte – Gefäße/Behälter für Lagerung, Umschlag und Transport (= Förderhilfsmittel).

Fördermittel – innerbetriebliche Transportsysteme	
Innerbetriebliche Transportsysteme	Sie unterstützen den Umschlag im Lager, aber auch die Handhabung der Materialien bei der Produktion. Die Vielfalt dieser Fördermittel ist groß.

Es gibt unter anderem:

- einfache Rollenbahnen (z. B. auch in der Luftfracht)
- aufwändige Unterflurketten als Antrieb für Gabelhubwagen
- an Decken geführte, kettenbetriebene Transportmöglichkeiten für hängende Kleidung
- leistungsfähige Schwerlast-Krananlagen

Üblich ist die Unterscheidung in Stetigförderer (z. B. Unterflurketten, weil sie stetig/gleichmäßig in Bewegung sind) und Unstetigförderer (z. B. der fest installierte oder auf Rädern flexibel und nur bei Bedarf einsetzbare Schwerlastkran oder ein Gabelhubwagen).

STETIGFÖRDERER
UNSTETIG-
FÖRDERER

Förderhilfsmittel

An den Schnittstellen der logistischen Kette bzw. des logistischen Netzes sollten Lagerung, Umschlag und Transport möglichst reibungslos miteinander verknüpft werden können (z. B. im kombinierten Verkehr). Eine möglichst weitgehende Vereinheitlichung der verwendeten Förderhilfsmittel ist daher ein ganz wesentlicher logistischer Erfolgsfaktor (Standardisierung/Modularisierung). Ein Negativ-Beispiel dafür sind die ISO-Container, die sich wegen zu geringer Breite nicht optimal mit EURO-Flachpaletten beladen lassen).

STANDARDISIE-
RUNG/MODULA-
RISIERUNG

Ideal ist es, wenn die zu lagernden, zu transportierenden und umzuschlagenden Einheiten **unverändert** in der logistischen Kette bewegt oder wenigstens einfach miteinander **kombiniert** werden können.

Folgende Einheiten können entlang der Supply Chain unterschieden werden:

Produktionseinheit	Produktionseinheit für ein bestimmtes Getränk ist z. B. eine vorgegebene Menge, die von der Kapazität der Behälter in der Produktion abhängt, z. B. 10.000 Liter Fruchtlimonade.

Ladeeinheit	Je nachdem, an welcher Stelle der Supply Chain der Transport stattfindet (z. B. vom Hersteller zum Großhändler oder vom Händler zum Endkunden bei Hauslieferung) kann die Ladeeinheit aus einer auf Palette gestapelten festen Anzahl von Kästen/ Packungen oder auch aus einem einzelnen Kasten bestehen.
Lagereinheit	Üblicherweise ein Kasten/eine Packung (z. B. im Verkaufsraum eines Getränkemarktes), aber eventuell auch eine auf Palette gestapelte feste Anzahl von Kästen/Packungen (z. B. im Lager des Getränkeherstellers, des Großhändlers oder des Getränkemarktes).
Transporteinheit	Auf Palette gestapelte feste Anzahl von Kästen/Packungen
Verkaufseinheit	Eine Einzelflasche und/oder ein kompletter Kasten/eine Packung (z. B. als sog. Sechserpack in Folie verschweißte 6 Flaschen Fruchtlimonade)
Weitere Unterscheidungsmöglichkeiten	
Nach dem Aufbau	Paletten (z. B. Flachpalette, Gitterboxpalette, Kastenpalette) Stabile Behälter (z. B. Kästen/Container, Fässer, Flaschen) Nicht stabile Behälter (z. B. Säcke, Beutel) Spezielle Förderhilfsmittel (z. B. Rollen, Spezialpackungen)
Nach der Funktion	Tragend – z. B. Paletten Umschließend – z. B. offene Kästen, Gitterboxen Abschließend – z. B. verschließbare Vollwandcontainer, Fässer, Wechselaufbauten für Fernverkehrsfahrzeuge

Zur Lagertechnik gehören grundsätzlich auch die Einrichtungen zur Unterstützung und Steuerung der Bewegungen des Lagergutes (Ein-/Auslagerung mit/ohne Kommissionierung), insbesondere die Technik der Datenerfassung und Datenverwaltung (Scannertechnik, MDE – mobile Datenerfassungsgeräte, Lagerverwaltungssoftware). Diese für die Abwicklung der Lagerprozesse wichtige Technik wird im Kapitel „Lagersteuerung" dargestellt, weil die Steuerung dieser Prozesse maßgeblich durch diese Technik bestimmt wird. Auf die Erfordernisse ressourcenschonender Logistikaktivitäten – auch im Lager – sowie auf aktuelle Entwicklungen wurde bereits im Kapitel 1.9.4 – Green Logistics – ausführlich hingewiesen.

3.2.3 Rechtlich zu unterscheidende Lagerarten

Unabhängig von den bereits dargestellten Lagerarten und Lagertechniken können Lager unter rechtlichen Gesichtspunkten unterschieden werden.

Begriff	Bedeutung
Konsignationslager	(1) **Allgemeine Bedeutung** – Lager, in dem mit der entsprechenden technischen Einrichtung in unterschiedlicher Intensität Kommissionierleistungen für den Auftraggeber erbracht werden. Oftmals wird dafür auch der Begriff Verteillager benutzt (2) **Spezielle Bedeutung** – Als Konsignationslager werden im Außenhandel auch Lager des Exporteurs im Importland bezeichnet, die häufig als Zolllager betrieben werden. Diese spezielle Form wird hier nicht weiter behandelt.[12]

---

[12] Eine ausführliche Darstellung dieser speziellen Form des Lagers siehe bei Jahrmann, Fritz-Ulrich, Außenhandel; Ludwigshafen 2010, 13. überarbeitete und aktualisierte Auflage, S. 88.

Begriff	Bedeutung	
Freilager	Lager, in denen keine zollamtliche Behandlung der Waren erfolgt und in denen keine Einfuhrabgaben zu leisten sind. Hauptzweck sind der Warenumschlag (häufig Transit) und die Zeit überbrückende Lagerung, bis die Ware verkauft ist. Erst danach müssen die Einfuhrabgaben entrichtet werden.	Transit
Zolllager	Grundsätzlich muss zwischen **öffentlichen** und **privaten** Zolllagern unterschieden werden (eingeteilt in die Typen A – F). **Öffentliche Zolllager** spielen in der Lagerlogistik keine nennenswerte Rolle und werden hier nicht weiter dargestellt. **Private Zolllager** werden vor allem von Spediteuren/Lagerhaltern (auch Lagerhausgesellschaften) überwiegend in Form eines sog. offenen Zolllagers (= Typ D) betrieben. Es gibt zwei Möglichkeiten: (1) Die eingelagerten Waren werden von diesem Lager ins Inland eingeführt. Zu diesem Zeitpunkt werden dann auch die Einfuhrabgaben fällig. (2) Die Waren werden wieder ausgeführt. Dann fallen keine Einfuhrabgaben an. Diese Form erlaubt eine sehr flexible Handhabung; zur Sicherheit muss allerdings eine Zollbürgschaft in einer genau vorgeschriebenen Höhe geleistet werden.	Zollbürgschaft

3.3 Welche rechtlichen Regelungen gelten für Lagerleistungen?

In Kapitel 1.6 ist die Ordnung der rechtlichen Regelungen erklärt. Für die rechtlichen Regelungen der Lagerleistungen bedeutet dies, dass grundsätzlich die Bestimmungen des Handelsgesetzbuches (HGB) gelten. Ist jedoch die Anwendung der Allgemeinen Deutschen Spediteurbedingungen (ADSp) vereinbart, gelten diese Bedingungen. Anstelle dieser Bestimmungen oder ergänzend dazu können, wie in Kapitel 1.6.4 dargestellt, auch noch individuelle Vereinbarungen getroffen werden.

3.3.1 Rechtliche Bestimmungen des Handelsgesetzbuches (HGB)

Im HGB sind die wesentlichen Einzelheiten der Lagerung geregelt. Sofern keine weiteren Vereinbarungen getroffen werden, sind diese Regelungen die Grundlage für den konkreten Lagervertrag.

Beteiligte des Lagervertrages sind

Industrie/Handel (= Auftraggeber) (= Einlagerer) ⟷ Spediteur (= Auftragnehmer) (= Lagerhalter)	Einlagerer Lagerhalter

Bestimmungen des HGB		
	Rechte des Einlagerers	
§ 469	Einspruchsrecht gegen Vermischung des Gutes (der vertretbaren Sache) mit anderen Sachen gleicher Art und Güte	Vermischung
§ 471	Recht auf Besichtigung und Probenentnahme während der Geschäftsstunden	Besichtigung Probenentnahme
§ 472	Einlagerung des Gutes bei einem Dritten nur mit Genehmigung des Einlagerers	
§ 473	• Jederzeit Anspruch auf Herausgabe des Gutes • Bei unbestimmter Vertragsdauer einmonatige Kündigungsfrist • Kündigung ohne Frist bei Vorliegen eines wichtigen Grundes	
§ 475	Anspruch auf Schadenersatz bei Güterschäden	Schadenersatz
§ 475a	Recht auf Einhaltung der Verjährungsfrist von einem Jahr	

Bestimmungen des HGB	
§ 475c	Recht auf Ausstellung eines Lagerscheins durch den Lagerhalter
§ 475 e - g	Recht auf Auslieferung nur gegen Vorlage und Rückgabe des Lagerscheines
Pflichten des Einlagerers	
§ 467	Der Einlagerer wird verpflichtet, die vereinbarte Vergütung zu zahlen
§ 468	Bei Einlagerung von Gefahrgut rechtzeitige schriftliche Mitteilung über genaue Art der Gefahr und zu ergreifende Vorsichtsmaßnahmen
§ 468	• Verpackung und Kennzeichnung des Gutes, soweit erforderlich • Urkunden zur Verfügung stellen • Notwendige Auskünfte erteilen
§ 468	Schadenersatz bei Schäden durch • ungenügende Verpackung, Kennzeichnung • unzureichende Information (Gefahrgut) • fehlende, unrichtige, unvollständige Informationen
§ 471	Weisung erteilen, wenn Veränderungen am Gut zu erwarten oder zu befürchten sind
Rechte des Lagerhalters	
§ 467	Anspruch auf Zahlung der vereinbarten Vergütung
§ 468	Anspruch auf Informationen zur Erfüllung der Vertragspflichten
§ 469	Sammellagerung, Vermischung mit anderen Sachen gleicher Art und Güte (nur mit Genehmigung der Einlagerer)
§ 471	Arbeiten zur Erhaltung des Gutes
§ 474	Aufwendungsersatz
§ 475b	Pfandrecht (konnex und inkonnex)
Pflichten des Lagerhalters	
§ 467	Durch den Lagervertrag wird der Lagerhalter verpflichtet, das Gut zu lagern und aufzubewahren.
§ 470	Ist Gut, das eingelagert werden soll, bei Ankunft im Lager des Lagerhalters erkennbar beschädigt oder in schlechtem Zustand, muss der Lagerhalter Schadenersatzansprüche sichern und den Einlagerer unverzüglich benachrichtigen.
§ 471	Während der Geschäftszeit ist zu gestatten: • Besichtigung des Gutes • Entnahme von Proben • Handlungen zur Erhaltung des Gutes
§ 471	Bei Sammellagerung: Arbeiten zur Erhaltung des Gutes. Weisungen einholen, wenn Veränderungen am Gut zu erwarten oder zu befürchten sind.
§ 472	Lagerversicherung, s.u.
§ 475	Verschuldenshaftung für Güterschäden
§ 475c	Pflicht zur Ausstellung eines Lagerscheins, wenn der Einlagerer dies wünscht
§ 475 e - g	Pflicht zur Auslieferung nur gegen Vorlage und Rückgabe des Lagerscheins

Seitliche Spaltenbeschriftungen:

VERGÜTUNG

GEFAHRGUT

SCHADENERSATZ

SAMMEL-LAGERUNG

PFANDRECHT

SAMMEL-LAGERUNG

Merke: Diese Rechte und Pflichten gelten dann, wenn die Lagerung für den Einlagerer zum Betrieb seines gewerblichen Unternehmens gehört [s. HGB § 467 (3)]. Ist der Einlagerer ein Verbraucher (im Sinne des HGB eine Privatperson), so gelten ergänzende Bestimmungen, u.a. die der §§ 467, 468, 475 h).

3.3.2 Bestimmungen der Allgemeinen Deutschen Spediteurbedingungen (ADSp)

Hier finden Sie zusammengefasst und im Überblick die wichtigsten einschlägigen Inhalte der ADSp[13], die anstelle der Bestimmungen des HGB oder ergänzend dazu vereinbart werden können. Diese Zusammenfassung kann das Studium der ADSp allerdings keinesfalls ersetzen.

Fragen der Haftung des Spediteurs in seiner Funktion als Lagerhalter werden unter 3.4.1 behandelt.

Ausgewählte Bestimmungen der ADSp		ADSp Ziffer	
Lagerräume	Der Spediteur kann das Lagergut nach seiner Wahl in seinen eigenen oder in fremden Lagerräumen einlagern. Der Auftraggeber muss unverzüglich schriftlich über den Lagerort und den fremden Lagerhalter informiert werden; wird ein Lagerschein ausgestellt so wird dies darauf vermerkt.	15.1	LAGERORT
Besichtigung	Der Auftraggeber kann die Lagerräume besichtigen. Einwände gegen die Lagerung muss er unverzüglich vorbringen.	15.2	
Begleitung	Die Besichtigung (s. 15.2) ist nur während der Geschäftsstunden und in Begleitung des Spediteurs (Lagerhalters) erlaubt.	15.3	
Feststellungen	Recht des Spediteurs, die Mitwirkung des Einlagerers zu verlangen, wenn Feststellungen zu treffen sind.	15.4	
Einlagererhaftung	Verschuldenshaftung des Einlagerers gegenüber dem Spediteur, anderen Einlagerern und Dritten	15.5	VERSCHULDENS-HAFTUNG
Bestandsführung	Die Bestandsführung erfolgt durch die Lagerbuchhaltung des Spediteurs. Pro Jahr erfolgt eine physische Inventur.	15.6	
Kündigung	Kündigung ohne Kündigungsfrist ist nach fruchtloser Fristsetzung zur Zahlung des Lagergelds möglich.	15.7	
Pfand- und Zurück-behaltungsrecht	Zur Absicherung seiner Forderungen darf der Spediteur sich auf die ihm zustehenden gesetzlichen Pfand- und Zurückbehaltungsrechte berufen. Die Pfandverwertung erfolgt unter bestimmten Maßgaben nach den gesetzlichen Bestimmungen	20.1/ 20.2	
Haftung	Wird unter 3.4.1 ausführlich dargestellt.	21.1	
Lagerversicherung	Wird unter 3.4.2 ausführlich dargestellt.	24.1-4	

---

[13] Als Grundlage dienen die ADSp 2016.

3.3.3 Lagerpapiere

Jedes Lagerpapier ist mit einer Vielzahl rechtlicher Regelungen verbunden, die automatisch gelten, wenn dieses Lagerpapier verwendet wird. Grundsätzlich muss zwischen Lagerempfangsscheinen und Lagerscheinen unterschieden werden.

(1) Lagerempfangsschein

LAGEREMPFANGS-
SCHEIN

Bezeichnung	Bedeutung
Lagerempfangsschein	Der Lagerhalter quittiert dem Einlagerer die Übernahme des Gutes so, wie es auf dieser Quittung vermerkt ist.

(2) Lagerschein

LAGERSCHEIN

Für den Einsatz von **Lagerscheinen** sind **zwei Funktionen** von besonderer Bedeutung:

TRADITIONSPAPIER

- Funktion als Traditionspapier (§ 475 g HGB) – Der Lagerschein verkörpert die Ware, d.h. der Verkäufer kann anstelle der Ware den Lagerschein übergeben (vgl. to trade = handeln). Diese Übergabe hat rechtlich die gleiche Wirkung (= Eigentumsübertragung) wie die Übergabe der Ware selbst (= Grundpflicht des Verkäufers gemäß Kaufvertrag).

WARENWERT-
PAPIER

Papiere mit dieser Eigenschaft nennt man auch Warenwertpapiere.

LEGITIMATIONS-
PAPIER

- Funktion als Legitimationspapier (§ 475 f HGB) – Der Lagerschein berechtigt den Einlagerer bzw. die Person, an die der Herausgabeanspruch übertragen wurde, vom Lagerhalter die Herausgabe des eingelagerten Gutes zu verlangen.

In der Praxis[14] werden folgende Lagerscheine verwendet:

Bezeichnung	Bedeutung
Namenslagerschein (§ 475 c HGB)	Der Lagerhalter verpflichtet sich, das Gut nur gegen Aushändigung des Lagerscheins an den namentlich Genannten herauszugeben. Der Anspruch auf Herausgabe kann in einem gesonderten Vertrag (= Zession/ Abtretungserklärung) an weitere Anspruchsberechtigte übertragen werden.
Orderlagerschein (§ 475 g HGB)	Der Lagerhalter verpflichtet sich, das Gut gegen Aushändigung des Lagerscheins an die Person herauszugeben, die zuerst genannt oder durch Order berechtigt ist. Der Anspruch auf Herausgabe kann durch eine lückenlose Kette von Weitergabevermerken (= Indossament) übertragen werden. Die Berechtigung zur Ausstellung von Orderlagerscheinen bedarf einer behördlichen Genehmigung.
FIATA – Warehouse Receipt FWR	Der Lagerhalter stellt ausländischen Einlagerern das FWR auf Verlangen aus. Dieser Lagerschein ist mit dem Orderlagerschein vergleichbar; ihm liegen standardisierte Geschäftsbedingungen zugrunde.

NAMENSLAGER-
SCHEIN

ZESSION

ORDERLAGER-
SCHEIN

INDOSSAMENT

FIATA – WARE-
HOUSE RECEIPT

---

[14] Es besteht auch die Möglichkeit, sog. Inhaberlagerscheine auszustellen. Das Lagergut wird dann i.d.R. (d.h. wenn keine ernsthaften Zweifel an der Berechtigung bestehen) ohne Überprüfung der Legitimation des Inhabers ausgehändigt. Da dieses Vorgehen doch erhebliche Risiken enthält, sind Inhaberlagerscheine in der Praxis nicht gebräuchlich.

3.4 Wie sind im Lagervertrag Risiken abgesichert?

Vorbemerkungen zum Lagervertrag

Der Lagervertrag kommt dadurch zustande, dass jeder der (beiden) Vertragsbeteiligten übereinstimmende Willenserklärungen abgibt. Einen Vertrag, der so zustande kommt, nennt man auch Konsensualvertrag. Der Vertragsabschluss ist grundsätzlich an keine Form gebunden. Er kann

KONSENSUAL-
VERTRAG

- mündlich (auch telefonisch),
- schriftlich oder
- in anderer eindeutiger Weise (schlüssiges Handeln) abgeschlossen werden.

Damit bei Meinungsverschiedenheiten eindeutig geklärt werden kann, was genau vereinbart wurde, ist es jedoch üblich, die Absprachen in Lagerverträgen schriftlich festzulegen. Grundlagen für den Vertragsinhalt sind – wenn nichts anderes vereinbart wurde – die Bestimmungen im HGB. Ergänzend dazu können auch die ADSp angewandt werden. Es sind aber auch völlig freie, individuelle Regelungen möglich, wenn darin nicht gegen allgemeine gesetzliche Bestimmungen verstoßen wird (z. B. Gesetz zur Regelung des Rechts der Allgemeinen Geschäftsbedingungen AGBG, Verbraucherschutzgesetze o.Ä.).

3.4.1 Haftung

Sofern keine abweichenden Vereinbarungen getroffen wurden, gelten für die Haftung des Lagerhalters die Bestimmungen des HGB (s. 3.3.1, § 475 HGB) und ergänzend die ADSp (s. 3.3.2, Ziffer 24.1).

Die Haftung beginnt mit der Empfangnahme des Gutes und endet mit der Rückgabe des Gutes an den berechtigten Empfänger (Wareninteressenten).

EMPFANGNAHME
RÜCKGABE

Haftung nach HGB und ADSp	
(1) Haftung nach HGB	
§ 472	Der Lagerhalter muss auf Verlangen des Einlagerers das Gut versichern. Gegenüber Verbrauchern muss er zwingend auf diese Möglichkeit hinweisen.
§ 475	Verschuldenshaftung für Schäden durch Verlust oder Beschädigung in der tatsächlichen Schadenshöhe Die Haftung ist nicht begrenzt; der Lagerhalter ist nur dann frei von der Haftung, wenn er nachweist, dass ihn kein Verschulden trifft (= Beweislastumkehr).
(2) Haftung nach ADSp	
24.1 – 24.4	Die Haftung des Spediteurs bei Güterschäden ist bei einer verfügten Lagerung begrenzt auf 8,33 Sonderziehungsrechte für jedes Kilogramm, höchstens 25.000 Euro je Schadensfall. Die Haftung für Vermögensschäden ist begrenzt auf 25.000 Euro je Schadensfall. Die Haftung (ausgenommen für Personenschaden und Sachschäden an Drittgut) je Schadensereignis ist begrenzt auf 2 Millionen Euro.

3.4.2 Versicherung

Wegen der in den ADSp eingeschränkten Haftung des Spediteurs als Lagerhalter ist es sinnvoll, die Risiken durch Versicherungen abzudecken, um im Schadensfall vollen Ersatz zu erhalten.

Folgende Versicherungsmöglichkeiten können genutzt werden:

LAGER

(1) Elementarschadenversicherung – Versicherung des Lagers		
	Für den Lagerhalter ist dies sinnvoll, da mit der „klassischen" Lagerversicherung nur Schäden durch Feuer, Diebstahl usw. versichert sind.	
ADSp	**(2) Güterschadenversicherung – Versicherung des Gutes**	
21.1	Der Spediteur besorgt die **Versicherung des Gutes** (z. B. Transport- oder Lagerversicherung), wenn ihn der Auftraggeber vor Übergabe des Gutes dazu beauftragt.	
ADSp	**(3) Haftungsversicherung – Versicherung der Haftung des Spediteurs**	
28.1	Der Spediteur ist verpflichtet, bei einem Versicherer seiner Wahl eine **Haftungsversicherung** mindestens in Höhe der Regelhaftungssummen nach ADSp und nach dem Gesetz abzuschließen und aufrecht zu erhalten.	
28.3	Der Spediteur hat dem Auftraggeber auf Verlangen durch Vorlage einer Versicherungsbestätigung das Bestehen eines gültigen Haftungsversicherungsschutzes nachzuweisen.	

GUT

HAFTUNG

3.5 Wie werden Lageraufträge erledigt?

Die vom Kunden erwartete fehlerfreie Auftragserledigung setzt eine zweckmäßige Lagerorganisation und eine effiziente, durch leistungsfähige Technik unterstützte Steuerung der Auftragsabwicklung voraus.

STEUERUNG

3.5.1 Lagerorganisation

Die Organisation im Lager muss dazu beitragen, grundsätzliche Regelungen für wichtige Fragestellungen zu treffen. Im Folgenden werden wichtige Organisationsfragen in der Lagerlogistik behandelt:

(1) Wo wird das Lagergut eingelagert?

LAGERPLATZ-
ZUORDNUNG

Die **Lagerplatzzuordnung** (wo im Lager wird welches Lagergut eingelagert) kann nach unterschiedlichen Gesichtspunkten geschehen:

Lagerplatzzuordnung	Erläuterung
chaotisch	Der Computer legt den nächsten freien Lagerplatz fest.
zugriffsabhängig	Lagergut, auf das besonders oft zugegriffen werden muss (z. B. bei häufigem Umschlag, umfangreichen Kommissionierleistungen), wird „wegeoptimiert" so eingelagert, dass möglichst kurze Wege zu diesem Lagerplatz zurückgelegt werden müssen.
gewichtsabhängig	Schweres Lagergut wird so eingelagert, dass die Tragfähigkeit der Lagereinrichtung nicht überbelastet wird bzw. dass beim Heben/Umschlagen möglichst wenig Höhenmeter überwunden werden müssen.
volumenabhängig	Besonders sperriges/großvolumiges Lagergut wird an speziell dafür freigehaltenen Lagerplätzen gelagert.
sonstige Gründe	Einhaltung von Gefahrgutvorschriften (Mengenbegrenzungen, Abstände, unzulässige Zusammenlagerung und Zusammenladeverbote)
	Rechtliche Vorschriften (z. B. Zolllager, Kommissionsware o.Ä.)
	Individuelle Vorgaben des Kunden

(2) In welcher Reihenfolge wird das Lagergut ein- bzw. ausgelagert?

Auch für die **Reihenfolge der Einlagerung und Auslagerung** des Lagergutes können zweckmäßige, grundsätzliche Regelungen festgelegt werden:

Einlagerungsgrundsatz	Erläuterung
Fifo – First in first out	Die **zuerst** eingelagerten Waren werden bei der Auslagerung als erstes entnommen, z. B. bei verderblichen Waren, gesteuert durch das Verfallsdatum/die Mindesthaltbarkeitsdauer.
Lifo – Last in first out	Die **zuletzt** eingelagerten Waren werden bei der Auslagerung als erstes entnommen, z. B. bei Schüttgütern.
Hifo – Highest in first out	Die Güter mit dem **höchsten Wert** werden bei der Auslagerung als erstes entnommen, z. B. bei Ware, die nacheinander zu unterschiedlichen Preisen gekauft wurde. Man geht davon aus (= Sammelbewertung), dass die am teuersten gekaufte Ware zuerst entnommen wird.

EINLAGERUNGS-
GRUNDSATZ

(3) Welche Menge wird eingelagert?

Ziel einer zweckmäßigen Lagerung muss es sein, die richtige Menge einzulagern, um möglichst wenig (sog. totes) Kapital im Lager zu binden (Kapitalbindungskosten).

Die Ermittlung dieser optimalen Menge erfolgt mithilfe des Berechnungsverfahrens zur
Ermittlung der optimalen Bestellmenge (s.o. Kapitel 2.5.3 Optimale Bestellmenge).

OPTIMALE
BESTELLMENGE

Zu beachten ist allerdings, dass die Ergebnisse dieser Berechnung nicht immer mit den
Werten übereinstimmen, die sich ergeben, wenn zweckmäßige Lager-, Lade- und Trans-
porteinheiten zusammengestellt werden sollen. Hier muss dann im Einzelfall berechnet
werden, welche Lösung für die beteiligten Partner am kostengünstigsten ist: die optimale
Bestellmenge oder eine zweckmäßige Lade- oder Transporteinheit (vgl. Kap. 2.5.3).

(4) Wann wird Lagergut eingelagert?

Ziel einer zweckmäßigen Lagerung muss es auch sein, stets über einen ausreichenden Vorrat an Lagergut zu verfügen. Die sog. Sägezahnkurve wurde in Kapitel 2.5.3 bei der Ermittlung der optimalen Bestellmenge bereits erklärt. Der in Bild 33 dargestellte Ausschnitt zeigt
noch einmal die Faktoren, von denen der Zeitpunkt der Einlagerung und der Zeitpunkt der
vorher an den Lieferer aufzugebenden Bestellung (= Bestellzeitpunkt) abhängen. Diese
Faktoren sind v.a. die Lieferzeit und der vom Bedarf abhängige Verbrauch an eingelagertem
Gut während dieser Lieferzeit.

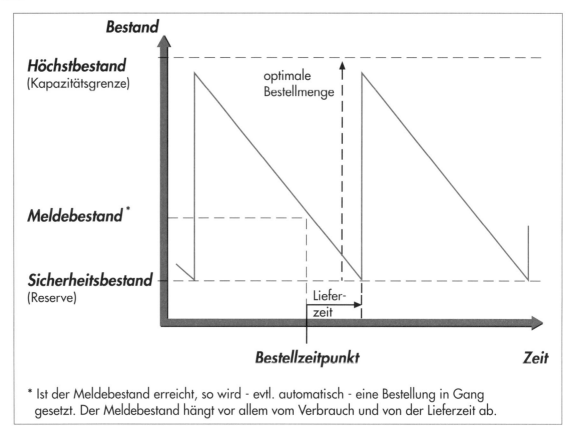

Bild 33: Bestellzeitpunkt, Lieferzeit und Lagerbestände

Insbesondere dieser letzte Bereich der Lagerorganisation, der Verlauf und ggf. die Veränderungen des Verbrauchs, müssen ständig beobachtet werden. Ergeben sich Abweichungen von der Planung, muss der Logistikdienstleister sofort durch steuernde Maßnahmen eingreifen.

STEUERUNG

Insgesamt ist eine möglichst effiziente, fehlerfreie Steuerung der Lagerprozesse der entscheidende Erfolgsfaktor der Lagerlogistik.

3.5.2 Lagersteuerung

SOFTWARE

Unverzichtbare Basis für leistungsfähige Lagerlogistik als Teil der Supply Chain ist ein Lagerverwaltungsprogramm mit der dazugehörigen Steuerungssoftware[15]. Diese Programme/Softwaremodule müssen unterschiedliche Aufgabenbereiche bewältigen helfen, insbesondere:

- Sie müssen die möglichst fehlerfreie Erledigung der Lageraufträge gewährleisten, wobei die Lagerbestandszahlen ständig aktuell verwaltet (= Realtime-Verarbeitung) werden und sofort allen Beteiligten in der Supply Chain zur Verfügung stehen müssen.

- Sie müssen die technischen Abläufe, mit Hilfe derer die Lagerbestandsveränderungen bewerkstelligt werden, ressourcenschonend (vgl. Kapitel 1.9.4 Green Logistics) steuern; neben der grundsätzlichen Vermeidung unwirtschaftlicher oder sogar unnötiger Warenbewegungen ist der optimierte Einsatz der Förderhilfsmittel, je nach Lagergröße sogar mit GPS-Unterstützung, eine besondere Herausforderung für diese Steuerungssoftware.

GPS-UNTERSTÜT-ZUNG

- Sie müssen auch sehr gute, vielfältige Möglichkeiten der Kontrolle[16] und Auswertung aller Abläufe zur Vermeidung von Fehlern, zur Verbesserung der Ergebnisse[17] und damit zur Erhöhung der Qualität bieten.

---

[15] z. B. das Logistics Execution System LES von SAP
[16] Kontrolle ist hier im Sinne des Controlling zu verstehen, mit dessen Hilfe u.a. die ständige systematische Verbesserung der Lagerprozesse erst möglich wird.
[17] Diese Verbesserungen werden meist in Produktivitätskennzahlen gemessen (vgl. Kap. 3.6, insbesondere 3.6.3)

(1) Steuerung der technischen Abläufe

Zur Verbesserung der Sicherheit im Lager sind unterschiedlichste Steuerungs- und Sicherheitssysteme entwickelt worden. Im Vordergrund stehen die technischen Einrichtungen (Sensoren, Steuerungssoftware), die eine optimale Auslastung bei minimalen Wegen bewirken. Zur Erhöhung der Sicherheit werden Bewegungen in den Kommissionier- und Ladebereichen sowie entlang der Lagerwege mit kameraunterstützten Warnanlagen überwacht. Geschwindigkeitsreduzierungen in bestimmten Zonen (ggf. auch automatisch ausgelöst) erhöhen die Sicherheit in diesen Bereichen; generelle, auslastungsbezogene Geschwindigkeitsregelungen dienen der Einsparung von Energie, ebenso eine optimierte Steuerung der Torbewegungen. Besondere Bedeutung hat dies für temperaturgeführte Lager.

SICHERHEIT

WARNANLAGEN

Hohe Einsparpotenziale hinsichtlich Wegezeit, Energieverbrauch und Verschleiß aber ergeben sich durch zentral gesteuerte Ortungs- und Leitsysteme für Flurförderzeuge. Dies gewährleisten insbesondere leistungsfähige Staplerleitsysteme, in großen Lagerhallen auch mit GPS-Unterstützung. Der Lagermitarbeiter erhält – meist über Funk – online zentral alle notwendigen Informationen für die optimale Erledigung aller Transportbewegungen im Lager bei gleichzeitiger Erfassung aller mit den Transporten abgewickelten Warenbewegungen.

EINSPAR-
POTENZIALE
ORTUNGS- UND
LEITSYSTEME

Aufgrund der immensen Komplexität dieser Steuerungsaktivitäten werden diese Aufgaben zur Entlastung der eigentlichen Lagerverwaltungssysteme oft auch von eigenständigen Systemen übernommen.

(2) Steuerung der Warenbewegungen

Als technische Grundlage für eine rasche, fehlerfreie Erfassung der Lagergutdaten stehen verschiedene Möglichkeiten zur Verfügung. Überwiegend werden zurzeit die in Barcodes verschlüsselten Daten durch Scanner/MDE[18]-Geräte automatisch erfasst und gespeichert (vgl. Kapitel 1.7.2). Daneben wird der Einsatz von Transpondern (Tags) in der RFID-Technik bereits in großem Umfang praktisch erprobt. In bestimmten Bereichen kann sich daraus eine Nachfolgetechnik für die barcodegestützte Datenerfassung entwickeln.

MDE
RFID

Dadurch wird eine weitgehend automatisierte Überwachung und Steuerung der als Folge von Ein- und Auslagerungen schwankenden Lagerbestände möglich. Werden die Lagerbestände nicht nur ein- und ausgelagert, sondern in ihrer Zusammensetzung auch verändert (=kommissioniert), ist eine fehlerfreie Erfassung der Bestandsveränderungen noch wichtiger, aber auch noch schwieriger.

Für die effiziente **Kommissionierung** und die damit verbundene **Datenerfassung** im Lager sind unterschiedliche Vorgehensweisen möglich. Im Folgenden sollen neben der bisher überwiegend eingesetzten Kommissionierung zwei völlig neue Verfahren dargestellt werden:

KOMMISSIONIER-
VERFAHREN

(a) **Kommissionierung und Datenerfassung mithilfe der Scannertechnik**

Die Mitarbeiter lesen die an dem kommissionierten Lagergut angebrachten und in Barcodes verschlüsselten Daten ein. Welches Lagergut (Art, Menge) kommissioniert werden muss, entnimmt dabei der Mitarbeiter einem schriftlichen Auftrag oder den Anweisungen auf einem Bildschirm/Display. Diese werden angezeigt, wenn die Auftragsnummer eingegeben wird. Die Zusammenführung der zu kommissionierenden Artikel zu einer Sendung erfolgt meist auf zwei grundsätzlich unterschiedlichen Wegen:

- Kommissionierung „Mann zur Ware": Die Mitarbeiter verwenden im einfachsten Fall MDE-Geräte, mit denen sie zum Lagerplatz gehen, dort das Lagergut entnehmen und dabei die Daten sofort einlesen, die vom Programm ebenfalls sofort (= realtime) verarbeitet werden.

  MANN ZUR WARE

  Denkbar sind auch spezielle fahrbare (z. B. Rollcontainer) oder auch selbstfahrende Kommissionierfahrzeuge (z. B. elektrisch angetriebene Rollwagen), an denen Einlesegeräte fest installiert sind.

  ROLLCONTAINER

  In Hochregallagern werden auch schienengebundene, fahrstuhlartige Regalbediengeräte mit fest eingebauten Scannern verwendet, mit denen der Mitarbeiter zum Lagerplatz befördert wird, damit er dort das für den Auftrag zu kommissionierende Lagergut entnehmen kann.

---

[18] **M**obile **D**atenerfassung

WARE ZUM MANN

- Kommissionierung „Ware zum Mann" (z. B. in sog. Tablarlagern oder auch bei Hochregallagerung): Die Kommissionierer erfassen die Barcode-Daten mit stationär eingebauten oder mobilen Datenerfassungsgeräten an fest eingerichteten Arbeitsplätzen am Eingang zu den Lagergängen.

TABLARLAGER

Im Tablarlager werden die Regalböden mit den darauf befindlichen Lagergutbehältern automatisch zum fest eingerichteten Kommissionier-Arbeitsplatz der Mitarbeiter befördert. Diese entnehmen das Lagergut und lesen dabei die Daten ein, die wiederum vom Programm sofort verarbeitet werden.

HOCHREGALLAGER

Im Hochregallager werden die eingelagerten Paletten mit den darauf befindlichen Behältern automatisch zum fest eingerichteten Kommissionier-Arbeitsplatz des Kommissionierpersonals transportiert. Dort werden die bestellten Artikel entnommen und die Daten eingelesen.

Diese Art der Kommissionierung hat trotz großer Sorgfalt in vielen Fällen doch noch zu Beanstandungen geführt, weil die Fehlerquote zu hoch war und Qualitätsanforderungen nicht erfüllt werden konnten. Daher wurden alternative Kommissioniertechniken zur Verminderung von Fehlern und zur Leistungsverbesserung (Erhöhung der Produktivität) entwickelt. Diese sind nach der Art und Weise benannt, wie die Kommissionieranweisungen an das Kommissionierpersonal übermittelt werden: Pick by Voice und Pick by Light.

PICK BY VOICE

(b) **Pick by Voice**

<u>Technisches Grundprinzip</u>

- Die Sprache des Kommissionierers – sein sog. Sprachprofil, die verwendeten Wörter mit der individuellen Aussprache – wird einmalig aufgenommen (Dauer: ca. 20 Minuten) und für alle folgenden Kommissioniervorgänge gespeichert. Das Spracherkennungsprogramm kann dann die gesprochenen Angaben (= akustische Signale, überwiegend Mengenangaben und Artikelnummern, also Zahlenangaben) aufnehmen, identifizieren und weiterverarbeiten.
- Das Kommissionierpersonal trägt ein sog. Headset (Kopfhörer und Mikrofon mit Batterie), kann damit ungehindert sprechen und hat beide Hände frei zum Kommissionieren.
- Die Datenübertragung erfolgt drahtlos und erlaubt freie Bewegung im Lager.

<u>Ziele/Vorteile des Verfahrens:</u>

- Da die Dateneingabe drahtlos über die Sprache erfolgt, sind beide Hände frei zum schnellen, effizienten Packen der Ware in die Kommissionierbehälter; das Personal kann sich frei im Lager bewegen. Dieses schnellere Kommissionieren führt zu einer wesentlichen

PRODUKTIVITÄT

  Steigerung der Produktivität (gemessen wurden Steigerungen bis zu 15 %).

QUALITÄT

- Die Zuverlässigkeit/Qualität der Kommissioniertätigkeit erreicht fast ausnahmslos 100 % (Nullfehlerrate).
- Leistungsfähige Programme erlauben bereits die gleichzeitige Kommissionierung von zwei Aufträgen, wodurch natürlich erhebliche Wegezeiten zum Lagerplatz eingespart werden.
- Es sind weniger Belege erforderlich.
- Diese Möglichkeiten der Produktivitätssteigerung tragen dazu bei, die Kosten zu senken. So kann das in die erforderliche Technik investierte Kapital schnell wieder verdient werden (Eine Amortisation/ROI[19] ist in weniger als zwei Jahren möglich).

AMORTISATION

<u>Einsatzmöglichkeiten</u>

- Überwiegend Kommissionierverfahren „Mann zur Ware"
- Pick by Voice ist vor allem für die Kommissionierung von vielen kleinen Teilen (z. B. Arzneimitteln) gut geeignet.
- Pick by Voice ist neben der Kommissionierung von Kundenaufträgen auch einsetzbar zur (bei Bedarf permanenten) Inventur (= check by voice) und zur einfachen Befüllung der Kommissionierregale.

---

[19] ROI – Return on Investment

Praxisbeispiel – Vorgehen beim Kommissionieren „Pick by Voice"	
Schritt 1	Der Kommissionierer beginnt den Kommissioniervorgang mit dem Druck eines Kommissionier-Aufklebers. Dieser wird am Kommissionierbehälter befestigt.
Schritt 2	Der Kommissionierer erhält über das Headset[20] die Information, von welchem Lagerort (Reihe – Ebene – Platz) er Artikel entnehmen soll.
Schritt 3	Am Lagerort nennt der Kommissionierer die Prüfziffer und erfährt dann über das Headset, wie viele Artikel er einpacken soll.
Schritt 4	Zur Kontrolle nennt der Kommissionierer noch einmal die Artikelzahl, die er entnehmen musste und legt die Artikel in den Kommissionierbehälter.
Schritt 5	Über das Headset erhält der Kommissionierer die Bestätigung, dass der Kommissioniervorgang erfolgreich abgeschlossen ist.
Schritt 6	Nach Abschluss aller für den Kommissionierauftrag notwendigen Kommissioniervorgänge wird der Kommissionierbehälter in den Versandbereich weiterbefördert.

(c) **Pick to Light** – PTL

PICK TO LIGHT

Technisches Grundprinzip

- Das Kommissionierpersonal wird an festen (stationären) Arbeitsplätzen oder im gesamten Lager eingesetzt und durch Lichtsignale geleitet. So kann schnell und vor allem weitgehend fehlerfrei („Zero-Defect") der Auftrag kommissioniert werden.

LICHTSIGNALE

- Am Lagerplatz sind die Artikeldaten auf einem Display lesbar; die Änderung der Artikelangaben erfolgt über das Lagerverwaltungsprogramm.

- Nach der Entnahme des Lagergutes wird der Kommissionierauftrag durch Scannen der Artikelangabe am Lagerplatz quittiert.

Ziele/Vorteile des Verfahrens

- Es sind weniger Belege erforderlich.

- Die Fehlerquote wird noch weiter gesenkt.

QUALITÄT

- Die Flexibilität in der Lagerorganisation wird erhöht, vor allem durch die Möglichkeit der raschen Änderungen der Lagerplatzbelegung (DV-gesteuerte Änderung der Artikelangaben über das Lagerplatzdisplay).

Nachteile

- Hoher technischer und finanzieller Aufwand in der Einrichtung.

- Entsprechend lange Amortisationsdauer (im Gegensatz zu Pick by Voice).

- Hoher technischer und finanzieller Aufwand bei Änderungen der Einlagerung oder einem größeren Umbau des Lagers.

AUFWAND

Einsatzmöglichkeiten

- Die Kommissionierverfahren „Mann zur Ware" und „Ware zum Mann" sind möglich.

- Die große Auswahl unterschiedlicher technischer Lösungen erlaubt eine hohe branchenbezogene Spezialisierung.

SPEZIALISIERUNG

Eine Darstellung der grundsätzlichen Vorgehensweise ist wegen dieser Vielfalt an technischen Lösungen nicht möglich. Auch hier bieten die Hersteller (z. B. Siemens L & A, SSI Schäfer Noell, SSI Schäfer Peem, Witron, Salomon) gute Darstellungen auf den Unternehmens-Websites.

---

[20] s.o. S. 156

KONTROLLE

(3) Kontrolle der Logistikaktivitäten

Neben der Steuerung der Lagerprozesse, insbesondere der Kommissionierung im operativen Bereich, muss sichergestellt werden, dass der Unternehmensführung ständig aussagefähige, aktuelle Daten aus der Lagerlogistik zur Verfügung stehen.

Die folgende Übersicht zeigt einige Beispiele für Informationen, die den Führungskräften im Unternehmen zur Kontrolle der Abläufe als Führungs- und Entscheidungshilfe dienen. Diese Informationen sind Bestandteile des MIS (Management Information Systems), das in immer mehr Unternehmen eingerichtet und genutzt wird.

Informationen zur Kontrolle der Abläufe	
Qualitätskennzahlen	Sie helfen, Schwachstellen in der Lagerlogistik zu erkennen und zeigen Wege zur Abhilfe.
	Sie ermöglichen auch Rückschlüsse auf die Kundenzufriedenheit. Probleme können so möglicherweise mit dem Kunden besprochen und geklärt werden, bevor schwerwiegende Konsequenzen entstehen.
	(= proaktives Fehlermanagement)
Bestandsveränderungen	Der stets mögliche Zugriff auf aktuelle Bestandsdaten ermöglicht eine permanente Inventur[21]; Entwicklungen/Trends werden frühzeitig erkannt, schnelle Reaktionen sind möglich.
Kosteninformationen	Aussagefähige Kosteninformationen erleichtern die Identifizierung von Kostentreibern[22] und ermöglichen damit die ständige Verbesserung der Ergebnisse.
Sonstige Entscheidungshilfen	Informationen zu besonderen Einzelfragen mithilfe geeigneter Analyseverfahren, wie z. B. der ABC-Analyse[23], erlauben Entscheidungen über grundsätzliche Lager- und Bevorratungsstrategien.

PROAKTIVES FEHLERMANAGEMENT

Dieser kurze Überblick zeigt die Bedeutung einer wirkungsvollen Steuerung und Kontrolle der Lagerprozesse für eine Lagerlogistik, die höchsten Qualitätsanforderungen genügt. Die gezeigten Möglichkeiten und Verfahren sind einzelne Bausteine und Bestandteile des Qualitätsmanagements und Teil eines effizienten Controllingsystems.

3.6 Wie wird Qualität erreicht?

ERFOLGSFAKTOR QUALITÄT

Wie in jedem logistischen Teilsystem ist auch in der Lagerlogistik eine hohe Qualität der entscheidende Erfolgsfaktor. Es werden für die Lagerlogistik spezielle Kennzahlen entwickelt, ermittelt und ausgewertet. Das Lagercontrolling mit den Kernaufgaben Planung, Steuerung und Kontrolle benötigt dafür die aussagefähigen Kennzahlen als Basis. Schließlich werden auch Prozessabläufe und Kennzahlen anderer Unternehmen als Vergleich und zur Bewertung der eigenen Leistungsfähigkeit herangezogen. In den folgenden drei Kapiteln sind Benchmarking, die Grundzüge des Lagercontrolling und Lagerkennzahlen im Überblick dargestellt.

3.6.1 Benchmarking zur Leistungsverbesserung

BENCHMARKING-STORY

Die Benchmarking-Story:

Das Problem: Zu Beginn der 90er Jahre stellten die Southwest Airlines fest, dass ihre Flugzeuge wegen der notwendigen Wartungsarbeiten zu lange unproduktiv am Boden standen. Dies widersprach dem Grundsatz: „Nur fliegende Flugzeuge verdienen Geld".

---

[21] Vgl. dazu Band 4, Teil A, Kap. 1 und 2
[22] Vgl. dazu Kap. 1.2.2 und Band 4, Teil B, Kap. 6
[23] Vgl. dazu Kap. 2.4.4 und die Fallstudie 2.4

Die Lösung: Bei den „500 Meilen von Indianapolis" wurden die perfektionierten Boxenstops entdeckt, analysiert und die Wartungsarbeiten an den Flugzeugen nach diesem Vorbild umorganisiert.

Das Ergebnis: Die unproduktiven Standzeiten der Flugzeuge wurden um 60 % verringert.

Für dieses Vorgehen, Lösungen für das gleiche oder ein vergleichbares Problem zu finden, das im eigenen Bereich bisher nicht zufrieden stellend gelöst ist, wird der Begriff Benchmarking verwendet. Inzwischen gehört zum Vergleich der Prozesse auch der Vergleich von bestimmten Kennzahlen, die zur Kontrolle dieser Prozesse entwickelt wurden. Ziel des Benchmarking ist die Leistungsverbesserung durch Lernen von den Besten (best practices).

BENCHMARKING

Dieses Instrument zur Leistungs- und Qualitätsverbesserung wird ständig weiterentwickelt und den betrieblichen Erfordernissen angepasst. Auch für Prozesse der Lagerlogistik kann systematisch Benchmarking[24] betrieben werden.

Für erfolgreiches Benchmarking ist es notwendig, die eigenen Stärken und Schwächen intensiv zu analysieren, um mit dem Ausbau der Stärken und mit der Verbesserung der Schwächen die eigene Leistungsfähigkeit zu steigern.

STÄRKEN-/ SCHWÄCHEN- ANALYSE

Im Mittelpunkt des Benchmarking bei Logistikdienstleistern stehen die Geschäftsprozesse; gerade die vielfältigen Abläufe in der Lagerlogistik müssen immer wieder daraufhin überprüft werden, ob weitere Möglichkeiten zur Steigerung der Qualität und zur Senkung der Kosten gefunden werden können. Diese Möglichkeiten lassen sich nur dann finden, wenn die eigene Leistung ständig analysiert, gemessen und dann mit den Leistungen anderer verglichen wird.

Besondere Schwierigkeiten ergeben sich dadurch,

- dass logistische Dienstleistungen unterschiedlicher Dienstleister in der Lagerhaltung nur selten direkt verglichen werden können und

- dass die als Grundlage für den Vergleich notwendigen Daten vertrauliche betriebsinterne Informationen sind, die beim Benchmarking Außenstehenden zugänglich gemacht werden müssen.

Vorgehen beim Benchmarking	
Schritt 1	Bestimmen, welcher Geschäftsprozess analysiert werden soll
Schritt 2	Festlegen, welche Größen/Daten verglichen und bewertet werden sollen
Schritt 3	Entscheiden, wer Benchmarking-Partner sein soll (ausreichende Anzahl)
Schritt 4	Sammlung von Daten, Vergleich der Kennzahlen
Schritt 5	Suche nach den besten Ergebnissen (Best Practices), Präsentation
Schritt 6	Auswertung und Umsetzung
Schritt 7	Kontrolle, Soll-Ist-Vergleich, weitere Verbesserungen
Schritt 8	Einrichten von kontinuierlichen Benchmarking-Aktivitäten zur fortwährenden Verbesserung der Logistikeffizienz

Mithilfe von Benchmark-Aktivitäten können wichtige Ergebnisse erzielt werden:

ERGEBNISSE

- Unterstützung der raschen Einführung neuer Verfahren und Instrumente

- Verbesserung der Logistikleistung und Senkung der Logistikkosten (= Logistikeffizienz)

- Motivation und bessere, erfolgreiche Führung der Mitarbeiter

---

[24] Immer mehr Unternehmen schließen sich zu Gruppen zusammen, die Erfahrungsaustausch betreiben. Als Beispiel sei das Benchmarking Center BMC der Fraunhofer-Arbeitsgruppe für Supply Chain Services SCS in Nürnberg genannt; das BMC organisiert und moderiert seit mehreren Jahren u. a. für eine Gruppe von Logistikdienstleistern sehr erfolgreich den Benchmarking-Arbeitskreis Lager-Benchmarking.

Benchmarking ist nur eines von vielen Controlling-Instrumenten[25]. Die Grundzüge des Logistik-Controlling als Führungsaufgabe insgesamt werden im Folgenden beispielhaft anhand der Grundzüge des Lagercontrolling dargestellt.

3.6.2 Grundzüge des Lagercontrolling

Auch für das Lagercontrolling bestehen die generellen

CONTROLLING-
AUFGABEN

Controlling-Aufgaben

- Information
- Planung
- Steuerung
- Analyse/Kontrolle

Controlling-Aktivitäten finden auf zwei Ebenen statt: der strategischen und der operativen. Welcher Ebene die Aktivitäten zuzuordnen sind hängt davon ab, ob die Aktivitäten grundsätzliche Fragen betreffen (z. B. Lagerstandort, Lagereinrichtung, Lagertechnik) oder ob die Planung, Steuerung und Kontrolle konkreter Lagerlogistik-Aufträge im Mittelpunkt stehen.

CONTROLLING-
EBENEN

Die **Controlling-Ebenen** im Unternehmen:

- Strategisches Controlling: grundsätzliche Fragen der Weiterentwicklung der gesamten Lagerlogistik (Realisierung nur mittel- oder langfristig möglich)
- Operatives Controlling: Verfahren zur Planung, Steuerung und Kontrolle von aktuellen, konkreten Logistik-Aufträgen

CONTROLLING-
OBJEKTE

Die **Gegenstände der Controlling-Aktivitäten** können ganz unterschiedlich sein:

- Controlling der Lagerleistung
- Controlling der Lagerkosten
- Controlling der Qualität
- Sonstige Bereiche

Ziel der Controlling-Aktivitäten ist die systematische und gezielte ständige Verbesserung der Lagerprozesse – sowohl qualitativ als auch quantitativ (CIP/KVP).

Eine hohe Lagerlogistikeffizienz kann nur sichergestellt werden, wenn umfassende Informationen über Lagerleistung, Lagerkosten und Lagerqualität zur Verfügung stehen.

LOGISTIKEFFIZIENZ

Wichtigste Informationen zur Logistikeffizienz	
Logistikleistung/Qualität	**Logistikkosten/Produktivität**
• Fehlerquoten	• Nutzung der Lagerfläche
• Lieferbereitschaft	• Nutzung des Lagerraums/der Lagerhöhe
• Lieferzeit/Termintreue	• Kommissionierzeiten
• Reklamationen	• Kapazitätsauslastung

Die konkreten Daten für effizientes Controlling liefern die Kennzahlen, die bei der Erfassung, Steuerung und Kontrolle der Lagerlogistik-Aktivitäten entstehen. Sie ermöglichen z. B. Vergleiche mit Daten aus vorhergehenden Analyseperioden oder Vergleiche mit den Zahlen anderer Unternehmensbereiche oder Branchenkennzahlen und erlauben erst eine aussagefähige Bewertung der eigenen Leistungen.

3.6.3 Kennzahlen zur Bewertung der Lagerprozesse

Generelles Ziel der Ermittlung und der Auswertung von Kennzahlen ist die möglichst kostengünstige Erhaltung und Verbesserung der Qualität in der Lagerhaltung.

---

[25] Vgl. als weiteres Controlling-Instrument die Ausführungen zur BSC in Kap. 2.7.2

Üblicherweise[26] werden die Kennzahlen nach ihrem Inhalt unterschieden in Mengen-, Personal- und Leistungsdaten:

Mengendaten	Aussage
Brutto-Lagerraum	Gesamtlagerraumkapazität (wichtig z. B. für die Verteilung der Kosten des beheizten Raumes)
Netto-Lagerraum	Lagerraumkapazität, die tatsächlich für Lagerzwecke als Lagerfläche für Auftraggeber genutzt und in Rechnung gestellt werden kann.
Lagerreichweite	Zeitraum, in dem Lagergut nach der Auffüllung des Bestandes zur Auftragserfüllung zur Verfügung steht, wenn kein weiteres Lagergut eingelagert wird.
Durchschnittlicher Lagerbestand	Durchschnittlich eingelagerte Menge
Sendungen im • Wareneingang • Warenausgang	Daraus ist erkennbar, wie viele Sendungen gleichzeitig im Eingang und im Ausgang bearbeitet werden bzw. sich in Warteposition befinden.
Sendungen je Gewichtsklasse	Zeigt die für den Einsatz von Ladehilfs- und Transportmitteln wichtige gewichtsbezogene Verteilung der Sendungen

LAGERREICHWEITE

DURCHSCHNITTLICHER LAGERBESTAND

Personaldaten	Aussage
Mitarbeiter – Durchschnittsalter	z. B. als Grundlage für die Personalbedarfsplanung
Dauer der Beschäftigung	z. B. als Grundlage für die Personalentwicklung
Personalfehlzeiten	z. B. zur Beurteilung der Mitarbeiterzufriedenheit

Leistungsdaten **Produktivitätskennzahlen**	Aussage
Lagerumschlaghäufigkeit	$$\frac{\text{Verbrauch je Periode [Stck.]}}{\text{Durchschnittlicher Bestand [Stck.]}}$$ oder $$\frac{\text{Umsatz [Stck.] je Periode}}{\text{Durchschnittlicher Bestand [Stck.]}}$$ Gibt an, wie oft die eingelagerten Güter im betrachteten Zeitraum umgeschlagen (ein- und wieder ausgelagert) werden.
Umschlagdauer	$$\frac{\text{Anzahl Tage pro Jahr}}{\text{Lagerumschlaghäufigkeit pro Jahr}}$$
Lagernutzungsgrad (Nutzung der Lagerfläche)	$$\frac{\text{Belegte Lagerfläche [m}^2\text{]}}{\text{Vorhandene Lagerfläche [m}^2\text{]}}$$ Gibt an, wie gut die verfügbare Lagerkapazität (Fläche) genutzt wird; dient z. B. als Hilfe für die Kalkulation

LAGERUMSCHLAGHÄUFIGKEIT

UMSCHLAGDAUER

LAGERNUTZUNGSGRAD

(NUTZUNG DER LAGERFLÄCHE)

---

[26] Grundlage für diese Einteilung der Kennzahlen ist der Aufbau des allgemein verwendeten Logistikkennzahlensystems. Vgl. dazu Ehrmann, H., Logistik. 8., aktualisierte Aufl. Ludwigshafen (2014), S. 158 f.

Leistungsdaten	Aussage
Produktivitätskennzahlen	
LAGERNUTZUNGS-GRAD Lagernutzungsgrad (Nutzung des Lagerraums)	$$\frac{\text{Belegter Lagerraum [m}^3]}{\text{Vorhandener Lagerraum [m}^3]}$$ Gibt an, wie gut die verfügbare Lagerkapazität (Rauminhalt) genutzt wird; dient z. B. als Hilfe für die Kalkulation
DURCHLAUFZEIT IM WE Durchlaufzeit im Wareneingang	In sec oder min Gibt an, wie lange das Einlagern einer Gütereinheit (Palette, Karton o.ä.) dauert, ggf. mit Zusatzleistung wie z. B. Neutralisieren, Umverpacken der Ware.
DURCHLAUFZEIT IM WA Durchlaufzeit im Warenausgang	In sec oder min Gibt an, wie lange das Auslagern einer Gütereinheit (Palette, Karton o.ä.) dauert, ggf. mit Zusatzleistung wie z. B. Kommissionieren der Sendungen.
Positionen je Zeiteinheit insgesamt oder je Mitarbeiter (MA) pro Zeiteinheit im Bereich • Wareneingang (WE) • Warenausgang (WA) • Kommissionieren (Komm.)	Gibt an, wie viele Mengeneinheiten (Stück, Karton, Bund o.Ä.) im jeweiligen Bereich (WE, WA, Komm.) in einer Zeiteinheit (i.d.R. pro Arbeitsstunde) insgesamt oder von einem Mitarbeiter (MA) geleistet werden.
Sendungen je Gewichtsklasse	Gibt an, wie – bei unterschiedlichem Gewicht – die Sendungen verteilt sind (erklärt z. B. unterschiedliche gewichtsbezogene Umschlagleistungen).
Wirtschaftlichkeitskennzahlen	
KOSTEN-KENNZAHLEN	Die Kostenkennzahlen zur Beurteilung der Wirtschaftlichkeit werden nicht nur im Controlling, sondern auch zur Preisfindung (Kalkulation) verwendet und sind deshalb in Kapitel 3.7 dargestellt und erläutert.

Qualitätskennzahlen	Aussage
KUNDEN-ZUFRIEDENHEIT Beschädigungen – pro x Einlagerungen – pro x Auslagerungen – pro x Kommissionierungen	Wichtige Größe z. B. zur Festlegung von Versicherungsprämien und als Grundinformation zur Verbesserung der Kundenzufriedenheit
Lieferbereitschaft	Fähigkeit, Aufträge sofort zu erfüllen
Liefertreue	Fähigkeit, Zusagen hinsichtlich des Liefertermins einzuhalten
Fehlkommissionierungen	Anteil der Sendungen, die nicht fehlerfrei zusammengestellt (kommissioniert) wurden
Fehler im Bestand je Periode	Lagerinventurdifferenzen

3.7 Welche Möglichkeiten der Kalkulation gibt es?

Die Kalkulation des richtigen Preises für Lagerlogistikleistungen ist äußerst schwierig. Dafür gibt es im Wesentlichen zwei Gründe: **SCHWIERIGKEITEN**

- Häufig ist der Umfang der Leistungen bei Auftragsvergabe noch nicht ganz klar, sodass verlässliche Mengendaten fehlen.

- Oft handelt es sich um völlig neuartige Dienstleistungen, für die noch keine Vergleichswerte vorliegen (z. B. für Zeitbedarf, Verpackungen, spezielle Transporthilfsmittel).

Dennoch verlangt der Auftraggeber bei Auftragsvergabe vom Logistikdienstleister konkrete Preisangaben als Vertragsgrundlage. Die richtige Kalkulation und eine zweckmäßige Festsetzung der Preise und der Preisentwicklung im Dienstleistungsvertrag sind daher von größter Wichtigkeit. Wegen der großen Vielfalt der Lagerlogistikaufgaben stellt zwar jede konkrete Kalkulation ein Einzelproblem dar. Wesentliche Kostendaten und bestimmte Verfahrensweisen haben sich allerdings als Grundlage für derartige Kalkulationen bewährt und werden im Folgenden kurz dargestellt.

3.7.1 Kalkulationsgrundlagen

Wie in allen Kalkulationsverfahren sind die Kosten, die beim Erbringen der Lagerleistungen entstanden sind, die wesentliche Grundlage der Kalkulation von Preisen für Lagerlogistikleistungen. Diese Kostendaten gehören zu dem System von Kennzahlen, die das Controlling liefern muss. **KALKULATION VON PREISEN**

Wichtige Kostendaten als Kalkulationsgrundlage sind:

Kostendaten
Umschlagskosten
Kosten für Einlagerungsprozesse/Jahr
Kosten für Auslagerungsprozesse/Jahr
Lagerungskosten
Lagerplatzkosten/Jahr
Lagerverwaltungskosten/Jahr

KOSTENDATEN

Diese Kostendaten können dann – je nach konkretem Kalkulationsziel und dem dafür geeigneten Kalkulationsverfahren – mit den entsprechenden Mengendaten in Beziehung gesetzt werden, z. B. Kosten je m² und Monat, bezogen auf 100 kg Lagergut oder auf eine Palette oder auf einen bestimmten Lagergutbehälter.

3.7.2 Kalkulationsverfahren[27]

Im Folgenden werden zwei häufig verwendete Verfahren zur Kalkulation von Preisen für Lagerleistungen dargestellt: **KALKULATION**

Variante 1 – gläserne Kalkulation/open book

Dieses Verfahren wird für umfassende, meist sehr spezielle Lagerleistungen eingesetzt, für die auf dem Markt keine direkt vergleichbaren Preise zur Verfügung stehen.

Im **1. Schritt** werden alle durch den Auftrag selbst entstandenen Kosten erfasst:

---

[27] Vgl. auch die ausführliche Darstellung der Lagerkostenkalkulation im Band 4, Teil B, Kap. 4.3; dort finden Sie auch Hinweise auf ein Programm zur DV-gestützten Kalkulation von Lagerkosten, das vom Verlag als Download zur Verfügung gestellt wird: http://www.europa-lehrmittel.de/wirtschaft-extra

Kostenarten	Erläuterung
Kosten des Lagerraumes	Abschreibungen[28] für Gebäude, Regal-, Heizungs-, Lüftungs-, Klima-, Beleuchtungs- und Brandschutzeinrichtungen
	Verzinsung[29] des eingesetzten Kapitals Instandhaltungskosten Energiekosten Steuern Versicherungen
Handling-Kosten einschließlich – Einlagerung und – Auslagerung	Abschreibungen für Umschlaggeräte Verzinsung des eingesetzten Kapitals Instandhaltung der Einrichtung Lohnkosten des Lagerpersonals für
	– kommissionieren – einlagern – auslagern – umschlagen
Verwaltungskosten	Personalkosten der Lagerverwaltung und Disposition, anteilige EDV-Systemkosten
Lagerbestandskosten	Verzinsung des gebundenen Kapitals Versicherung Steuern Kosten für Verderb, Schwund u.a.
Lagerkosten =	Kosten des Lagerraums und der Einrichtung + Handling-Kosten + Verwaltungskosten + Lagerbestandskosten

KOSTEN DES LAGERRAUMES

HANDLING-KOSTEN

VERWALTUNGSKOSTEN

LAGERBESTANDSKOSTEN

Im **2. Schritt** werden die sog. Gemeinkosten, die allgemeinen Verwaltungskosten erfasst.

Im **3. Schritt** wird der Gewinnzuschlag ergänzt und das Gesamtentgelt ermittelt:

Gesamtentgelt =	Auftragsbezogene Lagerkosten + Gemeinkostenanteil + Gewinnzuschlag

OPEN BOOK

Das Prinzip der Offenlegung der Rechnung (Open Book) nützt beiden beteiligten Vertragspartnern – insbesondere zu Beginn der Kooperation, wenn noch wenig gesicherte Kosteninformationen vorhanden sind.

Open Book – Win-Win-Situation für die Vertragspartner	
Der **Spediteur** als Lagerhalter • kann infolge der sorgfältigen Kalkulation sicher sein, dass er die für ihn neue Dienstleistung kostendeckend erbringt; • kann durch hohe Transparenz eine Basis des Vertrauens zwischen ihm und seinem Auftraggeber aufbauen.	Der **Auftraggeber** • kann die Leistung und dabei den Umfang der Gewinnspanne richtig einschätzen; • kann – gestützt auf die Transparenz der Rechnungslegung – ohne hohes Kostenrisiko längerfristige vertragliche Verpflichtungen eingehen.

[28] Zur Erklärung des Begriffs Abschreibung siehe Band 4, Teil A
[29] Zinsen, die für einen Kredit zur Finanzierung der Einrichtung/der Waren angerechnet werden müssen

Variante 2 – Preise für Einzelleistungen[30]

Vielfach umfasst das Outsourcing von Lagerleistungen relativ einfache, standardisierte Lagerleistungen. Diese Strategie hat vor allem zum Ziel, dem Handels- oder Industrieunternehmen zu Kostenentlastungen zu verhelfen. Es müssen keine zum großen Teil festen Kosten für den Unterhalt eines Lagers getragen werden; vielmehr bezahlt der Auftraggeber seinem Logistikdienstleister nur die Lagerleistungen, die er tatsächlich in Anspruch nimmt, die Kosten für Lagerleistungen sind also variabel[31].

VARIABLE KOSTEN

Für diese Art von Leistungen benötigt der Spediteur als Lagerhalter feste Sätze für bestimmte Leistungen, deren Einzelpreise er seinen Kunden anbietet und mit denen der Auftraggeber seinerseits Preise kalkulieren kann.

Mögliche Preisbezugsgrößen für Einzelleistungen in der Lagerlogistik:

- m^2 – In Rechnung gestellt wird die in Anspruch genommene Lagerfläche je m^2.

- 100-kg-Satz – In Rechnung gestellt werden jeweils 100 kg Lagergut, das entweder nur für einen vereinbarten Zeitraum ein- und wieder ausgelagert oder auch mit unterschiedlichem Aufwand kommissioniert wird.

- Pick – In Rechnung gestellt wird die Anzahl der Picks (genau definierte Kommissionieraktivitäten).

- Andere – Individuell vereinbarte, branchen- oder lagergutspezifische Preisberechnungsgrundlage.

Dazu werden auf die jeweilige Einzelleistung bezogene Kostendaten benötigt:

Kostendaten (Beispiele)	Erläuterung
Kosten je Position • Wareneingang • Warenausgang • Kommissionieren	Gibt an, welche Kosten für einen logistischen Teilprozess (z. B. Einlagern, Auslagern, Zusammenstellen/Kommissionieren einer logistischen Einheit, z. B. Palette, Paket, Sendung) entstanden sind und dient als Grundlage für die Kalkulation von Einzelpreisen.
Mögliche Einzelpreise als Abrechnungsgrundlage	
Durchschnittliche Kosten für einen Lagerplatz	$\dfrac{\text{Gesamtkosten des Lagers}}{\text{Anzahl der Lagerplätze}}$
Kosten pro Palette und Monat	$\dfrac{\text{Gesamtkosten des Lagers}}{\text{Anzahl der Palettenplätze}}$

Zusammenfassung: Die Vorgehensweise bei der Kalkulation gleicht der Kalkulation in Variante 1, allerdings ist sie auf standardisierte Einzelleistungen bezogen.

KALKULATION

Kalkulation der Lagerkosten
Umschlagskosten (Ein-/Auslagerung)
+ Lagerungskosten
= Selbstkosten
+ Gewinnzuschlag
= Nettopreis

---

[30] Dieses Verfahren wird im Band 4, Teil B, Kap. 4.3 (S. 165 ff) ausführlich erläutert und kann anhand zahlreicher Übungsaufgaben und mit Hilfe von Fallstudien erarbeitet werden.

[31] Siehe dazu die ausführliche Darstellung der Kostenarten in Band 4, Teil B, Kap. 2

Fallstudie 3.1: Lagerlogistikleistungen entwickeln

Situation

Die Spedition EUROCARGO möchte vorhandene Lagerhallen und Einrichtungen, die bisher überwiegend als Umschlaglager genutzt wurden, künftig besser und dauerhaft auslasten und deshalb umfangreiche Leistungen aus dem Geschäftsfeld Lagerlogistik anbieten.

Aufgabe 1

Erarbeiten Sie eine Aufstellung der Tätigkeiten, die EUROCARGO einem möglichen Auftraggeber als Lagerlogistik-Leistungen anbieten könnte.

Aufgabe 2

Stellen Sie die Einlagerung von palettisierten Gütern in ein Hochregal-Palettenlager möglichst detailliert als Prozess mit seinen Teilprozessen und Einzelaktivitäten dar.

Aufgabe 3

Erarbeiten Sie Möglichkeiten, um die Kosten für diese Teilprozesse/Einzelaktivitäten zu ermitteln.

Aufgabe 4

Versuchen Sie, einige wesentliche Kostentreiber[32] in den in Aufgabe 2 dargestellten Prozessen zu identifizieren.

---

[32] Vgl. dazu die Erläuterungen in Kap. 1.2.2 und in Band 4, Kap. 6

Fallstudie 3.2: Lagerhaltung als logistische Dienstleistung präsentieren

Situation

Die Spedition EUROCARGO betreibt schon seit Jahren Lagerhaltung und Kommissionierung für verschiedene Großkunden. Im Zuge der Globalisierung tummeln sich immer mehr so genannte Logistikdienstleister mit oft überzogenen Dienstleistungsversprechen zu unseriösen Preisen auf dem schier unüberschaubaren Markt und unterbreiten auch unseren Großkunden dubiose Angebote. Unsere Großkunden konfrontieren uns mit diesen auf den ersten Blick lukrativen Angeboten und möchten von uns genau so gute Angebote bekommen. Die Angebote der Konkurrenten sind im Durchschnitt 1 - 2 % günstiger. Wir sind nun in der prekären Situation, unseren Kunden zu erklären, dass wir ihnen bereits besonders gute Lagerdienstleistungen zu moderaten Preisen bieten.

Sie als Mitarbeiter der Controlling-Abteilung erhalten von ihrem Chef die reizvolle Aufgabe, eine neue Arbeitsgruppe einzurichten, die sich ausschließlich mit der Erstellung und Vermarktung des Produktes „Lagerlogistik" zu beschäftigen hat. Als Nebenprodukt muss dabei eine zufriedenenstellende Präsentation für unsere Großkunden herauskommen.

Inhalt der Präsentation: EUROCARGO bietet erstklassige und hochqualitative „Lagerlogistikdienstleistungen" zu einem äußerst günstigen Preis-Leistungs-Verhältnis an.

Aufgabe 1

In einer ersten Brainstorming-Runde[33] werden die unterschiedlichsten Begriffe zum Thema „Logistik" gesammelt:
Angebote, größere Gütermengen, weltweit anbieten, Handel, Globalisierung, Prozesse, zeitliche Abweichungen, räumliche Distanzen, Transport, räumliche und zeitliche Differenzen, Lagerung.

Auftrag:
Fertigen Sie zu Präsentationszwecken eine Folie mit dem Titel „Kern der Logistik" an! Verfassen Sie dazu einen griffigen Text, indem Sie die Lücken des vorliegenden Textes mit den gesammelten Begriffen aus der Brainstorming-Runde füllen!

Kern der Logistik
Die zunehmende .... hat dazu geführt, dass Unternehmen ihre Produkte .... und Nachfrager weltweit auf diese .... zugreifen. Dies führt nicht nur dazu, dass .... befördert werden, sondern auch dazu, dass die komplexen logistischen .... in Industrie und .... zunehmen. Dabei müssen einerseits .... zwischen Anbietern und Kunden (Transport) und andererseits .... zwischen Produktion und Verbrauch von Gütern (Lagerung) überwunden werden. Die Überbrückung .... zwischen der Bereitstellung und Nutzung der Güter durch ...., Umschlag und .... bildet den Kern der Logistik.

---

[33] Ungehinderte und unkritische Auflistung von Teilnehmerbeiträgen in einer Arbeitssitzung. Das Zeitfenster ist in der Regel sehr klein.

Aufgabe 2

In einer zweiten Sitzung bemühte sich die Arbeitsgruppe, den allgemeinen Logistikbegriff auf die Lagerlogistik anzuwenden. Aufgrund der gründlichen Vorarbeit ging dies relativ schnell. Das Ergebnis der Sitzung ist eine saubere Beschreibung der Lagerlogistik:

Lagerlogistik gestaltet den Prozess der Zeitüberbrückung im Güterfluss.
Hierbei ist die Kernaufgabe des Lagerlogistikers die **Lagerung der Güter**.
Dabei teilt sich der Gesamtprozess „Lagerhaltung" in die Phasen: – Wareneingang – Einlagerung – Lagerhaltung – Kommissionierung – Warenausgang
Diese Phasen sind Teilprozesse des Gesamtprozesses „Lagerhaltung" und können durch Beginn, Ende und Nennung der typischen Tätigkeit präzise beschrieben werden.

Auftrag:

Vervollständigen Sie die Abbildung „Gesamtprozess Lagerhaltung von Rampe zu Rampe" und setzen Sie die folgenden Begriffe an die richtige Stelle!

Begriffe zur Beschreibung von Tätigkeiten in den verschiedenen Phasen (= Teilprozessen) der Lagerhaltung		
Tätigkeiten zu Beginn eines Teilprozesses	**Typische Aktivität eines Teilprozesses**	**Tätigkeiten am Ende eines Teilprozesses**
• Aufnahme vom Versandvorbereitungsplatz • Aufnahme vom Bereitstellungsplatz • Entnahme aus Lagerplatz • Ankunft der Ware an der Rampe	• Passiver Prozess • Wareneingangskontrolle • Kennzeichnung der Ware • Erstellen des Einlagerungsauftrages • Umlagern • Erstellen der Versandpapiere • Verpacken • Erstellen der Kommissionieraufträge • Picken • Buchung im Warenwirtschaftssystem	• Ware am Lagerplatz • Übergabe an Versandvorbereitung • Bereitstellung zur Einlagerung • Verladen

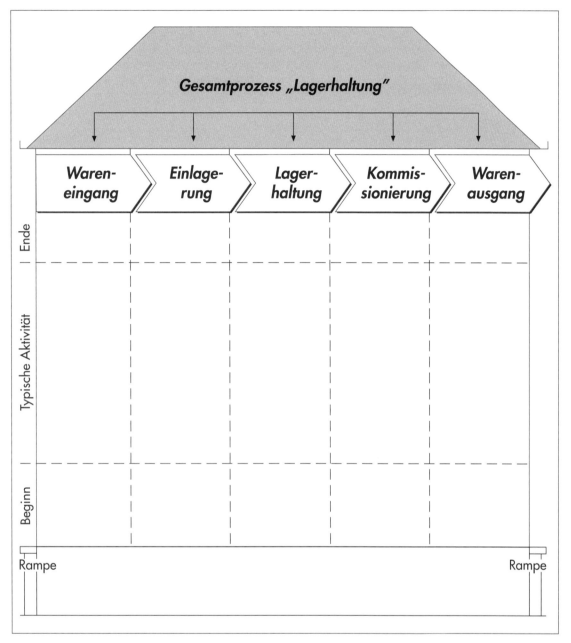

Aufgabe 3

Die Arbeitsgruppe hat sich im Rahmen der Erstellung einer Präsentationsmappe für unsere Großkunden immer wieder Gedanken darüber gemacht, welche Kriterien eine „gute" Lagerlogistik beschreiben. Viele Ziele, Kennzahlen, Begriffe usw. sind dazu genannt worden. In einem langwierigen Diskussionsprozess mit weiteren Arbeitssitzungen und mehrmaliger Straffung und Bündelung der gewonnen Erkenntnisse und Begriffe sind zum Schluss noch sechs Kriterien zur Beschreibung einer „guten" Bewirtschaftung von Lagern übriggeblieben: **hohe Produktivität, hoher Lagerumschlag, hohe Qualität, hohe Wertschöpfung, niedrige Kosten, freundliches Lagerpersonal**. Der Chef wünscht eine Reduktion auf drei Kriterien, die für den Kunden einleuchtend und lukrativ sind.

Auftrag:

3.1 Unser Großkunde ist ein Großhandelsunternehmen. Für ihn zählen in erster Linie vernünftige und ökonomische Fakten. Ein **fleißiger**, **gut** und **kostengünstig** arbeitender Lagerlogistiker wäre ihm am liebsten.
Welche drei der sechs Kriterien, die in der Arbeitsgruppe gewonnen wurden, spiegeln genau diesen Kundenwunsch wieder?

3.2 Nachdem Sie sich für drei Kriterien entschieden haben, stellen Sie Überlegungen an, wie man weitergehende Aussagen (mind. je 3) über die Güte dieser Kriterien treffen kann. Beispiel: Ein Gütekriterium zur Produktivität könnte etwa die Anzahl der abgefertigten Paletten im Warenausgang/Tag sein. Dies sagt nämlich etwas über die Fleißigkeit – und dies ist ja Produktivität – aus.

Aufgabe 4

Die Arbeitsgruppe ist nach vielen Gesprächen mit Kunden und verantwortlichen Mitarbeitern des Hauses aus dem Bereich der Lagerlogistik zu dem Ergebnis gekommen, dass eine **gute** Lagerhaltung sich durch hohe Produktivität, hohe Qualität und niedrige Kosten auszeichnet.

Der Chef wünscht eine bildhafte Darstellung dieser Zusammenhänge.

Untersuchungen haben gezeigt, dass wir hinsichtlich Produktivität und Qualität gegenüber der Konkurrenz Spitze sind. Dies soll in einer Zeichnung deutlich gemacht werden.

Aufträge:

Auftrag 1

Sie als guter Zeichner der Gruppe erhalten den Auftrag, ein Blasendiagramm (Portfolio) zu erstellen. Sie sollen dabei mit den folgenden Formen/Symbolen arbeiten:

Form 1: x-Achse (waagerecht):

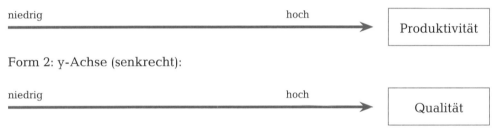

niedrig   hoch   Produktivität

Form 2: y-Achse (senkrecht):

niedrig   hoch   Qualität

Symbole: Blasen (= Kreise):

große Blase = hohe Kosten (= Spedition Eurocargo)

kleine Blase = niedrige Kosten (= Konkurrenzbetriebe)

Arbeitshinweis:
In dem Diagramm müssen Sie beide Blasen einzeichnen. Beachten Sie dabei, dass die Qualität und Produktivität der Konkurrenzspeditionen niedrig und bei uns hoch ist. Sie müssen die zwei Blasen also an verschiedenen Stellen platzieren. Suchen Sie die richtigen Stellen im Diagramm! Viel Glück!

Setzen Sie folgenden Werbeslogan als Überschrift über das Diagramm:

> Eurocargo: Der Logistikdienstleister der Zukunft
>
> Die Qualität und Produktivität unserer Dienstleistungen ist unschlagbar. Das kostet etwas. Wir versprechen Ihnen trotzdem moderate Preise. Kommen Sie zu uns!

Auftrag 2
Versuchen Sie, mithilfe der fertigen Grafik Argumente zu finden, warum wir aufgrund höherer Kosten und damit verbundenen höheren Preisen trotzdem der Konkurrenz vorzuziehen sind!

Aufgabe 5

In einer Nachbesprechung – einem so genannten Feedback-Gespräch[34] – erfahren Sie, dass trotz zufriedenstellender Akzeptanz unserer Präsentationsunterlage „Verkaufsprospekt Lagerlogistikdienstleistung" vereinzelt noch Zweifel bei unseren Kunden bestehen, ob unser etwas teureres Produkt tatsächlich ein **Mehr** an Leistung als die Konkurrenz anbietet.

Nach lebhaften Diskussionen ist die Arbeitsgruppe zu dem Ergebnis gekommen, dass diese Zweifel nur ausgeräumt werden können, wenn die zwei folgenden Fragen überzeugend beantwortet werden:

1. Frage: Wie können wir unseren Kunden noch transparenter machen, was gute Produktivität und Qualität bedeutet?

2. Frage: Wie können wir die Herausforderung „Kosteneinsparung" und damit Preissenkungen noch stärker in den Griff bekommen?

Zur Beantwortung dieser Fragen gab es weitere Arbeitssitzungen. In einer ersten Sitzung wurden die wichtigsten vier Einflussfaktoren festgestellt, die ein **gutes** Lager im Gesamtprozess Lagerlogistik ausmachen. Dies sind:

Einflussfaktoren			
Technik	Personal	Organisation	Sendungsstruktur

Um unseren Kunden den Einfluss dieser vier Faktoren auf die Lagerleistung deutlich zu machen, wurden in einer zweiten Sitzung die Faktoren durch zusätzliche **Erklärungen** näher beschrieben und in einer Tabelle aufgelistet:

Technik	Personal	Organisation	Sendungsstruktur
• Lagertyp • Automatisierungsgrad • Fördermittel • Barcoding … …	• Qualifikation der Mitarbeiter • Anteil Aushilfen … …	• Rampe/Tore • Kommissionierfläche • Selbstabholer • Verteilung der Frachtführer über den Tag … …	• Anzahl Kunden • Paletten/Kartons • Aufkommen/Tag (Gewicht/Volumen) … …

---

[34] Kontrollgespräche über durchgeführte Maßnahmen (Soll-Ist-Vergleich)

In einer dritten Arbeitssitzung ist die Frage nach einer geeigneten Präsentationsmethode aufgekommen, die die Ergebnis der letzten Sitzungen anschaulich darstellt und gegebenenfalls vervollständigt. Die Entscheidung fiel auf das sog. **Fischgräten-Diagramm** (Ishikawa-Diagramm). Dies sieht in seiner Grundstruktur etwa so aus:

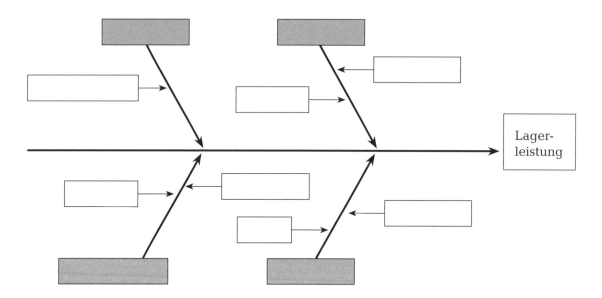

Aufträge:

Auftrag 1

- Zeichnen Sie das Fischgräten-Diagramm größer und mit mehreren Verästelungen auf ein Extrablatt!

- Tragen Sie in die vier blauen Kästchen jeweils die Faktoren PERSONAL, TECHNIK, SENDUNGSSTRUKTUR, ORGANISATION ein!

- An den Ästen (= Gräten) tragen Sie in die Kästchen die Erklärungen ein, die den Einflussfaktor genauer beschreiben (siehe Tabelle zur zweiten Arbeitssitzung).

- Ergänzen Sie das Diagramm durch eigene gute Erklärungen!

- Geben Sie dem Diagramm den Titel:

> Ursache-Wirkungs-Zusammenhang für den Gesamtprozess Lagerlogistik

Eine solche Abbildung lässt den Kunden sofort erkennen, aus wie vielen kleinen Komponenten sich eine gute Lagerleistung zusammensetzt.

Auftrag 2

Komplettieren Sie Ihr Verkaufsprospekt „Lagerlogistikdienstleistungen", indem Sie mithilfe des erstellten Fischgräten-Diagramms Antworten zu den Fragen 1 und 2 formulieren, die als Ergebnisauftrag am Ende des Feedback-Gesprächs aufgekommen sind!

Vorgehensweise:
Richten Sie den Fokus auf einzelne Erklärungen im Fischgräten-Diagramm. Zeigen Sie durch plausible Argumente auf, wie die gerade betrachtete Erklärung zur Qualitäts- oder Produktivitätssteigerung der Lagerleistung beiträgt. Dies ist die Antwort auf die erste Frage. Formulieren Sie gleich anschließend eine mögliche Sparmaßnahme. Dies ist die Antwort auf die zweite Frage.

Beispiel:

Erklärung: **Mitarbeitermotivation**

Beantwortung der Frage 1

- Unsere Stamm-Mitarbeiter sind hochqualifiziert und gut ausgebildet. Die Arbeit geht ihnen leicht und gekonnt von der Hand. **Ein** Grund für die hohe Arbeitszufriedenheit im Lager.

- Ein kürzlich eingeführtes Prämienlohn-System löste einen zusätzlichen Motivationsschub unter den Lagermitarbeitern aus.

- Der Anteil der Stamm-Mitarbeiter beträgt 90 %.

- Fazit: Dass mit solchen Mitarbeitern gute Arbeit geleistet wird, liegt auf der Hand.

- Folge:
  Qualitätssteigerung der Lagerleistung. Es darf auch angenommen werden, das aufgrund des eingeführten Prämienlohn-Systems **produktiver** gearbeitet wird.

Beantwortung der Frage 2

- Sparmaßnahmen in Form von Lohnkürzungen in dieser Situation durchzuführen, um zu kostengünstigeren Lagerdienstleistungen zu kommen, wäre äußerst kontraproduktiv. Die Laune der Mitarbeiter wäre zum Teufel. Der Arbeitsfrust würde um sich greifen und unsere qualitativ hochwertige Lagerleistung „kaputt" gemacht.

- Besser wäre es, unseren Mitarbeitern die angespannte Kostensituation deutlich zu machen; so bringen sie Verständnis dafür auf, dass zusätzliche Aufträge mit dem vorhandenen Personal erfüllt werden müssen.

- Fazit:
  Die Leistung pro Mitarbeiter steigt. So können z. B. im Sammelgutausgang die abgearbeiteten Lieferscheinpositionen pro Mitarbeiterstunde steigen.

- Anders formuliert heißt das, dass die Arbeitskosten für bearbeitete Lieferscheinpositionen **sinken**.

- Wenn dieser Prozess der Kosteneinsparungen durch gründliche Untersuchungen in vielen kleinen Bereichen fortgesetzt wird, kann ein beträchtliches Kosteneinsparvolumen zusammenkommen.

- Folge:
  EUROCARGO hätte langfristig auch die Kostensituation im Griff und könnte bei **besseren** Lagerlogistikleistungen preislich mit der Konkurrenz gleichziehen.

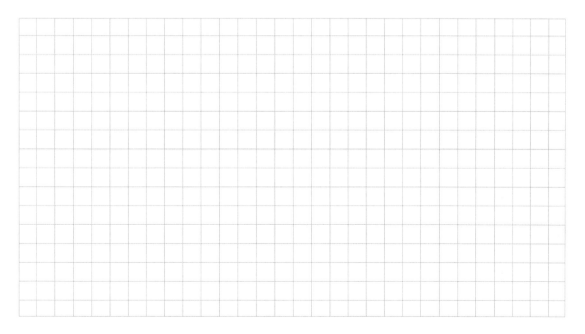

Fallstudie 3.3: Lagerleistungen anbieten

Situation

Die Spedition EUROCARGO, Freiburg, betreibt seit Jahren ein großes Auslieferungslager für Körperpflegemittel (Seifen, Badeschaum, Duschgel usw.). Die Lagerfläche umfasst u.a. sowohl ein Flachlager als auch ein Hochregallager.

Heute am Vormittag erhielt die Spedition EUROCARGO von der Firma Bäumler & Söhne folgendes Fax.

Firma Bäumler & Söhne   Herzogstrasse 31, 76227 Karlsruhe

FAX

Datum: **xx.yy.20zz**

An:

Spedition
EUROCARGO
Hauptstraße 8
79104 Freiburg

Telefon: 0761 – 123 - 0

Fax: 0761 - 12345

Von:

Firma Bäumler & Söhne
Herzogstraße 31
76227 Karlsruhe

Telefon: 0721 – 23 45 67

Fax: 0721 - 23 45 99

Bemerkung:	☐ Zur Kenntnis	☒ Zur Erledigung	☐ Zur Stellung- nahme	☐ Mit bestem Dank zurück

Anfrage

Sehr geehrte Damen und Herren,

wir sind ein bekannter Hersteller von Körperpflegemitteln (ca. 50 unterschiedliche Artikel) und suchen vor Ort langfristig eine Lagerhalle für die Einlagerung unserer Produkte (durchschnittlich 60 000 kg pro Monat = 250 Paletten, großmarktgerecht 1,15 m hoch), die auf Weisung an verschiedene Großabnehmer der Region von Ihnen zusammengestellt und ausgeliefert werden sollen.

Damit wir Ihr Angebot einschätzen können, teilen Sie uns bitte zunächst Ihren Lagerpreis je 100 kg mit.

Sollten Sie noch weitere Informationen benötigen, stehen wir Ihnen gerne zur Verfügung.

Mit freundlichen Grüßen

i.A. **Maria Kellermann**

Aufgabe 1

Bereiten Sie sich auf eine Besprechung mit dem Verkaufsleiter der Firma Bäumler & Söhne vor, indem Sie einen strukturierten Katalog mit Fragen an den Verkaufsleiter erarbeiten. Ihr Ziel ist es, einen möglichst umfassenden Überblick über die auftragsrelevanten Informationen zu bekommen.

Aufgabe 2

Sie sind zwar an dem Lagerprojekt interessiert, können den Auftrag jedoch nicht annehmen, weil Ihre verfügbare Lagerkapazität nicht ausreicht.

Nach Rücksprache mit der Geschäftsleitung erhalten Sie den Auftrag, ein geeignetes Objekt anzumieten. Sie prüfen geeignete Lagermöglichkeiten und müssen sich schließlich zwischen zwei Hallen entscheiden (beide Hallen stehen auf dem Nachbargrundstück):

Halle A: 18 x 12 m, Höhe 7 m (2 LKW-Tore mit Rampen an der Schmalseite)

Halle B: 20 x 20 m, Höhe 9 m (3 LKW-Tore mit Rampen an einer Seite)

Beide Hallen müssen noch in geeigneter Weise für die Lagerhaltung eingerichtet werden.

Für die Einrichtung liegen Ihnen bereits folgende technische Angaben vor:

1 Regal   = 2,70 m Einlagerbreite (= 3 Paletten), Tiefe 1,50 m, 6 Ebenen hoch
                   (in der Fachsprache wird das auch als ein „Haus" bezeichnet)

Ebene 0   = 2 m Höhe (Kommissionierzone)

Ebenen 1 – 5   = Lagerebenen = je 1,20 m hoch.

Welche Halle mieten Sie an? Begründen Sie Ihre Entscheidung durch eine detaillierte Skizze der gesamten Lagerorganisation!

Berücksichtigen Sie auch Zwischenlager- bzw. Umschlagplätze für einkommende und ausgehende Sendungen sowie ggf. zusätzlichen Platzbedarf für eine reibungslose Ablauforganisation.

Aufgabe 3

Die Halle, die Sie schließlich anmieten, wird in der nächsten Zeit nur für den Kunden Bäumler und Söhne genutzt. Kalkulieren Sie auf der Grundlage der verfügbaren Daten den im Fax erbetenen Lagerpreis je 100 kg.

Basis der Berechnung sind die Personalkosten der Lagerarbeiter und der kaufmännischen Angestellten, die mit der Lagerverwaltung zu tun haben, sowie die Kosten für das Lagergebäude.

Für die Berechnung des 100-kg-Preises legen Sie eine durchschnittliche Sendung von 60 000 kg zugrunde, die vollpalettiert eingelagert wird, durchschnittlich einen Monat im Lager verweilt und am Monatsende teilpalettiert das Lager verlässt.

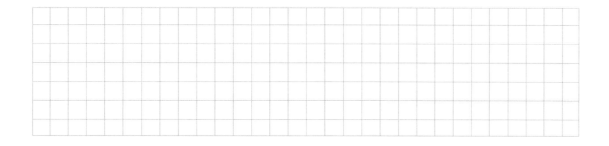

Verwenden Sie für die Kalkulation des 100-kg-Preises die folgenden Daten:

1. Umschlagkosten	– Einlagerung: 10 000 kg pro Stunde (vollpalettiert) – Auslagerung: 1 000 kg pro Stunde (teilpalettiert/kommissioniert) Kosten für einen Lagerarbeiter pro Stunde (inkl. Gemeinkosten) 17,– EUR

2. Lagerungskosten	a) Notwendige Einrichtung
	
	  • Regalkosten (bestellt wurden 20 Häuser): je Stellplatz 19,– EUR
	  • Stapler 45 000,– EUR
	  • 2 Hubwagen je 360,– EUR
	
	Bei der Kalkulation legen Sie eine Nutzungsdauer von 4 Jahren zugrunde, für das eingesetzte Kapital eine Verzinsung von 10 %.
	
	b) Lagermiete: 4,– EUR/m^2
	
	c) Gemeinkosten für das Lager: 400,– EUR/Monat

3. Lagerverwaltungskosten	Gehaltskosten der kaufmännischen Angestellten, die mit der Lagerarbeit zu tun haben, zuzüglich Gemeinkosten. Zeitbedarf für Verwaltungsarbeiten im Lager: 75 Stunden im Monat Kosten für einen kaufmännischen Angestellten pro Stunde (inkl. Gemeinkosten): 19,– EUR

4. Gewinnzuschlag	20 % der Selbstkosten
	
	Allgemeines Kalkulationsschema:
	
	  1. Umschlagskosten
	    1.1. Einlagerungskosten
	    1.2. Auslagerungskosten
	
	+ 2. Lagerungskosten
	
	+ 3. Lagerverwaltungskosten
	
	= Selbstkosten
	
	+ Gewinn .
	
	= Nettopreis

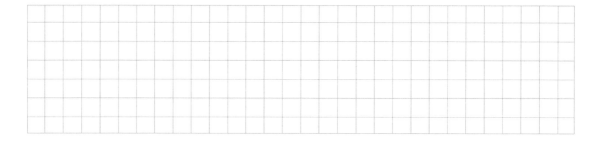

Verwenden Sie für die Kalkulation als Anhalt das nachfolgende Schema:

1. Umschlagskosten
  1.1 Einlagerungskosten
      pro 100 kg
	Anzahl der Stunden, Kosten eines Ø Lager-
	die für die Einlagerung · Lagerarbeiters : bestand · 100 kg
	benötigt werden

2.2. Auslagerungskosten pro 100 kg	Anzahl der Stunden, Kosten eines Ø Lager- die für die Auslage- · Lagerarbeiters : bestand · 100 kg rung benötigt werden
2. Lagerungskosten pro 100 kg	$$\frac{\text{Lagerungskosten pro Monat in EUR}}{\text{Ø Lagerbestand im gesamten Lager in kg}} \cdot 100 \text{ kg}$$
3. Lagerverwaltungskosten pro 100 kg	Zeitbedarf für Ver- Kosten für einen Ø Lager- waltung bei der · kaufm. : bestand · 100 kg Einlagerung Angestellten
Selbstkostenpreis **+ Gewinnzuschlag 20 %** pro 100 kg	
Nettopreis für 100 kg **Lagergut**	

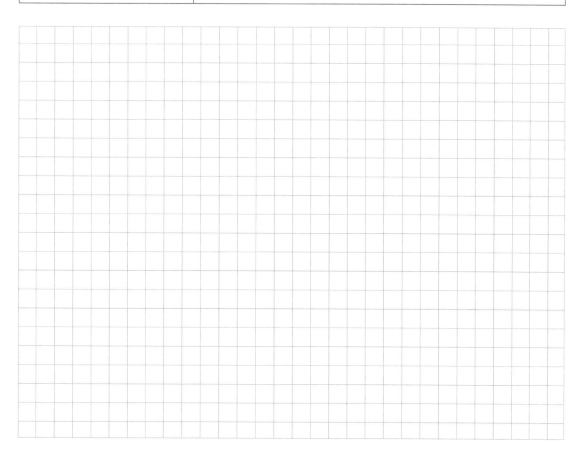

Fallstudie 3.4: Lagerkosten kalkulieren

Situation

Sie sind Mitarbeiter der Spedition EUROCARGO und arbeiten in der Controlling-Abteilung. Am Standort Kassel ist ein neues Logistiklager entstanden. Ihr Abteilungsleiter hat bereits die vom Depotstandort Kassel angeforderten ökonomischen Daten zur Kostenkalkulation bekommen und an Sie weitergeleitet.

Die Daten liegen nun auf ihrem Schreibtisch:

Aufgabe 1

Depot Kassel:

- Allgemeine Verwaltungskosten (AVK) laut Betriebsabrechnungsbogen (BAB) 80.000 EUR. 30 % der AVK verteilen sich auf die Kostenstellen Lagerverwaltungskosten (LVK), Lagerei und Umschlag im Verhältnis 2:3:3.
- Lagereikosten lt. BAB: 450.000 EUR
- Umschlagskosten lt. BAB: 100.000 EUR, wobei 40 % der Kosten bei der Einlagerung und 60 % bei der Auslagerung entstehen.
- Lagerverwaltungskosten lt. BAB: 40.000 EUR. Die Lagerverwaltungskosten werden mit einem Anteil der Kostenstelle „Lagerei" und mit 4 Anteilen der Kostenstelle „Umschlag" zugeordnet.
- Nutzbare Lagerfläche: 500 qm.
- Auf einem m² lagern in einem Monat im Durchschnitt 5.000 kg.
- Einlagerungsmenge in t/Jahr: 5.800
- Auslagerungsmenge in t/Jahr: 5.800

Erstellen Sie mit dem Tabellenkalkulationsprogramm Excel das elektronische Arbeitsblatt „Lagerkostenkalkulation" nach folgendem Muster!

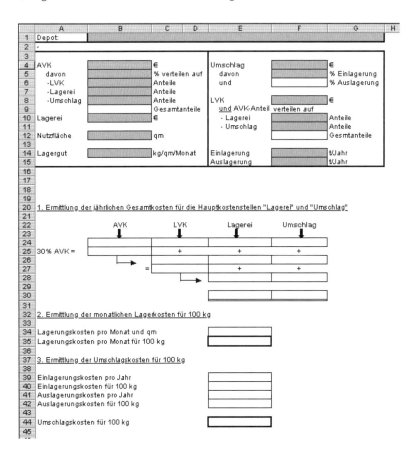

Aufgabe 2

Ermitteln Sie mithilfe des elektronischen Arbeitsblattes „Lagerkostenkalkulation"

2.1 die monatlichen Lagerungskosten für 100 kg;

2.2 die Umschlagskosten für 100 kg Lagergut!

Hinweise:

* Tragen Sie in der ersten Zeile den Namen „Kassel" ein!
* Tragen Sie in die grauen Kästchen die Daten vom Depot Kassel ein, die Sie von Ihrem Chef bekommen haben!
* In die weißen Kästchen müssen Sie Formeln eintragen, um zu dem gewünschten Ergebnis zu kommen.

  Nehmen sie für die Berechnungen Band 4, Teil B, Kapitel 4.3 zu Hilfe!
* Speichern Sie das ausgefüllte und mit Formeln versehene Arbeitsblatt unter den Namen „Lagerkostenkalkulation – Kassel" ab!

Aufgabe 3

Ihnen liegen die Kostendaten vom Depot Dortmund vor. Ermitteln Sie auch hier die mtl. Lagerungskosten für 100 kg und die Umschlagskosten!

Hinweise:

* Öffnen Sie die Datei „Lagerkostenkalkulation-Kassel"!
* Tragen Sie in der ersten Zeile den Namen „Dortmund" ein, indem Sie den Namen „Kassel" einfach überschreiben.
* Verfahren Sie mit den übrigen grauen Kästchen genauso. Überschreiben Sie die Kassel-Werte, in dem sie die aktuellen Dortmund-Werte eintragen.
* Speichern Sie die Datei unter dem Namen „Lagerkostenkalkulation – Dortmund" ab.

Depot Dortmund:

* Allgemeine Verwaltungskosten (AVK) laut Betriebsabrechnungsbogen (BAB) 100.000 EUR. 25 % der AVK verteilen sich auf die Kostenstellen Lagerverwaltungskosten, Lagerei und Umschlag im Verhältnis 3:4:3.
* Lagereikosten lt. BAB: 550.000 EUR
* Umschlagskosten lt. BAB: 90.000 EUR, wobei 35 % der Kosten bei der Einlagerung und 65 % bei der Auslagerung entstehen.
* Lagerverwaltungskosten lt. BAB: 45.000 EUR. Die Lagerverwaltungskosten werden mit 2 Anteilen der Kostenstelle „Lagerei" und mit 4 Anteilen der Kostenstelle „Umschlag" zugeordnet.
* Benutzbare Lagerfläche: 600 qm.
* Auf einem qm lagern in einem Monat im Durchschnitt 5.500 kg.
* Einlagerungsmenge in t/Jahr: 6.800
* Auslagerungsmenge in t/Jahr: 7.000

Muster: Lagerkostenkalkulation

Depot:

AVK		€	Umschlag		€
davon		% verteilen auf	davon		% Einlagerung
– LVK		Anteile	und		% Auslagerung
– Lagerei		Anteile	**LVK**		€
– Umschlag		Anteile	und AVK-Anteil verteilen auf		
		Gesamtanteile	– Lagerei		Anteile
Lagerei		€	– Umschlag		Anteile
					Gesamtanteile
Nutzfläche		qm			
Lagergut		kg/qm/Monat	Einlagerung		t/Jahr
			Auslagerung		t/Jahr

1. Ermittlung der jährlichen Gesamtkosten für die Hauptkostenstellen „Lagerei" und „Umschlag"

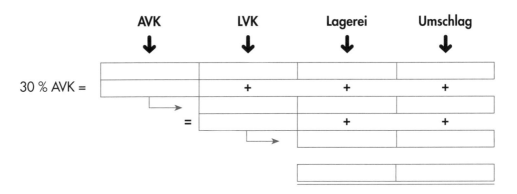

2. Ermittlung der monatlichen Lagerkosten für 100 kg

Lagerungskosten pro Monat und qm
Lagerungskosten pro Monat für 100 kg

3. Ermittlung der Umschlagskosten für 100 kg

Einlagerungskosten pro Jahr
Einlagerungskosten für 100 kg
Auslagerungskosten pro Jahr
Auslagerungskosten für 100 kg

Umschlagskosten für 100 kg

Fallstudie 3.5: Den Lagerprozess steuern

Situation

Sie als Mitarbeiter der Spedition EUROCARGO bekommen von ihrem Chef die Aufgabe, die Steuerung des Lagerprozesses etwas genauer unter die Lupe zu nehmen. Zur Steuerung einer Maschine benötigen Sie z. B. Messgeräte, die Ihnen Auskunft geben, in welchem Zustand sich die Maschine gerade befindet. Über entsprechende Bedienelemente können Sie dann steuernd den Arbeitsprozess der Maschine beeinflussen.

So kann auch der Lagerprozess durch Messungen (Kennzahlen) analysiert werden und durch zielgerichtetes Verhalten von Entscheidungsträgern kann steuernd darauf Einfluss genommen werden.

Anhand von Daten aus der Lager-Verwaltung und der Controlling-Abteilung sollen Sie aus der Fülle von Kennzahlen die folgenden ermitteln, um künftig bessere Aussagen über die Wirtschaftlichkeit des Lagers machen zu können:

- Lagerbestand
- Umschlaghäufigkeit
- Lagerdauer
- Lagerreichweite
- Lagerplatzkosten
- Lagerkostensatz
- Kosten pro Lagerbewegung
- Flächennutzungsgrad
- Höhennutzungsgrad
- Raumnutzungsgrad

Datenmaterial:

Lagerbestände lt. Inventur

Zeitpunkt	Anzahl der palettierten Güter
01.01.20xx	21.000
31.01...	20.500
28.02...	19.300
31.03...	20.100
30.04...	20.300
31.05...	19.700
30.06...	21.100
31.07...	20.500
31.08...	19.400
30.09...	19.000
31.10...	20.200
30.11...	20400
31.12...	18.500

Weitere Lagerdaten:

- Im Geschäftsjahr 20xx haben 140.000 Paletten das Lager verlassen.

- Ø Lagerabgang an palettierten Gütern/Tag: 580

- Gesamtkosten der Lagereinrichtung: 900.000 EUR/Jahr

- Anzahl der Lagerplätze: 25.000

- Sonstige Lagerkosten: 25.000 EUR/Monat

- Lagerpersonalkosten und Nebenkosten: 640.000 EUR/Jahr

- Summe aller Warenbewegungen (Warenein- und -ausgänge): 80.000 /Jahr

Aufgabe 1

Lagerbestand

Die Lagerkennziffer „Ø Lagerbestand" gibt an, wie groß im Durchschnitt in einer Geschäftsperiode der tatsächlich vorhandene Lagerbestand ist.

$$\text{Ø Lagerbestand} = \frac{\text{Jahresanfangsbestand} + 12 \text{ Monatsendbestände}}{13}$$

Ermitteln Sie den Ø Lagerbestand für unser Lager!

Aufgabe 2

Umschlaghäufigkeit

2.1

Die Lagerkennziffer „Umschlagshäufigkeit" (stückbezogen) gibt an, wie oft der durchschnittliche Lagerbestand pro Jahr umgeschlagen wurde, d.h. wie oft im Jahr das Lager geleert und gefüllt wurde.

$$\text{Umschlagshäufigkeit} = \frac{\text{Lagerabgang}}{\text{Ø Lagerbestand}}$$

Ermitteln Sie die Umschlagshäufigkeit für unser Lager!

2.2

Der Lagerumschlag kann auch **wertbezogen** ermittelt werden, z. B.:

Wareneinsatz (Verbrauch)　　　　　　　　600.000 EUR

Ø Lagerbestand　　　　　　　　　　　　150.000 EUR

Lagerumschlag = 600.000 : 150.000 = 4

Aufgabe 3

Lagerdauer

Die Kennziffer „Lagerdauer" beschreibt die Zeit zwischen Ein- und Ausgang der Lagergüter. Wenn das Jahr mit 360 Tagen gerechnet wird, dann lautet die Formel:

$$\text{Lagerdauer} = \frac{360 \text{ Tage}}{\text{Umschlagshäufigkeit}}$$

Berechnen Sie die Lagerdauer der Güter für unser Lager!

Aufgabe 4

Lagerreichweite

Von der Lagerdauer ist die „Lagerreichweite" zu unterscheiden. Die Lagerreichweite gibt an, wie lange der Gütervorrat reicht, wenn täglich eine bestimmte Anzahl an Gütern das Lager verlässt. So sagt z. B. die Lagerreichweite eines Beschaffungslagers aus, wie viele Tage der Lagerbestand ausreicht, um die Fertigung weiter zu betreiben.

$$\text{Lagerreichweite} = \frac{\varnothing \text{ Lagerbestand}}{\varnothing \text{ Lagerabgang pro Tag}}$$

Wie viele Tage reicht unser Gütervorrat?

Aufgabe 5

Lagerplatzkosten

Bei der Kennzahl „Lagerplatzkosten" teilt man die Gesamtkosten der Lagereinrichtung durch die Anzahl der Lagerplätze. Dieser Wert wird zur Angebotskalkulation verwendet. Hier wird bei der Berechnung unterstellt, dass das Lager vollständig gefüllt ist.

$$\varnothing \text{ Lagerplatzkosten} = \frac{\text{Gesamtkosten der Lagereinrichtung}}{\text{Anzahl der Lagerplätze}}$$

Wie hoch sind unsere Lagerplatzkosten im Monat?

Aufgabe 6

Lagerkostensatz

Der „Lagerkostensatz" berücksichtigt **alle** Kosten pro Lagerplatz, die ein Lager verursacht. Es wird eine durchschnittlicher Auslastung zugrunde gelegt.

$$\text{Lagerkostensatz} = \frac{\text{Lagerkosten}}{\varnothing \text{ Lagerbestand}}$$

Ermitteln Sie den Lagerkostensatz pro Monat unter Berücksichtigung sonstiger Lagerkosten!

Aufgabe 7

Kosten pro Lagerbewegung

Neben den Lagerplatzkosten entstehen bei der Bewegung von Gütern durch Personal Kosten und Nebenkosten. Bewegt werden die Güter immer bei der Ein- und Auslagerung, sodass die Kosten folgendermaßen erfasst werden können.

$$\text{Kosten pro Lagerbewegung} = \frac{\text{Lagerpersonal- und Nebenkosten}}{\text{Lagerzu- und -abgänge}}$$

Wie hoch sind die Kosten pro Lagerbewegung?

Aufgabe 8

Auswertung

8.1

Bevor Sie die Auswertung machen, beantworten Sie bitte die zwei folgenden Grundsatzfragen zum Zusammenhang der Kennziffern Wareneinsatz, Warenbestand, Umschlagshäufigkeit, Lagerdauer:

8.1.1

Wie wirken sich ein hoher Wareneinsatz und ein niedriger durchschnittlicher Warenbestand auf die Umschlagshäufigkeit aus?

8.1.2

Wie wirken sich ein hoher Wareneinsatz und ein niedriger durchschnittlicher Warenbestand auf die Lagerdauer aus?

8.2

Wirtschaftlichkeit

Wareneinsatz, Ø Lagerbestand, Lagerdauer und Umschlagshäufigkeit haben einen erheblichen Einfluss auf Kapitaleinsatz, Lagerkosten und Gewinn.

8.2.1

Kapitaleinsatz

Der Kapitaleinsatz (Kapital, das in den gelagerten Gütern gebunden ist) ist um so niedriger, je höher die Umschlagshäufigkeit ist. Besonders teure Güter sollten deshalb durch geeignete Maßnahmen so kurz wie möglich lagern – also eine hohe Umschlagshäufigkeit aufweisen. Ideal wäre ein Fließzustand der Güter, bei dem die Lagerung gegen Null geht.

Ermitteln Sie den Kapitaleinsatz im Beispiel b)!

Beispiel	a)	b)
Wareneinsatz/Jahr	300.000 EUR	300.000 EUR
Lagerdauer	24 Tage	12 Tage
Umschlagshäufigkeit	15	
Ø Lagerbestand (= Kapitaleinsatz)	20.000 EUR	

8.2.2

Lagerkosten

Die Lagerkosten (Lagereinrichtung, Personal, Lagerzins usw.), die auf die einzelnen Güter entfallen, sind um so niedriger, je kürzer die Lagerdauer ist. Auch dies ist ein Indiz dafür, dass Güter so kurz wie möglich liegen sollten.

Füllen Sie die Tabelle aus!

Beispiel	a)	b)
Wareneinsatz/Jahr	300.000 EUR	
Lagerdauer	24 Tage	6 Tage
Umschlagshäufigkeit	15	
Ø Lagerbestand (= Kapitaleinsatz)	20.000 EUR	20.000 EUR
Lagerkosten/Jahr	90.000 EUR	90.000 EUR
Lagerkostenanteil in % am Wareneinsatz	30 %	

8.2.3

Gewinn

Durch Steigerung des Umschlags kann mit dem **gleichen** Kapitaleinsatz ein höherer Gewinn erzielt werden. Anders formuliert: Wenn der Warenbestand eines Lagers mehrmals im Jahr verkauft wird, kann der jeweilige Erlös (= Kapitalfreisetzung) zur Wiederbeschaffung neuer Ware (= Kapitaleinsatz) verwendet werden und das Lager wieder gefüllt werden. Der Umsatz nimmt mit jedem Lagerumschlag zu und erhöht damit den Gewinn.
Selbst wenn der Kaufmann bei starkem Konkurrenzdruck gezwungen ist, seine Preise zu senken, dann kann er über einen erhöhten Lagerumschlag und einen dadurch steigenden Umsatz diesen Verlust wieder ausgleichen. Unter sehr günstigen Umständen kann er sogar noch den Vorjahresgewinn übertreffen. Salopp formuliert: Die Masse macht's.

Vervollständigen Sie die Tabelle!

Beispiel	a)	b)
Umschlagshäufigkeit	7	15
Ø Lagerbestand **(= Kapitaleinsatz)**	30.000 EUR	30.000 EUR
Wareneinsatz/Jahr	210.000 EUR	
+ 40 % Handlungskostenzuschlag, Skonto usw.	84.000 EUR	
= Selbstkosten	294.000 EUR	
Gewinnzuschlag	6 %	5 %
Gesamtgewinn	17.600 EUR	

Füllen Sie die Lücken aus!

Hier hat der Kaufmann trotz Preissenkung (Gewinnzuschlag um .... % gesenkt) seinen

Gewinn um .... EUR erhöht. Grund: Steigerung der Umschlagshäufig-

keit um .... % bei gleichbleibendem Kapitaleinsatz von .... EUR.

8.2.4

Zusammenfassende Übung:

Vervollständigen Sie die Tabelle!

		Auswirkungen auf		
		Kapitaleinsatz	Lagerkosten-Anteile	Gewinn
Umschlag	• steigt	→ kleine Lagerbestände → geringer Kapitaleinsatz		→ hoher Warenumsatz → hoher Umsatz → hoher Gewinn
	• fällt		→ lange Lagerdauer → hoher Lagerkosten-Anteil am Wareneinsatz	
Lagerdauer	• lang	→ geringer Umschlag → hohe Lagerbestände → hoher Kapitaleinsatz		→ geringer Umschlag → hohe Lagerbestände → geringer Umsatz → kleiner Gewinner
	• kurz		→ geringer Lagerkosten-Anteil am Wareneinsatz	

Aufgabe 9

Flächennutzungsgrad

Mit den Produktivitätskennzahlen Flächennutzungsgrad, Höhennutzungsgrad und Raumnutzungsgrad wird die Nutzung oder Auslastung der **technischen** Lagereinrichtung gemessen. Hierdurch können Schwachstellen aufgedeckt und Verbesserungsmöglichkeiten angestrebt werden.

Besonders effektiv sind Vergleiche mit anderen Lagern im eigenen oder fremden Unternehmen, Zeitvergleiche und Soll-Ist-Vergleiche.

Die Kennzahl „Flächennutzungsgrad" gibt die flächenmäßige Ausnutzung des Lagers für die reine Lagerung der Güter an.

$$\text{Flächennutzungsgrad in \%} = \frac{\text{Belegte Regalfläche x 100}}{\text{Gesamtlagerfläche}}$$

Ein Lager hat eine Gesamtfläche von 15.000 qm. Davon entfallen 2.000 qm auf Verkehrsflächen, 4.000 auf Arbeitsflächen, 1.000 qm auf Sozialräume. Der Rest ist Regalfläche.
Wie hoch ist der Flächennutzungsgrad dieses Lagers?

Aufgabe 10

Höhennutzungsgrad

Diese Kennzahl gibt an, wie hoch die Ausnutzung der Lagerhöhe ist.

$$\text{Höhennutzungsgrad in \%} = \frac{\text{Genutzte Lagerungshöhe x 100}}{\text{Nutzbare Lagerungshöhe}}$$

Ein Lagerraum hat die Raumhöhe von 7 Metern. Darin befinden sich Paletten in Bodenlagerung mit einer Höhe von 4,80 Metern.

10.1 Wie groß ist der Höhennutzungsgrad?

10.2 Auf wie viel % steigt der Höhennutzungsgrad, wenn statt der Bodenlagerung der Paletten ein Palettenregal mit einer Höhe von 6,50 Metern angeschafft wird?

Aufgabe 11

Raumnutzungsgrad

Die Raumnutzungszahl definiert das Verhältnis des maximalen Rauminhalts der einzulagernden Güter zum umbauten Raum des Lagers.

$$\text{Raumnutzungsgrad in \%} = \frac{\text{maximaler Rauminhalt der einzulagernden Güter x 100}}{\text{umbauter Raum des Lagers}}$$

Ein Lagerraum ist 15 m lang, 12 m breit und 6 m hoch. Darin befinden sich Ladeeinheiten (Paletten) mit einem Maß von 1 m x 1 m x 1 m in Bodenlagerung. Die Gangbreite beträgt 2 m. Die drei Gänge verlaufen parallel zur Längsseite des Lagers.

Ermitteln Sie den Raumnutzungsgrad bei gestapelter Reihenlagerung (4 Ladeeinheiten übereinander)!

Wiederholungsaufgaben 3

1 Nennen und beschreiben Sie bitte Lagerleistungen, die ein Spediteur/Lagerhalter einem möglichen Auftraggeber anbieten kann.

2 Erläutern Sie bitte die wichtigsten Ziele der Lagerlogistik in der Supply Chain.

3 Erklären Sie bitte die wichtigsten Funktionen und Motive der Lagerlogistik.

4 Stellen Sie bitte dar, welche Ziele bei der Bildung von Einheiten in der Supply Chain erreicht werden sollten.

5 Stellen Sie bitte Konsignationslager und Freilager einander gegenüber.

6 Stellen Sie bitte die wesentlichen Pflichten des Einlagerers den Rechten des Lagerhalters gegenüber.

7 Begründen Sie bitte die Bedeutung des Lagerscheins anhand seiner wesentlichen Funktionen.

8 Erarbeiten Sie bitte eine vergleichende Betrachtung der Haftungsregelungen nach HGB und ADSp.

9 Zeigen Sie bitte die wesentlichen Risiken von Lagerleistungen auf sowie die Möglichkeiten, diese Risiken zu versichern.

10 Erläutern Sie bitte die wesentlichen Fragen der Lagerorganisation und mögliche Antworten zur Lösung der damit verbundenen Probleme.

11 Erläutern Sie bitte den Einlagerungsgrundsatz Fifo und zeigen Sie an Beispielen, in welchen Fällen es sinnvoll ist, diesen Grundsatz zu verfolgen.

12 Erklären Sie bitte die Faktoren, von denen die Höhe des Meldebestands im Lager abhängt.

13 Begründen Sie bitte, warum es sinnvoll sein kann, bei Bestellungen von der optimalen Bestellmenge abzuweichen.

14 Erläutern und vergleichen Sie bitte die Kommissionierverfahren „Ware zum Mann" und „Mann zur Ware".

15 Stellen Sie bitte das Kommissionierverfahren „Pick by Voice" mit seinen wesentlichen Schritten dar.

16 Beschreiben Sie bitte das Kommissionierverfahren „Pick to Light" und bewerten Sie es anhand wesentlicher Vor- und Nachteile.

17 Erläutern Sie bitte das Controllinginstrument Benchmarking in der Logistik.

18 Zeigen Sie bitte eine Einteilungsmöglichkeit für die unterschiedlichen Controlling-Kennzahlen.

19 Beschreiben Sie bitte vier wesentliche Leistungsdaten der Lagerlogistik

20 Stellen Sie bitte das Kalkulationsverfahren „Open Book" mit seinen wesentlichen Vorteilen für die Vertragsbeteiligten dar.

Exkurs: Intralogistik anbieten und organisieren

E 1: Welche Aufgaben übernimmt die Intralogistik?

PRODUKTIONS-LOGISTIK

Das früher meist als Produktionslogistik bezeichnete logistische Teilsystem, das von den Herstellern im Anschluss an die Entwicklung der Güter zu deren Produktion für die internen logistischen Abläufe eingerichtet wurde, entsprach angesichts des rasanten technischen Fortschritts immer weniger den Anforderungen an einen reibungslosen, fehlerfreien und kosteneffizienten Waren- und Informationsfluss für die Güterproduktion. Es entstand ein sehr technikgeprägtes spezielles logistisches Teilsystem, das ständig den sich ändernden Anforderungen der Fertigungstechnik angepasst werden muss.

INTRA-LOGISTISCHES TEILSYSTEM

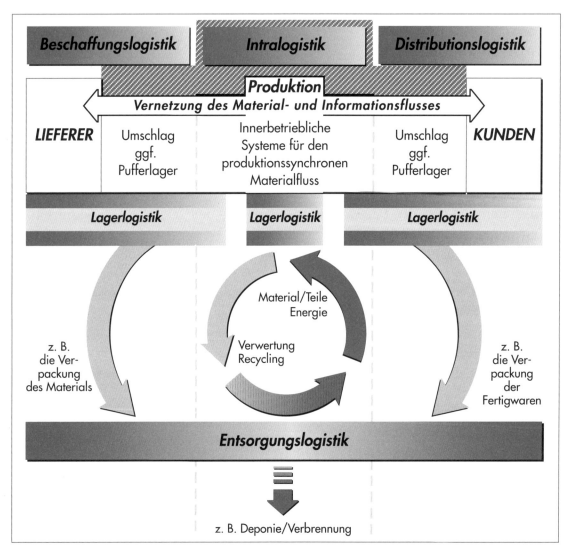

Bild 34: Intralogistik als funktionsorientiertes logistisches Teilsystem

Die Zusammenarbeit der Partner in der Wertschöpfungskette (vgl. Bild 1, S. 11 sowie Bild 4, S. 16) soll durch eine engere **Verbindung und Verzahnung der Beschaffungsprozesse in den Produktionsunternehmen sowie der nachgelagerten Distributions- und Serviceprozesse** weiter verbessert werden. Ziel ist die Integration der **Wertströme**, d.h. der

• Warenströme, der

• Informationen und der

• Finanzflüsse

in den Wertschöpfungsketten.

Für diese komplexen logistischen Aufgaben, die zum Erreichen dieses Ziels in den Produktionsunternehmen erledigt und die deshalb mit den Prozessen der Partnerunternehmen eng verzahnt werden müssen, wurde der Begriff **Intralogistik** (innerbetriebliche Logistik) geprägt.

Als Intralogistik wird die Organisation, Steuerung, Durchführung und Optimierung

des innerbetrieblichen Materialflusses,
der Informationsströme sowie
des Warenumschlags

in Industrie, Handel und öffentlichen Einrichtungen bezeichnet.

Allerdings ist – wie oben bereits erwähnt – diese innerbetriebliche Logistik nicht auf die ausschließlich betriebsinternen Wertströme beschränkt. Vielmehr beeinflusst sie auch die Wertströme, die vor- oder nachgelagert eng mit den eigentlichen produktionslogistischen Prozessen verzahnt sein müssen und arbeitsteilig immer öfter auch von Logistikdienstleistern übernommen werden. **WERTSTRÖME**

Dadurch entstanden für den Logistikdienstleister Aufgaben, die zwar nicht grundsätzlich neu sind (vgl. dazu den Überblick im Bild 5, S. 17), die sich aber infolge der erheblichen Veränderungen in der Güter- und Bedarfsstruktur, dies wiederum infolge veränderter, flexiblerer Produktionsverfahren (Losgröße 1/Trend zur Unikatfertigung), vor allem in den letzten Jahren ebenso grundlegend verändert haben. **UNIKATFERTIGUNG**

Diese Aufgaben sind gekennzeichnet durch

* kleinere Mengen,
* größere Teilevielfalt
* häufigeren Bedarf
* kürzere Transportzeiten
* höchste Ansprüche an die Lieferzuverlässigkeit,

sie haben in sehr hohem Maße an Komplexität zugenommen und sind ohne IT-Unterstützung nicht mehr zu bewältigen.

Erfolgreich ist in zunehmendem Maße meistens derjenige Anbieter, der bei vergleichbarer Qualität und akzeptablem Preis die kürzeste Lieferzeit anbieten kann. Wesentliche Erfolgsfaktoren der Intralogistik sind daher

* kurze Wegezeiten
* schnelles Kommissionieren
* zweckmäßige Teileorganisation
* optimale Lagerstruktur
* angepasste Lagertechnik.

Auch Forderungen nach der Berücksichtigung ökologischer Aspekte bei Planung und Durchführung intralogistischer Aktivitäten nehmen ständig zu. **ÖKOLOGISCHE ASPEKTE**

Die wirtschaftliche Bedeutung der Intralogistik spiegelt sich auch darin wider, dass speziell für den Bereich Intralogistik internationale Messen stattfinden.

Seit mehr als 10 Jahren stellen z. B. für die Bewältigung intralogistischer Aufgaben mittlerweile über 1000 Aussteller die neuesten dafür geeigneten Produkte (Steuerungssoftware, moderne Lagertechnik, innerbetriebliche Transportsysteme, Flurförderzeuge) auf der Intralogistikmesse LogiMAT, eine der großen Logistikmessen mit diesem Schwerpunkt, den Interessenten aus ganz Europa vor. Eine weitere internationale Intralogistik-Fachmesse, die International Materials Handling Exhibition (IMHX) in Birmingham, zieht ebenso immer mehr Interessenten an, sowohl Aussteller als auch Besucher. **LOGIMAT IMHX**

E 2: Welche Einflussfaktoren prägen die Intralogistik

Im Wesentlichen wird die Intralogistik durch die Einflussgrößen

- Produktplanung
- Produktaufbau
- Produktherstellung

geprägt. Nun ist jedoch vermehrt zu beobachten, dass ein Produkt im Regelfall schon aus Wettbewerbsgründen nur eine verhältnismäßig kurze Zeit unverändert am Markt angeboten wird. So zwingen

- zumindest die Veränderung der äußeren Erscheinung des Produkts, daneben aber in den meisten Fällen auch
- Änderungen bei den verwendeten Materialien für das Produkt,
- Veränderungen der Produktqualität und/oder auch
- Erweiterungen der Produktfunktionen bzw. der Verwendungsmöglichkeiten des Produkts

die Hersteller, alle dazu notwendigen Aufgaben der Intralogistik flexibel, aber auch kostengünstig und nachhaltig den ständigen Produktveränderungen anzupassen. Um diese Herausforderungen zu meistern wurde sogar als spezielle Form in der Unternehmensführung das Change Management (vgl. S. 69) entwickelt, das sich mittlerweile zu einem entscheidenden Erfolgsfaktor für die Erhaltung und zum Ausbau der Wettbewerbsfähigkeit entwickelt hat und daher natürlich auch in der Intralogistik von entscheidender Bedeutung ist.

PRODUKTVER-
ÄNDERUNGEN
CHANGE MANAGE-
MENT
WETTBEWERBS-
FÄHIGKEIT

Einflussfaktoren der Intralogistik	
Produktplanung	Angesichts der Kosten, die der Aufbau neuer Produktionsanlagen verursacht, müssen diese so gestaltet sein, dass sie ohne größere Aufwendungen den notwendigen Veränderungen der Produktion angepasst werden können. Starre, vollautomatische Produktionsprozesse sind daher in vielen Fällen weniger geeignet, insbesondere auch, weil bei vielen Produkten die produzierten Stückzahlen immer mehr variieren (Trend zu Losgröße 1 bzw. sog. Unikatfertigung). So ist es letztlich abhängig von den Gütern und den dazu notwendigen Produktionsprozessen, ob vollautomatische, halbautomatische oder vorwiegend manuelle Produktionsprozesse effizienter sind. Wesentlich für den Planungsprozess ist, dass nicht zunächst das Produkt geplant und konstruiert wird und erst danach die Planungen für die Fertigung und die dazu notwendige Logistik sowie die Festlegung der Qualitätsanforderungen erfolgen; vielmehr lassen sich unter Einbeziehung herstellungstechnischer und logistischer Erfordernisse (= logistic integrated design LID) in die Produktplanung und -entwicklung erhebliche Wettbewerbsvorteile erzielen. Nachhaltigkeitsüberlegungen spielen dabei ebenfalls eine immer bedeutendere Rolle. Diese Effekte lassen sich noch erheblich vergrößern, wenn die Wartungs- und Reparaturfreundlichkeit der Produkte und die damit verbundene Verschleiß- und Ersatzteilversorgung ebenfalls bereits bei der Produktplanung berücksichtigt werden.

Produkt-zusammensetzung	Je nach technischer Komplexität und Teilevielfalt des Produkts ergeben sich hinsichtlich der dafür notwendigen Logistik unterschiedliche Anforderungsstufen:
	
	(1) Hohe logistische Anforderungen infolge
	    • großer Anzahl benötigter Teile
	    • umfangreicher Teilevielfalt

	• hohem Wert bestimmter Materialien bzw. Teile • multiple/global sourcing • JIT/JIS-Anlieferung (2) Mittlere logistische Anforderungen mit entsprechend einfacheren Bestimmungsfaktoren und einem weniger komplexen intralogistischen System (3) Geringe logistische Anforderungen mit entsprechend einfachem SupplyChain-Aufbau Je größer • das Ausmaß von **Teilestandardisierung** in der Produktion, insbesondere auch bei Unternehmen, die mehrere verschiedene, technisch ähnliche Produkte herstellen sowie • die Möglichkeiten der **Komplexitätsreduzierung** des Logistiksystems sind, umso kostengünstiger kann produziert werden. Auf die Aspekte kostengünstiger Wartungs- und Reparaturprozesse mit der dazugehörigen Logistik wurde bei der Produktplanung bereits hingewiesen.	PRODUKTION LOGISTIKSYSTEM
Produktherstellung	Das zur Herstellung eines Produkts notwendige und zweckmäßige Fertigungsverfahren bestimmt in großem Ausmaß die Ausgestaltung des dazu notwendigen intralogistischen Systems und in Abhängigkeit davon die Logistikkosten. Um dies zu veranschaulichen sind nachfolgend drei gängige Beispiele unterschiedlicher Fertigungsverfahren dargestellt: • Werkstattfertigung – Tätigkeiten gleicher Art, z.B. Drehen, Schweißen etc., werden in einem Raum/einer Halle (= Werkstatt) durchgeführt; die Produkte durchlaufen bei der Fertigung nacheinander die notwendigen Prozesse (**verrichtungsorientiert**) in den jeweiligen Werkstätten. Dazu sind Transportleistungen zwischen den Werkstätten und meist auch Zwischenlager nötig. • Fließfertigung – hier ist die, meist vollautomatische, Fertigung so aufgebaut, dass das Produkt dem Fertigungsablauf folgend (**objektorientiert**) die einzelnen Bearbeitungsprozesse bis zur Fertigstellung durchläuft. Das Produkt muss nicht zusätzlich transportiert werden; allerdings ist die fertigungssynchrone Bereitstellung der notwendigen Teile und Materialien mit hohem organisatorischem und technischem Aufwand verbunden und muss absolut zuverlässig JIT oder sogar JIS erfolgen. • Baustellenfertigung – Material/Teile **und** die notwendigen Maschinen müssen an den Platz gebracht werden, an dem ein Gebäude, eine Brücke oder eine Straße/Schienenstrecke etc. (**lage- und objektorientiert**) gebaut werden. Der organisatorische Aufwand ist beträchtlich, die Vorbereitung des Maschineneinsatzes (Kräne etc.) aufwändig; die Materialbereitstellung und der oft nur stundenweise Einsatz von Spezialgerät erfolgen bei umfangreichen Maßnahmen netzplangesteuert. Nach Abschluss der Baumaßnahme sind umfangreiche Transportleistungen zum Abtransport nicht benötigten Materials und der Baustelleneinrichtung notwendig. Da sich die Baumaßnahmen im Regelfall nicht gleichen ist für jedes Bauobjekt eine umfangreiche, einzelfallbezogene Planungsarbeit zwingende und aufwändige Voraussetzung.	WERKSTATT- FERTIGUNG FLIESSFERTIGUNG BAUSTELLEN- FERTIGUNG

Einfluss auf Planung und Durchführung der intralogistischen Prozesse hat auch die Anzahl der Produkte, die gefertigt werden. Zu unterscheiden sind

- Einzelfertigung
- Serienfertigung
- Massenfertigung

Es ist offensichtlich, dass Planung, vorbereitende Maßnahmen und die logistischen Prozesse für die Produktion dann besonders kosteneffizient sind, wenn dies für eine möglichst große Stückzahl (Massenfertigung) durchgeführt wird. Häufig muss jedoch bereits als Abschluss der Fertigung unterschiedlicher Massenprodukte (z. B. Süßigkeiten) die Sortierung bzw. Zusammensetzung der an den Handel auszuliefernden Aufträge – z. B. in verkaufsfertig kommissionierten Displays – reibungslos ohne Pufferlager, aber auch ohne Beeinträchtigung der weiterlaufenden Produktion erfolgen; hier sind komplexe intralogistische Prozesse einschließlich der meist automatisierten innerbetrieblichen Warentransporte zu den Verladestellen/Andockstationen notwendig. Nur wenn diese Prozesse effizient abgewickelt werden sind bei der Massenfertigung auch Kostensenkungen realisierbar.

Der zu beobachtende Trend, möglichst auftragsbezogen in zumeist kleinen Stückzahlen zu produzieren und immer mehr an den individuellen Kundenwünschen orientierte Produkte zu fertigen (bis hin zur Losgröße 1 bzw. zur Unikatfertigung), wirkt sich auf Bemühungen zur Senkung der Logistikkosten jedoch eher negativ aus. Daher ist aus Gründen der Wettbewerbsfähigkeit eine leistungsfähige, trotz komplexer Abläufe kostengünstige und auch nachhaltige Intralogistik in zunehmendem Maße ein wesentlicher Erfolgsfaktor

E 3: Welche Planungsbereiche umfasst das System Intralogistik?

Planungsbereiche der Intralogistik	
Produktionssteuerung/ Layoutplanung	Die von der technischen Komplexität des Produkts (s. o. Produktzusammensetzung) abhängigen Anforderungen an das intralogistische System und die abzuwickelnden Prozesse bestimmen den Umfang und damit die Kosten der Produktionssteuerung. Es kommt zunächst darauf an, als Planungsziel anzustreben, dass die Logistikkosten • des Transports im Betrieb bzw. zwischen einzelnen Produktionsstätten oder Werken (auch international), • der produktionsbedingten Lagerung auf den einzelnen Fertigungsstufen sowie • der Änderung/Anpassung des Layouts (bauliche Maßnahmen, Investitionen in andere Fertigungsanlagen oder auch „nur" Rüstkosten) insgesamt minimiert werden. Darüber hinaus beeinflussen auch immer mehr Forderungen nach ressourcenschonenden Prozessen die Planung.

Intralogistikkonzepte

Für die Abwicklung intralogistischer Prozesse werden ständig – überwiegend mit IT-gestützter Steuerung – neue Verfahren entwickelt bzw. bestehende Verfahrensweisen verbessert und/oder hinsichtlich ihrer Funktionen erweitert. Wir beschränken uns daher auf die kurze Darstellung einiger seit langem bewährter Konzepte.

Kanban ist ein weltweit angewandtes System zur dezentralen Just-in-time-Belieferung der Produktion nach dem Pull-Prinzip.

Entsprechend der Vorgehensweise im Selbstbedienungsladen entnimmt die materialverbrauchende Fertigungsstätte (= **Senke**) die benötigten Teile/Materialien aus einem nahegelegenen Pufferlager (meist ein selbstfahrender oder leicht transportabler Behälter); wenn der Vorrat zur Neige geht fordert die Senke mittels einer Karte (= **Kanban**) wieder Nachschub an, der von der versorgenden oder in der vorgelagerten Fertigungsstufe produzierenden Stelle (= **Quelle**) in ein Pufferlager aufgefüllt wird. Häufig erledigen die Abholung der Karten, den Transport sowie das Auffüllen auch Logistikdienstleister für das Produktionsunternehmen.

Netzplantechniken dienen der Steuerung komplexer – nicht nur logistischer – Prozesse.

Ziel der Netzplantechnik ist es, durch eine weitgehende Parallelisierung der Arbeiten am Produkt die Gesamtzeit der Auftragsabwicklung von Auftragseingang bis zur Auslieferung auf das unbedingt notwendige Minimum zu begrenzen, um wettbewerbsfähige Lieferzeiten einhalten zu können. **ZIEL**

Je nach Art der bildlichen Darstellung wurden dafür unterschiedliche Techniken entwickelt. So finden z. B. das Vorgangsknotennetz, das Vorgangspfeilnetz oder das Ereignisknotennetz Anwendung in der Praxis.

- **Das Vorgangsknotennetz**
  Die Vorgänge (= Logistikaktivitäten) werden im Netzplan als Knoten dargestellt, die Beziehungen zwischen den Prozessen bzw. Aktivitäten durch die Verbindungslinien zwischen den Knoten.
  Für jeden Knoten werden dann die Dauer, der früheste und späteste Anfang sowie das früheste und späteste Ende mit möglicherweise verfügbaren Pufferzeiten angegeben.

- **Das Vorgangspfeilnetz** am Beispiel des CPM-Verfahrens (**C**ritical **P**ath **M**ethod)
  Die Beschreibung der Vorgänge erfolgt an den Vorgangspfeillinien; die Knotenkreise enthalten sowohl Angaben über den einmündenden als auch über den ausgehenden, d.h. den nachfolgenden Vorgang. Der kritische Weg ist die Kombination der geplanten Prozesse und Aktivitäten, die den größten Zeitbedarf aufweist und der deshalb mit Hilfe geeigneter Optimierungsverfahren verbessert werden muss.

- **Das Ereignisknotennetz** am Beispiel des PERT-Systems (**P**rogram **E**valuation and **R**eview **T**echnique)
  Anstelle der Vorgänge werden feststehende Ereignisse dargestellt. Dieses Verfahren ist dann besonders geeignet, wenn eine genaue Festlegung von Zeiten (z. B. Vorgangsdauer) nicht möglich ist.

Grüne Intralogistik	Von zunehmender Bedeutung sind die infolge des gestiegenen Umweltbewusstseins umfangreichen Anforderungen an ressourcenschonende Produktion und Logistik; die wesentlichen dafür entwickelten Standards und Instrumente sind nicht nur für die Intralogistik bedeutsam sondern erfassen alle logistischen Teilsysteme und sind deshalb im Grundlagenkapitel unter 1.9.4 ausführlich erläutert. Ökologische Ziele müssen auf jeden Fall schon in der Planungsphase berücksichtigt werden.

E 4: Welche Strategien und Anwendungsgrundsätze werden genutzt?

MASSGESCHNEI-
DERTE LÖSUNGEN

Bei intralogistischen Prozessen handelt es sich immer um maßgeschneiderte Lösungen. Diese Lösungen sind individuell zugeschnitten auf

- das jeweilige Unternehmen (z. B. Produktion, Handel, ggf. auch große Dienstleistungsunternehmen),

- die dort vorzufindenden Logistikobjekte (z. B. Rohstoffe, Halbfabrikate, Fertigprodukte vielfältigster Art mit unterschiedlichsten Ansprüchen an die Logistikqualität) sowie

- die Anforderungen der Kunden an die Produktqualität (z. B. Temperaturführung, erschütterungsfreie Transporte, Transportsicherheit, Lieferzeiten).

INTRALOGISTIK-
LÖSUNG

Deshalb kann hier keine ideale, immer und überall richtige Intralogistiklösung entwickelt und dargestellt werden; vielmehr versuchen wir eine strukturierte Veranschaulichung wesentlicher Strategien und Grundsätze anhand von Beispielen und praktischen Aspekten.

(1) Strategien und Führungsgrundsätze (Auswahl)

SPEZIALISIERUNG
FLEXIBILITÄT

Generelle Strategie: zunehmende Spezialisierung bei Erhaltung der Flexibilität

Ziel – durch Vorsprung in der Dienstleistungsqualität, in Verbindung mit dem Preis, einen nachhaltigen Wettbewerbsvorteil zu erzielen

COMPLIANCE-
ANFORDERUNGEN

Bewältigung der stetig zunehmenden Compliance-Anforderungen (Sicherheitsbestimmungen/lokale Gesetzgebung, Zoll- Außenhandelsvorschriften)

VORSCHRIFTEN

Grenzenloser Service – Zollabwicklung in der internationalen Supply Chain – umfassende juristische, steuerrechtliche/zollrechtliche/außenwirtschaftliche, finanzielle Vorschriften – zugleich Beitrag zum Risikomanagement/zur Risikoüberwachung/zur Risikominimierung (s. S. 69). Vermeidung von Bewilligungsrücknahmen, Aberkennung von Zertifikaten (AEO), Bußgeldern etc.

PROZESS-
KOMPETENZ

Branchenspezifische Prozesskompetenz als Voraussetzung für die erfolgreiche Übernahme integrierter Supply Chain Dienstleistungen und Value Added Services

Kompetenzen zur Übernahme kompletter Prozessketten, auch tiefere Fertigungsschritte

Wandel vom traditionellen Anbieter warenflussorientierter Dienstleistungen zum Partner für das komplette SCM des Kunden

WAREN- UND IN-
FORMATIONSFLUSS

Schaffung eines integrierten Prozessnetzwerks mit vielfältigen Verbundstellen zwischen den am Waren- und Informationsfluss beteiligten Unternehmen

NACHHALTIGKEITS-
STANDARDS

Verantwortung für Nachhaltigkeitsstandards entlang der gesamten Lieferkette;
Besondere Herausforderungen bei der Zusammenarbeit mit Unternehmen aus Schwellenländern in der Supply Chain

MESSBARKEIT
CARBON FOOTPRINT

Messbarkeit von Indikatoren, Carbon Footprint

RISIKO-
MANAGEMENT

Risikomanagement (s. S. 69), Bekämpfung von Kriminalität

CORPORATE
RESPONSIBILITY

Nachhaltigkeit ist mehr als Umweltschutz – Nachhaltigkeits-/Corporate-Responsibility-Berichte; das Interesse der Stakeholder und deren Ansprüche an die Berichte nehmen zu.

(2) Organisatorisch/technische Grundsätze und Anwendungen (Beispiele)

Behältervielfalt – unübersehbare Spezialisierung der Behälter/KLT (bei Interesse Internet-quellen nutzen, z. B. die Anbieter Bito, Schäfer SSI)

BEHÄLTERVIELFALT

Handling von Halb- und Viertelpaletten in nur einem Lagersystem – vom Handel nachge-fragte Displaypaletten, die direkt in die Verkaufsregale eingestellt werden können.

Handling von Großpaletten (z. B. 1.200 x 2.400 mm).

Anlagen mit 350.000 Palettenstellplätzen, die dennoch manuell kommissioniert werden.

Leistungsfähige Anlagen, in denen teilautomatisiert 900 Paletten zeitgleich jeweils im WE und im WA abgefertigt werden können.

Modularer Aufbau, der variabel an veränderte Bedingungen angepasst werden kann. Ana-loges Beispiel: Logistikimmobilien – zumeist gemietet; sie sollten im Idealfall so gebaut sein, dass sie nach einer mehrjährigen Nutzung als Logistiklager ohne größere Umbauten für andere Zwecke (aber meist auch im Bereich der Logistik) genutzt werden können.

MODULARER AUFBAU

Je nach Güteraufbau und/oder Komplexität der logistischen Prozesse werden vollautomati-sche, teil- bzw. halbautomatische oder auch manuell bedienbare Anlagen eingesetzt. So viel Automatisierung wie nötig, aber so wenig wie möglich zur Erhaltung der Flexibilität! Ent-scheidende Größen sind die Schwankungen und Spitzen in Produktion und Handel.

SCHWANKUNGEN UND SPITZEN

Shuttles statt Stetigförderer, z. B. ein Routenzug statt Gabelstaplereinsatz: 4 – 6 Wagen wer-den auf leisen Gummirädern flexibel durch die Produktionshallen bewegt, vielfach auch vollautomatisch; darauf werden fahrbare Ladungsträger transportiert, die von den Wagen mit oder ohne Hydraulikunterstützung von beiden Seiten „auf- bzw. abgeladen" werden können, wodurch sich die Ver- und Entsorgungsprozesse an den Produktionsstätten wesent-lich schneller abwickeln lassen.

SHUTTLES

Zentrale Steuerung der Staplerflotte

Kleinere, schnellere Warenströme, bedingt durch den Trend zur Unikatfertigung

Exakt organisierte Verbundstellen/Schnittstellen, auch in globalen Lieferketten

Wesentliche Verkürzung der innerbetrieblichen Abläufe, Halbierung der Durchlaufzeiten

DURCHLAUFZEITEN

Optimaler Mix aus

• kurzen Wegzeiten

• kurzen Kommissionierzeiten

• zweckmäßiger Teileorganisation

• räumlich und technisch optimalem Lagersystem

• rationeller Transportsteuerung

Güterabhängige Spezialisierung

• Tiefkühlprodukte (vgl. CCQI)

• Getränke (spezielle Förderanlagen/Rollenförderer)

• Perishables/Gemüse, Obst

• Nonfood Artikel in unübersehbarer Vielfalt hinsichtlich Größen und Gewichten (Langgut, Schwergut) mit entsprechenden Lagererfordernissen, insbesondere auch

• Möbel

Ziel: Materialflussoptimierte Produktionsstruktur

(3) Informationstechnische Grundsätze und Anwendungen (Beispiele)

E-INVOICING

E-Invoicing: elektr. Rechnungsstellung, -verarbeitung und automatisierte Rechnungsprüfung und –buchung.

IT-INTEGRATION

IT-Integration; RFID-gestützte logistische Prozesse sind wesentlich zuverlässiger, schneller und besser überwachbar.

Barcodegesteuerte Lagerhaltung von Spezialwerkzeugen (z. B. Schubladenlagerung). Aus der Reparaturanleitung mit den dort – barcodegekennzeichnet – angegebenen erforderlichen Werkzeugen kann sich der Monteur die für einen Reparaturauftrag notwendigen Werkzeuge fehlerfrei zusammenstellen.

E 5: Wie wird Qualität erreicht?

(1) Instrumente zur Qualitätssicherung

FMEA

• Die Fehler-Möglichkeits- und Einfluss-Analyse (FMEA)

Ein Instrument zur ganzheitlichen Qualitätssicherung und -verbesserung ist die Fehler-Möglichkeits- und Einfluss-Analyse (FMEA), entwickelt vom Dortmunder Fraunhofer Institut für Materialfluss und Logistik (IML). Damit kann die Logistik als wesentlicher Wettbewerbsfaktor neben Qualität und Preis des Produkts dazu beitragen, Wettbewerbsvorteile zu erzielen. Bereits vor dem Start der Produktion können die wesentlichen logistischen Prozesse in der gesamten Supply Chain – beginnend bei der Beschaffung über die Produktion bis zur Distribution – untersucht und dabei aufgedeckte Fehler schon vorher beseitigt werden. Im Einzelnen soll die Logistik-FMEA

> • die Abhängigkeit zwischen einzelnen Prozessen verdeutlichen,
>
> • die Lieferfähigkeit verbessern und gleichzeitig
>
> • die Materialbestände senken,
>
> • die Qualität und Sicherheit der Logistikprozesse verbessern, insgesamt
>
> • Möglichkeiten für Verbesserungsmaßnahmen aufzeigen und
>
> • dadurch zu Steigerung der Effizienz beitragen.

Die dazu entwickelten Kennzahlen machen die betrachteten Größen und Merkmale messbar und können in das Logistik-Controlling des Unternehmens bzw. der betrachteten Supply Chain integriert werden.

• Kundenbefragungen, Interviews

Im Gegensatz zur FMEA werden durch Interviews Qualitätsmängel meist erst dann bekannt und offengelegt, wenn die Mängel bereits aufgetreten sind. Der Logistikdienstleister muss dann oft aufwändige geeignete Maßnahmen ergreifen, um die Kundenzufriedenheit zu erhalten oder gar wieder herzustellen. Noch schwieriger ist die Situation, wenn der Kunde sich bereits entschlossen hat, den Dienstleister zu wechseln und keine Gründe dafür nennt, so dass eventuell für diesen Wechsel ursächliche Fehler bzw. Schwachstellen nicht erkannt und vermieden bzw. beseitigt werden können. Wenn es überhaupt möglich ist, einen abgewanderten Kunden wiederzugewinnen dann nur mit ganz erheblichen Anstrengungen.

• Aktivitäten des Qualitätsbeauftragten

Wie bereits oben erläutert (vgl. Kapitel 1.8, insbesondere Kapitel 1.8.4 und 1.8.5) sind die inzwischen nahezu flächendeckend angewandten Qualitätsnormen, deren Einhaltung durch eine Zertifizierung nachgewiesen wird, für Kunden ein verlässliches Merkmal dafür, dass ein Logistikdienstleister eine hohe Qualität vorweisen kann. Soweit jedoch die Qualität einer kompletten, mit internationalen Partnern realisierten Wertkette betrachtet wird, ist es unabdingbare Voraussetzung, dass alle Partner die Qualitätsstandards einhalten. Für den Logistikdienstleister/Qualitätsbeauftragten, der die Qualität der gesamten Supply Chain

QUALITÄTS-
STANDARDS

gewährleisten muss, stellt dies natürlich eine besondere Herausforderung dar (vgl. dazu auch die Ausführungen zum Interkulturellen Management, zur Interkulturellen Kompetenz und zur Green Logistics).

Für die intralogistischen Prozesse sind die Qualitätsmerkmale und Kennzahlen, wie sie allgemein in der Logistik Anwendung finden, gut geeignet; besondere Bedeutung haben natürlich diejenigen Kennzahlen, die über die Qualität der Produktionsprozesse Aussagen zulassen.

(2) Qualitätsmerkmale

Für ein Produktionsunternehmen steht die planmäßige Durchführung der Produktionsprozesse – dazu natürlich die Gewährleistung einer optimalen Produktqualität – im Vordergrund der intralogistischen Aufgaben. Dementsprechend sind es vor allem die nachfolgenden Eigenschaften (wesentliche Beispiele, keine vollständige Auflistung), die ein Anbieter intralogistischer Prozesse bzw. die damit beauftragten Abteilungen des Produktionsunternehmens selbst aufweisen müssen:

In erster Linie sind es die mit den intralogistischen Aufgaben betrauten innerbetrieblichen oder externen Fachleute, die eine hohe Qualität gewährleisten müssen. Daher sind deren

- Kompetenz, die
- Erreichbarkeit (v.a. zur raschen Behebung unvorhergesehener Störungen), die
- Reaktionsgeschwindigkeit, sowie die
- Flexibilität

herausragende Qualitätsmerkmale.

QUALITÄTSMERK-MALE

Im Ergebnis wird dadurch eine absolut zuverlässige Einhaltung der vereinbarten Lieferzeiten für die Materialbereitstellung an der Produktionsstätte erreicht. Da die Logistikkosten aus Wettbewerbsgründen auf niedrigem Niveau gehalten werden müssen ist die Reduzierung der Bestände unverzichtbarer Bestandteil gut organisierter intralogistischer Prozesse. Damit gewinnt die oben genannte Einhaltung der vereinbarten Lieferzeiten wegen der fehlenden Puffer (Sicherheitsbestände) eine noch größere Bedeutung.

Da dies eine reibungslose Zusammenarbeit erfordert, sind optimal organisierte Schnittstellen (eigentlich: Verbundstellen – siehe dazu Kapitel 1.1.2) wesentliche Erfolgsfaktoren und Qualitätsmerkmale. Grund dafür ist die immer größer werdende Zahl Beteiligter in der Wertkette als Folge der Spezialisierung und Konzentration auf die jeweilige Kernkompetenz und damit eine ständig zunehmende Komplexität.

VERBUNDSTELLEN

Daneben drohen angesichts der internationalen Arbeitsteilung sowie der ständig zunehmenden, verfeinerten Vorschriften zur Erhöhung der Sicherheit, aber auch angesichts strenger zoll- und steuerrechtlicher sowie außenwirtschaftlicher Bestimmungen, hohe Geldbußen bei Verstößen; die Einhaltung dieser sogenannten Compliance-Bestimmungen, meist ergänzt um freiwillig auferlegte Werte und Normen, ist daher in zunehmenden Maße Voraussetzung für die Gewährleistung einer hohen Qualität.

COMPLIANCE-BESTIMMUNGEN

Damit diese Qualitätsmerkmale objektiv bewertet und verglichen werden können ist ein System aussagefähiger Kennzahlen, möglichst in einer systematischen Struktur wie z.B. einer Balanced Scorecard oder einem anderen geeigneten Schema, z.B. dem seit langem angewandten DuPont-Schema, unverzichtbar.

BALANCED SCORECARD

(3) Kennzahlen zur Qualitätssicherung

Für die erfolgreiche Anwendung von Kennzahlen kann das Vorgehen messen – auswerten – verbessern als Standardmethodik erfolgreich angewandt werden. Grundsätzlich können die Kennzahlen, wie sie in den Kapiteln „Wie wird Qualität erreicht" zu den jeweiligen logistischen Teilsystemen aufgeführt sind, auch für die Qualitätsmessung intralogistischer Prozesse verwendet werden. Im Vordergrund stehen dabei natürlich Kennzahlen, die Aufschluss über die Qualität der eigentlichen Produktionsprozesse geben (hier v.a. die Produktivität); eine wettbewerbsentscheidende Größe ist in diesem Zusammenhang die Durchlaufzeit/Auftragsabwicklungszeit; hier werden Reduzierungen dieser Zeiten um bis zu 50% angestrebt. Immer deutlicher stellt sich heraus, dass, bei ansonsten vergleichbarem Preis

QUALITÄTS-MESSUNG

und vergleichbarer Produktqualität derjenige Anbieter zum Zuge kommt, der schneller ist als seine Mitbewerber.

(4) Kosten mangelhafter Qualität

QUALITÄTSKOSTEN

Die Kosten einer nicht fehlerfrei funktionierenden Intralogistik (Qualitätskosten) lassen sich relativ genau ermitteln und unterstreichen somit die Bedeutung einer hohen Qualität. Als Beispiele können hier genannt werden:

- Terminverschiebungen und die damit verbundenen Kosten der Umplanung, evtl. auch Maschinenstillstand
- Ersatzprogramme, evtl. verbunden mit kostenintensivem Fremdbezug von Material
- Sonderfrachten (z.B. Luftfracht anstelle Seefracht oder Landtransport)
- Umsatzverluste infolge von Stornierungen wegen zu langer Wartezeiten; dass auch Kunden wegen solcher erkennbarer Schwierigkeiten, z.B. langer Wartezeiten, von vornherein keine Bestellung abgeben lässt sich zwar vermuten, aber nicht exakt quantifizieren, würde die Qualitätskosten aber auf jeden Fall erhöhen.
- Kosten als Folge von Fehlinvestitionen, die auf fehlerhafte Planung zurückzuführen sind, z.B. teure Erweiterungen wegen unzureichender Kapazitäten oder höhere Fixkosten je Produkt, weil die Anlagen infolge von Überkapazitäten nicht optimal ausgelastet sind.

KAPITALKOSTEN

- Kapitalkosten als Folge von Überbeständen.

ERFOLGSFAKTOR

LOGISTIK-
EXZELLENZ

Zusammenfassend lässt sich feststellen, dass eine reibungslose Intralogistik den wesentlichen Erfolgsfaktor für ein produzierendes Unternehmen darstellt und die Komplexität und der Schwierigkeitsgrad der logistischen Prozesse den beteiligten Logistikdienstleistern das erforderliche Höchstmaß an Logistikexzellenz abverlangt.

4 Distributionslogistik anbieten und organisieren

Die Aufgaben (=betriebliche Funktionen), die von den Industrie- und Handelsunternehmen erledigt werden, sind üblicherweise unterteilt in:

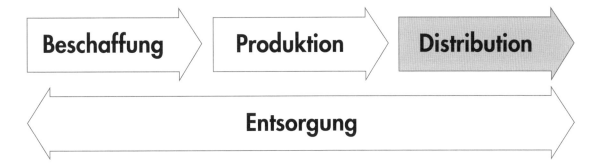

Die betriebliche Aufgabe Distribution umfasst alle Aktivitäten nach Abschluss der Fertigung im Industriebetrieb bzw. nach Verfügbarkeit der Ware im Lager des Handelsunternehmens und soll die zuverlässige Verteilung der Güter an die Kunden gewährleisten. **AUFGABE**

Der Logistikdienstleister übernimmt dabei in der Distributionslogistik Aktivitäten, die zu einem großen Teil ausgelagerte (s. Outsourcing) Aufgaben des Handels sind:

Aufgaben des Handels	Aktivitäten des Logistikdienstleisters in der Distribution
Raumüberbrückung	Transport der Waren/Umschlag
Zeitüberbrückung	Lagerleistungen
Mengenpuffer	Lagerleistungen
Kommissionierung	Zusatzleistungen, v.a. im Lager
Markterschließung	Unterstützung im Vertrieb, international im Export
Kundenberatung	Sammeln und Weitergabe von Kundenwünschen
Sortimentsbildung	ggf. Sammeln von Kundenanregungen für den Handel

VAS

Die Distributionslogistik ist in die Supply Chain eingebunden. Sie stellt das Verbindungsglied zwischen der Logistik des Herstellers bzw. Händlers (Produktions-/Intralogistik) und der Beschaffungslogistik des jeweiligen Kunden dar.

Eine reibungslos funktionierende logistische Zusammenarbeit ist dann gewährleistet, wenn die Elemente und Prozesse der Distributionslogistik des Lieferers und der Beschaffungslogistik des Empfängers wie Stecker und Steckdose oder – z.B. hinsichtlich der wichtigen Kennzahlen – wie Spiegelbilder zueinander passen.

4.1 Welche Aufgaben übernimmt die Distributionslogistik?

Logistik befasste sich in ihrer Anfangsphase hauptsächlich mit der Distribution, d.h. mit der Frage, wie der Kunde am besten mit Gütern beliefert wird. Die Distributionslogistik kann somit als Keimzelle der Logistik und Vorreiter der Logistikentwicklung angesehen werden. **KEIMZELLE DER LOGISTIK**

4.1.1 Das Teilsystem Distributionslogistik

Als Teilsystem der Logistik beschäftigt sich die Distributionslogistik mit der Planung und Realisierung aller Prozesse, mit deren Hilfe die Produkte von der Produktion übernommen, ggf. zwischengelagert und dann an den Abnehmer weitergeleitet und übergeben werden.

DISTRIBUTIONS-
LOGISTISCHES
TEILSYSTEM

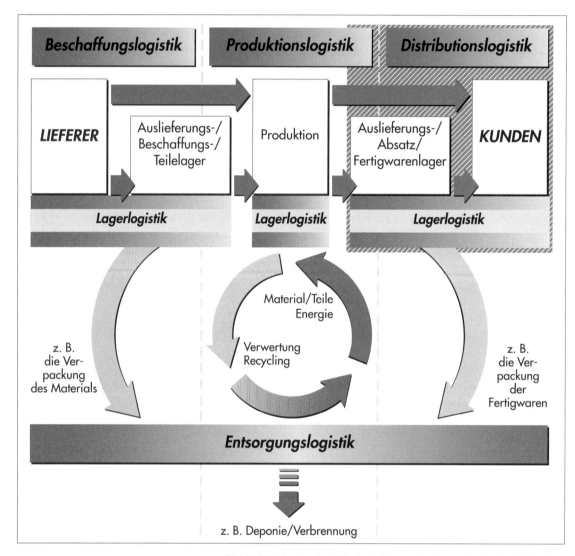

Bild 35 Distributionslogistik als funktionsorientiertes logistisches Teilsystem

4.1.2 Aufgaben und Ziele der Distributionslogistik

PHYSICAL
DISTRIBUTION
KAUFVERTRAG

Auf den ersten Blick beschäftigt sich die Distributionslogistik ausschließlich mit der sog. „physical distribution", also der Verteilung der Waren. Dies geschieht in den meisten Fällen auf der Grundlage von Vereinbarungen, die Käufer und Verkäufer im Kaufvertrag getroffen haben.

Tatsächlich aber ist der Logistikdienstleister bei der Durchführung von Aufgaben der Distributionslogistik zwangsläufig in die Marketingstrategie seines Auftraggebers eingebunden – je nach Aufgabenumfang in unterschiedlichem Ausmaß. Die Distributionslogistik wird daher vielfach auch „nur" als wichtiger Teilbereich der Marketinglogistik betrachtet.

Für den Spediteur ist es im Normalfall ohne Bedeutung, welcher der beiden Begriffe im Einzelfall richtiger anzuwenden wäre. Entscheidend ist die exzellente Erfüllung der Kundenaufträge.

Die Wahl der Strategien und Vorgehensweisen im Rahmen des Marketing und der darin enthaltenen Distribution wird natürlich in erster Linie von den Auftraggebern, also den Industrie- und Handelsunternehmen getroffen. Je mehr Leistungen der Spediteur jedoch als Logistikdienstleister bei der Güterverteilung übernimmt, desto mehr muss er diese Strategien und Vorgehensweisen kennen. Im Idealfall wird er bereits vor der Festlegung dieser Strategien und Vorgehensweisen am Entscheidungsprozess seiner Auftraggeber beteiligt. Es ist auch möglich, dass der Spediteur solche Entscheidungen weitestgehend selbst trifft, wenn er als Outsourcing-Partner die Verteilung eigenverantwortlich übernimmt. Auch aus diesem Grund wurde der Begriff Marketinglogistik geprägt.

Diese Entscheidungen mit direkter Wirkung auf die Distributionslogistik können in 2 Gruppen eingeteilt werden. Entsprechend ihrer Bedeutung werden sie der strategischen oder der operativen Ebene zugeordnet.

In der Distributionslogistik zu treffende Entscheidungen – Strategische Ebene	
Strategische Entscheidungen	**Erläuterung**
Festlegung der Distributionskanäle	Es muss entschieden werden, ob die Hersteller ihre Kunden direkt beliefern oder ob die Distribution über Handelsunternehmen erfolgt. In beiden Fällen sind Logistikdienstleister in unterschiedlichem Ausmaß an der Distributionslogistik beteiligt. (s. auch u. 4.2.2 Distributionswege).
Festlegung der Lagerstandorte	Dieser Festlegung geht die Entscheidung voraus, ob die fertigen Produkte sofort ausgeliefert werden können oder ob Lagerung (ein- oder mehrstufig) erforderlich ist. Die Lagerung kann an folgenden Orten erfolgen: • an der Produktionsstätte im Werkslager, • in einem Zentrallager, • in regionalen Lagern oder • in Auslieferungslagern (s. 4.2.3 Distributionsknotenpunkte) Zusätzlich ist festzulegen, ob die Lagerung in eigenen Lagern erfolgen oder als Outsourcing-Aufgabe langfristig von Logistikdienstleistern übernommen werden soll[1].
Entscheidung Eigen- oder Fremdtransport	Diese Frage hat ebenso wie die Frage nach Eigen- oder Fremdlagerung eine grundsätzliche und langfristige Bedeutung.[2]
Festlegen der Lagerbestandszahlen	Diese Entscheidung ist u.a. abhängig von Verbrauch/Bedarf, Lieferzeiten, Wert der Güter, Kosten bei Lieferschwierigkeiten und Konventionalstrafen.
Langfristige Kooperationen	Dies kann zum Beispiel ein Zusammenschluss von in verschiedenen Regionen aktiven KMU's sein, die dadurch ihren Kunden ein umfassendes (nationales oder sogar grenzüberschreitendes) Distributionsnetz anbieten können.

MARKETING-
LOGISTIK

DISTRIBUTIONS-
KANÄLE

LAGERSTANDORTE

EIGEN- ODER
FREMDTRANSPORT

LAGERBESTANDS-
ZAHLEN

KOOPERATIONEN

DISTRIBUTIONS-
NETZ

---

[1] Diese Entscheidungen werden auch als langfristige Make-or-buy-Entscheidungen bezeichnet.
[2] Ebenfalls eine Make-or-buy-Entscheidung.

In der Distributionslogistik zu treffende Entscheidungen – Operative Ebene	
Operative Entscheidungen	**Erläuterung**
Festlegung der Kennzahlen für eine gute Auftragserledigung	Zuverlässigkeit, geringe Fehler-/Schadensquote, umfangreiche Serviceleistungen
Transport-, Tourenplanung	Schnelle/kurze, kostengünstige Transportabwicklung
Maßnahmen zur Erhöhung der Flexibilität	Vorgegebene Reaktionen auf Veränderungen bei der Auftragserfüllung (geänderte Kundenwünsche, andere unvorhersehbare Ereignisse wie Verzögerungen, Engpässe)
Sicherung einer hohen Informationsverfügbarkeit, Transparenz	Möglichkeiten für den Kunden, jederzeit (online/realtime) umfassende Informationen über seine Sendung zu erhalten
Geeignete Systeme der Ersatzteillogistik	Das Ausmaß der Verfügbarkeit von Ersatz-/Verschleißteilen in der Nutzungsphase einer Maschine/eines Geräts hat eine besondere Bedeutung für die Kaufentscheidung – insbesondere bei hochwertigen und technisch anspruchsvollen Produkten

KENNZAHLEN

FLEXIBILITÄT

INFORMATIONS-VERFÜGBARKEIT

Wenn diese Entscheidungen richtig getroffen werden, können wesentliche Ziele der Distributionslogistik erreicht werden:

Ziele der Distributionslogistik
Kosten senken zur Verbesserung der Wirtschaftlichkeit
z. B. Senken der Kosten der Fehlervermeidung oder Fehlerbeseitigung, d.h. niedrige Kosten für die Prozessqualität
z. B. Senken der Kosten der Warenbestände, d.h. niedrige Kapitalbindungskosten
z. B. Kosten der logistischen Tätigkeiten, d.h. niedrige Prozesskosten durch Rationalisierung
Nutzen steigern zur Erhöhung der Kundenzufriedenheit
z. B. Hohe Lieferbereitschaft, d.h. ständige Warenverfügbarkeit für den Kunden
z. B. Kurze Lieferzeiten, d.h. keine störenden Wartezeiten für den Kunden
z. B. Hohe Flexibilität, d.h. rasche Anpassung an veränderte Kundenwünsche
z. B. Hohe Zuverlässigkeit, d.h. keine Abweichungen von den Kundenerwartungen
z. B. Hohe Informationsbereitschaft, d.h. Bereitschaft und (technische) Fähigkeit zur Auskunft

KOSTEN

NUTZEN

Die Rahmenbedingungen, unter denen diese Ziele erreicht werden sollen, vereinbaren üblicherweise der Logistikdienstleister und sein Vertragspartner für jeden Einzelfall in einem Pflichtenheft[3].

PFLICHTENHEFT

---
[3] Siehe Kap. 4.3.1

4.2 Wie kommt die Ware zum Kunden?

Die Distributionslogistik muss Problemlösungen anbieten, wie die Produkte den Kunden am besten erreichen. Diese Lösungen werden von vielfältigen Faktoren und Bedingungen beeinflusst.

DISTRIBUTIONS-
LOGISTIK

4.2.1 Einflussfaktoren und Rahmenbedingungen – Überblick

Die Distributionslogistik wird vor allem durch die folgenden Einflussfaktoren und Rahmenbedingungen geprägt: Produktlebenszyklus, Güterstruktur/Güterart, Verbrauchsstruktur, Netzstruktur und Verkehrsmittel, wirtschaftliche Faktoren sowie Vertragsbedingungen/rechtliche Aspekte.

(1) Produktlebenszyklus – Einfluss auf die Distributionslogistik

Im Lebenszyklus eines Produktes kann zwischen folgenden Phasen unterschieden werden:

- Markteinführung
- Marktwachstum
- Marktsättigung (Reifephase) und
- Marktdegeneration (Rückgang, Abschwung)

Phase	Merkmale	
Markt-einführung	• Es sind noch keine Erfahrungswerte verfügbar. • Es gibt zunächst noch keine bzw. nur **geringe Lagerbestände**. • Es werden üblicherweise nur **geringe Mengen** bestellt. • Die **Auslieferung** an Interessenten sollte möglichst **schnell** erfolgen. • Die Distributionskosten je Produkt sind noch hoch.	MARKT- EINFÜHRUNG
Markt-wachstum	• Die Marktentwicklung ist immer noch unsicher. • Die Fähigkeit zur raschen Anpassung der Fertigung an die unsichere Nachfrageentwicklung wird angestrebt. • Lager- und Transportmöglichkeiten müssen bei Bedarf verfügbar sein.	MARKT- WACHSTUM
Markt-sättigung	• Ein zweckmäßiges System zur Distribution wird auf- und ausgebaut. • Verteillager (zentral/dezentral, ein-/mehrstufig) werden genutzt. • Bündelungsmöglichkeiten werden gesucht.	MARKT- SÄTTIGUNG
Markt-degeneration	• Lagerbestände werden allmählich abgebaut. • Die Fertigung wird verringert. • Das Lager wird abgebaut.	MARKT- DEGENERATION

Diese Einteilung beschreibt einen grundsätzlichen Ablauf. In der Praxis geht es jedoch äußerst selten um nur ein Produkt, das diese Marktphasen durchläuft. Vielmehr entwickelt der **Hersteller** – während ein Produkt noch die vier Phasen durchläuft – parallel entweder völlig neue Produkte oder eine verbesserte Nachfolgeversion des Produkts, das sich gerade in der Marktdegenerationsphase befindet.

NACHFOLGE-
PRODUKTE

Außerdem arbeitet der **Logistikdienstleister** allenfalls in Ausnahmefällen für nur einen Kunden, der nur ein Produkt herstellt und vertreibt. Vielmehr lagert, transportiert und distribuiert er die Produkte mehrerer Kunden, indem er sie kostengünstig zusammenfasst.

Daher geht es in den meisten Fällen nicht um einen völligen Neuaufbau oder die völlige Auflösung eine Distributionslogistiksystems. Vielmehr kann ein erfolgreiches System zur Distributionslogistik flexibel an unterschiedliche Mengen und Zeitvorgaben angepasst werden, die sich als Folge der Produktlebenszyklen ergeben. Diese Eigenschaft einer möglichst schnellen und genauen Anpassungsfähigkeit wird auch als Skalierbarkeit bezeichnet.

ANPASSUNGS-
FÄHIGKEIT

SKALIERBARKEIT

(2) Güterstruktur/Güterart – Einfluss auf die Distributionslogistik

Gut	Merkmale
Kleinsendungen	• Es werden überwiegend **KEP-Dienstleister** eingesetzt. • Es wird in der Regel von einem **Zentrallager** aus distribuiert. • Es stehen leistungsfähige Verteilnetze zur Verfügung.
Gefahrgut	• Die Beherrschung der umfangreichen Vorschriften setzt entsprechend geeignetes und **qualifiziertes Personal** voraus. Im Normalfall muss dazu im Unternehmen eine Person als Gefahrgutbeauftragter ausgebildet und benannt werden. • Die Verfügbarkeit der **vorgeschriebenen Einrichtungen** ist eine weitere unverzichtbare Voraussetzung für die ordnungsgemäße Auftragserfüllung.
Zeitkritische Güter	• Sie erfordern eine reibungslose Organisation ohne Stand- bzw. Wartezeiten. • Nur bestimmte Verkehrmittel sind geeignet.
A-, B- oder C-Artikel	• Bestellbefugnis und Bestellmenge[4] sind vom Wert des Gutes abhängig. • Die eingelagerten Mengen sind abhängig vom Wert des Gutes. • Üblich sind, je nach Wert des Gutes, Direktauslieferung oder ein- bzw. mehrstufige Distributionsverfahren.
X (= R)-, Y (= S)- oder Z (= U)-Artikel	• Erfolgsentscheidend sind möglichst verlässliche Planungsdaten. • Die unsichere Informationssituation erfordert hochflexible Distributionssysteme.

Randbegriffe: KLEINSENDUNGEN, GEFAHRGUT, ZEITKRITISCHE GÜTER, A-, B-, C-ARTIKEL, X (= R)-, Y (= S)-, Z (= U)-ARTIKEL

(3) Verbrauchsstruktur – Einfluss auf die Distributionslogistik

Verbrauchs-struktur	Merkmale
Vertriebs-strategie	• Die Unterscheidung nach direktem und indirektem Vertrieb bestimmt das Distributionsverfahren. • Die Vertriebsstrategie hat auch Einfluss auf die Ersatzteillagerung und Bevorratung.
Mindestauftrags-größe	• Die von der Auftragsgröße unabhängigen Kosten zwingen dazu, Kleinaufträge z. B. nach Relationen zusammenzufassen. • In besonderen Fällen kann auch ein Mindestpreis für Kleinsendungen vereinbart werden[5].
Verbrauchs-folge[6]	• Entsprechend der Kundenvorgabe muss die Lagerorganisation darauf eingestellt sein, die geforderte (z. B. zuerst eingelagerte bzw. nach Wert gestaffelte) Ware für die Distribution bereitzustellen. • Manche Waren zwingen zu bestimmten Verbrauchsfolgen (z. B. Lifo bei Schüttgütern wie Kohle, Sand usw.).
Verbrauchs-häufigkeit	• Die Häufigkeit der Entnahme von Lagergut bestimmt die Distributionsverfahren (v.a. Kommissionierung, Verpackung, Umschlag). • Entsprechend der Verbrauchshäufigkeit erfolgt die kommissionier- bzw. entnahmegünstige Einlagerung im Distributionslager.

Randbegriffe: VERTRIEBS-STRATEGIE, MINDESTAUF-TRAGSGRÖSSE, VERBRAUCHS-FOLGE, VERBRAUCHS-HÄUFIGKEIT

---

4 Vgl. Kap. 2.5.3 Optimale Bestellmenge
5 So ist es z.B. in der Luftfracht üblich, für Kleinsendungen eine minimum rate zu verlangen
6 Vgl. Kap. 3.5.1 Lagerorganisation

(4) Netzstruktur und Verkehrsmittel – Einfluss auf die Distributionslogistik

Netzstruktur/ Verkehrsmittel	Merkmale	
Lagerstandorte	• Es sind – je nach Einzelfall – Zentrallagerung oder dezentrale/regionale Lager möglich. • Die Einrichtung von Lagern, insbesondere zur Ersatzteilversorgung, ist häufig nicht aus logistischen Gründen nötig. Weltweiter 24/48-Stunden-Service ist bereits in vielen Fällen möglich. Das Lager vor Ort soll den Kunden in seiner Kaufentscheidung beeinflussen (sog. „psychologischer Wert" des Lagers).	LAGERSTANDORTE
Verteilung	• Die Verteilung kann direkt oder, meistens in Hub & Spoke-Systemen, indirekt erfolgen. • Meist werden eigene Verteilzentren eingerichtet oder Güterverkehrszentren (GVZ) genutzt.	VERTEILUNG
Technisierung	• Es sind verschiedene Verfahrensarten möglich, von der ausschließlich manuellen Abwicklung über die umfassende technische Unterstützung[7] bis hin zur vollautomatischen Kommissionierung. Der Einsatz ist abhängig von der Verbrauchshäufigkeit und dem mengenmäßigen Bedarf in Verbindung mit dem Umfang der Kommissioniertätigkeiten und der Verpackung. • Die hohen Investitionskosten sind nur bei dauerhafter Nutzung und ausreichender Auslastung tragbar.	TECHNISIERUNG
Verkehrsmittel	• Es müssen – je nach Einzelfall – Verkehrsmittel mit entsprechender Kapazität und Schnelligkeit sowie möglichst geringen Kosten eingesetzt werden. • Umfangreiche, oft internationale Netze erfordern vom verantwortlichen Logistikdienstleister die Fähigkeit, zwischen vielen beteiligten Unternehmen (Frachtführer/Carrier, Lagerhalter, Zwischenspediteure) eine reibungslose Zusammenarbeit zu garantieren.	VERKEHRSMITTEL

(5) Wirtschaftliche Faktoren – Einfluss auf die Distributionslogistik

Einflussfaktor	Ausprägung der Distributionslogistik	
Produktionsumstellung bzw. Produktveränderungen	• Mehrproduktunternehmen können oft nicht alle Produkte gleichzeitig herstellen. Dann muss entschieden werden, welche Menge eines Produkts jeweils hergestellt wird, bevor wieder eine Produktionsumstellung mit kostenaufwändigen Rüstzeiten erfolgen soll. • Bei der Einführung von veränderten/neuen Produkten sind meistens noch Vorgängerprodukte im Lager. Dies zwingt meistens zu distributionslogistisch aufwändigen Sonderverkaufsaktionen, z. B. gleichzeitigen Sonderangeboten in zahlreichen Verkaufsstellen. • Häufige Veränderungen und die dadurch steigende Zahl an Produktvarianten erhöhen die Ersatzteilbestände und die Komplexität einer schnellen, zuverlässigen Ersatzteilversorgung.	PRODUKTVERÄNDERUNGEN
Spezielle Personalentwicklung	• In der Distributionslogistik ist der Logistikdienstleister oft der einzige Ansprechpartner für den Kunden. Daher sind gute Produktkenntnisse notwendig, die unterschiedlich umfangreiche Schulungen der Mitarbeiter erfordern. • Die technisch und organisatorisch anspruchsvollen Distributionsprozesse sind nur mit qualifiziertem und stets aktuell geschultem Personal in der notwendigen Qualität zu erledigen.	PERSONALENTWICKLUNG
Qualitätsmängel	• Die Qualität der logistischen Dienstleistung ist bei ansonsten gleichen Bedingungen meist der entscheidende Wettbewerbsfaktor. • Häufig sind Qualitätsmängel mit hohen Kosten verbunden (z. B. Kosten der Fehlerbeseitigung und/oder Vertragsstrafen).	QUALITÄT

[7] Vgl. z.B. die im Kap. 3.5.2 beschriebenen Verfahren Pick by Voice und Pick to Light

(6) Vertragsbedingungen/rechtliche Aspekte – Einfluss auf die Distributionslogistik

Rechtsaspekte	Folgen für die Distributionslogistik
Lieferzeit-überschreitung	• Üblich sind Strafen/Kostenübernahmen bei Überschreiten der vereinbarten Lieferzeit. • Zur Vermeidung von Vertragsstrafen können höhere Kosten entstehen (z. B. Lufttransport statt Seetransport, Sonderfahrten etc.).
Fehlerhafte Lieferung (Menge, Zustand)	• Die als Folge von Fehlmengen auftretenden Kosten können den Logistikdienstleister im Einzelfall finanziell erheblich belasten. • Schadhafte Produkte können in Einzelfällen hohe Kosten für die Produkthaftung verursachen, wenn z. B. der importierende Logistikdienstleister noch technische Veränderungen am Produkt vornehmen muss, sodass er gegenüber dem Käufer auch als Hersteller auftritt und haften muss.
Weitere Verstöße	• Hier sind vielfältige Möglichkeiten der vertraglichen Gestaltung von Distributionsdienstleistungen denkbar, z. B. zusätzliche Serviceleistungen, finanzielle Vorleistungen bei Abgaben usw.
Sonstige Aspekte	• Im internationalen Handel ist der Logistikdienstleister häufig für die Entrichtung der Einfuhrabgaben verantwortlich und trägt somit ein bedeutendes Risiko.

STRAFEN

HAFTUNG

ABGABENRISIKO

4.2.2 Distributionswege

Es sind viele, unterschiedliche Möglichkeiten entwickelt worden, Güter schnell, zuverlässig und kostengünstig zu verteilen.

(1) Direkter und indirekter Vertrieb/Export in der internationalen Distributionslogistik

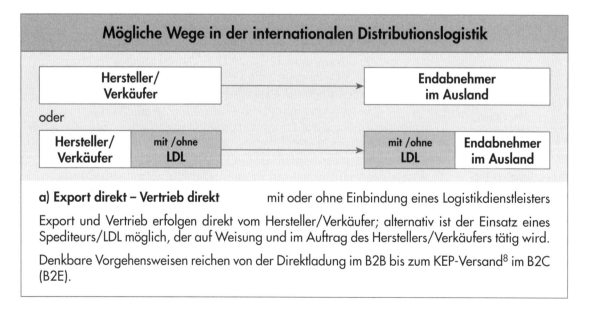

8 s. Band 3

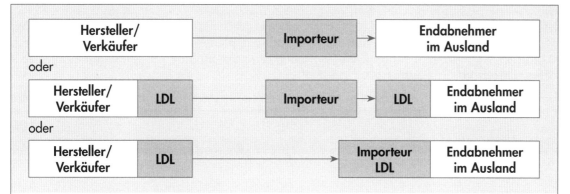

b) Export direkt – Vertrieb indirekt   mit oder ohne Einbindung eines Logistikdienstleisters

Hersteller/Verkäufer erledigen direkt – ggf. unter Einsatz eines Spediteurs/LDL – den Export; den indirekten Vertrieb im Importland übernimmt ein Importeur/Händler. Denkbar ist auch, dass der Importeur alle Aufgaben alleine erledigt oder aber, dass der Importeur einen LDL mit der Abwicklung beauftragt bzw. ein LDL selbst als Importeur auftritt, wenn der Vertrieb im Importland keine besonderen Anforderungen mit sich bringt.

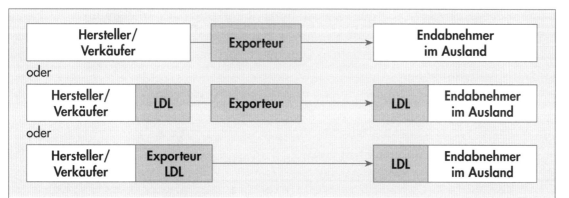

c) Export indirekt – Vertrieb direkt   mit oder ohne Einbindung eines Logistikdienstleisters

Hersteller/Verkäufer schalten für den indirekten Export einen Spediteur/LDL ein. Im Importland erfolgt der Vertrieb an den Endabnehmer direkt. Denkbar ist aber auch, dass der Hersteller/Verkäufer, der Exporteur oder auch der Endabnehmer im Importland einen LDL mit der Abwicklung von einzelnen Vertriebsaufgaben beauftragt.

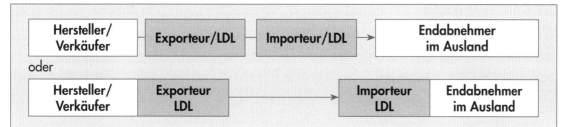

d) Export indirekt – Vertrieb indirekt   mit oder ohne Einbindung eines Logistikdienstleisters

Export und Vertrieb erfolgen indirekt unter Einschaltung eines Exporteurs und Importeurs; Exporteur und Importeur können zu einer Unternehmung gehören. Denkbar ist auch, dass der Exporteur/Importeur einen oder mehrere LDL einschalten. In einfachen Fällen kann der LDL Export/Import und Vertrieb für seinen Auftraggeber (Hersteller/Verkäufer oder Endabnehmer) übernehmen.

Bild 36: Distributionskanäle in der internationalen Distributionslogistik

VERTRIEBSWEGE

Die direkte Erledigung der Vertriebsaktivitäten in der – vorwiegend internationalen – Distributionslogistik erfordert vom Hersteller/Verkäufer zwar große Anstrengungen, hat aber auch Vorteile: Er kann alle Aktivitäten aus einer Hand planen, bei der Abwicklung steht er in ständigem Kontakt zum Kunden und hat auch direkten Einfluss auf die Qualität aller Prozesse.

Vor dem Übergang zum indirekten Vertrieb sollten immer die Vor- und Nachteile sorgsam gegeneinander abgewogen werden.

Vorteile des indirekten Vertriebs	Nachteile des indirekten Vertriebs
• Niedrige Personalkosten für den Vertrieb • Geringere Bestandskosten • Größere Kundennähe • Bessere Kundendienstmöglichkeiten	• Weniger Einfluss auf die Qualität • Geringerer Kundenkontakt • Unpersönlicher Service • Begrenzter Einfluss auf die Verkaufspreise

NETZE

(2) Verteilsysteme und Netzwerke

Diese Systeme – z. B. Hub-and-Spoke-Systeme mit Cross Docking – werden nicht ausschließlich in der Distribution, sondern auch in vielen anderen Logistiksystemen verwendet. Sie wurden daher bereits in Kapitel 1.4 ausführlich dargestellt. Die Knotenpunkte in diesen Distributionswegesystemen werden in Kapitel 4.2.3 näher beschrieben und erläutert.

STRATEGIEN

(3) Logistische Strategien

Besondere Ausprägungen des Vertriebs und damit der Distributionswege ergeben sich aus den logistischen **Strategien**, die sich im Zuge der Weiterentwicklung der Logistik ausgebildet haben. Die wesentlichen Strategien sind:

- ECR   Efficient Consumer response
- CRP   Continuous Replenishment
- CPFR   Collaborative Planning, Forecasting and Replenishment
- CRM   Customer Relationship Management
- SCEM   Supply Chain Event Management

Sie werden in Kapitel 4.4 ausführlich vorgestellt.

FORMEN DER DISTRIBUTION

(4) Spezielle Formen der Distributionslogistik[9]

Zur Bewältigung der oft sehr unterschiedlichen Anforderungen an eine effiziente Distribution wurden verschiedene organisatorische und technische Lösungsansätze für die Distributionswege entwickelt.

Die folgende Übersicht stellt aktuelle spezielle Formen vor.

Spezielle Formen[10] der Distributionslogistik	
CITYLOGISTIK	
Citylogistik	In der Citylogistik werden Lösungen gesucht, mit deren Hilfe in den Ballungszentren der Städte, insbesondere in den Fußgängerzonen, eine Reduzierung des Verkehrs erreicht werden kann. Überzeugende <u>einheitliche</u> Lösungen, die sich auch in der Praxis bewährten, wurden bisher noch nicht gefunden.
	Einer der wesentlichen Gründe liegt vermutlich darin, dass die meisten Ladengeschäfte im Fußgängerbereich in die Supply Chain des Konzerns eingebunden sind, dem sie angehören. Innerhalb dieser Supply Chains

---

[9] s. auch den Überblick in Kap. 1.4.4
[10] siehe Kap. 1.4.4

wurden zwar auch Lösungen für die Innenstadtbelieferung entwickelt, die jedoch unterschiedlich organisiert sind. Es ist bisher nicht gelungen, aus diesen Einzellösungen für eine bestimmte Stadt ein dauerhaft funktionierendes <u>ganzheitliches</u> Konzept zu entwickeln. Das EU-Projekt FIDEUS (**F**reight **I**nnovative **D**elivery in **E**uropean **U**rban **S**pace) versucht, doch noch Lösungen für umweltfreundliche und wirtschaftliche Verteilverkehre im Innenstadtbereich zu entwickeln. Im Mittelpunkt dieser Forschung stehen die Entwicklung neuer Fahrzeuge und die Verbesserung der Kommunikation unter Einschaltung von Verteilzentren.

FIDEUS

Packstationen

Eine spezielle Form der Distribution bietet u.a. DHL als innovatives Postprodukt an. Über Packstationen können Geschäfts- und Privatkunden, die sich zuvor als Nutzer registrieren ließen, rund um die Uhr Pakete abholen und verschicken.

In der Distributionslogistik ist dies einer der erfolgreichen Versuche, das sog. „**Problem der letzten Meile**" zu lösen, nämlich den Endverbraucher anzutreffen und die Sendung zu übergeben.

„Problem der letzten Meile"

Tower 24

Ein den Packstationen von DHL ähnliches automatisches Lagersystem für Paketsendungen wurde unter dem Namen Tower 24 entwickelt, das von jedermann nutzbar ist.

Tower 24

Nach Anmeldung und Passwortvergabe kann die bestellte Ware rund um die Uhr abgeholt werden. Wenn ein mit der Lieferadresse Tower 24 bestelltes Paket vom Lieferanten dort deponiert wird, erhält der Empfänger eine Nachricht, dass die Ware (auch Kühlgut) zur Abholung bereit steht. Zahlung per e-cash bei Abholung und Rücksendemöglichkeiten bei Nichtgefallen vervollständigen den Service.

Ersatzteil-logistik

Die optimale Versorgung der Nutzer von technischen Geräten und der Betreiber automatischer Anlagen und hochwertiger Verkehrsmittel mit Ersatzteilen erfordert ein leistungsfähiges Distributionssystem, das die rasche, weltweite Verfügbarkeit des für Wartung und Reparatur notwendigen Materials sicherstellen muss.

Ersatzteil-logistik

Die kostenoptimale Kombination der Bereitstellung von Ersatzteilen in dezentralen Lagern mit dem schnellen, weltweiten Ersatzteiltransport ist die Hauptaufgabe[11] des Managements einer leistungsfähigen Ersatzteillogistik.

So erzwingen z. B. ausgefeilte Wartungspläne für Flugzeuge eine flexible Bereitstellung des Materials für die vorbeugenden Wartungsarbeiten und den vorsorglichen Austausch von Verschleißteilen an unterschiedlichen Flughäfen weltweit.

Eine Strategie der IT-Firmen ist so aufgebaut, dass bei Technikausfällen die benötigten Ersatzteile innerhalb weniger Stunden in den Kofferraum der Techniker geliefert wird. Andere Entwicklungen nutzen Abholstationen, z. B. Schließfachsysteme oder andere vereinbarte Orte, aus denen die Techniker bei Bedarf die kurzfristig bereitgestellten Ersatzteile abholen, um dann mit der Wartung bzw. der Reparatur beginnen können[12].

Teure Maschinen und Anlagen sind rund um die Uhr im Einsatz. Bei einem Ausfall dieser Maschinen und Anlagen müssen Servicetechniker sofort Abhilfe schaffen, was die ständige Verfügbarkeit der Ersatzteile und auch der Spezialisten für die Reparaturarbeiten erfordert.

Dieses Management der Ersatzteillogistik ist nur mithilfe guter Prognose-Instrumente und leistungsstarker mathematischer Optimierungsverfahren (Operations Research) möglich.

---

[11] Gerade die Ersatzteillogistik wird auch genutzt, um Kunden an die Produkte des Herstellers/Verkäufers zu binden; diese Zielsetzung – Customer Relationship Management CRM – wird in Kap. 4.4.3 genauer erläutert.

[12] In einer Pressemeldung eines großen KEP-Dienstleisters wird über 55.000 Sendungen von 12.000 Versendern für 400.000 Empfänger berichtet. Wenn man einen Anteil von nur 10 % Ersatzteile annimmt und die Sendungen der Mitbewerber einrechnet erhält man eine Vorstellung vom Umfang der Ersatzteillogistik.

AUTOMOBIL-
LOGISTIK

Automobil-logistik	Die Distribution **fertiger Automobile** ist technisch mit Lkw, PCC, Binnenschiff und Spezialwaggons sowie organisatorisch schon weit entwickelt.
	Die Distribution von **Karosserien** erfolgt z. B. mit vollautomatischer Beladung von speziell entwickelten Bahnwaggons (aus der Sicht der Automobilhersteller handelt es sich um **Intralogistik** oder – bei nicht selbst hergestellten Teilen – um Beschaffungslogistik).
	Mithilfe von **CKD-Verfahren** werden weltweit die Montagebetriebe der Hersteller mit vollständig zerlegten (CKD = Completely Knocked Down) Bauelementen versorgt. Dies senkt die Kosten für den Transport; evtl. sind auch für die einzelnen Teile niedrigere Abgaben zu entrichten als für komplette Bauelemente oder fertige Automobile.

(CKD =
COMPLETELY
KNOCKED DOWN)

ENTSORGUNGS-
LOGISTIK

(5) Entsorgungslogistik als Teil der Distributionslogistik

In zunehmendem Maße wird versucht, die Entsorgungslogistik zur besseren Auslastung der Verkehrsmittel mit der Distributionslogistik zu verbinden. In den letzten Jahren wurden jedoch immer mehr gesetzliche Vorschriften erlassen, die zur Rücknahme und Verwertung von Altgeräten zwingen und dadurch neue Geschäftsfelder auch für Logistikdienstleister entstehen lassen. Hinzu kommt die immer größer werdende Anzahl von Stoffen, deren Verwertung oder Beseitigung umfangreiches Fachwissen erfordert. Bei den als gefährlich eingestuften Stoffen ist dies ohnehin nur mit qualifiziertem und geprüftem Personal erlaubt. Die Entsorgungslogistik kann daher nicht mehr nur als Teilbereich der Distributionslogistik betrachtet werden. Vielmehr hat sich die Entsorgungslogistik mit den umfangreichen Möglichkeiten des Recycling als organisatorisch und technisch eigenständiger Aufgabenbereich der Logistik entwickelt, der im Kapital 5 genauer vorgestellt wird.

DISTRIBUTIONS-
KANÄLE

(6) Ausgestaltung der Distributionskanäle

Die Gestaltung der sog. Distributionskanäle hängt davon ab, welche Vertriebsformen Industrie und Handel entwickeln und anwenden. Dabei ist es notwendig, die Beschaffungslogistik des Käufers mit der Distributionslogistik des Herstellers/Verkäufers zu verknüpfen. Aus diesem Grund wird stets versucht, die Logistikkanäle so auszugestalten, dass möglichst viele Einrichtungen und Verfahren für beide Aufgaben in beiden Teilsystemen der Logistik genutzt werden können.

Die hierfür entwickelten Prinzipien/Formen/Verfahren sind:

- **Pull-/Push-Prinzip**
- **E-Commerce**
- **Efficient Consumer Response**
- **Just in Time/Just in Sequenz**

Sie wurden bereits vorgestellt[13] bzw. werden später vertieft behandelt[14].

Die zunehmende Arbeitsteilung zwischen den Unternehmen und die immer stärker weltweit verbundene Produktion führten zum Aufbau immer komplexerer Netze. Die Leistungsfähigkeit dieser Netze beruht auf gut funktionierenden Transportsystemen sowie auf leistungsfähigen **Lager- und Umschlagsmöglichkeiten** in den Distributionsknotenpunkten sowohl in der Beschaffungs- als auch in der Distributionslogistik.

4.2.3 Distributionsknotenpunkte

Bei der Betrachtung der Knotenpunkte in logistischen Systemen zur Distribution sind vielfältige Gesichtspunkte und Fragestellungen zu berücksichtigen.

KNOTENPUNKTE

(1) Grundsätzliche Fragen und Überlegungen

LAGER

(a) Die Frage, ob überhaupt Lager eingerichtet werden müssen, lässt sich nur für den jeweiligen Einzelfall beantworten. Es können mehrere grundsätzliche Ausgangssituationen unterschieden werden, z. B.:

---

[13] Vgl. Kap. 2.3.2
[14] Vgl. Kap. 4.4.1

- Die Produktion muss aus technischen Gründen kontinuierlich fortgesetzt werden. Dann kann bei schwankendem Verkauf kaum auf ein Fertigwarenlager verzichtet werden.

- Es wird ausschließlich auf Bestellung produziert. In diesem Fall ist kein Lager für die Fertigwaren notwendig.

- Die Kosten für die Produktionsumstellung bei sequenzieller, d.h. aufeinander folgender Produktion unterschiedlicher Waren sind sehr hoch. Dann ist die Produktion und Einlagerung größerer Stückzahlen (= Lose) kostengünstiger als eine häufige Umstellung.

- Für das Unternehmen sind hohe Lieferbereitschaft und kurze Lieferzeiten unverzichtbar und werden häufig auch vertraglich vereinbart. Ein Lager ist meist die einzig sichere Möglichkeit, diese Servicequalität zu gewährleisten.

FERTIGWAREN-
LAGER

SICHERHEITS-
LAGER

(b) Wenn die Entscheidung zugunsten einer Lagerhaltung von Fertigprodukten fällt, stellen sich zwangsläufig weitergehende Fragen zu folgenden Gesichtspunkten:

- Einrichtung eines zentralen Lagers oder mehrerer regionaler Läger,

- Aufbau eines Systems von Werkslägern für die jeweils im Werk hergestellten Produkte oder eines zentralen Distributionslagers bzw. mehrerer regionaler, leistungsfähiger Distributionsläger, in denen das gesamte Produktionsprogramm aus allen Produktionsstätten bereitgehalten wird.

WERKSLAGER

(c) Es kann notwendig werden, die Einrichtung von Lägern auch an die Vertriebsstruktur (direkter oder indirekter Vertrieb) anzupassen, wie sie unter 4.2.2 (1) beschrieben ist.

(d) Je nachdem, ob die Waren von einem Lager aus direkt oder vom Werkslager über Zentrallager, Regionallager und Auslieferungslager verteilt werden, unterscheidet man auch zwischen einstufigen, zweistufigen und dreistufigen Distributionssystemen.

MEHRSTUFIGE
SYSTEME

(e) Dem eigentlichen Distributionsprozess vorgelagert sind solche Arbeiten, die als Vorbereitung für die Distribution im Lager erledigt werden. Diese vorbereitenden Arbeiten, die durchaus der Distributionslogistik zugeordnet werden können, sind im Kapitel 3 – Lagerleistungen anbieten und organisieren – ausführlich beschrieben. Die entsprechenden Kennzahlen lassen auch Aussagen über den Distributionsprozess zu; daher sind sie zur Vervollständigung auch in der Kennzahlenzusammenstellung in Kap. 4.5.3 enthalten.

(f) Schließlich gibt es unterschiedliche mögliche Bestimmungsgrößen für die Ortswahl:

- Individualentscheidungen, z. B. aufgrund der Nähe zu einem wichtigen Kunden

- Einteilung nach den Postleitzahlbereichen, v.a. bei vorwiegend flächendeckender Distribution (v.a. bei der B2C-Distribution)

- Einteilung entsprechend bestimmter Ballungsgebiete

- Infrastrukturgründe, z. B. Anbindung an die Netze anderer Verkehrsträger

- Optimierte Entfernungen in Hub-and-Spoke-Distributionsnetzen

LAGERSTANDORT

(2) Die Zahl der Standorte

Grundsätzlich ist die Planung (und damit die Entscheidung über die Zahl der Standorte) ein wesentlicher Teilbereich der Analyse der Gesamtkosten in einem Logistiksystem. Generell gilt, dass ein zusätzlicher Standort allein unter Kostengesichtspunkten dann günstiger ist, wenn die Kosten für Bau und Betrieb des neuen Lagers niedriger sind als die gesamten Transportkosten ohne diesen Distributionsknoten. Noch nicht berücksichtigt sind dabei weitergehende Gesichtspunkte wie z. B. das Vorhandensein eines Lagers als Verkaufsargument[15].

KOSTEN

Die optimale Zahl von Lagerstandorten ist mithilfe exakter mathematischer Verfahren ermittelbar. Allerdings sind diese Verfahren meist nur selten ohne Einschränkungen anwendbar, weil oft auch andere Gesichtspunkte in die Entscheidungen einbezogen werden müssen.

---

15 Vgl. oben Kap. 4.2.1 (4), „psychologischer Wert" des Lagers

Diese Gesichtspunkte können sein:

- Kundennähe (evtl. sogar vertraglich vereinbart)
- Andere Auftraggebervorgaben
- Verfügbare Infrastruktur

STANDORT-
FAKTOREN

- Bedienung mehrerer Auftraggeber mit unterschiedlicher Kundenstruktur zur Auslastung der Kapazitäten

(3) Die Bedeutung des Standorts

An Standorte für Betriebsstätten werden unterschiedliche Anforderungen gestellt, die im Wesentlichen davon abhängen,

- welche Produkte hergestellt/welche Dienstleistungen erbracht werden sollen,
- welche Betriebsmittel eingesetzt werden können oder sollen und
- welche Mitarbeiter die Unternehmen auf dem Arbeitsmarkt vorfinden.

STANDORT-
KRITERIEN

Zur Bewertung der Eignung eines Standortes für ein Unternehmen wurden Merkmale entwickelt, die üblicherweise als Standortfaktoren oder Standortkriterien bezeichnet werden. Wie geeignete Standortfaktoren konkret aussehen müssen, hängt von der jeweiligen Branche ab, die betrachtet wird. So beeinflusst die Eignung von Standorten für logistische Einrichtungen auch die speziell dafür entscheidenden Standortfaktoren.

Für die Eignung ist vor allem von Bedeutung, was bei der Standortwahl im Vordergrund steht:

- Die Beschaffung von Material für die Produktion
- Die Distribution der hergestellten Waren
- Die Versorgung eines Ballungsgebietes mit Fertigprodukten

In der Praxis wird ein Logistikdienstleister von seinem Standort bzw. seinen Niederlassungen aus meist unterschiedliche Aufgaben erfüllen müssen – von der Beschaffung bis zur Distribution und sogar bis zur Entsorgung.

Standortfaktoren für Logistikdienstleister		
Ökonomische Merkmale	Kundenpotenzial	Anzahl der Kunden, ausgedrückt in möglichen, erzielbaren Umsätzen
	Lieferantenpotenzial	Mögliche Lieferanten/Auftragnehmer im Umkreis
	Konkurrenzsituation	Anzahl/Marktmacht der Mitbewerber in der Region
	Wirtschaftskraft	Kaufkraft/Nachfrage in der Region
	Rohstoffe	Rohstoffverfügbarkeit für die Produktion der Kunden
	Wirtschaftswachstum	Expansionsmöglichkeiten
Infrastruktur-merkmale	Nutzbare Verkehrsträger	Straßengüterverkehr, Schienengüterverkehr, Luftfrachtverkehr, Seeschifffahrt, Binnenschifffahrt, Rohrleitungen
	Verfügbare Verkehrsknoten	Bahnhöfe, Flughäfen, Seehäfen, Binnenhäfen, Güterverkehrszentren/Güterverteilzentren
	Kommunikations-möglichkeiten	Vorhandene technische Einrichtungen/Kommunikationsnetze
Mitarbeiter-potenzial	Verfügbare Arbeitskräfte	Anzahl der am Arbeitsmarkt vorhandenen Arbeitskräfte
	Lohn-/Gehaltsniveau	Kosten der Arbeitsleistung
	Qualifikation der Mitarbeiter	Betrieblich notwendige berufliche Fähigkeiten der Mitarbeiter
Rechtlicher Rahmen	Unternehmensrecht	Bedingungen für Unternehmensgründungen
	Arbeitsrecht	Kündigungsrecht, Mitbestimmungs- und Betriebsverfassungsrecht
	Zulässige Arbeitszeiten	Nachtfahrverbote/Nachtflugverbote

ÖKONOMISCHE
MERKMALE

INFRASTRUKTUR-
MERKMALE

MITARBEITER-
POTENZIAL

RECHTLICHER
RAHMEN

	Steuern/Abgaben	Kostenbelastung durch Steuern/Abgaben	
	Vorschriften	Arbeitsschutzbestimmungen	
	Handelsbestimmungen	Bedingungen für Import und Export	
Baubedingungen	Verfügbarer Baugrund	Gewerbegebiete mit Wachstumsreserven	BAU-BEDINGUNGEN
	Grundstückskosten	Preise für Bauplätze	
	Baukosten	Preise der einsetzbaren Bauunternehmer	
	Betriebskosten	Kosten des Betriebs/Unterhalts der Gebäude	
Sonstige Faktoren	Lebensbedingungen	Lebensqualität für die Mitarbeiter in der Region	SONSTIGE FAKTOREN
	Staatliche Unterstützung	Nutzbare Subventionen, Sonderkonditionen in den Gemeinden	

(4) Standortauswahl unter Einbeziehung der Standortfaktoren

STANDORT-AUSWAHL

Es können unterschiedliche Verfahren zur Wahl des geeigneten Standortes angewandt werden:

(a) Komplizierte mathematische Modelle: Neben speziellen Anwendungskenntnissen müssen die notwendigen konkreten Daten verfügbar sein.

(b) Bewertungsverfahren: Sie erlauben in Nutzwertanalysen[16] auch die Einbeziehung qualitativer Größen zur Bewertung der Standortqualität.

In jedem Fall kommt es darauf an, die Entscheidung gut zu überdenken. Eine Befragung brachte zutage, dass 15 % der Unternehmen, die einen Standortwechsel hinter sich haben, diesen Standort schon nach 3 Jahren nicht mehr wählen würden.

(5) Verkehrs- und Verteilzentren

Ein guter Distributionsknotenpunkt ermöglicht im Wesentlichen die Bündelung, den zusammengefassten Transport und die Aufteilung der Sammelsendungen sowie die Zustellung an den Endkunden.

DISTRIBUTIONS-KNOTENPUNKT

Als Lösungsmöglichkeiten für diese Logistikaufgaben entwickelten sich in der Praxis die unterschiedlichen Formen Güterverkehrszentren, Güterverteilzentren und Logistikzentren.

(a) **Güterverkehrszentren – GVZ**

Das erste GVZ entstand in Bremen. Inzwischen wurden viele GVZ-Projekte realisiert. Die damit verfolgten Ziele sind meist ähnlich:

Güterverkehrszentren – wesentliche Ziele/Vorteile
• Zusammenführung mehrerer Verkehrsträger zum einfachen Wechsel zwischen z. B. Bahn/Lkw (KV-Terminal), Bahn/Binnenschiff bzw. Lkw/Binnenschiff (multimodale Transporte)
• Möglichkeiten des gemeinschaftlichen Betriebs von Einrichtungen (z. B. Nahverkehrsfuhrpark, Umschlaghallen) durch mehrere Speditionen
• Einrichtung und Nutzung von Gemeinschaftsanlagen wie Tankstellen, Waschanlagen und Reparaturwerkstätten
• Räumliche Nähe zur Zollabfertigung, zu den Gesundheitsbehörden usw.
• Entlastung der Umwelt durch Bündelung und bessere Kapazitätsauslastung

MULTIMODALE TRANSPORTE

KAPAZITÄTS-AUSLASTUNG

(b) **Verteilzentren/Distributionszentren**

Distributionszentren – wesentliche Ziele/Vorteile
• Schnelle und bedarfsgerechte Verteilung von Waren an ein Kaufhaus/mehrere Kaufhäuser/Filialen oder auch Kunden eines großen Handelsunternehmens
• Nutzung der kostengünstigeren Randgebiete großer Städte für die Einlagerung/Bereithaltung größerer Warenbestände

---

[16] vgl. Fallstudie 2.2

KOSTEN

- Einsparung von Lagerräumen in den kostenintensiven Innenstadtbereichen
- Einsparung von Transportkosten durch Bündelung der Warenströme
- Ausnutzung kostengünstiger Verkehrsträger zur Auffüllung (Bahn/Wechselbrücken, ggf. Gleisanschluss, Belieferung mit dem Binnenschiff)

KAPAZITÄTS-
AUSLASTUNG

- Entlastung des Verkehrs in den Innenstädten durch Nutzung der verkehrsarmen Zeiten
- Entlastung der Umwelt durch Bündelung und bessere Kapazitätsauslastung

(c) Logistikzentren

Logistikzentren – wesentliche Ziele/Vorteile
• Ähnliche Ziele wie in den Verteilzentren
• Nähe zur Zollabfertigung im internationalen Handel
• Ggf. Nutzung als Zolllager
• Spezielle logistische Aktivitäten wie Kommissionierung, Preisauszeichnung, Verpackung/Umverpackung, ggf. Montagearbeiten
• Produktionstätigkeiten, Montagearbeiten, VAS-Leistungen

PRODUKTIONS-
TÄTIGKEITEN

(d) Zusammenfassung

ERFOLGSFAKTOREN

Zusammenfassung – Erfolgsfaktoren für Verteilzentren	
• Keine unnötigen Bestände	→ keine Verschwendung von Lagerplatz, möglichst geringe Kapitalbindungskosten
• Fest vorgegebene (standardisierte) Arbeitsabläufe	→ keine unnötigen Arbeiten, hohe Produktivität
• Leistungsfähige Kommissioniertechniken	→ Fehlerfreies Arbeiten, hohe Qualität und Produktivität
• Einlagerung nur nach ABC-Analyse	→ Artikel, auf die häufig zugegriffen werden muss, gehören im Lager nach vorne; Prinzip der kurzen Wege und damit des schnellen Zugriffs
• IT-Unterstützung der Logistikaktivitäten z. B. Bestandsführung online	→ Fehlerreduzierung in der Informationslogistik, bessere Verfügbarkeit der Informationen und damit besserer Service und bessere Qualität
• Hochqualifiziertes Personal	→ Bessere Qualität und Produktivität
• Flexibler, bedarfsgerechter Personaleinsatz	→ Optimierung der Personalkosten
• Ausreichender Lager- und Arbeitsplatz	→ sog. „atmendes Lager", keine unnötigen Umräumarbeiten, bessere Übersicht, Qualität und Produktivität
• Sauberkeit/Ordnung	→ bessere Übersicht, Qualität und Produktivität, besseres Arbeitsklima
• Gute ergonomische[17] Arbeitsplätze	→ Weniger Ausfälle durch Krankheit, Unfälle

---

[17] Ergonomie beschäftigt sich mit der gesundheitsschonenden Gestaltung von Arbeitsplätzen

4.2.4 Netzsysteme

(1) Transportnetze

Die organisatorischen Möglichkeiten einer kostengünstigen Abwicklung der Transporte für Beschaffung und Distribution wurden bereits ausführlich[18] erläutert. Insbesondere bei Vergabe der Transporte (s.u. Eigen- oder Fremdtransport) an leistungsfähige Frachtführer ergeben sich gerade für kleinere und mittlere Unternehmen Chancen, ein kundenfreundliches **Distributionsnetz** aufzubauen. Erleichtert wird die Fremdvergabe durch die Nutzung von elektronischen Ausschreibungen beim Einkauf von **Transportleistungen**.

DISTRIBUTIONSNETZ

(2) Informationsnetze

Zur reibungslosen Erledigung von Distributionsaufträgen gehört neben dem Transport der Waren ein fehlerfreier **Fluss der Informationen**. Internet und leistungsfähige Intra-Netze bieten hier sehr gut entwickelte Möglichkeiten, die in Barcodes oder Transpondern verschlüsselten Informationen zu verarbeiten und weiterzuleiten. Grundlegende Voraussetzung dafür ist, dass die an einer Supply Chain beteiligten Partner mit gleichen oder kompatiblen Netzwerken und Programmen arbeiten.

FLUSS DER INFORMATIONEN

(3) Stückgutnetzwerke

Stückgutnetzwerke entstehen durch die Verbindung von Transportnetzwerken mit den für eine reibungslose Abwicklung unverzichtbaren Informationsnetzen. Dies führt meist zu Hub-and-Spoke-Netzwerken für Vor-, Haupt- und Nachlauf einschließlich Umschlag und Lagerung. Neben der Übermittlung der umfangreichen Stückgutinformationen dient die Informations- und Kommunikationstechnologie auch der Erhöhung der Produktivität. Dazu werden Kennzahlen aus den Betriebsdaten entwickelt und zur wirtschaftlichen Gestaltung der Abläufe genutzt[19].

STÜCKGUTNETZWERKE

HUB AND SPOKE

4.2.5 Eigen- oder Fremdleistung[20]

Diese Frage muss sowohl hinsichtlich des Transportes als auch der Lagerung entschieden werden. Dabei sind hier **nicht** die – meist nur zur **kurzfristigen** Überbrückung von Engpässen notwendigen – **Make-or-Buy-Entscheidungen** in Einzelfällen gemeint, sondern die grundsätzliche und dauerhafte Überlassung dieser logistischen Aktivitäten an einen Partner, nachhaltiges **Outsourcing**. Es handelt sich daher um Entscheidungen von strategischer Bedeutung. Die wesentlichen Entscheidungskriterien, die in diese Überlegungen einbezogen werden müssen, sind in den folgenden Übersichten kurz zusammengefasst.

MAKE-OR-BUY-ENTSCHEIDUNGEN

OUTSOURCING

(1) Eigen- oder Fremdtransport

Eigen- oder Fremdtransport – wesentliche Kriterien für die Entscheidung
• Kosten[21] für die Anschaffung des Fuhrparks
• Kosten für die Infrastruktur (Hof, Garage, Tankstelle, Werkstatt)
• Laufende Betriebskosten
• Bedarf an qualifiziertem Personal (Fahrer, Disponenten)
• Abhängigkeit von der zuverlässigen Verfügbarkeit des notwendigen Frachtraums

FAHRZEUGKOSTEN

---

[18] Vgl. dazu auch das ausführliche Kap. 1.7.1 Netzwerke
[19] Vgl. dazu das Kap. 4.5, insbesondere 4.5.1 – 4.5.3
[20] Vgl. auch die allgemeinen Erläuterungen zum Outsourcing in Kap. 1.1.1
[21] Vgl. die ausführliche Darstellung in Band 4, Kap.4.2, Fahrzeugkosten

(2) Eigen- oder Fremdlagerung

LAGERKOSTEN

Eigen- oder Fremdlagerung – wesentliche Kriterien für die Entscheidung
• Kosten[22] für Platz, Bau und Anschaffung des Lagers/der Lagereinrichtung (z. B. ein vollautomatisches Hochregallager, das hohe Investitionen erfordert)
• Laufende Betriebskosten des Lagers
• Bedarf an qualifiziertem Personal (Personalverfügbarkeit mit dem erforderlichen Know-how, Anpassungsmöglichkeiten an – ggf. saisonal – schwankenden Personalbedarf)
• Abhängigkeit von der Verfügbarkeit des notwendigen Lagerraums
• Verlust an Kundennähe bei Fremdlagerung (Kommunikation mit den Kunden)
• Außenwirkung/Prestige bzw. Image

4.3 Wie werden die Distributionsaufträge ausgeführt?

Die Art und Weise, die Qualität, mit der ein Logistikdienstleister Distributionsaufträge ausführt, ist entscheidend für den Erfolg eines Industrie- oder Handelsunternehmens. Die Vereinbarung der Rechte und Pflichten im Dienstleistungsvertrag, die richtige Vorbereitung und Planung sowie eine erfolgreiche Überwachung und Steuerung sind die entscheidenden Erfolgsfaktoren für eine gute Ausführung von Distributionsaufträgen.

4.3.1 Vertragsgrundlagen und Pflichtenheft

GEGENSTAND DES VERTRAGS

Allgemeine Aussagen zum Outsourcing sind bereits in Kapitel 1.1.1 enthalten. Verträge in der Distributionslogistik erfordern besondere Sorgfalt bei der Formulierung. Sie enthalten vielfältige Teilbereiche, deren Entwicklung nur schwer vorhersehbar ist und die daher zwar möglichst genau, aber auch unter Erhaltung einer möglichst großen Flexibilität in den Vertrag aufgenommen werden müssen.

Wesentliche Inhalte eines Outsourcingvertrags
• Gemeinsames Ziel – allgemeine Absichtserklärung
• Gegenstand des Vertrags – Details im Pflichtenheft
• Vertragslaufzeit/Kündigungsvereinbarungen
• Einzelne Rechte und Pflichten, z. B. Informationsrechte, Anzeige- und Geheimhaltungspflichten
• Abrechnung
• Haftung und Verjährung
• Vertragsanpassung
• Sonstige Ergänzungen/Anhang

PFLICHTENHEFT

Die Rahmenbedingungen sowie die Rechte und Pflichten werden in einem Pflichtenheft festgeschrieben.

---

[22] Vgl. die ausführliche Darstellung in Band 4, Kap.4.3, Lagerkosten

---

Wesentliche Inhalte eines Pflichtenheftes

- Ausgangssituation/Zielsetzung des Auftraggebers
- Beteiligte mit Einzelaufgaben und Verantwortlichkeiten
- Einzelaufgaben im Logistikprozess: Übernahme der Produkte, Lagerung, Zusatzleistungen wie Kommissionieren und/oder Verpacken, Ausliefern
- Leistungsvorgaben: Qualitätsdaten, Leistungsforderungen, Infrastruktur
- Controllingmaßnahmen und -vorgaben
- Sonstige Rahmenbedingungen (angewandte Rechtsgrundlagen, z. B. ADSp, Verschwiegenheitspflichten)

Verfahren zur Änderung und Anpassung der Vertragsrechte und Pflichten sollten klar geregelt sein; Änderungen bei den Vertragspflichten werden auch im Pflichtenheft festgehalten.

<small>VERTRAGS-ANPASSUNG</small>

4.3.2 Auftragsvorbereitung

Die Vorbereitung der Distributionsprozesse – vor allem Kommissionierung und Verpackung – sind überwiegend Teil der Aktivitäten im Lager und wurden bereits im Kapitel 3 dargestellt.

Neben den Arbeiten an der Ware sind vielfältige vorbereitende Arbeiten im Bereich der Disposition zu erledigen (Frachtverträge, Versicherungen, ggf. Genehmigungen und Zollverfahren). Diese Aktivitäten sind ausführlich in den Bänden 1 und 3 erläutert.

4.3.3 Routen- und Transportplanung

Zur Planung von kostenminimalen Transporten können mathematische Verfahren eingesetzt werden. Dabei unterscheidet man grundsätzlich zwei Fälle:

<small>TRAVELLING-SALESMAN-PROBLEM</small>

(1) Planung einer einzelnen Tour – Das dafür zu lösende Problem wird als **Travelling-Salesman-Problem** bezeichnet.

<small>VEHICEL-SCHEDULING-PROBLEM</small>

(2) Planung einer größeren Zahl von Touren (= eigentliche Tourenplanung) – Das zu lösende Problem wird als **Vehicel-Scheduling-Problem** bezeichnet.

Es muss unterschieden werden zwischen täglich wechselnden Routen und Touren, die für eine bestimmte Zeit immer gleich verlaufen.

Erschwert wird die Planung durch vielfältige Einschränkungen (= Planungsrestriktionen) wie z. B. Zeitvorgaben der Kunden und/oder Kapazitätsprobleme aufgrund wechselnder Mengen, die befördert werden müssen.

Ziel der Planung ist die Senkung der Kosten durch:

<small>KOSTEN</small>

- Minimierung der Ausführungszeit
- Minimierung der Strecke
- Minimierung der Fahrzeuganzahl

4.3.4 Überwachung und Steuerung

Zur Überwachung und Steuerung der Logistikprozesse werden vielfältige Möglichkeiten genutzt. Eines der am weitesten verbreiteten Instrumente ist das **Tracking- und Tracing-System**. **Supply-Chain-Event-Management-Systeme** (siehe Kapitel 1.9.2 (3)) als Weiterentwicklung der Steuerungsinstrumente unter Einbeziehung von Tracking und Tracing versuchen, durch Verknüpfung unterschiedlicher Informationen Fehler bereits vor ihrem Eintreten zu erkennen und durch geeignete Maßnahmen zu verhindern (= **proaktive Steuerung**).

<small>TRACKING- UND TRACING-SYSTEM</small>
<small>SUPPLY-CHAIN-EVENT-MANAGEMENT-SYSTEME</small>

Daneben dient die Erfassung und Auswertung geeigneter Kennzahlen der Überwachung und Steuerung logistischer Aktivitäten.

(1) Tracking- und Tracing-Systeme

Unter Tracking wird die Identifizierung der Sendung verstanden, z. B. mithilfe von Barcodes oder Transpondern, unter Tracing das Feststellen des Ortes, an dem sich eine Sendung gerade befindet, wozu ebenfalls Transponder eingesetzt werden können.

Die für den Logistikdienstleister und seinen Auftraggeber unverzichtbaren Nutzenaspekte dieser Systeme sind in den folgenden Übersichten zusammengefasst.

TRACKING UND
TRACING

Tracking und Tracing	Nutzenaspekte
für den Spediteur/LDL	• Verbesserte Auskunftsfähigkeit • Ständige Überwachung • Kontrolle der Verkehrs- und Ladehilfsmittel • Kostengünstigere automatisierte Überwachung • Informationen zur Fehlervermeidung und Qualitätssteigerung
für den Auftraggeber	• Frühzeitige, ständig verfügbare Informationen • Erkennen vorhersehbarer Abweichungen • Qualitätskontrolle der logistischen Dienstleistung • Kostengünstigere automatisierte Überwachung • Informationen zur Fehlervermeidung und Qualitätssteigerung

TRANSPARENZ

Durch Tracking und Tracing wird für alle Beteiligten eine hohe Transparenz erreicht. Das Verständnis für die Partner und deren Probleme bei der Durchführung der Logistikprozesse wird verbessert, die Beurteilung der Leistungsfähigkeit wird mithilfe der Daten aus dem System erleichtert.

(2) Steuerung mithilfe von Kennzahlen – Beispiel Lagerbestände

KENNGRÖSSEN

Eine weitere Grundlage für Steuerungsaktivitäten sind bestimmte Kenngrößen aus dem im jeweiligen Einzelfall angewandten Kennzahlensystem. Eine besonders wichtige Kennzahl ist der Umfang der Lagerbestände in einer Supply Chain. Die Kosten der Bestände (Kapitalbindungskosten) und die Kosten für notwendige Lagermöglichkeiten und Behälter enthalten häufig hohe Einsparpotenziale.

LAGERBESTÄNDE

Mögliche Lagerbestände in einer Supply Chain
• Bestände auf den Verkehrsmitteln und in den Behältern (transportzeitabhängig) • Bestände aufgrund des erwarteten Bedarfs (vorhersageabhängig) • Bestände als Absicherung für Störungen (risikoabhängig)

Die ausführliche Darstellung der Kennzahlen für die Distributionslogistik enthält Kap. 4.5.3.

4.4 Welche aktuellen Logistik-Konzepte werden angewandt?

ENTWICKLUNGEN

Die aktuellen allgemeinen Entwicklungen wurden im Überblick bereits im Kapitel 1.9 beschrieben; die für Beschaffung und Lagerlogistik besonders geeigneten Konzepte sind in den Kapiteln 2 und 3 dargestellt. Dabei ist zu berücksichtigen, dass darunter Konzepte sind, z.B. ECR, die für mehrere Teilsysteme der Logistik Verfahren und Instrumente bereithalten.

KONZEPTE

Die wichtigsten Konzepte der Distributionslogistik sind ECR, CPFR und CRM.

4.4.1 Efficient Consumer Response

In der Wertschöpfungskette[23] ist die Distributionslogistik der einen Stufe zugleich Beschaffungslogistik der nachfolgenden Stufe[24]. Dies bedeutet, dass z. B. Unternehmen der Rohstoffgewinnung ihre Distributionslogistik mit der Beschaffungslogistik ihrer Kunden, den Herstellern von Grundstoffen, möglichst nahtlos verbinden müssen. Nur so lassen sich die Logistikprozesse kostengünstig und in hoher Qualität realisieren.

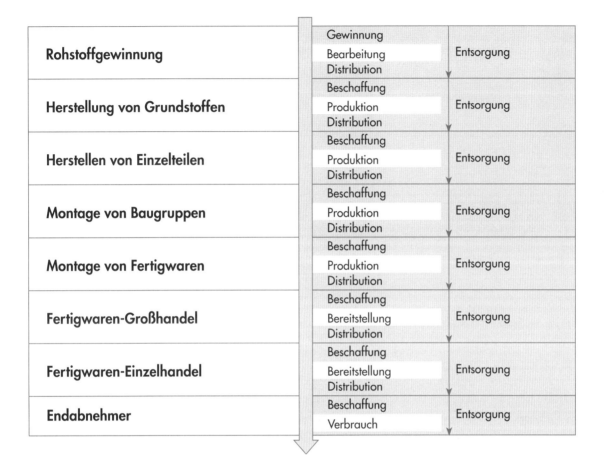

Rohstoffgewinnung	Gewinnung / Bearbeitung / Distribution	Entsorgung
Herstellung von Grundstoffen	Beschaffung / Produktion / Distribution	Entsorgung
Herstellen von Einzelteilen	Beschaffung / Produktion / Distribution	Entsorgung
Montage von Baugruppen	Beschaffung / Produktion / Distribution	Entsorgung
Montage von Fertigwaren	Beschaffung / Produktion / Distribution	Entsorgung
Fertigwaren-Großhandel	Beschaffung / Bereitstellung / Distribution	Entsorgung
Fertigwaren-Einzelhandel	Beschaffung / Bereitstellung / Distribution	Entsorgung
Endabnehmer	Beschaffung / Verbrauch	Entsorgung

Zur optimalen Zusammenarbeit zwischen den Beteiligten wurden verschiedene Kooperationsstrategien und Kooperationsformen entwickelt. Eine Strategie, die in vielen Branchen angewandt wird und für die vor allem in der Distributionslogistik vielfältige Instrumente und Techniken eingeführt wurden, ist die Kooperationsstrategie Efficient Consumer Response (ECR)[25].

EFFICIENT CONSUMER RESPONSE

Diese Kooperationsstrategie beschreibt die kundenorientierte Zusammenarbeit zwischen Industrie, Handel und Dienstleistungsunternehmen der Logistik. Sie hat zum Ziel, für alle Beteiligten einen Nutzen zu erzielen, den ein einzelnes Unternehmen allein nicht erreichen könnte. In dieser Zusammenarbeit gibt es auf beiden Seiten nur Gewinner (= Win-Win-Situation).

KOOPERATIONSSTRATEGIE

WIN-WIN-SITUATION

---

[23] Vgl. Kap. 1.2.3
[24] s. auch oben die Hinweise in der Einleitung zum Kap. 4
[25] Kap. 4.4.1 knüpft an den Überblick im Kap. 1.9.2 an

Bild 37 zeigt die vier Basisstrategien von ECR und wurde allgemein im Kapitel 1.9.2 bereits vorgestellt.

EPI
Efficient Product Introduction

Effiziente Entwicklung und Einführung neuer Produkte, erfolgreiche und kostengünstige Vermarktung

EA
Efficient Assortment

Effiziente Sortiments-gestaltung, verbesserte Produktivität des Sortiments durch Optimierung der Verkaufs-flächen

EP
Efficient Promotion

Effiziente Gestaltung von Aktionen zur Verkaufsförderung, schnelle Reaktion auf die Endkundennachfrage

ERP
Efficient Replenishment

Effizienter Informations- und Güterfluss, Optimierung der Verbundstellen (= Verringerung von Schnittstellenproblemen), reibungslose Abwicklung der Abläufe in der Logistikkette

Bild 37: Basisstrategien (Bestandteile) von Efficient Consumer Response

BASISSTRATEGIE EFFICIENT REPLE-NISHMENT

Der in der Logistik besonders bedeutsame Bereich von Efficient Consumer Response ist die **Basisstrategie** Efficient Replenishment.

Efficient Replenishment (ERP) ist die verbindende, die anderen drei Strategien umfassende Basisstrategie. Sie verfolgt das Ziel, eine reibungslose, kostengünstige und zuverlässige Versorgung mit Gütern zu gewährleisten. ERP ist vor allem in der Distributionslogistik besonders weit entwickelt und setzt unterschiedliche standardisierte Techniken und Instrumente ein.

Wesentliche Techniken des Efficient Replenishment sind:

ERP-Standardtechniken bzw. Standardinstrumente		Erläuterung
Cross Docking	**CD**	Systeme der Beschaffungs- **und** der Distributions-logistik (erläutert in Kapitel 1)
Efficient Unit Load	**EUL**	Einsatz standardisierter Ladungsträger wie Paletten, Container, Spezialbehälter
Roll Cage Sequenzing	**RCS**	Kommissionierung, Bereitstellung, Transport und Auslieferung in Rollbehältern (vgl. z. B. DHL, TNT)
Vendor Managed Inventory[26]	**VMI**	Der Produzent/Lieferant (Vendor) ist stets über die aktuellen Änderungen der Warenbestände seines Kunden informiert (online- Verbindung mit den Verkaufsstellen/POS). Er kann – nach vorher vereinbarten Regeln – die Produktion und die Distribution der Produkte nachfrageorientiert selbst steuern und organisieren.

CROSS DOCKING

EFFICIENT UNIT LOAD

ROLL CAGE SEQUENZING

VENDOR MANAGED INVENTORY

[26] Die Vorstufe Co-managed inventory ist in der Praxis heute kaum noch anzutreffen. Buyer managed inventory ist im Kern das traditionelle Verfahren: Der Kunde bestellt – der Produzent liefert.

Vendor Managed Inventory setzt großes Vertrauen zwischen den Beteiligten voraus, weil der Käufer dem Lieferanten/Verkäufer ständig online Einblick in seinen Verkaufserfolg gewähren muss, damit der Produzent/Lieferer sofort reagieren kann, wenn sich ein außerplanmäßiger Verlauf der Nachfrage und damit außerplanmäßige Veränderungen der Warenbestände ergeben. Diese schnelle Reaktion erlaubt die nachfragegesteuerte Distribution mit einem weitgehenden Verzicht auf Lagerbestände, insbesondere mit Verzicht auf Sicherheitsbestände.

Ziel aller Maßnahmen in der Basisstrategie Efficient Replenishment ist die ständige Verbesserung vor allem der Distributionsprozesse in der Supply Chain. Ein wesentliches Ziel dabei ist die optimale[27] Reduzierung der Bestände in der gesamten Logistikkette und damit die Senkung der Kapitalkosten.

Die Gesamtheit der Ziele von ERP spiegelt sich wider in der Weiterentwicklung des Begriffs Efficient Replenishment zu Continuous Replenishment (CRP).

CONTINUOUS
REPLENISHMENT

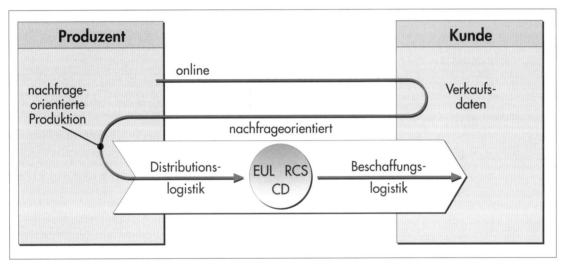

Bild 38: Grundprinzip des ERP/CRP-Zusammenwirkens einschließlich VMI

VMI

Allerdings ermöglicht auch Vendor Managed Inventory nur ein – wenngleich sehr schnelles – **Reagieren** auf Veränderungen (= **reaktives Handeln**). Besser ist es natürlich, wenn die Veränderungen schon im Voraus eingeplant werden können, wenn man also frühzeitig und vorausschauend **agieren** (= **proaktives Handeln**) kann.

REAGIEREN

AGIEREN

Daher wurden proaktive Strategien entwickelt, in denen die Partner gemeinsam planen (**collaborative planning**), die Entwicklung auch gemeinsam einschätzen und vorhersagen (**forecasting**) und dann in enger Zusammenarbeit die kostengünstigste und fehlerfreie Distribution bzw. Beschaffung (**Replenishment**) sicherstellen.

---

[27] Optimal heißt in diesem Fall, dass bei möglichst geringen Beständen, evtl. einem Nullbestand, dennoch eine hohe Lieferbereitschaft gewährleistet ist.

4.4.2 Collaborative Planning, Forecasting and Replenishment (CPFR)

Diese Form der Kooperation wird auch als zweite Generation von ECR bezeichnet und baut insbesondere auf Vendor Managed Inventory (VMI) auf.

Im Idealfall wird in folgenden Schritten gemeinsam (Collaboration) vorgegangen:

CPFR – Vorgehensweise	
Schritt 1	Vereinbarung der Grundsätze (**Rahmenvertrag**)
Schritt 2	Festlegung des gemeinsamen Vorgehens (**Geschäftsprozesse**)
Schritt 3	Gemeinsame Erarbeitung der Vorschau (**Prognose**) auf die Entwicklung der Nachfrage
Schritt 4	Weiterleitung der Daten an alle Beteiligten (**Information**) in der Supply Chain
Schritt 5	Durchführung der optimierten **Distribution**

RAHMENVERTRAG
GESCHÄFTS-
PROZESSE
PROGNOSE

INFORMATION

DISTRIBUTION

CPFR

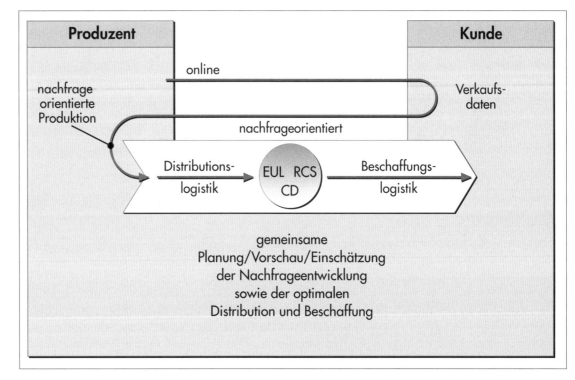

Bild 39: Grundprinzip des CPFR-Zusammenwirkens

Die Nutzung aller Instrumente von CPFR hält man heute für zu komplex, CPFR als Gesamtstrategie für nicht umsetzbar. Besonders geeignete Teile dieser neuen Strategie werden aber durchaus verwendet, z. B. die gemeinsame Planung der immer häufiger durchgeführten Aktionen (z. B. Tchibo, ALDI, LIDL, Penny Markt, Marktkauf, Treff usw.) zur Verkaufsförderung.

RFID   Auch die beim Einsatz der RFID-Technik erforderliche enge Zusammenarbeit fördert die entsprechende Weiterentwicklung von CPFR in diesen Anwendungsbereichen.

4.4.3 Customer Relationship Management (CRM)

KUNDENBINDUNG
CUSTOMER RELATI-
ONSHIP MANAGE-
MENT

Mit der Auslieferung einer Sendung an den Empfänger (dem Abschluss des Distributionsprozesses) ist die Beziehung zwischen Käufer und Verkäufer in vielen Fällen nicht beendet. Der Verkäufer versucht – je nach Produkt – dem Kunden nach dem Kauf noch einen zusätzlichen Nutzen zu verschaffen (= after sales service) und ihn damit nachhaltig an sich zu binden (Kundenbindung – Customer Relationship Management CRM).

CRM-Customer Relationship Management		
Begriff	Maßnahmen des Marketing (und damit auch der Marketing-Logistik) zur Kundenbindung, z. B. durch after sales services.	BEGRIFF
Ziel	Steigerung der Zufriedenheit des Kunden, damit er bei der nächsten Kaufentscheidung wieder Produkte des Verkäufers berücksichtigt.	ZIEL
Instrumente	CRM stütz sich auf umfangreiche Daten über das Kaufverhalten des Kunden. Erkenntnisse über die bevorzugten Produkte, Zeiten des Einkaufs, ggf. Reklamationen/Retouren usw. werden erfasst und unter verschiedenen Gesichtspunkten ausgewertet.	INSTRUMENTE
Anwendungs-beispiel	Ersatzteillogistik: Sie eröffnet dem Logistikdienstleister zusätzliche geschäftlich interessante Möglichkeiten, die neben der Verbesserung des Unternehmensergebnisses auch eine sehr enge Kundenbindung zur Folge haben können. So sind z. B. die zentrale Bestandssteuerung und die Fähigkeit, jederzeit sagen zu können, wo das für einen bestimmten Kunden benötigte Ersatzteil am schnellsten verfügbar ist, Leistungen, die der Logistikdienstleister seinen Auftraggebern in Handel und Industrie anbieten kann. Zugleich können Handel und Industrie diese Leistungsfähigkeit wiederum als Möglichkeit der Kundenbindung für den Endverbraucher nutzen.	ANWENDUNGS-BEISPIEL
Rolle des LDL	Gerade der Spediteur/Logistikdienstleister hat als Schlussmann in der Logistikkette den direkten Kontakt zum Kunden und kann einen entscheidenden Beitrag zum CRM leisten. Denn neben der Zufriedenheit mit dem Preis des Produktes hat die Zufriedenheit mit der Leistung – Produktqualität, Zusammenarbeit mit dem Hersteller/Verkäufer und Qualität der Distributionsdienstleistung – entscheidenden Einfluss auf die Kundenbindung und damit auf die nächsten Kaufentscheidungen oder Weiterempfehlungen.	ROLLE DES LDL PRODUKTQUALITÄT QUALITÄT DER DISTRIBUTIONS-DIENSTLEISTUNG

4.5 Wie wird Qualität erreicht?

Auch für das Teilsystem Distributionslogistik ist hohe Qualität der entscheidende Erfolgsfaktor. Im Mittelpunkt stehen die Aufgaben und Instrumente des Logistik-Controlling und die zur Überwachung und Steuerung unverzichtbaren Kennzahlen.

QUALITÄT

4.5.1 Aufgaben und Instrumente des Logistik-Controlling

Aufgabe der Controllingabteilung und des Qualitätsmanagements ist die Steuerung der wesentlichen Bereiche:
- Kosten
- Produktivität
- Qualität.

CONTROLLING

Die Sicherung eines Qualitätsstandards, der möglichst in jeder Hinsicht den Kundenerwartungen voll entsprechen sollte, ist ein Ziel, das unter strenger Beachtung der Wirtschaftlichkeit erreicht werden muss. Dieses Ziel ist im Regelfall nur zu erreichen, wenn Controlling und Qualitätsmanagement sehr eng zusammenarbeiten und gut in die Unternehmensorganisation integriert sind[28]. Für das Logistik-Controlling wurden Instrumente entwickelt, die im folgenden Überblick dargestellt sind.

WIRTSCHAFTLICH-KEIT

Instrumente des Logistik-Controlling – Überblick[29]	
Zielsystem der Unternehmung	Die im Unternehmen als wichtig erkannten Einzelziele der Unternehmenslogistik (vgl. Kapitel 1) werden in einem möglichst gut aufeinander abgestimmten Zielsystem zusammengefasst.
Kennzahlen	Die Zielerreichung sollte möglichst gut messbar sein; dafür müssen aussagefähige, möglichst leicht ermittelbare Kennzahlen ent-

---

[28] Möglichkeiten der organisatorischen Einbindung sind u.a. dargestellt bei Ehrmann, H., Logistik. 8., aktualisierte Aufl., Ludwigshafen (2014), S. 571 ff.

[29] Einzelne Instrumente sind bereits ausführlich in den Kapiteln 1-3 beschrieben.

	wickelt und den verantwortlichen Mitarbeitern im Unternehmen zur Verfügung gestellt werden.
Berichtswesen	Damit die richtigen Zahlen zur Verfügung stehen, muss im Unternehmen ein Berichtswesen eingerichtet werden, mit dessen Hilfe Daten gesammelt und zu Kennzahlen verarbeitet werden können.
Kennzahlensystem/ Balanced Scorecard[30]	Aufeinander abgestimmtes, ausgewogenes und alle Bereiche des Unternehmens erfassendes Kennzahlensystem.
Kontrollsystem	Abweichungen der Kennzahlen (Istwerte) von vorher festgelegten Zielwerten (Sollwerten) werden vom Kontrollsystem möglichst automatisch bzw. regelmäßig gemeldet. Wenn möglich werden auch die Gründe für die Abweichungen dargestellt.
Abweichungs-analysen	Untersuchungen/Analysen der Gründe, warum Abweichungen aufgetreten sind
Prozesskosten-rechnung	Entwicklung von Verfahren zur Erfassung und Beeinflussung der Prozesskosten[31] (generell, nicht nur die der Distributionsprozesse) Schritt 1: Untersuchung und Definition der Prozesse/Aktivitäten Schritt 2: Ermittlung der Kosten für die Aktivitäten Schritt 3: Ermittlung der Prozesskosten Schritt 4: Analyse der Mengen und damit der Kostentreiber Schritt 5: Verbesserung/Optimierung zur Kostendämpfung.
Kontinuierliche Verbesserungen	Aufbau eines Systems (meist kombiniert mit einem Anreizsystem) zur ständigen Verbesserung der Arbeitsabläufe im Unternehmen (KVP/CIP).[32]
Besondere Untersuchungen	Analyse einzelner Bereiche oder auch festgestellte Schwachstellen im Unternehmen.
Statistiken, Auswertungen	Grundlagen für Entscheidungen im Unternehmen.

BSC

PROZESSKOSTEN

KVP/CIP

4.5.2 Produkt- und Prozessqualität

LIEFERSERVICE

Grundsätzlich wird der Logistik-Service vom Kunden als Lieferservice insgesamt wahrgenommen. Zwischen Mängeln des Produkts und Mängeln bei der Distribution macht der Kunde bei der Beurteilung der Gesamtleistung seines Verkäufers/Lieferanten meist keinen Unterschied.

Je nach Produkt bzw. Branche ist dieser Lieferservice

– selbstverständliche und unverzichtbare Erfolgsvoraussetzung oder

– besonderer Erfolgsfaktor zur Abgrenzung von den Mitbewerbern am Markt.

Wesentliche Merkmale des Lieferservice	
Lieferzeit	Wartezeit vom Kauf/von der Erteilung eines Auftrags bis zur Lieferung.
Lieferfähigkeit	Anteil der Bestellungen, die sofort erfüllt werden können. Eine hohe Lieferfähigkeit (= sofortige Auftragserfüllung) erfordert trotz Anwendung des Pull-Prinzips Bevorratung/Lagerhaltung und führt somit zu höheren Kosten (Lagerhaltung, Kapitalbindung).
Lieferqualität, Liefertreue	Ausmaß der fehlerfreien Erfüllung des Kaufvertrags hinsichtlich Menge und Qualität der Produkte **und** Einhaltung der vereinbarten Lieferzeit.
Informations-fähigkeit	Organisatorische und technische Fähigkeit (= automatische Online-Datenerfassung und Schnittstellenkontrolle mit Barcode oder Transponder

---

[30] s. Kap 2.7.2
[31] s. auch Band 4, Kap. 6
[32] KVP – Kontinuierlicher Verbesserungsprozess, CIP-Continuous Improvement Process

	in Echtzeitverarbeitung), auf alle Daten (Statusangaben) jederzeit zugreifen zu können.
Informations-bereitschaft	Bereitschaft zur Auskunft oder die Ermöglichung des direkten Zugriffs auf die Sendungsdaten durch den Kunden selbst.

Ergänzend zu dieser generellen Betrachtung gibt es in bestimmten Branchen besondere Schwerpunkte mit dazugehörigen Kennzahlen. Im Versandhandel z. B. ist die Vermeidung von Reklamationen und Retouren eine wesentliche Strategie zur Kostensenkung. **VERSANDHANDEL**

In jedem Fall ist es in den meisten Fällen äußerst sinnvoll, neben der Qualität des Prozesses/der Dienstleistung auch die Qualität des Produkts/des Sachguts zu messen und zu verbessern.

Die Kennzahlen dafür sind daher meist auch auf das Produkt, nicht nur auf den Dienstleister bezogen. Sie entstehen in den Qualitätsmanagementsystemen im Regelfall als standardisierte Auswertung der für alle Distributionsaktivitäten erhobenen Daten. Als Grundlage für die Kennzahlenermittlung dient in den meisten Fällen ein Data-Warehouse, eine Zusammenstellung von wichtigen Daten in einer Datenbank, die unter verschiedenen Gesichtspunkten ausgewertet werden können. Ein Teilbereich davon ist das Logistik-Data-Warehouse, das umfassende Daten für alle Distributionsaktivitäten liefert. **DATA-WAREHOUSE**

Geeignete Kennzahlen für die Distributionslogistik sind z. B.:

- Termintreue
- Schäden
- Retouren
- Reklamationen

Geeignete Maßnahmen zur Qualitätsverbesserung sind z. B.: **QUALITÄTSVER-BESSERUNG**

- Kundenbefragung (permanent oder in speziellen Aktionen)
- Qualitätsgespräche mit Lieferern
- Qualitätsgespräche mit Dienstleistern
- Schulungsmaßnahmen
- Vereinbarung von Vertragsstrafen

Weitere Möglichkeiten der Qualitätsverbesserung sind:

(1) Bewertungsinstrumente

Dort, wo die Distributionsprozesse in hohem Maße standardisiert und automatisiert sind – z. B. in der KEP-Branche – lassen sich die Abläufe leichter umfassend automatisch erfassen und messen. Darüber hinaus laufen die Distributionsprozesse bei vielen Anbietern in den Grundzügen gleich ab. Darum ist es besonders sinnvoll, ein umfangreiches Bewertungsinstrument zu entwickeln, das von allen Unternehmen der Branche zum Controlling und zur Qualitätsverbesserung genutzt werden kann[33].

(2) Mitarbeiter-Wettbewerbe

In großen Unternehmen gibt es intern Wettbewerbe zur Verbesserung der Qualität und zur Senkung der Kosten (z. B. der Innovationstag bei der Schenker Deutschland AG, das KVP-Programm der Lufthansa AG).

(3) Einsatz von Simulationen

Mithilfe von Simulationen lassen sich Kostentreiber in Distributionsprozessen erkennen und daraus Hinweise für besonders lohnende Verbesserungsmaßnahmen ableiten. Dies erleichtert z. B. die Festlegung der Reihenfolge von Verbesserungsmaßnahmen. **KOSTENTREIBER**

4.5.3 Kennzahlen zur Steuerung der Distributionsprozesse

Kennzahlen müssen bestimmten grundsätzlichen Anforderungen entsprechen. Auf der Basis dieser Anforderungen werden in den logistischen Teilsystemen aussagekräftige Kennzahlen mit unterschiedlichen Zielen intensiv genutzt. **KENNZAHLEN**

---

[33] Dazu wurde bereits eine Vielzahl von Software-Tools entwickelt, die mit Erfolg eingesetzt werden.

ANFORDERUNGEN

Grundsätzliche Überlegungen – Anforderungen an Kennzahlen

Zweckmäßigkeit und Wirtschaftlichkeit

Vollständigkeit	→ Falls eine Kennzahl allein nicht ausreicht, einen logistischen Prozess vollständig zu erfassen, müssen mehrere Kennzahlen zur vollständigen Prozessüberwachung gebildet werden.
Validität	→ Eine Kennzahl muss die Wirklichkeit richtig abbilden.
Vergleichbarkeit	→ Kennzahlen sollten so standardisiert sein, dass sie Vergleiche zulassen – innerhalb der Unternehmung (verschiedene vergleichbare Prozesse), – zwischen verschiedenen Zeitpunkten, – zwischen einzelnen Unternehmen (vgl. Benchmarking).
Mehrfachnutzung	→ Erhobene Daten sollten möglichst für die Ermittlung unterschiedlicher Kennzahlen genutzt werden können
Kombinierbarkeit	→ Kennzahlen sollten bei Bedarf zu aussagefähigen Kennzahlensystemen (vgl. BSC) kombiniert werden können.
Wirtschaftlichkeit Verhältnis Kosten und Nutzen	→ Die Kosten der Entwicklung einer Kennzahl und der Erfassung der Daten zur Ermittlung dieser Kennzahl müssen in einem angemessenem Verhältnis zum Nutzen der Kennzahl stehen. (Wirtschaftlichkeit der Wirtschaftlichkeitsmessung)

BENCHMARKING

BSC

Zielsetzung und Realisierung

Zweck der Kennzahl	→ Soll die Kennzahl zur (ggf. vorausschauenden) Steuerung oder zur Untersuchung bestimmter Ursachen bzw. Zustände ermittelt werden?
Häufigkeit der Ermittlung	→ Wird die Kennzahl fallweise oder regelmäßig ermittelt? Welche Häufigkeit (wöchentlich, monatlich, viertel- oder halbjährlich, jährlich) ist beabsichtigt?
Entwicklung der Kennzahl	→ Soll die Kennzahl weiter aufgeteilt/gegliedert und zur Gewinnung weiterer Kennzahlen genutzt werden?

Einzelfragen bei der Umsetzung

Welche Daten sind verfügbar?	→ Sind die für eine Kennzahl notwendigen Daten unmittelbar verfügbar oder sind zusätzliche Arbeiten notwendig (weitere Erhebungen, zusätzliche Berechnungen)?
Wer ermittelt die Kennzahlen?	→ Welche Stelle/Abteilung im Unternehmen ist mit der Ermittlung beauftragt?
Woher kommen sie?	→ Welche Stelle/Abteilung im Unternehmen ist mit der Bereitstellung von Daten beauftragt?
Wer bekommt sie?	→ Welche(r) Stelleninhaber erhält/erhalten die Kennzahl? (Verwendungszweck, interner oder externer Einsatz)
Welche Form ist geeignet?	→ Formal: Digitale oder gedruckte Form (oder beides)? Inhalt: Kennzahl mit/ohne Basisdaten, mit/ohne Erläuterung, mit/ohne Bezug zu Vorgängerzahlen (Zu-/Abnahmeangaben, ggf. mit Begründung)
Welche Fehler sind möglich?	→ Ist eine fehlerfreie Erhebung der Daten sichergestellt? Sind Qualitätssicherungsmaßnahmen bei der Datenerfassung möglich?

VERFÜGBARKEIT

ERMITTLUNG

BEREITSTELLUNG

FORM

Die nachfolgend dargestellten Kennzahlen wurden speziell zur Vorbereitung, Kennzeichnung und Steuerung von Distributionsprozessen entwickelt.

(1) Kennzahlen zur Vorbereitung von Distributionsprozessen im Lager[34]		
Lagerreichweite	Zeitraum, in dem Lagergut nach der Auffüllung des Bestandes zur Auftragserfüllung zur Verfügung steht, wenn kein weiteres Lagergut eingelagert wird.	LAGERREICHWEITE
durchschnittlicher Lagerbestand	Durchschnittlich eingelagerte Menge	DURCHSCHNITT- LICHER LAGERBE- STAND
Lagerumschlaghäufigkeit	$$\frac{\text{Verbrauch je Periode [Stck.]}}{\text{Durchschnittlicher Bestand [Stck.]}}$$ oder $$\frac{\text{Umsatz [Stck.] je Periode}}{\text{Durchschnittlicher Bestand [Stck.]}}$$ Gibt an, wie oft die eingelagerten Güter im betrachteten Zeitraum umgeschlagen (ein- und wieder ausgelagert) werden.	LAGERUMSCHLAG- HÄUFIGKEIT
Durchlaufzeit im Wareneingang (Durchlaufzeit im WE)	In sec oder min Gibt an, wie lange das Einlagern einer Gütereinheit (Palette, Karton o.ä.) dauert, ggf. mit Zusatzleistung wie z.B. Neutralisieren, Umverpacken der Ware.	DURCHLAUFZEIT IM WE
Durchlaufzeit im Warenausgang (Durchlaufzeit im WA)	In sec oder min Gibt an, wie lange das Auslagern einer Gütereinheit (Palette, Karton o.ä.) dauert, ggf. mit Zusatzleistung wie z.B. Kommissionieren der Sendungen.	DURCHLAUFZEIT IM WA
Positionen je Arbeitsstunde/MA • Wareneingang • Warenausgang • Kommissionieren	Gibt an, wie viele Mengeneinheiten (Stück, Karton, Bund o.ä.) im jeweiligen Bereich (WE, WA, Komm.) von einem Mitarbeiter (MA) oder in einer Zeiteinheit (i.d.R. pro Arbeitsstunde) geleistet werden.	
Lieferbereitschaft	Fähigkeit, Aufträge sofort zu erfüllen	LIEFERFÄHIGKEIT

(2) Kennzahlen zur Kennzeichnung und Steuerung von Distributionsprozessen	
Rahmendaten der Distributionsvorgänge	
• Anzahl der Kunden • Umsatz je Kunde • Durchschnittliche Auftragsgröße • Anzahl der Distributionsmitarbeiter	
Kennzahlen zur Steuerung der Produktivität	PRODUKTIVITÄT
• Anzahl der Kommissioniervorgänge je Zeiteinheit • Anzahl der Distributionsaufträge je Zeiteinheit (z. B. Sendungen pro Tag und Mitarbeiter) • Zeitdauer der Auftragsabwicklung	

---

[34] Dies sind Beispiele aus dem Kap. Lagerleistungen, die auch den Distributionsprozess berühren

WIRTSCHAFTLICH-
KEIT

Kennzahlen zur Steuerung der Wirtschaftlichkeit

- Kosten des Kommissioniervorgangs
- Kosten der Auftragsabwicklung (s. Bild 38)
- Verhältnis Umsatz/Auftragskosten
- Transportkosten je Auftrag
- Vergleich Eigen-/Fremdtransportkosten

QUALITÄT

Kennzahlen zur Steuerung der Qualität laufender Distributionsprozesse

- Abweichung zwischen geplantem und tatsächlichem Durchlaufzeitpunkt
- Automatische Anzeige von Mengendifferenzen bei Beginn der Distribution
- Abweichung zwischen zugesagtem und tatsächlichem Auslieferzeitpunktes

Eine besondere Herausforderung ist die Optimierung der Einrichtung und der Abläufe in Distributionszentren. Es besteht ein Zielkonflikt zwischen den Personalkosten und den Kosten für Investitionen zur Automatisierung der Abläufe, mit denen die Produktivität erhöht werden soll. Die zur Steuerung von Distributionszentren notwendigen Entscheidungen erfordern spezielle Kennzahlen; der nachfolgende Überblick soll die Vielfalt der Informationen zeigen, die geeignete Kennzahlen liefern müssen.

Optimierungsproblem Distributionszentrum

Optimierung von Personalkosten – Automatisierungskosten (Technik) – Flexibilität

- Von den Gesamtkosten in einem Distributionszentrum entfällt etwa die Hälfte auf Personalkosten.
- Generell wurde versucht, durch Automatisierung die Produktivität zu erhöhen und so die Personalkosten je Auftrag zu senken.

Aber

- In den meisten Zentren mit durchschnittlicher technischer Einrichtung lassen sich auch durch weitere Automatisierung, durch weitere Investitionen in technische Distributionsunterstützung keine großen Produktivitätsverbesserungen mehr herbeiführen.
- Dagegen bieten die leistungsfähigen (sehr kostenträchtigen) automatisierten Abläufe wie vollautomatische Ein-/Auslagerung, Kommissionierung Ware zum Mann u.ä. bei notwendigen Veränderungen nur geringe Möglichkeiten, schnell eine **kostengünstige** Anpassung vorzunehmen. Die Flexibilität ist stark eingeschränkt.
- Die kurzen Produktlebenszyklen und die sich schnell ändernden Anforderungen der Kunden zwingen jedoch immer häufiger zu kurzfristigen Änderungen.

MITARBEITER-
EINSATZ

- Somit bleibt als günstigste Methode, um die Wirtschaftlichkeit eines Distributionszentrums zu erhöhen, meistens nur der richtige Einsatz der Mitarbeiter, insbesondere durch
  - ständige Verbesserung des Personaleinsatzes (= äußerst rasche und meist sehr kostengünstige Möglichkeiten zur Verbesserung)
  - Unterstützung dieser Verbesserungsbemühungen mit KVP/CIP-Programmen
  - Schaffung von Anreizsystemen/Leistungsprämien/Qualitätszuschlägen.

Bild 40 zeigt die Möglichkeiten der Einflussnahme auf die wirtschaftliche Gestaltung der Distribution.

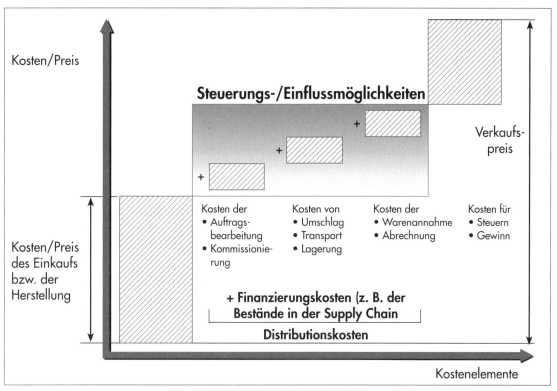

Bild 40: Wesentliche Steuerungs- und Einflussmöglichkeiten auf die Kosten in der Distribution

Für die Weiterentwicklung und Verbesserung der Distributionsprozesse sind gerade zukunftsgerichtete Kennzahlen zur Qualitätssteuerung von ausschlaggebender Bedeutung.

Kennzahlen zur Optimierung von Distributionsprozessen
• Fehllieferungsquote
• Beanstandungsquote
• Liefertreue
• Kundentreue

OPTIMIERUNG

4.5.4 Technische Unterstützung der Distributionslogistik

Auch in der Distributionslogistik werden Barcode und Transponder verwendet.

BARCODE
TRANSPONDER

Während der Barcode als Informationsträger bereits in allen Bereichen der Logistik[35] eingesetzt wird, beschäftigen sich Wissenschaft und Technik intensiv mit der Weiterentwicklung der Transponder.

Die Logistikpraxis analysiert und testet[36] die technischen, wirtschaftlichen und organisatorischen Möglichkeiten. Gestützt auf diese neue Technik wird z. B. vom Netzwerk der Erfassungsgeräte sofort registriert, wenn ein Produkt aus dem Regal genommen wird; gleichzeitig kann geprüft werden, ob sich ein neues Produkt in der Supply Chain auf dem Weg zur Verkaufsstelle befindet. Sollte dies nicht der Fall sein, wird die Produktionsstätte informiert und mit der Herstellung eines neuen Produkts (in der Praxis natürlich in der optimalen Anzahl) begonnen.

Allerdings stecken in der RFID-Technik immer noch vielfältige ungelöste Probleme.

---

[35] Vgl. die allgemeine Darstellung in Kap. 1.7.2 – 1.7.4, die Verfahren in der Beschaffungslogistik, Kap 2.6.2 und die Einsatzmöglichkeiten in der Lagerlogistik, Kap 3.5.2
[36] z. B. die METRO Future Store Initiative im RFID Innovation Center

RFID-TECHNIK

Probleme des Einsatzes der RFID-Technik – Überblick	
Technische Probleme	• Nicht alle Materialien sind problemlos einsetzbar; vielmehr funktionieren die verschiedenen Stoffe und Oberflächen zuverlässig nur bei Verwendung der jeweils optimal geeigneten Funkfrequenz. • Unterschiedliche Frequenzen haben aber unterschiedliche Reichweiten zur Folge. • Problematisch ist außerdem, dass es noch keinen allgemein anerkannten Standard gibt.
Wirtschaftliche Probleme	• Für billige Artikel sind die Kosten je Stück noch zu hoch. • Nicht alle Partner in der Supply Chain können die hohen Investitionskosten tragen.
Organisatorische Probleme	• Vor allem die technischen Probleme führen im organisatorischen Aufbau dazu, dass nur in sich abgeschlossene Distributionssysteme für den störungsfreien RFID-Einsatz geeignet sind. • Unterbrechungen des Informationsstroms, weil sich ein Partner in der Supply Chain nicht dieser Technik bedient, verringert die Nutzungsmöglichkeiten erheblich.
Rechtliche Probleme	• Der Einsatz von RFID-Tags ist gesetzlich noch nicht geregelt. • Insbesondere bei Privatpersonen kann durch die Verbindung von Daten über das gekaufte Produkt und Informationen über den Käufer der Datenschutz gefährdet sein.
Psychologische Probleme	• Die Möglichkeiten der Erfassung von Daten über das Kaufverhalten eines Kunden stößt auf den Widerstand der Käufer und kann den RFID-Einsatz in diesem Bereich der Distributionslogistik gefährden oder sogar verhindern.

EINSATZPROBLEME

Eine umfassende Nutzung dieser Technik im gleichen Ausmaß wie die Verwendung von Barcodes, ist aufgrund dieser Probleme derzeit noch nicht absehbar. Es werden allerdings ständig Lösungen für neue Einsatzbereiche entwickelt[37], die dort einen Beitrag zur Qualitätssicherung leisten sollen und so zu einer weiteren Verbreitung dieser Technik beitragen.

---

[37] Es wurde z. B. auch versucht, bei der Fussball-Weltmeisterschaft 2006 mithilfe der RFID-Technik (Tags auf den Eintrittskarten) den Eintrittskarten-Schwarzhandel zu unterbinden.

Fallstudie 4.1: Die Distribution von Wein anbieten

Situation

Ihr Ausbildungsunternehmen bemüht sich in letzter Zeit neben den so genannten „klassischen" Speditionsaufträgen auch um Logistikaufträge.

Es liegt folgende Anfrage einer Weingroßhandlung vor:

Wir sind ein führendes Großhandelshaus für beste Qualitätsweine. Unsere Weine werden an Weinfachhändler, direkt an große Hotels-/Restaurants und an zahlreiche Privatkunden in der gesamten Bundesrepublik verkauft.

Für Privatkunden gelten feste Lieferzeiten; die Einzelhändler akzeptieren ausnahmslos die individuell vereinbarten Lieferzeiten (abhängig von der Bestellmenge).

Die Hotels-/Restaurants können ihren Bedarf nur bedingt vorausplanen. Als Bedingung für die Abnahme unserer Weine müssen wir in jedem Fall eine Lieferbereitschaft von höchstens 24 Stunden garantieren.

Wir bitten um einen Lösungsvorschlag für eine reibungslose, kostengünstige Distribution; vor der Kalkulation der konkreten Angebotspreise sollten wir ein Lösungskonzept besprechen und gemeinsam endgültig festlegen.

Sie sollen zur Vorbereitung des Lösungskonzepts dazu folgende Einzelaufgaben bearbeiten:

Aufgabe 1

Beschreiben Sie die Anforderungen des Weingroßhändlers systematisch und strukturiert.

Aufgabe 2

Fertigen Sie eine Übersicht an und tragen Sie die verschiedenen Kundengruppen ein.

Aufgabe 3

Entwerfen Sie einen Lösungsvorschlag für die Verteilung des Weines.

Aufgabe 4

Machen Sie einen Vorschlag zur Gestaltung der verschiedenen Angebotspreise.

Fallstudie 4.2: Ein Distributionsangebot für Gartengeräte entwickeln

Situation

Logistikdienstleister EUROCARGO steht ein Großauftrag ins Haus. In Kürze soll die komplette Abwicklung des Versands der Gartengeräte des Herstellers KRUG von uns übernommen werden. In Zukunft müssen wir jährlich 2.000.000 Geräte bewegen – ein ordentliches Sendungsvolumen, dessen logistische Abwicklung ein lukratives Geschäft verspricht. Um eine solche gewaltige Lagerlogistikleistung erbringen zu können, müssen wir sorgfältig planen. Der Gartengeräteversand ist keine Einmalleistung, sondern eine langfristige und saisonbedingte Dauerleistung. Dazu müssen hohe Investitionen in Lagergebäude, Technik, Organisation und Personal vorgenommen werden. Fehlentscheidungen haben hier gravierende Auswirkungen.

Sie sind Mitarbeiter der Spedition EUROGARCO und haben Erfahrung bei der Realisierung von Distributionsprojekten. Sie werden gebeten am Zustandekommen des Lagerlogistikvertrages mitzuwirken und auch bei der Realisierung des Auftrages Steuerungs- und Überwachungsfunktionen auszuüben.

Den Abwicklungsprozess dieses Auftrages vollständig darzulegen, würde den Rahmen der Fallstudie sprengen. Hier werden bestimmte Schwerpunkte ausgewählt, die für das Verständnis logistischer Beschaffungsprozesse wesentlich sind.

Sie haben in Besprechungen auf der Ebene der Geschäftsleitung mit dem Großkunden KRUG Einsicht in folgende Unterlagen genommen:

Ergebnisprotokoll:

- Der Hersteller KRUG möchte sich in Zukunft nur auf sein Kerngeschäft, die Produktion von Gartengeräten, konzentrieren.
- KRUG wird nach der Produktion der Gartengeräte in einem letzten Arbeitsgang die Gartengeräte auf Paletten verpackt zum Abtransport bereitstellen. Da kaum Lagerraum zur Verfügung steht, müssen die Gartengeräte sofort nach der Palettierung abgeholt werden.
- Lagerung und Versand der Gartengeräte soll ausschließlich der Logistikdienstleister übernehmen.
- KRUG wünscht, dass seine Kunden vom Logistikdiensleister die richtigen Geräte zur richtigen Zeit in der richtigen Menge und Qualität erhalten.

In einem weiteren Dokument sind genauere Informationen zur Distribution aufgelistet:

- KRUG möchte nur mit wenigen Abnehmern Kontakt haben.
- Endverbraucher der Gartengeräte sind i.d.R. die Privathaushalte in Deutschland.
- Die Nachfrage nach Gartengeräten unterliegt saisonalen Schwankungen.
- Die Gartengeräte sind so leicht zu bedienen, dass sich Erklärungen erübrigen.
- Fachhandel zur Imagepflege ist nicht erforderlich.
- Die Gartengeräte sind trotz des hohen technischen Niveaus einfach zu bedienen und wirkungsvoll einsetzbar.
- Die Gartengeräte sind so konstruiert, dass sie wartungsfrei nutzbar sind und ohne Kundendienstbetreuung auskommen.
- Kunden des Gartengeräteherstellers KRUG sind:
  - Großbaumärkte
  - Großhändler
  - Einzelhandelsfachgeschäfte

  mit Standorten in ganz Deutschland.
- Die Kommissionierungsaufträge kommen direkt von den Großbaumärkten, Großhändlern und Einzelhandelsfachgeschäften zu uns.
- Die Gartengeräte sind sortimentsungebunden verkäuflich.

Aufgabe 1

In den Besprechungen auf Geschäftsführungsebene wurde auch die grundsätzliche Frage der **Wahl der Distributionskanäle** angesprochen. Es ging hier in erster Linie um die Vertriebswege **direkter** oder **indirekter** Absatz. Vom Direktabsatz spricht man, wenn der Hersteller seine Erzeugnisse ohne Einschaltung des Handels an die Verbraucher verkauft.

Um hier zu einer Erfolg versprechenden Entscheidung zu kommen, muss die Situation des Gartengeräteherstellers KRUG anhand folgender Fragen analysiert werden:

a) Ist die Zahl der Endverbraucher begrenzt?

b) Wirkt der gute „Ruf" des Fachhandels verkaufsfördernd?

c) Sind die Abnehmer stark räumlich konzentriert im Umfeld des Anbieters angesiedelt?

d) Ist die Nachfrage nach Gartengeräten schwankend?

e) Benötigen die Erzeugnisse einen Sortimentsverbund, da sie einzeln nicht verkäuflich sind?

f) Sind die Produkte beim Kauf stark erklärungsbedürftig?

g) Sind die Produkte technisch sehr kompliziert?

h) Brauchen die Produkte intensive Kundendienstbetreuung?

i) Leben die Endverbraucher in geographisch weit verstreuten Haushalten, die nicht ohne weiteres vom Hersteller versorgt werden können?

j) Beabsichtigt der Hersteller die Zahl der Kontakte zu seinen Abnehmern zu reduzieren?

1.1

Klären Sie durch Ankreuzen von **Ja** oder **Nein** in der folgenden Tabelle, welche Fragen auf den Gartengerätehersteller KRUG zutreffen! Die Lösung für die Frage a) ist schon vorgegeben.

Fragen		Antwort	
a)	ja		= Direktabsatz
	nein	**X**	= Indirekter Absatz
b)	ja		= Indirekter Absatz
	nein		= Direktabsatz
c)	ja		= Direktabsatz
	nein		= Indirekter Absatz
d)	ja		= Indirekter Absatz
	nein		= Direktabsatz
e)	ja		= Indirekter Absatz
	nein		= Direktabsatz
f)	ja		= Direktabsatz
	nein		= Indirekter Absatz
g)	ja		= Direktabsatz
	nein		= Indirekter Absatz
h)	ja		= Direktabsatz
	nein		= Indirektabsatz
i)	ja		= Indirekter Absatz
	nein		= Direktabsatz
j)	ja		= Direktabsatz
	nein		= Indirekter Absatz

1.2

Nehmen Sie anhand der Lösungstabelle eine Auswertung vor und begründen Sie differenziert, welchen Absatzweg KRUG für seine Gartengeräte nutzen soll.

Aufgabe 2

Oberstes Ziel bei allen Besprechungen war, die Konzentration auf das Kerngeschäft – Produktion von Gartengeräten – zu erhöhen. Dabei zeigte sich eine Schwachstelle: Es wird viel Zeit und Energie in die Pflege der Kontakte mit den vielen Abnehmern investiert. Geschickter wäre es, diese Energie lieber in den Produktionsprozess fließen zu lassen und den Vertrieb anderen zu überlassen. Dies hätte nämlich zur Folge, dass die Anzahl der Kontakte zu den Abnehmern und der damit verbundene Zeitaufwand rapide zurückgehen würde.

Halten wir fest:
KRUG hat zurzeit die folgende Absatzstruktur:

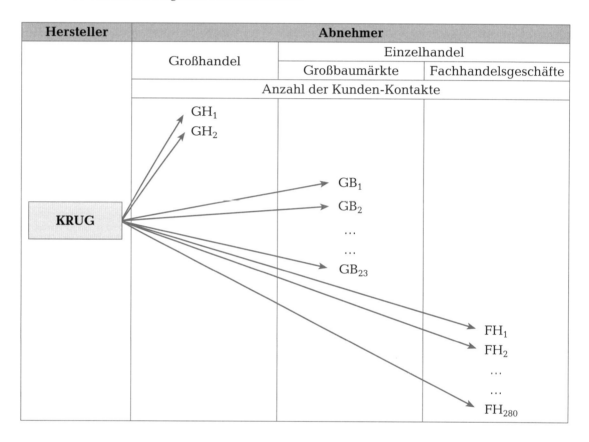

Abgesehen von der Belieferung des Großhandels und der Baumärkte bringt allein die direkte Belieferung des Fachhandels durch KRUG (Direktabsatz) 280 Abnehmer-Kontakte mit sich.

2.1

Wie viele Abnehmer-Kontakte hat KRUG insgesamt?

2.2

EUROCARGO hat es geschafft, die Belieferung des Fachhandels bis auf fünf sehr große Fachhandelsgeschäfte über den Großhandel zu organisieren. Dies führte zu 10 neuen Kontakten zu Großhändlern bei gleichzeitiger Abnahme der Gesamt-Abnehmerkontakte.

Stellen Sie die Neuorganisation der Vertriebsstruktur ähnlich graphisch dar wie auf S. 234.

2.3

Wie viele Gesamt-Abnehmerkontakte hat KRUG nach der Reorganisation zu pflegen?

2.4

Wie hoch ist die prozentuale Abnahme der Gesamt-Abnehmerkontakte?

Aufgabe 3

Beurteilen Sie, inwieweit der indirekte Absatzweg, den KRUG eingeführt hat, die folgenden Kriterien erfüllt!

Kriterium	Der indirekte Absatzweg erfüllt dieses Kriterium	
	voll	kaum bzw. gar nicht
Geringe Außendienstkosten		
Gute Kundendienstleistung und -qualität		
Geringe Lagerkosten		
Preisfestlegung im Hinblick auf den Endverbraucherpreis gut möglich		
Auslieferungsservice		
Geringe Finanzierungskosten für den Vertrieb		
Verkaufsbemühungen im Hinblick auf den Endverbraucher gut		
Niedrige Kapitalbindung aufgrund ganz geringer Verkaufslager		
Gute Handelswerbung in Verbrauchernähe		
Geringe Kosten der Verkaufsabwicklung		
Kundengewinnungsaktivitäten		
Geringere Verwaltungskosten im Vertrieb		
Bedienungsform (Art und Weise, wie der Kunde bedient werden soll)		
Hohe geografische Präsenz der Produkte		

Aufgabe 4

Im Ergebnisprotokoll zu den Besprechungen sind zwei bemerkenswerte Punkte notiert:

- KRUG muss sich auf das Kerngeschäft konzentrieren, d.h. Produktion von Gartengeräten.
- Die Gartengeräte sollen zur richtigen Zeit, in der richtigen Menge und Qualität dem Kunden zugestellt werden.

4.1

Welche Schwierigkeiten tauchen bei KRUG auf, wenn KRUG selbst beide Ziel optimal verwirklichen will? Listen Sie mindestens fünf Punkte auf!

4.2

In verschiedenen Arbeitssitzungen zum Distributionsprojekt KRUG taucht bei unserem Auftraggeber KRUG immer wieder die Frage auf, warum er uns mit der Lagerung und Transportdurchführung der Gartengeräte beauftragen soll. KRUG ist eigentlich der Meinung, diese Arbeiten genauso gut wie wir durchführen zu können.

Wir, Logistikdienstleister EUROCARGO, müssen überzeugend dazu Stellung nehmen und Argumente liefern, warum Lagerung und Lieferung der Gartengeräte besser ausgelagert werden sollten. Wir müssen hier auf das Thema Outsourcing eingehen.

Neben anderen qualifizierten Mitarbeitern haben auch Sie an einem Papier mit dem Titel **Make-or-buy-Überlegungen** mitgewirkt. Zur besseren Übersicht dieses Dokuments werden Sie gebeten, die aufgelisteten Argumente zum Thema **Eigenlager oder Fremdlager** mit geeigneten Schlagwörtern zu versehen. Ein kurzer Blick auf die Dokumente genügt dann, um sofort die wesentlichen Pro- und Contra-Argumente zu erkennen.

Distributionsprojekt KRUG

Make-or-buy-Überlegungen

I. Eigenlager oder Fremdlager

Die folgenden Argumente sprechen dafür, dass wir, EUROCARGO, die Distribution der Gartengeräte durchführen:

```
[                    ]
```

Jede Investition verursacht Anschaffungs- und laufende Kosten. Eine Wirtschaftlichkeitsuntersuchung mithilfe der Investitionsrechnung hat klar gezeigt, dass die Auslagerung der Gartengeräte wirtschaftlicher ist.

```
[                    ]
```

Die Lagerung der Gartengeräte ist mit hohem technischen Aufwand verbunden. Da aufgrund der saisonalen Schwankungen eine schlechte Lagerauslastung möglich ist und Leerkosten entstehen können, ist es besser, wenn EUROCARGO lagert. Die durch KRUG nicht ausgeschöpfte Lagerkapazität kann von anderen KRUG-Kunden genutzt werden.

```
[                    ]
```

Lager mit einer modernen Einrichtungstechnik erfordern eine gute Organisation und hochqualifiziertes Personal. KRUG verfügt nicht über das entsprechende Know-how. Das Logistikzentrum EUROCARGO ist in diesem Fall eine günstige Kostenalternative.

```
[                    ]
```

KRUG begibt sich zwar in Abhängigkeit Dritter, kann sich aber auf die Zuverlässigkeit und Stabilität der Geschäftsbeziehungen mit EUROCARGO verlassen.

```
[                    ]
```

Durch die Betreibung eines Fremdlagers durch den Logistikdienstleister EUROCARGO könnte u.U. der gute Ruf von KRUG leiden.

```
[                    ]
```

Zwischen KRUG und seinen Kunden agiert jetzt EUROCARGO, was zunächst einmal als eine Beeinträchtigung des Kommunikationsprozesses zwischen Hersteller und Kunden angesehen werden könnte. Jedoch ist diese Sorge unberechtigt, da EUROGARGO ein „gläsernes" EDV-System installiert hat. Sowohl KRUG als auch seine Kunden können jederzeit durch offene Schnittstellen Auskünfte über den Status einzelner Sendungen bei EUROCARGO abrufen. Die Zusammenarbeit ist unkompliziert. Sogar über das Internet lässt sich der Weg einzelner Sendungen verfolgen.

4.3

In der letzten Sitzung sind zu der Make-or-buy-Frage **Eigentransport oder Fremdtransport** lediglich Stichworte zusammengetragen worden. Sie werden gebeten, diese Stichworte situationsbezogen durch Beispiele oder allgemeine Überlegungen inhaltlich zu füllen.

Distributionsprojekt KRUG

Make-or-buy-Überlegungen

II. Eigentransport oder Fremdtransport

Die folgenden Argumente sprechen dafür, dass wir, EUROCARGO, die Distribution der Gartengeräte vornehmen:

Investitionskosten für den Fuhrpark

Laufende feste Kosten

Abgaben

Abhängigkeit

Know-how

Werbewirksamkeit des eigenen Fuhrparks

Aufgabe 5

Nach teils schwierigen, aber auch erfreulichen Verhandlungen, in denen viele Details geregelt wurden, haben wir, Logistikdienstleister EUROCARGO, den Zuschlag bekommen. Wir hatten unter den vielen Mitbewerbern einfach das beste Konzept. Eine wichtige Entscheidungsgröße war auch der Preis.

5.1

Zum besseren Verständnis der Kostenstruktur in der Distributionslogistik hat unsere Arbeitsgruppe ein kleines Schaubild entwickelt:

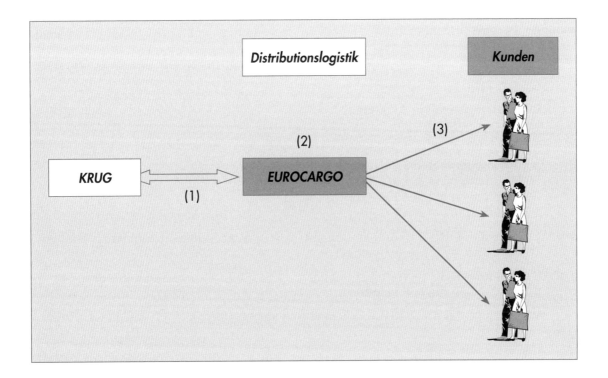

Welche weiteren Kernaufgaben müssen wir für KRUG neben der Distributionsleistung **Vorholung/Vortransport** (1) und **Zustellung** (3) leisten? Machen Sie mind. 5 Angaben!

5.2

Eine wichtige logistische Aufgabe findet im Bereich (2) statt (s. Schaubild). Hauptaufgabe in diesem Bereich ist die Kommissionierung! Beschreiben Sie exakt auf unsere Situation bezogen die Kommissionierungsarbeit, die wir für unseren Vertragspartner KRUG zu erbringen haben!

5.3

Unsere Kostenrechner haben alle drei Bereiche – (1) **Vorholung**, (2) **Bestandspflege, Kommissionierung, value-added-services** usw., (3) **Zustellung** – sorgfältig analysiert, sämtliche Tätigkeiten aufgelistet und anschließend kalkuliert. Dabei haben Sie folgende Kosten ermittelt und in einer Tabelle nach KRUG-Kunden (GH, GB, FH) differenziert zusammengefasst:

Distribution: Kostentabelle für Standardleistungen						(Angaben in EUR)
Kostenbereiche	GH_{1-8}	GH_{9-12}	GB_{1-10}	GB_{11-15}	GB_{16-23}	FH_{1-5}
Bereich 1 Vorholkosten/Palette	11,10	11,10	11,10	11,10	11,10	11,10
Bereich 2 LDL[38]-Kosten/Palette[39]	8,50	9,00	8,75	9,50	8,00	9,50
Bereich 3 Zustellungskosten/ Palette[40]	34,50	38,00	40,00	42,00	43,50	45,00

Ermitteln Sie mithilfe dieser Tabelle für bestimmte KRUG-Kunden die von uns erhobenen Nettoentgelte! KRUG kann sich dadurch ein Bild über unser Preis-Leistungs-Verhältnis machen. Dies war ein weiteres wichtiges Entscheidungskriterium für das Zustandekommen des Distributionslogistik-Vertrages.

Achtung: Es wird gerechnet mit einer Plan-Umsatzrendite in Höhe von 8,5 % für Großhändler, 7,5 % für Großbaumärkte und 9 % für Fachhändler.

5.3.1 Fachhändler **FH₃**: 2 Vorholungen mit je 10 Paletten; 16 EP-Kommissionierungen, 8 Zustellungen mit je 2 Paletten

5.3.2 Großbaumarkt **GB₅**:
5 Vorholungen mit je 7 Paletten
6 Vorholungen mit je 5 Paletten
50 EP-Kommissionierung,
5 Zustellungen mit je 5 Paletten
4 Zustellungen mit je 4 Paletten

5.3.3 Großhändler **GH₁₀**: 25 Vorholungen mit je 30 Paletten, 458 EP-Kommissionierungen, 70 Zustellungen mit je 6 Paletten

5.3.4 Großhändler **GH₇**: 10 Vorholungen mit je 14 EP, 90 EP-Kommissionierungen, 8 Zustellungen mit je 5 Paletten

5.3.5 Wie hoch ist der prozentuale Gewinnzuschlag bei Aufgabe 5.3.2 und 5.3.4?

---

[38] = Logistikdienstleister; hier sind alle Kosten im Bereich (2) gemeint.
[39] = Die Kosten variieren in Abhängigkeit von der Artikelzusammenstellung.
[40] = Die Kosten sind abhängig von den Zustellungsdistanzen.

Fallstudie 4.3: Ein Distributionskonzept für Baumärkte in Europa planen

Ausgangssituation

Sie sind seit dem Abschluss Ihrer Ausbildung bei der Spedition EUROCARGO in der Logistikabteilung tätig; zu Ihren Aufgaben gehört die Unterstützung der Geschäftsleitung durch die Mitwirkung bei der Bearbeitung von Projekten.

EUROCARGO ist ein international tätiger Logistikdienstleister. Im nationalen Bereich hat EUROCARGO in Zusammenarbeit mit Kooperationspartnern in Rosenheim, Oldenburg und Rostock eine bundesweite Sammelgutorganisation mit 24-Stunden-Service aufgebaut.

Die Spedition verfügt über 6 eigene Lastzüge (3 Gliederzüge mit Wechselbrücke und 3 Sattelauflieger, 3 EU-Lizenzen und 1 CEMT-Genehmigung).

Außerdem arbeitet EUROCARGO mit zahlreichen ortsansässigen Unternehmern des gewerblichen Güterkraftverkehrs zusammen. Die Kommunikation mit den Fahrern erfolgt derzeit noch über Telefon (Handy). Steuerung und Sendungsverfolgung sind somit verbesserungsbedürftig; der Einsatz barcodegestützter Technik wird mit den Kooperationspartnern zurzeit intensiv diskutiert.

Eine Besonderheit von EUROCARGO ist der sehr gut ausgebaute Italienverkehr. Seit acht Monaten erfolgt die Abwicklung über eine eigene Niederlassung (drei Mitarbeiter) in Busto Arsizio.

Bei EUROCARGO wird neben der Ausweitung der Logistikprojekte (Kontraktlogistik) seit längerem angestrebt, die bisher nationale Sammelgutorganisation auf weitere europäische Länder auszudehnen. Bisher war das grenzüberschreitende Güteraufkommen nur sporadisch, die Abwicklung wurde jeweils individuell organisiert.

Seit zwei Wochen liegt dazu eine Anzeige einer Spedition aus Kopenhagen auf Ihrem Tisch. Laut Inserat in einer Mitteilung des Deutschen Spediteur- und Logistikverbands DSLV sucht diese Spedition einen Kooperationspartner im süddeutschen Raum.

Heute nun trifft das auf der folgenden Seite abgedruckte Fax bei EUROCARGO ein. Ihr Chef ist aber in den nächsten Tagen zu einer Besprechung in New York (leider, insgeheim hatten Sie gehofft, an der Besprechung in New York teilnehmen zu dürfen).

Er beauftragt Sie deshalb mit einigen vorbereitenden Aufgaben:

Aufgabe 1

Werten Sie zur Vorbereitung alle vorhandenen Daten aus und machen Sie sich mit der Situation vertraut.

Aufgabe 2

Erarbeiten Sie sofort ein Grobkonzept (später vielleicht noch Alternativen zu Ihrer Lösung) für die Distributionslogistik. Das Grobkonzept sollen Sie Ihrem Chef während einer <u>Besprechung **in xx Minuten**[41]</u> vorstellen.

Aufgabe 3

Stellen Sie noch ungeklärte Fragen zu diesem Auftrag zusammen. Legen Sie diese Fragen Ihrem Chef bei der Besprechung vor. Nach der Erörterung der Fragen wollen Sie diese in einem Gespräch mit Busch & Siemann klären.

---

[41] Die genaue Zeitvorgabe ist in Abhängigkeit von der konkreten Unterrichtssituation frei wählbar.

Busch & Siemann, Werkzeugmaschinen - Heimwerkerbedarf　　　　70 374 Stuttgart, Nürnberger Straße 132-138

FAX

Datum: __**tt.mm.20jj**_____

An:	Spedition EUROCARGO Lörracher Str. 6 79115 Freiburg

Telefon:　0761-2468-20
Fax:　0761-2468-23

Von:	Firma *Busch & Siemann* Nürnberger Str. 132-138 70374 Stuttgart

Telefon:　0711-1357-240
Fax:　0711-1357-246

Bemerkung:	☐ Zur Kenntnis	☒ Zur Erledigung	☐ Zur Stellung-nahme	☐ Mit bestem Dank zurück

Anfrage

Sehr geehrte Damen und Herren,

wir beliefern seit Jahren den europäischen Markt mit unseren Werkzeugmaschinen für Handwerker und Heimwerker. Im Rahmen unseres ECR-Reengineering suchen wir einen leistungsstarken Partner für die reibungslose Distribution unserer Produkte, zunächst in die Hauptabnehmerländer.

Daher möchten wir Sie zu einer Besprechung am tt.mm. um 9:00 Uhr in unserem Hause einladen. Wir wollen mit Ihnen das Grobkonzept für Aufbau und Ablauf eines geeigneten Logistiksystems entwerfen.

Im Mittelpunkt dieser ersten Besprechung steht die Klärung organisatorischer Fragen (Güterfluss, Information und Kommunikation) als Grundlage für Ihre Kalkulation und Ihr Angebot.

Als Basisdaten für Ihre Vorüberlegungen fügen wir Informationen über die einschlägigen Logistikaktivitäten des Jahres 20jj bei.

Bitte teilen Sie uns mit, ob Sie an dieser Besprechung teilnehmen werden. Wir sehen Ihrer Antwort und einer möglichen Zusammenarbeit mit sehr großem Interesse entgegen.

Mit freundlichen Grüßen

gez. *Busch*

Busch & Siemann, Werkzeugmaschinen - Heimwerkerbedarf   70374 Stuttgart, Nürnberger Straße 132-138

Basisdaten zu unserer Anfrage

Marktaktivitäten:	Europaweit, Mengen und Zeitpunkte der Aufträge/ Bestellungen variieren.
Kunden:	Handwerksbetriebe und Baumärkte/Fachgeschäfte
Schwerpunkte:	In folgende Länder hat sich bereits ein stetiger Warenstrom entwickelt:

Italien	ca. 20 t, 25 m³/Woche, v.a. Heimwerkerbedarf
Großbritannien	ca. 15 t/Woche
Litauen	ca. 15 t/Woche
Dänemark	ca. 5 t/Woche, v.a. Werkzeugmaschinen

In logistischer Hinsicht problematisch erscheint uns die neue Tischkreissäge, vorwiegend für den italienischen Markt (ca. 25 kg, H 85 cm, B 60 cm, L 80 cm); die Produktion der Säge soll im April anlaufen.

Fallstudie 4.4: Den Standort für ein Distributionslager neu festlegen

Situation

Ihr Ausbildungsunternehmen, die Spedition EUROCARGO, kann zwar mit ihrer Speditionsanlage, die auch als Distributionslager für die Region genutzt wird, auf eine langjährige Geschichte zurückblicken, ist in zunehmendem Maße aber auch damit belastet. Der langjährige Standort in B-Stadt direkt neben dem zentral gelegenen Hauptgüterbahnhof war in der Vergangenheit zwar sehr gut geeignet. Inzwischen aber ist in allen Bereichen der begrenzt verfügbare Platz nicht mehr ausreichend. In der Stadt mussten zusätzlich Büroräume gemietet werden, die Abstell- und Belademöglichkeiten reichen nicht mehr aus und der stark gestiegene Schwerlastverkehr stößt im Innenstadtbereich auf immer mehr Schwierigkeiten.

Eine neue Speditionsanlage mit einem gut funktionierenden Distributionslager in ausreichender Größe und passender Lage ist daher die große Aufgabe, die das Unternehmen zu bewältigen hat.

Mit dem Standortwechsel verfolgt die Unternehmung unterschiedliche Ziele:

- Die Spedition will aus mehreren Gründen auf jeden Fall in der Region bleiben:

  Zum einen bestehen zahlreiche gute Verbindungen mit interessanten Verladern vor Ort, die als neue Kunden gewonnen werden können.
  Zum anderen ist die Unternehmung Partner in einer europäischen Speditionskooperation. Sie ist in dieser geographischen Lage Netz-Knoten in einem Hub & Spoke-Abhol- und Verteilsystem.

- Die neue Speditionsanlage soll als Zentralhub für neue Nachtsprungrelationen (24-h-Service) eingerichtet werden.

- Die Unternehmung möchte sich für künftige Entwicklungen auch Möglichkeiten der Verkehrsverlagerung auf die Schiene (z.B. Kombiverkehr) offen halten.

- Die wenig erfreuliche Entwicklung der Umsätze zwingt dazu, jede Möglichkeit zur Kostensenkung zu nutzen.

- Die Spedition EUROCARGO möchte die Kontraktlogistik als neues Geschäftsfeld entwickeln; es sind bereits viel versprechende Gespräche mit interessanten Kunden im B-städtischen Gewerbegebiet geführt worden.

- Die Mitarbeiterinnen und Mitarbeiter von EUROCARGO sind ein eingespieltes Team, das trotz der ungünstigen Infrastruktur gut arbeitet. Die Unternehmensleitung möchte mit dem Team auch am neuen Standort zusammenarbeiten und ist sicher, dass in der neuen Anlage die Produktivität deutlich gesteigert werden kann.

Zur Vorbereitung der Standortentscheidung und für die spätere Bau- und Umzugsphase ist eine Projektgruppe gebildet worden, in der Sie als jüngstes Mitglied erste Erfahrungen in der Projektarbeit sammeln sollen. In einer Vorauswahl wurden bereits mögliche Standortalternativen – alle wie gewünscht in der Region – ausgesucht. In die engere Wahl kommen drei Orte, zu denen zahlreiche Informationen zusammengestellt wurden. In der nächsten Sitzung soll eine Vorentscheidung mit einer Vorauswahl als Empfehlung für die Geschäftsleitung getroffen werden. Als „Hausaufgabe" sollen Sie die Informationen durcharbeiten, eine Wahl treffen und Ihren Vorschlag bei der nächsten Projektgruppensitzung begründen.

Für die Diskussion mit den Kolleginnen und Kollegen versuchen Sie, in einer Zusammenstellung eine Rangfolge der Standortalternativen als Entscheidungsgrundlage zu erarbeiten. Spontan fällt Ihnen als Instrument dafür die Nutzwertanalyse ein, mit deren Anwendung Sie bereits gute Erfahrungen gemacht haben (vgl. Fallstudie 2.2).

Informationen über die drei möglichen Standorte:

Im B-Städter Anzeiger, Ausgabe für die Stadt und die Region finden Sie folgenden Beitrag:

„Spedition platzt aus allen Nähten" – EUROCARGO auf Standortsuche
Der Geschäftsführer der Spedition informierte uns über die Pläne und den aktuellen Stand.

„Wir wollen eine leistungsfähige Anlage bauen und mit unseren bewährten, leistungsfähigen Mitarbeitern am neuen Standort einen Verteil- und Umschlagknoten mit 24-h

Service betreiben. Dazu planen wir ein neues Lager; mit modernster Lagertechnik und leistungsfähiger IT-Unterstützung können wir den Unternehmen der Region logistische Dienstleistungen von bester Qualität anbieten. Schließlich wollen wir in der Zukunft die Möglichkeit nutzen, mit noch mehr Unternehmen aus der Region zusammenzuarbeiten und unseren zukünftigen Partnern kostengünstige Logistikleistungen mit bester Qualität bieten."

Nach heutigem Stand sind drei Alternativen in der näheren Wahl: Eine Möglichkeit bietet das neue Gewerbegebiet von A-Dorf, für das noch Unternehmen gesucht werden. B-Stadt möchte EUROCARGO auf dem Stadtgebiet halten und bietet ein letztes noch freies Grundstück am Stadtrand zwischen der Neubausiedlung und dem neuen Produktionsbetrieb der XY-Werke an. C-Weiler hat noch verfügbare Grundstücke, über einen neuen Bebauungsplan mit neuen Gewerbeflächen neben dem Industriegebiet wird derzeit beraten.

Wie wir erfahren haben, will eine Bürgerinitiative in A-Dorf dafür sorgen, dass die Wohnqualität nicht durch den erheblichen Schwerlastverkehr eingeschränkt wird; „Zumindest abends und in der Nacht muss Ruhe sein" soll der Sprecher der Bürgerinitiative gesagt haben.

Gerade für die Mitarbeiterinnen und Mitarbeiter wird die endgültige Entscheidung von großer Bedeutung sein. Uns liegt seit Wochen die Stellungnahme des Betriebsrates vor: „Viele Mitarbeiter sind auf den ÖPNV angewiesen. Das Team kann nur mitgehen, wenn unser Arbeitsplatz in vernünftiger Zeit und mit öffentlichen Verkehrsmitteln erreichbar bleibt".

Es ist eine spannende Entwicklung, wir werden über den Fortgang weiter berichten.

Außerdem finden Sie von der letzten Projektgruppensitzung noch eine stichwortartige Zusammenstellung wichtiger Informationen:

A-Dorf: Zufahrt nur durch den Ort möglich
Keine 24-h-Genehmigung
Preisangebot: 90,- EUR/m², 10 Jahre Gewerbesteuerbefreiung

B-Stadt: Für Güterwagen kann ein bestehender Gleisanschluss wieder aktiviert werden.
80,– EUR/m²; Gewerbesteuer Hebesatz: 60 %

C-Weiler: Unmittelbar an der BABA; ca. 12 km von B-Stadt entfernt; Erreichbarkeit im öffentlichen Personennahverkehr nur durch Busse, Gleisanschluss für Güterwagen vorhanden.
105,– EUR/m²; Gewerbesteuer Hebesatz: 95 %

Angebote der Bauunternehmen liegen vor; das interessanteste Angebot über 1,2 Mio. EUR hat für alle drei Standorte Gültigkeit.

Aufgabe 1

Stellen Sie eine Liste mit Kriterien zusammen, die Sie zur Bewertung der Standortalternativen nutzen können.

Kriterium

Aufgabe 2

Legen Sie fest, wie die einzelnen Kriterien gewichtet werden sollen.

Kriterium	Gewichtung

Aufgabe 3

Stellen Sie in einer Übersicht alle verwertbaren Informationen zusammen.

Kriterium	Standort 1 A-Dorf	Standort 2 B-Stadt	Standort 3 C-Weiler

Aufgabe 4

Erarbeiten Sie die Nutzwertanalyse und ermitteln Sie die Rangfolge der möglichen Standorte.

0 Punkte   – nicht geeignet oder gleiche Bedingungen

1 Punkt   – Platz 3

2 Punkte   – Platz 2

3 Punkte   – Platz 1

Nutzwertanalyse							
	Standort	A-Dorf		B-Stadt		C-Weiler	
Kriterium	G	P	gP	P	gP	P	gP
Σ							

Ergebnis

Rang	Ort
1	
2	
3	

Aufgabe 5

Wie ändert sich das Ergebnis, wenn sich in A-Dorf eine Gegenbewegung „Pro Arbeitsplätze" durchsetzt und die 24-h-Genehmigung erteilt wird, dafür aber in C-Weiler jetzt eine Bürgerinitiative „Nachts keine LKW in C-Weiler" entsteht?

Nutzwertanalyse

	Standort	A-Dorf		B-Stadt		C-Weiler	
Kriterium	**G**	**P**	**gP**	**P**	**gP**	**P**	**gP**
Σ							

Ergebnis

Rang	Ort
1	
2	
3	

Aufgabe 6

Welche anderen Kriterien (Standortfaktoren) können noch in die Überlegungen einbezogen werden?

Fallstudie 4.5: ECR – Den Kunden im Visier

Lesen Sie diesen Artikel aufmerksam durch und kennzeichnen Sie mit einem Marker wichtige Begriffe (aussagekräftige Satzteile, Kernaussagen, Definitionen usw.)!

Ein neues Logistikkonzept aus Amerika – ECR genannt – bindet die Kunden ein.

Handel und Hersteller kommen sich näher

Hinter den Buchstaben ECR (Efficient Consumer Response) steht ein Konzept, das Handel und Industrie an einem Tisch bringt. Im Kern geht es darum, die gesamte Wertschöpfungskette der Konsumgüterwirtschaft zu erfassen und neu zu gestalten. Ziel ist es, auf Veränderungen des Kundenverhaltens schneller reagieren zu können und Sortimente, Warenbeschaffung und Bestandsführung, aber auch Werbung und Produkteinführungen firmenübergreifend zu optimieren.

Wie funktioniert das in der Praxis?

Alles paletti – mit Waschmitteln und Keksen hat Peter Beier, Logistikleiter der Konsumgenossenschaft[42] NORDDEUTSCHLAND, keine großen Probleme mehr, denn seine Lagerbestände sind nur noch halb so groß. „Eine erhebliche Einsparung", verkündet er stolz.

Peter Beier hat geschafft, wovon viele seiner Kollegen noch träumen: Anstatt nur die Abläufe im eigenen Haus zu verbessern, bezieht der Logistikpionier auch Lieferanten in sein Konzept mit ein. Die ersten Pilotprojekte laufen bereits. Zunächst stieg der Waschmittelhersteller SCHNEEWEISS ein, nun hat auch die Keksfabrik PLÄTZCHEN angebissen.

Die Konsumgenossenschaft NORDDEUTSCHLAND praktiziert ein in Deutschland neues Modell der Partnerschaft. Statt, wie bisher, bei den Lieferanten und Herstellern in harten Verhandlungen um Einkaufspreise zu feilschen, setzt die Genossenschaft jetzt auf kooperative Zusammenarbeit mit der Nahrungsmittelindustrie.

Die Idee ist nicht gerade neu, doch nun sorgt sie unter dem Kürzel ECR – übersetzt etwa: Effiziente Reaktion auf Kundennachfrage – für gehörigen Wirbel unter den Logistikstrategen. Noch vor kurzem war das in Amerika erfolgreich erprobte Zusammenspiel zwischen Handel und Hersteller hierzulande nahezu unbekannt. Nun stuft bereits die Hälfte der Unternehmen die Bedeutung von ECR als „hoch" oder sogar „sehr hoch" ein.

Hinter den drei Buchstaben ECR verbirgt sich ein strikt marktorientiertes Logistikkonzept, das den Bedarf des Kunden bereits an der Kasse, dem so genannten Point of Sale, mithilfe von Scanner-Informationen erfasst. Anhand des Kundenbedarfs wird dann versucht, die gesamte Logistikkette vom Endverbraucher über Handel und Hersteller bis zu den Spediteuren zu optimieren. Ein ECR-Experte spricht bereits von einem „völlig neuen Denken". „Früher hat jeder nur bis vor seine eigene Haustür gedacht", so der Experte, „jetzt erkennt man, dass das Miteinander enorme Effizienzpotenziale birgt."

In der Tat, die mit ECR erzielbaren Kostenvorteile sind beträchtlich. So schätzen Unternehmer großer Herstellerbetriebe, dass zwischen 2,5 bis 3 % vom Endverbraucherpreis eingespart werden können. Die Kosten könnten nach Berechnungen von Marktkennern in der gesamten Kette zwischen Handel und Industrie um bis zu 6 % reduziert werden. Selbst die Konsumenten gingen bei diesem Zusammenspiel nicht leer aus. Mehrere Milliarden EUR bleiben in den Haushaltskassen, wenn die enormen Kostenvorteile der Kooperationen weitergegeben werden.

---

[42] Konsumgenossenschaften kaufen für ihre Mitglieder, die Einzelhändler, zentral große Mengen an Gegenständen des täglichen Bedarfs ein und geben sie in kleinen Mengen bedarfsgerecht an die Einzelhändler weiter.

Mit ECR betreten Handel und Industrie Neuland. Es war bereits ein großer Schritt, die Logistik innerhalb eines Unternehmens als bereichsübergreifende Aufgabe zu verstehen. Nun geht es darum, die Logistik firmenübergreifend zu organisieren, um Kosten zu sparen und möglichst schnell auf Kundenbedürfnisse zu reagieren.

Dieses Ziel hat sich auch die Konsumgenossenschaft NORDDEUTSCHLAND gesteckt. Gleich dreifach waren in der Logistikkette „überflüssige Speckpolster angelegt", erinnert sich Peter Beier. Nicht nur der Hersteller hielt Reserven vor, um jederzeit, auch bei Sonderaktionen des Handels, lieferfähig zu sein. Die gleiche Vorsorge trafen auch die Disponenten im Zentrallager. Und auch die Speditionen gingen auf Nummer Sicher, hamsterten, um stets termingerecht liefern zu können.

Um sich von den überflüssigen Pfunden zu befreien, entstand ein Pilotprojekt mit SCHNEEWEISS, bei dem ein Team von Logistikern und EDV-Spezialisten federführend war. Zuerst passten NORDDEUTSCHLAND und SCHNEEWEISS ihre EDV-Systeme einander an. Dadurch gelang es, die Warenströme, die Anlieferungen, das Verhalten von Hersteller, Spediteur und Disponent genau zu analysieren. „Das führte zu großen Aha-Effekten", so Beier. Innerhalb eines halben Jahres gelang es, den Lagerbestand an SCHNEEWEISS-Produkten zu halbieren. Gleichzeitig wurde die Umschlagsgeschwindigkeit verdoppelt.

In diesem Jahr wollen beide Partner nun den eigentlichen Schritt zum Efficient Consumer Response wagen: den Kurzschluss zwischen Konsument und Hersteller. Dann werden jedes Mal, wenn ein Kunde eine Packung Wasch- oder Putzmittel kauft, die Daten an der Kasse per Scanner erfasst und an SCHNEEWEISS gemeldet. Durch diesen Datenaustausch sollen Produktion und Logistik an der Nachfrage ausgerichtet und damit wesentlich effizienter gesteuert werden.

Auch Keksfabrik PLÄTZCHEN baut auf die Revolution in den Regalen. Wie SCHNEE-WEISS ist auch sie eine Verbindung mit NORDDEUTSCHLAND eingegangen. PLÄTZCHEN übernahm dabei die Verantwortung für den Nachschub ins Zentrallager NORDDEUTSCHLAND. Ein PLÄTZCHEN-Mitarbeiter beobachtet seitdem via Bildschirm die Bestände bei NORDDEUTSCHLAND und steuert den Nachschub. Davon profitieren beide. Während NORDDEUTSCHLAND niedrige Lagerkosten verbucht, sieht PLÄTZCHEN ihren Vorteil vor allem in einer geringen Verweildauer der Ware in den Lagern. „Je schneller sie in die Verkaufsregale gelangt, desto frischer ist sie", sagt der PLÄTZCHEN-Manager Ilg.

Die Beispiele könnten Schule machen und helfen, die Barrieren zwischen Handel und Hersteller abzubauen. „Beide Parteien", davon ist PLÄTZCHEN-Manager Ilg überzeugt, „werden ein neues Verhältnis zueinander finden, denn am Ende sprechen die Zahlen ihre eigene Sprache."

Ausblick

Obwohl Hersteller und Handel ECR einen hohen Stellenwert bescheinigen, sind noch viele Stolpersteine (mangelnde Datenstandardisierung, Kooperationsbereitschaft, Datenaustausch, fehlende Investitionsmittel usw.) auf dem weiten Weg bis zur Realisierung zu beseitigen. Experten überraschen diese Anlaufschwierigkeiten nicht, denn ECR führt weg vom funktionalen und hin zum prozessorientierten Denken, und das bereitet vielen Unternehmen Probleme.

Dennoch wird das Konzept langfristig Erfolg haben. Man wird erkennen, dass der Wettbewerb nicht mehr zwischen einzelnen Unternehmen, sondern zwischen ganzen Logistikketten stattfinden wird. Wer auf diesem Feld heute schon Erfahrungen sammelt, hat morgen einen Vorsprung.

Aufgabe 1

Nachdem Sie nun den Text sorgfältig gelesen und markiert haben, beantworten Sie bitte die folgenden Fragen.

Hinweis: Schauen Sie immer wieder auf Ihre markierten Textstellen! Sie erleichtern sich dadurch die Arbeit enorm.

1.1   Übersetzen Sie die Bezeichnung „Efficient Consumer Response" ins Deutsche!

1.2   Worum geht es im Kern bei ECR?

1.3   Welches Ziel verfolgt ECR?

1.4   Worauf sind nach ECR-Einführung bei NORDDEUTSCHLAND die Einsparungen zurückzuführen?

1.5   Was ist neu in der Zusammenarbeit zwischen NORDDEUTSCHLAND und seinen Lieferanten?

1.6   An welchem Punkt in der Kette des Warenflusses vom Hersteller zum Endverbraucher wird der Kundenbedarf ermittelt?

1.7   Warum ist die Kenntnis des Kundenbedarfs für die gesamte Logistikkette so enorm wichtig?

1.8   Wenn mit ECR erhebliche Kostenvorteile durch die Kooperation verschieden beteiligter Unternehmen erzielt werden können, dann ist es möglich, einen Teil der Kostenvorteile auch an eine nichtunternehmerische Gruppe weiterzugeben. Welche?

1.9   Welcher Unterschied besteht zwischen bereichsübergreifenden und firmenübergreifenden Aufgaben?

1.10   Welchen Zweck verfolgt ECR mit dem Abbau „überflüssiger Speckpolster"?

1.11   Welche technische Voraussetzungen in der Kommunikation müssen gegeben sein, damit Warenströme firmenübergreifend analysiert werden können?

1.12   Welcher Zusammenhang besteht zwischen der Größe eines Lagers und der Umschlagsgeschwindigkeit von Gütern?

1.13   Wie wird ECR konkret umgesetzt?

1.14   Welche Vorteile verspricht sich die Keksfabrik PLÄTZCHEN von ECR?

1.15   Welche Schwierigkeiten werden bei der Einführung von ECR erwartet?

1.16 Welches neue betriebswirtschaftliche Denken greift bei ECR?

1.17 Wie wird nach erfolgreicher Einführung von ECR in Zukunft der Wettbewerb aussehen?

Aufgabe 2

Nachdem Sie so viel über ECR gelernt haben, dürfte es Ihnen überhaupt keine Schwierigkeiten bereiten, den folgende wirtschaftswissenschaftlichen Text zu ECR zu verstehen.

Probieren Sie es! Lesen Sie diese Erklärung zu ECR:

ECR ist ein strategisches Konzept der interorganisatorischen Zusammenarbeit zwischen Herstellern, Groß- und Einzelhändlern im Distributionskanal. Durch eine integrierte Steuerung der gesamten Versorgungskette wird das Ziel verfolgt, die Reaktionsfähigkeit auf Veränderungen des Marktes, d.h. auf Kundenwünsche zu erhöhen und gleichzeitig die Sortimente, die Warenbeschaffung und Bestandsführung, die Werbemaßnahmen sowie die Produktneueinführung unternehmensübergreifend zu optimieren, sodass die Kosten im gesamten Distributionssystem gesenkt werden. (Ehrmann, H (2004): Kompakt-Training Logistik).

Fazit:

Wenn es Ihnen leicht gefallen ist, diesen Text zu verstehen, dann haben Sie durch das fleißige Studium dieser Fallstudie einen großen Lernfortschritt erzielt.

Fallstudie 4.6: Distributionsaktivitäten überprüfen

Situation

Ihr Ausbildungsunternehmen ist als Kontraktlogistiker der Distributionspartner eines Produzenten von Spritzgussteilen für Werkzeugmaschinen.

Leistungsumfang:

- Sie holen die fertigen Spritzgussteile (palettiert im Karton) ab.
- Sie nehmen die Paletten auf Lager (Regallager, 3 Ebenen).
- Die Einlagerung erfolgt in die am nächsten verfügbaren Lagerplätze.
- Sie erhalten Lieferaufträge (Art der Teile, Anzahl der Plastiktüten, Lieferzeit) vom Hersteller der Spritzgussteile.
- Sie erhalten die Aufträge telefonisch vorab mit nachfolgender Faxbestätigung.
- Die Spritzgussteile müssen in Plastiktüten zu je 10 Stück verpackt werden.
- Sie holen leere KLTs (Kleinladungsträger) beim Werkzeugmaschinenhersteller nach Aufforderung ab.
- Sie kommissionieren die Aufträge in die KLTs.
- Sie erfassen schriftlich die entnommenen Mengen und geben die Kommissionierzettel dem Lagerleiter.
- Sie melden per Fax wöchentlich die aktuellen Lagerbestände an den Spritzgussteilehersteller.
- Sie liefern die Aufträge an den Kunden Ihres Kunden, des Werkzeugmaschinenherstellers.
- Sie stellen Ihrem Kunden monatsweise zusammengefasst diese Leistungen in Rechnung.

Die Aktivitäten in der Distributionslogistik werden in folgender Reihenfolge erledigt:

(1) Abholung der fertigen Spritzgussteile

(2) Überlagernahme der Paletten

(3) Einlagerung im nächsten freien Lagerplatz

(4) Eingang der Lieferaufträge

(5) Bestätigung per Fax

(6) Abholung der leeren KLTs beim Hersteller der Werkzeugmaschinen

(7) Verpacken in 10er-Tüten

(8) Kommissionieren der Aufträge

(9) Schriftliches Erfassen und Weiterleiten der entnommenen Mengen

(10) Auslieferung der Aufträge an den Werkzeugmaschinenhersteller

Meldung zu festen Zeiten

(11) Wöchentliche Meldung der aktuellen Lagerbestände an den Spritzgussteilehersteller.

(12) Monatliche Rechnung (schriftlich auf dem Postweg)

Aufgabe 1

Geben Sie die Ihrer Meinung nach optimale Reihenfolge der Distributionsaktivitäten an. Erstellen Sie dafür am besten ein Flussdiagramm.

Aufgabe 2

Prüfen Sie, welche Kennzahlen sich für die Beurteilung der Aktivitäten eignen und entwickeln Sie wenn nötig den Rechenweg (die Formel) dafür. Zeigen Sie die Verwendungsmöglichkeit für Ihre Kennzahlen auf.

Aufgabe 3

Erarbeiten Sie Möglichkeiten zur Verbesserung (Optimierung) der Abläufe; bereiten Sie die Präsentation Ihrer Maßnahmen vor.

Fallstudie 4.7: Den Distributionsprozess steuern

Situation

Seit vielen Jahren beliefern wir, Spedition EUROCARGO, acht Einzelhandelsfachgeschäfte regelmäßig mit Konsumartikeln aus dem hygienischen Bereich (Waschpulver, Seife, Shampoos usw.). Unsere Auftraggeber sind neben wenigen kleinen Herstellern die drei Großhändler HELLSTEIN, WEBER und SIEBERT. Diese wünschen, dass wir in Zukunft nicht nur den Transport, sondern auch die Lagerung, Kommissionierung und bedarfsgerechte Zustellung ihrer Produkte an die Filialen vornehmen.

Sie als Mitarbeiter der Spedition EUROCARGO erhalten von ihrem Chef den Auftrag, eine Arbeitsgruppe einzurichten, die ein modernes Distributionskonzept erarbeiten soll, das aus den beiden Teilen **Cross Docking Distributionszentrum** und **Controlling-Instrumente in der Distribution** bestehen soll.

Cross Docking Distributionszentrum

Herr Heinrich, ein Mitarbeiter ihrer Arbeitsgruppe, hat einige Informationen zu **Cross Docking** aus dem Internet beschafft und ihnen zukommen lassen:

Cross Docking bedeutet:

- Waren auf dem Wege vom Lieferanten zur Filiale werden durch (waren-) bestandslose Umschlagspunkte (Cross Docking Center = CDC) geschleust.
- Der Warenbestand in den Filialen wird täglich überprüft und der Bedarf über eine Zentrale erfasst und an die Hersteller bzw. Großhändler gemeldet.
- Diese senden ihre Waren an ein zentrales Lager (Cross-Docking-Center).
- Dort werden die Güter auf die Filialen umverteilt. Hierzu werden die Waren nur für kurze Zeit auf den Stellplätzen für die Filialen zwischengelagert und dann sofort weitergeleitet.
- In den Filialen sind bis zum Eintreffen der neuen Lieferung die Alt-Bestände durch Verkäufe so weit reduziert, das wieder Platz für die neuen Waren zur Verfügung steht.

Auf unserer Situation übertragen würde das dann etwa so aussehen:

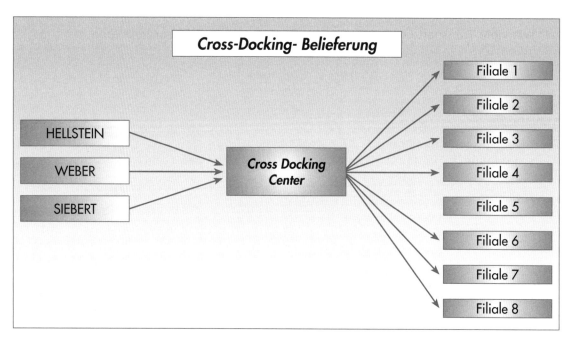

Zurzeit sieht die Belieferung der Filialen durch uns aber so aus:

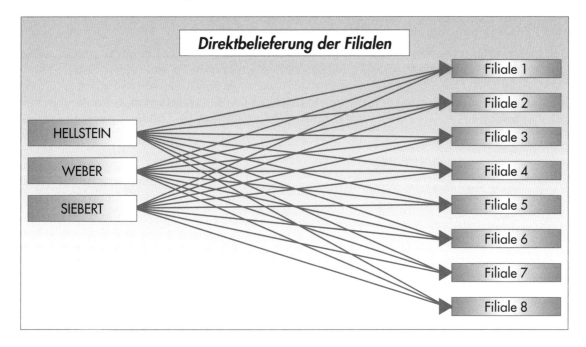

Aufgabe 1

Durch die Einschaltung des CDC ergeben sich Vorteile für die Handelsunternehmen und die Filialen. Hier ist eine sog. Win-Win-Situation entstanden, d.h. sowohl Handelsunternehmen als auch die Filialen stehen als Gewinner da.

1.1 Worin besteht der eigentliche Gewinn bzw. Vorteil der Handelsunternehmen HELL-STEIN, WEBER, SIEBERT durch die Einführung eines CDC?

1.2 Worin besteht der eigentliche Gewinn bzw. Vorteil der Filialen durch CDC?

1.3 Wie viele Transporte mussten wir, Spedition EUROCARGO, vor Einführung von CDC organisieren bzw. durchführen?

1.4 Wie viele Transporte müssen wir nach Einführung von CDC organisieren bzw. durchführen?

Aufgabe 2

Cross Docking funktioniert nur, wenn das Equipment, die Kommunikationstechnik und der Mensch reibungslos und präzise im Cross-Docking-Zentrum zusammenarbeiten.

2.1

Welche Techniken und Einrichtungsgegenstände müssen in einem CDC vorhanden sein? Nennen Sie mindestens drei!

2.2

Welche Anforderungen stellt eine gute Cross-Docking-Arbeit an Informations- und Kommunikationssysteme?

2.3

Welche besonderen Eigenschaften müssen Mitarbeiter mitbringen, um die hohen Standards eines CDC erfüllen zu können?

Controlling-Instrumente in der Distribution

Die Leistungs- und Servicequalität in der Distribution zu messen und zu steuern ist unerlässlich, um **sichere** Aussagen über den Erfolg der durchgeführten Maßnahmen zu machen. So ist die Beurteilung, ob ein Cross-Docking-Centers erfolgreich eingeführt wurde, letztendlich abhängig von der Kontrolle durch Kennzahlen.

Die Arbeitsgruppe hat zum Thema **Controlling-Instrumente in der Distribution** viele Kennzahlen gesammelt und zusammengetragen:

Kennzahlen zur Distributions-Logistik
1. Ø Auftragsgröße
2. Nachlieferungsquote
3. Anteil Auftragsabwicklungskosten am Umsatz
4. Lieferbereitschaftsgrad
5. Produktivität der Versandabwicklung
6. Liefertreue
7. Ø Kosten der Kundenauftragsabwicklung
8. Fehllieferungsquote
9. Produktivität der Auftragsabwicklung
10. Beanstandungsquote
11. Distributionskosten je Auftrag
12. Verhältnis Eigentransport/Fremdtransport

Aufgabe 3

Sie bringen wieder etwas Ordnung in die Sammlung, indem Sie die Kennzahlen nach **Produktivität**, **Qualität** und **Wirtschaftlichkeit** sortieren.

3.1

Produktivitätskennzahlen geben Auskunft darüber, wie **fleißig** die Güter verteilt werden. Welche drei Kennzahlen kämen dafür in Frage?

3.2

Qualitätskennzahlen beschreiben, wie **gut** der Verteilungsprozess abläuft. Welche fünf Kennzahlen geben darüber Auskunft?

3.3

Wenn Sie bis jetzt korrekt gearbeitet haben, dann listen Sie bitte die übrigen Kennzahlen auf. Sie messen die **Wirtschaftlichkeit**. In dieser Kategorie wird immer **kostenorientiert** gedacht.

Aufgabe 4

4.1

Qualität

Nachfolgend sind Bestandteile von Formeln zur Berechnung von **Qualitätskennzahlen** aufgelistet:
Gesamtzahl der Lieferungen; Gesamtzahl der Lieferungen; Pünktliche Lieferungen; Gesamtzahl der Lieferungen; Anzahl Nachlieferungen; Anzahl der Fehllieferungen; Anzahl beanstandeter Lieferungen; Gesamtzahl der Lieferungen.

Vervollständigen Sie die Spalte **Formel** in der folgenden Tabelle **Kennzahlen zur Qualitätsfeststellung**! Setzten Sie dazu die Bestandteile aus der obigen Sammlung zur Berechnung der Kennzahlen **richtig über** bzw. **unter** den Bruchstrich, sodass die entsprechende Kennzahl korrekt berechnet werden kann. Für die Kennzahl **Lieferbereitschaftsgrad** ist diese Aufgabe bereits erledigt.

Kennzahlen zur Qualitätsfeststellung

	Kennzahl	Definition	Formel
Q_1[43]	Lieferbereit-schaftsgrad	Gibt an, wie viel % der angeforderten Lieferungen sofort bedient werden.	$= \dfrac{\textit{Anzahl sofort bedienter Lieferungen}}{\textit{Gesamtzahl angeforderter Lieferungen}} \cdot 100$
Q_2	Fehllieferungsquote	Gibt an, wie viel % der gesamten Lieferungen Fehllieferungen sind.	$= \rule{3cm}{0.4pt} \cdot 100$
Q_3	Liefertreue	Gibt an, wie viel % aller Lieferungen pünktliche Lieferungen sind.	$= \rule{3cm}{0.4pt} \cdot 100$
Q_4	Beanstandungsquote	Gibt an, wie viel % aller Lieferungen beanstandet wurden.	$= \rule{3cm}{0.4pt} \cdot 100$
Q_5	Nachlieferungsquote	Gibt an, bei wie viel % aller Lieferungen nachgeliefert werden musste.	$= \rule{3cm}{0.4pt} \cdot 100$

4.2

Wirtschaftlichkeit

Füllen Sie die Spalte **Definition** aus! Orientieren Sie sich bei der Formulierung der Definition an der Formel!

Kennzahlen zur Qualitätsfeststellung

	Kennzahl	Definition	Formel
W_1[44]	Anteil Auftragsabwicklungskosten am Umsatz		$= \dfrac{\textit{Kosten der Auftragsabwicklung/Jahr}}{\textit{Umsatz/Jahr}} \cdot 100$
W_2	Ø Kosten der Kundenauftragsabwicklung		$= \dfrac{\textit{Kosten der Auftragsabwicklung}}{\textit{Anzahl der bearbeiteten Aufträge}}$
W_3	Distributionskosten je Auftrag		$= \dfrac{\textit{Gesamtkosten der Distribution}}{\textit{Anzahl der Aufträge}}$
W_4	Verhältnis Eigentransport zu Fremdtransport		$= \dfrac{\textit{Eigentransportkosten pro Distributionseinheit}}{\textit{Fremdtransportkosten pro Distributionseinheit}}$

---

[43] Qualität
[44] Wirtschaftlichkeit

4.3

Produktivität

Auf ihrem Schreibtisch liegen sämtliche März-Zahlen des neu eingerichteten CDC:

CDC-Distributionslager EUROCARGO	Monat März	
Anzahl der Lieferungen (= Sendungszahl) insgesamt	210	Lieferungen
davon		
sofort bedient	208	Lieferungen
pünktlich	198	Lieferungen
fehlgeleitet	4	Lieferungen
beanstandet	6	Lieferungen
nachgeliefert	2	Lieferungen
Kosten der Auftragsabwicklung	135.000,00	EUR
Gesamtkosten der Distribution	150.000,00	EUR
Eigentransportkosten pro Distributionseinheit	150,00	EUR
Fremdtransportkosten pro Distributionseinheit	200,00	EUR
Umsatz	540.000,00	EUR
Aufträge insgesamt	800	Aufträge
davon bearbeitet	750	Aufträge
Anzahl der Artikel	128.000	Artikel
Anzahl der Arbeitstage	20	Tage
Anzahl der Mitarbeiter	50	Mitarbeiter

Vervollständigen Sie die folgende Tabelle! Tragen sie die richtigen Werte in die Formel ein! Berechnen Sie die gesuchten Kennzahlen und tragen Sie die Ergebnisse ebenfalls in die Tabelle ein!

Kennzahlen zur Produktivität			Ergebnisse
P_1[45]	Ø Auftragsgröße	$= \dfrac{\text{Anzahl der Artikel}}{\text{Anzahl der Aufträge}} = \dfrac{\quad}{\quad} =$	
P_2	Produktivität der Versandabwicklung	$= \dfrac{\text{Sendungszahl}}{\text{Arbeitstage}} = \dfrac{\quad}{\quad} =$	
P_3	Produktivität der Auftragsabwicklung	$= \dfrac{\text{Anzahl bearbeiteter Aufträge}}{\text{Anzahl Mitarbeiter}} = \dfrac{\quad}{\quad} =$	

---

[45] Produktivität

Aufgabe 5

Vervollständigen Sie die folgende Tabelle:

- Tragen Sie in die Spalte **CDC-Werte** die Produktivitäts-Kennzahlen der Aufgabe 4.3 ein!
- Ermitteln Sie die noch fehlenden Kennzahlen (die benötigten Daten dazu stehen in der Liste der März-Zahlen des CDC, Aufgabe 4.3) und tragen Sie diese ebenfalls in die Spalte **CDC-Werte** ein!
- Berechnen Sie die prozentualen Veränderungen, indem Sie die Empfehlungswerte (Sollwerte) mit unseren CDC-Werten (Istwerten) vergleichen und tragen Sie die Abweichungen vom Empfehlungswert in ± Prozentpunkten in die Spalte **Veränderung in %** ein!
- Tragen Sie in die Auswertungsspalte das Wort **schlechter** ein, wenn sich der CDC-Wert gegenüber dem Sollwert verschlechtert hat, ansonsten das Wort **besser**!
- Zur Kennziffer **Lieferbereitschaftsgrad** ist die Lösung bereits vorgegeben.

Vergleichsanalyse		Kennzahlen		Verän-derung in %	Aus-wer-tung
		Empfehlungswerte der Branche[46]	CDC-Werte		
Q_1	Lieferbereitschaftsgrad	98 %	99 %	+ 1,02 %	besser
Q_2	Fehllieferungsquote	1,5 %			
Q_3	Liefertreue	95 %			
Q_4	Beanstandungsquote	3 %			
Q_5	Nachlieferungsquote	1,5%			
W_1	Anteil Auftragsabwicklungskosten am Umsatz	30 %			
W_2	Ø Kosten der Kundenauftragsabwicklung	180,00 EUR			
W_3	Distributionskosten je Auftrag	200,00 EUR			
W_4	Verhältnis Eigentransport/ Fremdtransport	0,8			
P_1	Ø Auftragsgröße	150 Artikel/Auftrag			
P_2	Produktivität der Versandabwicklung	10 Sendungen/Tag			
P_3	Produktivität der Auftragsabwicklung	10 Aufträge/ Mitarbeiter			

Aufgabe 6

Nehmen Sie schriftlich Stellung zur Auswertung der Vergleichsanalyse!

---

[46] Empfohlene Mittelwerte repräsentativ (kleinvolumige, nicht sperrige Hygieneartikel) ausgesuchter CDCs.

Wiederholungsaufgaben 4

1 Nennen und erläutern Sie bitte mögliche Aktivitäten eines Logistikdienstleisters in der Distribution.

2 Nennen und erläutern Sie bitte Ziele der Distributionslogistik.

3 Zeigen Sie bitte, wie die Distribution eines Produkts in den unterschiedlichen Phasen seines Lebenslaufs organisiert und durchgeführt werden sollte.

4 Stellen Sie bitte die Art und Weise der Distribution für unterschiedliche Güterarten und Güterstrukturen dar.

5 Erklären Sie bitte die unterschiedlichen Möglichkeiten der internationalen Distribution.

6 Nennen Sie bitte spezielle Formen der Distributionslogistik.

7 Erklären Sie bitte die wesentlichen Standortfaktoren für Logistikdienstleister.

8 Nennen und erläutern Sie bitte Ziele und Vorteile eines GVZ.

9 Nennen und erläutern Sie bitte Ziele und Vorteile von Distributionszentren.

10 Diskutieren Sie bitte die Kriterien für und gegen Eigen- bzw. Fremdtransport.

11 Diskutieren Sie bitte die Kriterien für und gegen Eigen- bzw. Fremdlagerung.

12 Stellen Sie bitte die wichtigsten Inhalte eines Outsourcingvertrags dar.

13 Erläutern Sie bitte die Struktur und die wesentlichen Inhalte eines Pflichtenheftes.

14 Nennen Sie bitte wichtige Nutzenaspekte eines Tracking- und Tracing-Systems aus den Blickwinkeln der beteiligten Partner.

15 Erläutern Sie bitte ECR mit seinen vier Basisstrategien.

16 Stellen Sie bitte die Vorteile von Cross Docking dar.

17 Erklären Sie bitte das ERP-Instrument VMI.

18 Erläutern Sie bitte wichtige Instrumente des Logistik-Controlling.

19 Nennen und erklären Sie bitte Kennzahlen zur Steuerung der Produktivität in der Distribution.

20 Erläutern Sie bitte den Einsatz der RFID-Technik und einige Probleme beim Einsatz dieser Technik.

5   Entsorgungslogistik anbieten und organisieren

Die Aufgaben, die von den Unternehmen übernommen werden, sind üblicherweise unterteilt in

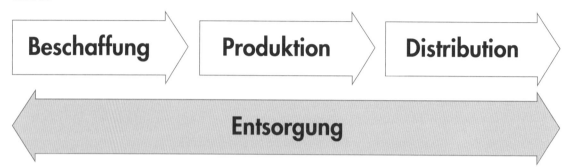

5.1   Welche Bedeutung hat die Entsorgungslogistik?

Die Bilder 4, 5, 10 und 11 zeigen, dass die Entsorgungslogistik mit den logistischen Teilsystemen Beschaffungslogistik, Lagerlogistik und Distributionslogistik verknüpft ist. Darüber hinaus ist die Entsorgungslogistik auch integriert in die Produktionslogistik, die im Exkurs Intralogistik dargestellt ist. Die Entsorgungslogistik erfordert umfassendes, besonderes Know-how und spezielle technische Einrichtungen. Zusammengefasst bilden die Entsorgungsaufgaben in den logistischen Teilsystemen ein eigenständiges logistisches Teilsystem Entsorgungslogistik, dessen Bedeutung immer mehr zunimmt.

**LOGISTISCHES
TEILSYSTEM**

5.1.1 Das logistische Teilsystem für Entsorgungsaufgaben

Die Entsorgungslogistik beschäftigt sich mit der Planung und Realisierung aller Prozesse, durch die Produkte und Materialien auf kostengünstige Weise, ggf. auch nach einer Reparatur, weiterverwendet, am Ende der Nutzungsdauer in die Produktion zurückgeführt (Recycling) oder umweltschonend vernichtet bzw. endgültig abgelagert (Deponie) werden.

**RECYCLING
DEPONIE**

**ENTSORGUNGS-
LOGISTISCHES
TEILSYSTEM**

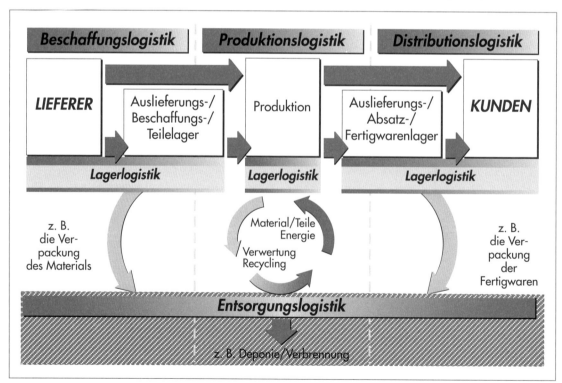

Bild 41: Entsorgungslogistik als funktionsorientiertes logistisches Teilsystem

Das Bild verdeutlicht, dass auf allen Stufen der Wertschöpfung Aktivitäten der Entsorgungslogistik stattfinden können, die in der folgenden Übersicht kurz dargestellt werden.

Entsorgungsaktivitäten auf den verschiedenen Wertschöpfungsstufen

ENTSORGUNGS-
AKTIVITÄTEN

↓ Rohstoffgewinnung

Am Anfang der Wertschöpfung steht natürlich die Gewinnung von Rohstoffen. Dabei entstehen in fast allen Fällen Reststoffe, die oft nicht weiter verwendet werden können, sondern **deponiert** (z. B. Abraum) oder **beseitigt** (z. B. durch Verbrennung, Verklappung[1]) werden müssen.

↓ Rohstoffverteilung

VERTEILUNG

Je nach Standpunkt des Betrachters handelt es sich dabei um Aktivitäten der TUL-Logistik im Rahmen der Distributionslogistik (= Sicht des Lieferers und/oder des Zwischenhandels) bzw. der Beschaffungslogistik (= Sicht der weiterverarbeitenden Unternehmen und/oder des Zwischenhandels). Dabei sind auch Lagerprozesse erforderlich. Zum Schutz der Rohstoffe können für Transport und Lagerung auch Material bzw. Verpackungsstoffe erforderlich sein, die **entsorgt** werden müssen.

↓ Aufbereitung (Weiterverarbeitung/Veredelung) der Rohstoffe

AUFBEREITUNG

Bei der Aufbereitung fallen weitere Produktionsabfälle an (von Wertstoffen bis zu nicht mehr verwendbaren Abfällen), die zur Wiederverwendung umgewandelt, deponiert oder auf andere Weise **entsorgt** werden müssen (z. B. Verbrennen, je nach Art der Stoffe unter hohen Sicherheitsauflagen).

↓ Verteilung der veredelten Rohstoffe

VERTEILUNG

Aus Sicht des Lieferers/des Zwischenhandels handelt es sich dabei um entsprechende Aktivitäten der TUL-Logistik im Rahmen der Distributionslogistik, aus Sicht der weiterverarbeitenden Unternehmen und/oder des Zwischenhandels um solche der Beschaffungslogistik. Auch auf dieser Stufe sind Lagerprozesse erforderlich. Zum Schutz der veredelten Rohstoffe können für Transport und Lagerung auch Material bzw. Verpackungsstoffe erforderlich sein, die **entsorgt** werden müssen.

↓ Weiterverarbeitung (evtl. in mehreren Stufen)

WEITER-
VERARBEITUNG

Auch bei der Weiterverarbeitung fallen Produktionsabfälle, Wertstoffe oder nicht mehr verwendbare Abfälle an. Diese müssen zur Wiederverwendung umgewandelt, deponiert oder auf andere Weise **entsorgt** werden, z. B. durch Verbrennen, je nach Stoffen unter hohen Sicherheitsauflagen.

↓ Verteilung der halbfertigen Produkte

VERTEILUNG

Auch auf dieser Stufe handelt es sich aus Sicht des Lieferers/des Zwischenhandels um Aktivitäten der TUL-Logistik im Rahmen der Distributionslogistik, aus Sicht der Kunden um solche der Beschaffungslogistik. Auch auf dieser Stufe sind Lagerprozesse und **Entsorgungsdienstleistungen** erforderlich.

↓ Endmontage der Produkte

MONTAGE

Bei der Herstellung der Produkte können Produktionsabfälle (von Wertstoffen bis zu nicht mehr verwendbaren Abfällen) entstehen, die **wieder- bzw. weiterverwendet oder entsorgt** werden müssen. Zum Verkauf müssen die Produkte ansprechend verpackt werden. Diese Verkaufsverpackung muss bei Übernahme durch den Endabnehmer ggf. zurückgenommen, auf jeden Fall **entsorgt** werden.

↓ Verteilung der Fertigwaren

VERTEILUNG

Empfänger der Fertigwaren sind Handelsunternehmen (Groß- oder Einzelhandel) oder Endverbraucher (Unternehmen oder Privatpersonen). Je nach Produkt werden hier besonders hohe Anforderungen an die Aktivitäten der TUL-Logistik gestellt. Insbesondere die Lagerlogistik muss bei geringen Kosten ständige Lieferbereitschaft gewährleisten. Zum Schutz der Fertigwaren sind für Transport und Lagerung Material und/oder Spezialverpackungen erforderlich, die **entsorgt** werden müssen, eventuell auch erst nach dem Verkauf an die Endverbraucher im Laden.

---

[1] Verklappung bedeutet, dass Abfallprodukte (häufig Flüssigkeiten) auf offener See in das Meer gekippt werden.

5.1.2 Bedeutung der Entsorgungslogistik

Betrachtet man die Entsorgungslogistik genauer, ergeben sich vielfältige Aspekte, die insgesamt ihre Bedeutung zeigen, auch für die Zukunft der Unternehmen, die Entsorgungsaufgaben erledigen.

Die Bedeutung der Entsorgungslogistik hat vor allem als Folge des stark gestiegenen Problembewusstseins (Rohstoffverknappung, steigende Energiekosten, Umweltbelastung) in den letzten Jahren stark zugenommen.

Unterstützt durch entsprechende gesetzliche Regelungen soll vor allem Folgendes erreicht werden:

ROHSTOFFE

- Schonender Umgang mit **Rohstoffen**

SCHADSTOFFE

- Umweltschonende Produktion durch Reduzierung bzw. sachgerechte Entsorgung der entstehenden **Schadstoffe**

RECYCLING

- Weiterverwendung oder Wiederverwendung als Produktionsstoff (**Recycling**)

DEPONIE

- Umweltgerechte Vernichtung oder Ablagerung (**Deponie**)

UMWELT-
BEWUSSTSEIN

Die Bedeutung der Entsorgungslogistik ergibt sich auch daraus, dass

- das **Umweltbewusstsein** in der Gesellschaft (Bevölkerung und Unternehmen) stark zunimmt,

- umweltfreundliche **Produkte** immer mehr auf das Interesse der Verbraucher stoßen,

WETTBEWERBS-
FAKTOR

- die Unternehmen umweltschonendes Produzieren und Verhalten als **Wettbewerbsfaktor** zu nutzen versuchen,

PRODUKTIONSVER-
FAHREN

- die vielfältigeren Produkte und die vielfältigeren **Produktionsverfahren** auch vielfältigere Reststoffe verursachen,

- die steigenden **Kosten** auch im Aufgabenbereich Entsorgung zu streng wirtschaftlichem Verhalten zwingen.

STANDARDS

KONZEPTE

BEHÄLTER

FAHRZEUGE

SPEZIALLÖSUNGEN

Diese Entwicklung führte dazu, dass auch in der Entsorgungslogistik

- **Standards** (z. B. EG-Öko-Audit-Verordnung) festgelegt,

- besondere **Konzepte** (z. B. Duales System Deutschland DSD „Grüner Punkt") eingeführt,

- spezielle **Behälter** (z. B. Absetzmulden, Mehrweggefäße) sowie

- besondere **Fahrzeuge** (z. B. Sammelfahrzeuge) konstruiert und

- maßgeschneiderte **Speziallösungen** (z. B. für die Entsorgung von Altautos und Elektronikschrott[2]) organisiert wurden.

Dadurch entstand das eigenständige logistische Teilsystem für Entsorgungsaufgaben, die Entsorgungslogistik.

STRATEGISCHE
PLANUNG

Auch in der Entsorgungslogistik muss zur Sicherung der Unternehmenszukunft auf der strategischen Ebene geplant werden. Dies erfordert

- die Auswertung der verfügbaren Informationen über die Weiterentwicklung bestehender rechtlicher Rahmenbedingungen,

- das frühzeitige Erkennen künftiger Entwicklungen und der dazugehörigen rechtlichen Regelungen,

- die rechtzeitige Vorbereitung auf potenzielle neuen Geschäftsfelder,

- den Aufbau von zweckmäßiger Infrastruktur und

- den Erwerb der speziell notwendigen Kenntnisse.

---

[2] Vgl. Kap. 5.6.3 und 5.6.4

5.1.3 Rechtliche Rahmenbedingungen der Entsorgungslogistik

Wie in keinem anderen funktionsorientierten logistischen Teilsystem sind die Maßnahmen und Verfahren der Entsorgungslogistik sowie deren Gestaltung im Detail durch gesetzliche Regelungen festgelegt.

<table>
<tr><td>

Die wichtigsten Regelungen sind:

- Kreislaufwirtschafts- und Abfallgesetz (KrW-/AbfG)
- Gesetz über die Entsorgung von Altfahrzeugen (AltfahrzeugG)
- Altautoverordnung (AltautoV)
- Verpackungsverordnung (VerpackV)
- Verordnung über die Rücknahme und Entsorgung gebrauchter Batterien und Akkumulatoren, Batterieverordnung (BattV)
- Elektro- und Elektronikgerätegesetz als umgesetztes nationales Recht der EU-Richtlinie zur Regelung der Elektronikschrottentsorgung (ElektroG)
- Europäischer Abfallkatalog (EAK)
- EU-Altfahrzeug-Richtlinie (2006/2015)
- Gefahrgutverordnungen (GGVS, GGVE, GGVSee, GGVBinSch)
- Deponieverordnung (DepV)
- Verordnung über Entsorgungsfachbetriebe (EfbV)
- Verordnung … des Rates … über die freiwillige Beteiligung gewerblicher Unternehmen an einem Gemeinschaftssystem für das Umweltmanagement und die Umweltbetriebsprüfung – die Öko-Audit-Verordnung der EU (EMAS)

</td><td>

REGELUNGEN

</td></tr>
</table>

Diese Rahmenbedingungen bestimmen weitgehend die zu entsorgenden Objekte sowie die Entsorgungsformen und technischen Verfahren.

5.2 Welche Objekte werden entsorgt?

Wie bisher beschrieben wurden für die Entsorgungslogistik Möglichkeiten entwickelt, unter Nutzung bestehender Logistiksysteme oder durch Aufbau neuer Spezialsysteme die immer weiter zunehmende Anzahl und Vielfalt von Produkten, die das Ende ihrer Nutzungsdauer erreicht haben, wirtschaftlich und ökologisch fachgerecht zu entsorgen. Für diese Objekte der Entsorgungslogistik gibt es ganz unterschiedliche Bezeichnungen, z. B. Abfall, Müll, Altmaterial, Ausschuss, Verschnitt, Wertstoffe usw. Eine systematische Einteilung der Objekte der Entsorgungslogistik lässt sich unter verschiedenen Gesichtspunkten vornehmen:

OBJEKTE

Objekte der Entsorgungslogistik – Einteilungsmöglichkeiten	
Nach dem Ort der Entstehung	Im privaten (Haushalt) oder im gewerblichen Bereich
Nach der Art der Stoffe	z. B. Sonderabfall, Produktionsreststoffe, Wertstoffe (Verpackung), Bauschutt, Gartenabfälle, Altprodukte
Nach ihrem Zustand	Fest, flüssig, körnig, gasförmig
Nach der vorgeschriebenen Behandlung	Trennen, biologische Verwertung, lagern, verbrennen, aufarbeiten, wiederverwerten

Legt man die Begriffe aus den rechtlichen Regelungen zugrunde, so ergibt sich eine relativ einfache, aber auch sehr allgemeine Einteilung:

- Bewegliche Sachen
- Abluft/Abwasser
- Leergut

Für die tägliche Praxis in der Entsorgungslogistik ist die zuerst dargestellte Einteilungsmöglichkeit besser zu verwenden.

5.3 Welche Formen der Entsorgungslogistik werden unterschieden?

VERMEIDUNG

Im Vordergrund aller Bemühungen um den sogar im Grundgesetz festgeschriebenen schonenden Umgang mit der Umwelt steht natürlich der Grundsatz der **Vermeidung**, zumindest der Reduzierung des Anfalls von Objekten, die entsorgt werden müssen.

Die entsorgungslogistischen Aktivitäten beginnen dann, wenn trotz Vermeidung bzw. Verminderung Rest- und Abfallstoffe anfallen. Sie lassen sich in unterschiedliche Formen einteilen:

FORMEN

Formen der Entsorgungslogistik	
Verwendung	Die Entsorgungsobjekte (Produkte) werden mit dem gleichen Zweck oder einem abgeänderten Zweck **wieder-** bzw. **weiterverwendet** (s.u. die systematische Erläuterung der Recycling-Aufgaben).
Verwertung	Die Entsorgungsobjekte (Wertstoffe) werden zu anderen Stoffen umgearbeitet, die wieder in Produktionsprozessen **verwertet** werden können.
Beseitigung	Die Entsorgungsobjekte (Rest-/Abfallstoffe) werden **beseitigt** und vernichtet (ggf. unter Wärme- bzw. Energiegewinnung) oder endgültig umweltverträglich deponiert.

Die rechtlich weitgehend vorgegebenen Objekte und Formen bestimmen auch die Ziele der Entsorgungslogistik.

5.4 Welche Ziele verfolgt die Entsorgungslogistik?

OPTIMALE KREIS-
LAUFWIRTSCHAFT

Ein Oberziel der Entsorgungslogistik ist eine ökonomisch und ökologisch **optimale Kreislaufwirtschaft.** Dies soll erreicht werden durch Planung, Lenkung/Steuerung, Durchführung und Kontrolle/Controlling aller mit den dargestellten Formen zusammenhängenden Aktivitäten.

Weitere wesentliche Ziele können unter den Gesichtspunkten Ökonomie und Ökologie betrachtet werden.

ÖKONOMISCHE
ZIELE

Wesentliche Ziele der Entsorgungslogistik	
Ökonomische Ziele[3]	**Geringe Kosten:** In gleicher Weise wie bei den anderen funktionsorientierten Teilsystemen ist eine kostengünstige Erledigung der z.T. gesetzlich vorgeschriebenen logistischen Prozesse ein wirtschaftliches Oberziel.
	Guter Service: Wie bei den anderen funktionsorientierten Teilsystemen auch ist guter Service eine wesentliche Möglichkeit für Logistikdienstleister in der Entsorgungslogistik, besser zu sein als die Mitbewerber.
	Hohe Qualität: Analog zu den anderen funktionsorientierten Teilsystemen ist hohe Qualität ein unverzichtbarer Erfolgsfaktor für Logistikdienstleister in der Entsorgungslogistik.

---

[3] Für Unternehmen der Entsorgungslogistik müssen bei der Standortwahl (vgl. Kap. 4.2.3) natürlich die besonderen Faktoren wie z. B. Altgerätepotenzial, Nähe zu geeigneten Verwertungs- oder Aufbereitungsunternehmen, kommunale Entsorgungsvorschriften und auch Umweltsubventionen zusätzlich berücksichtigt werden.

Ökologische Ziele	**Schonende Rohstoffnutzung:** Sparsamer Umgang mit Rohstoffen, die nur begrenzt verfügbar sind; Erhöhung des Anteils nachwachsender Rohstoffe und erneuerbarer Energien.	ÖKOLOGISCHE ZIELE
	Hohe Wiederverwertungsquote: Stärkere Nutzung von Reststoffen in der Produktion und Erforschung neuer Möglichkeiten der Wiederverwendung bisher noch nicht recycelbarer Materialien.	
	Geringer und kontrollierter Schadstoffausstoß: Entwicklung von Verfahren zur Reduzierung und sicheren Erfassung schädlicher Stoffe bei der Produktion. Umweltgerechte Vernichtung oder Lagerung der nicht vermeidbaren Restschadstoffe.	

5.5 Welche Aufgaben übernimmt die Entsorgungslogistik?

5.5.1 Allgemeine Aufgaben

Die allgemeinen Aufgaben der Entsorgungslogistik entsprechen sinngemäß den Aufgaben in den bereits erläuterten funktionsorientierten logistischen Teilsystemen. Unter Beachtung der besonderen Vorschriften muss der Logistikdienstleister versuchen, seine bestehenden Netze und Netzknoten so zu gestalten, dass er mit möglichst geringen zusätzlichen Investitionen die Einrichtungen (Lager- und Umschlagtechnik) und die Abläufe (Sammelaktivitäten in Verbindung mit Systemverkehren) nutzen kann.

Insbesondere die Beschäftigung mit gefährlichen Stoffen erfordert neben umfangreichem Spezialwissen auch sehr aufwändige Einrichtungen. Hier werden dauerhaft nur Logistikdienstleister erfolgreich tätig sein können, die sich auf den Umgang mit diesen Stoffen spezialisiert haben und denen es gelingt, die kostenintensiven Einrichtungen auch wirtschaftlich auszulasten und zu betreiben. GEFAHRGUT

5.5.2 Einzelaufgaben

Die Übersicht zeigt die wesentlichen Einzelaufgaben, die im logistischen Teilsystem Entsorgungslogistik ausgeführt werden.

Einzelaufgaben	Mögliche Ausprägungen	EINZELAUFGABEN
Transportieren	Spezialtransport oder integriert in die übrigen Transportleistungen, Sammeltour (Ringverkehr) oder Hub-and-Spoke-System Transporte bei Bedarf oder zu festen Zeiten	
Umschlagen	Spezielle (Wechsel-)Behälter, Umschlaghäufigkeit je nach Mengenaufkommen	
Lagern	Speziallager oder Lagerung im Rahmen der übrigen logistischen Aufgaben Beschaffung oder Distribution, zentrales oder dezentrales Lagern	
Sammeln	Regelmäßiges oder bedarfsorientiertes Sammeln, abhängig von den Lagerpunkten; getrenntes oder gemischtes Sammeln	
Trennen	Trennen vor dem Sammeln oder Trennen nach dem Sammeln gemischter Stoffe	
Verpacken	Entsprechend den nachfolgenden Aktivitäten reichen die Varianten von der Transportverpackung bis zur aufwändigen Endverpackung für die Deponie	
Bearbeiten	Reinigen, Fehlersuche und Reparieren, aufwändiges Sortieren, Zerkleinern, Zerlegen, Vermischen als Vorstufe für weitere Bearbeitungsprozesse	
Verwerten	Erzeugen neuer Produktionsstoffe aus den Reststoffen durch Mahlen, Erhitzen, Verformen usw.	

DOKUMENTATION

Eine zusätzliche Herausforderung bei der Ausführung der Entsorgungsaufträge stellt die genaue Erfassung und Dokumentation der Rest- und Abfallstoffe und die Weitergabe der Daten an die Vertragspartner sowie häufig auch an Behörden dar.

Von besonderer Bedeutung sind dabei Aufgaben im Rahmen des Recycling.

5.5.3 Recycling-Aufgaben

RECYCLING

Die folgende Übersicht beschreibt die verschiedenen Formen des **Recycling**:

Arten/Formen des Recycling	
(1) Recycling eines Produktes (Produkt bleibt erhalten – Verwendung)	
• **Wiederverwendung**	mit dem **gleichen Zweck** nach Reinigung und ggf. Ausbesserungsarbeiten (z. B. Mehrwegverpackungen/KLTs, Europaletten, Pfandflaschen)
• **Weiterverwendung**	mit einem **anderen Zweck** nach entsprechender Umarbeitung (z. B. spezielle Flaschen als Vasen, Kisten als Regale u.ä.)
(2) Recycling von Produktionsreststoffen (Produkt bleibt nicht erhalten – Verwertung)	
• **Wiederverwertung**	mit dem **gleichen Zweck** nach neuer Aufbereitung und Produktion (z. B. Flaschen aus wieder aufbereitetem Altglas, Einschmelzen von Stanzabfällen aus Metall und Produktion neuer Platten bzw. Bleche, einfaches Kopierpapier aus hochwertigem Schreibpapier)
• **Weiterverwertung**	mit einem **anderen Zweck** nach entsprechender Aufbereitung (z. B. Aluminiumgussteile für Automotoren aus Flaschenverschlüssen, also auch höherwertigere Produkte!, oder Lärmschutzwände/einfache Sitzmöbel aus entsorgten Kunststoffprodukten)

5.6 Wie werden die Aufträge erfüllt?

5.6.1 Allgemeine Grundlagen

LOGISTIKSYSTEM

Auch die Systeme der Entsorgungslogistik sind zusammengesetzt aus den bereits in Kapitel 1.4.1 ausführlich beschriebenen Systemkomponenten:

- Abwicklungssystem   – zur Steuerung der Abläufe
- Transportsystem   – zur Bewegung der Entsorgungsobjekte
- Umschlagsystem   – zur Be- und Entladung der Transportmittel
- Verpackungssystem   – zur produkt- und umweltschonenden Beförderung oder Lagerung
- Lagersystem   – zur optimalen Steuerung und Durchführung der Lageraufträge

Diese Komponenten müssen jedoch den vielfach sehr speziellen Anforderungen an dieses Teilsystem der Logistik genügen. Die Systeme der Entsorgungslogistik werden aufgrund der gesetzlichen Bestimmungen aufgebaut und betrieben (national z. B. auf der Basis des Kreislaufwirtschafts- und Abfallgesetzes oder supranational z. B. entsprechend den EU-Richtlinien).

EU-RICHTLINIEN

Der wirtschaftliche Betrieb eines Entsorgungssystems kann vor allem dadurch erreicht werden, dass der Spediteur dafür sein Netzwerk (Lager, Hubs, Linienverbindungen) nutzt, das er auch für die Erledigung seiner Beschaffungs- und Distributionsaufträge betreibt. Dann verteilen sich die fixen Kosten für die Logistik-Anlagen auf mehr Aufträge und es kommt hauptsächlich auf die auftragsabhängigen variablen Kosten[4] an.

Dabei werden besondere Einrichtungen und Verfahren genutzt, die für den Einsatz innerhalb eines Unternehmens oder innerhalb einer ganzen Branche entwickelt wurden. Beispiele sind hier Systeme zur Verpackung der Güter und Mehrwegsysteme zum Schutz der Güter vor allem während des Transports. Diese Systeme mit ihren Vor- und Nachteilen werden im folgenden Kapitel beschrieben.

---

[4] Die unterschiedlichen Kostenarten und die Wirkung von Deckungsbeiträgen werden in Band 4 ausführlich erklärt.

5.6.2 Verpackungs- und Mehrwegsysteme

(1) Verpackungssysteme

Die Verpackung von Waren erfüllt wichtige **Funktionen**. Neben dem

- **Schutz** der Ware
- unterstützt die Verpackung eine effiziente **Ablauforganisation** (z. B. genormt zur einfachen Lagerung),
- dient der **Werbung** und
- wird zudem als **Informationsträger** genutzt.

SCHUTZ

WERBUNG
INFORMATIONS-
TRÄGER

Die Gestaltung von Verpackungssystemen erfordert die Lösung wichtiger Fragen:

- Wie sind die Verpackungen gestaltet? Handelt es sich um Packmittel, d.h. Umhüllungen, oder Packhilfsmittel, d.h. Füllstoffe zum auspolstern und verschließen?
- Welche Ausmaße hat die Verpackung? Standardisierung ist für eine kostensparende Auftragserfüllung unverzichtbar.
- Wozu dient die Verpackung?
  - Verkaufsverpackung: In dieser Verpackung erhält der Kunde die Ware.
  - Umverpackung: Sie kann die Warenpräsentation und den Verkauf erleichtern, z. B. durch Verkaufsdisplays; sie erleichtert das Handling durch Zusammenfassen kleiner Verkaufsverpackungen zu handlichen Einheiten.
  - Transportverpackung: Sie soll Transportschäden verhindern, den Umschlag erleichtern und vor Diebstahl sichern.
- Woraus besteht die Verpackung?
  - möglichst leichte und Raum sparende Verpackung
  - umweltverträgliche Verpackung (wieder verwendbar oder weiterverwertbar, ggf. kompostierbar)
  - Mehrwegverpackungen

Die Forderung nach mehrmaliger Verwendbarkeit der Verpackung hat zu eigenständigen Mehrwegsystemen geführt.

(2) Mehrwegsysteme

Diese Systeme haben nicht nur ökologische Vorteile, sie sind im Regelfall auch kostengünstiger als Einwegsysteme. Unterschieden werden

VORTEILE

- unternehmensspezifische Lösungen (z. B. von Kaufhausketten),
- branchenspezifische Lösungen (z. B. KLTs in der Automobilindustrie, spezielle Paletten),
- branchenübergreifende Lösungen (z. B. branchenunabhängige Standardbehälter).

Vergleichende Zusammenfassung der Vor- und Nachteile von Einweg- und Mehrwegsystemen:

	Vorteile	Nachteile
Einweg-systeme	• Niedrige Investitionskosten • Keine Betriebskosten für Reinigung, Reparaturen • Hohe Flexibilität • Günstig bei einmaliger Distribution	• Hohe Umweltbelastung • Geringes Ansehen in der Gesellschaft • Fehlende Standardisierung erschwert ggf. Handling • Umweltbelastung
Mehrweg-systeme	• Hohes gesellschaftliches Ansehen (Akzeptanz) • Geringe Umweltbelastung • Niedrige gesamtwirtschaftliche Kosten • Imageförderung für Unternehmen	• Hohe Investitionskosten • Hohe Betriebskosten (Überwachung, Steuerung, Rückführung, Reinigung, Reparaturen) • Probleme bei Änderungen in der SC (neue Partner mit neuen Systemen) • Zwingt ggf. LDL, in mehreren Supply Chains mehrere Systeme parallel zu betreiben

5.6.3 Beispiel Elektro- und Elektronikschrott

Auslösende Bestimmung für die nationale gesetzliche Regelung war eine EU-Richtlinie. Sie wurde im Elektro- und Elektronikgesetz in deutsches Recht umgesetzt. Hersteller und Importeure von elektrischen und elektronischen Produkten müssen die Verwendung gefährlicher Stoffe beschränken und in Zukunft die Geräte nach der Nutzung kostenlos zurücknehmen. Durch Aufbereitung und Wiederverwertung soll die Menge von Elektronikschrott reduziert werden.

Ein umfassender Distributionsauftrag an einen Logistikdienstleister erfordert somit die Kombination von Maßnahmen der Distributionslogistik und der Entsorgungslogistik, insbesondere

RÜCKNAHME
- den Aufbau eines Rücknahmesystems (Sammelstellen, Verdichtungslager),
- ggf. das Zerlegen, Sortieren, grobe Zerkleinern, Verpacken/Abfüllen,
- die Zuführung zu den Verwertungsbetrieben.

Dazu wird das Netz des Logistikdienstleisters genutzt; die Steuerung und lückenlose Dokumentation erfolgt von einer zentralen Leitstelle aus.

Beispiel 1 – Reverse Logistics für Elektronikgeräte zur Erfüllung der EU-Vorschriften für die Erfassung und Entsorgung von Elektronikgeräten:

Der Logistikdienstleister übernimmt als Kernaufgabe den Betrieb eines Zentrallagers für alte bzw. defekte Geräte (Tausch), Zubehör- und Ersatzteile und nutzt dazu sein europäisches Netzwerk mit mehreren Landesdepots.

Ablauf: Ein Gerät (veraltet oder defekt) wird z. B. per KEP-Dienstleister in ein Landesdepot eingeliefert. Alle entscheidungsrelevanten Daten werden an das Zentrallager übermittelt. Im Zentrallager wird eine Entscheidung getroffen:

ENTSORGUNG
REPARATUR
- Entsorgung/Recycling vor Ort oder
- Weiterleitung an das Zentrallager, dann
- Rücksendung des reparierten Geräts oder eines Neugeräts (je nach Garantieanspruch)

Vom Zentrallager aus werden noch verwertbare Geräte vermarktet (z. B. über ebay). Das Restmaterial wird wieder in die Produktion eingeschleust (Recycling) oder umweltverträglich entsorgt.

Gleichzeitig wird ein Call Center betrieben zur

→ Vermeidung von unnötigen Rücksendungen,
→ Ermittlung von Bedienungsfehlern und entsprechende Änderung/Verbesserung der Kundeninformation,
→ Aufdeckung von Serienfehlern mit unverzüglicher Rückmeldung an den Hersteller.

Beispiel 2 – Entsorgungslogistik für Verkaufsaktionen „Alt gegen neu":

VERWERTUNG
Bei Kauf eines Neugerätes wird das Altgerät entgegengenommen und dafür ein Festbetrag mit dem Kaufpreis verrechnet. Auch hier kann der Logistikdienstleister durch entsprechende Spezialisierung sein Netz und seine Netzknoten als Sammelpunkte nutzen und dann mit lohnender Stückzahl die Verwertung der Elektro- und Elektronikgeräte übernehmen.

5.6.4 Beispiel Automobilentsorgungslogistik

Seit dem 1. Juli 2002 sind Fahrzeughersteller und -importeur gesetzlich verpflichtet, die nach dem 1. Juli 2002 erstmals zugelassenen Altfahrzeuge ihrer Marke vom letzten Fahrzeughalter ohne Kosten für diesen zurückzunehmen. Seit 2007 müssen auch vorher zugelassene Fahrzeuge ohne Kosten für den Halter zurückgenommen werden. Der Original-Fahrzeugbrief ist mit abzugeben.

Folgende Aktivitäten fallen bei der Automobilentsorgungslogistik an:

Derzeitige Regelung/Altautoverordnung		
Verwertungsstufen		**Aktivitäten**
Schritt 1	Vorbehandlung	Das Fahrzeug wird trockengelegt, Airbags werden neutralisiert, die Batterie ausgebaut. Das Material wird i.d.R. wieder verwendet oder wieder verwertet, die Flüssigkeiten werden für andere Verwendungen aufgearbeitet.
Schritt 2	Demontage	Je nach Fahrzeugzustand werden zur Ersatzteilgewinnung Bauteile demontiert (z. B. Motor, Getriebe). Bestimmte Kunststoffe und Glas werden weiterverwertet.
Schritt 3	Shreddern (Zerkleinern)	zwecks Wieder- oder Weiterverwertung
Schritt 4	Verwertung	Metallische Teile werden aussortiert und aufgearbeitet/verwertet. Der Rest (Kunststoff, Gummi u.a.) wird verwertet (ggf. Fernwärme) oder vorschriftsmäßig entsorgt. Es sollen 85 – 95 % wiederverwendet und verwertet werden.
Dem Fahrzeughalter wird ein Altauto-Verwertungsnachweis zur Vorlage bei den Behörden ausgestellt.		

Aktuelles Vorgehen:

(1) Vermeiden von Schadstoffen durch Verzicht auf die Verwendung schädlicher Stoffe in der Produktion von Neuwagen.

(2) Wiederverwertung nach der kostenlosen Rücknahme (seit 2007) der Altfahrzeuge durch den Produzenten. 85 % der Materialien sollen dem Recycling zugeführt werden; seit 2015 soll der Anteil 95 % betragen.

Die heute üblichen Herstellungsverfahren erlauben die Wiederverwertung nur unter hohem Aufwand. Derzeit werden Versuche unternommen, neue Materialien und neue Fertigungsverfahren zu entwickeln und so – integriert in ein intelligentes logistisches Entsorgungskonzept – die Umweltbelastung durch Altautos auf das unvermeidliche Mindestmaß zu verringern.

5.6.5 Sonstige Beispiele

Entsorgung bei Baumaßnahmen: Ein wesentlicher Kostenfaktor bei der Entsorgung von Bauabfällen sind die Entsorgungsgebühren. Ihre Höhe hängt davon ab, wie sortenrein die Bauabfälle anfallen. Sortenreine Bauabfälle (z. B. nur Stein, nur Baustahl, nur Elektrokabel, nur Holz, Glas usw.) können weiterverarbeitet oder weniger aufwändig deponiert werden als Abfälle, deren Zusammensetzung nicht eindeutig ist.

Sortenreine Bauabfälle erhält man jedoch nur durch z.T. sehr aufwändige Trennungs- und Sortierarbeiten.

Kostenminimale Entsorgung erfordert daher ein Abwägen der Kosten für Sortieren, Deponieren und Transportieren zu den unterschiedlichen Verwertungs- oder Lagerorten in Verbindung mit möglichen Entgelten, z. B. für sortierten Baustahl oder alte Balken, die in Neubauten als besondere Gestaltungselemente wieder verwendet werden.

Die notwendige Koordinierung der damit verbundenen Aktivitäten, die von unterschiedlichen Unternehmen ausgeführt werden, stellt bei großen Bauvorhaben eine besondere Herausforderung dar. Schwieriger wird die Koordination, wenn Bauvorhaben – wie in über 50 % der Fälle – überwiegend im Innenstadtbereich durchgeführt werden, wo die beengten Arbeits- und fehlenden Zwischenlagerungsmöglichkeiten zusätzliche Schwierigkeiten mit sich bringen.

Geräterückführung und Reparatur: Der Logistikdienstleister kann auch in diesem Bereich im Anschluss an die Distribution eine Service-Aufgabe für seinen Auftraggeber übernehmen. Er führt Rücksendungen von defekten Geräten in Sammelstellen zusammen, betreibt das Garantiemanagement (Überwachung der Kauftermine und der Garantiefristen mit den dazugehörigen Garantieansprüchen), erfasst Fehler, die er an den Hersteller weiterleitet und die zur Produktverbesserung genutzt werden können, organisiert die Reparaturen oder den Versand von Neugeräten bei entsprechendem Garantieanspruch bzw. die Auslieferung der reparierten Geräte.

5.7 Wie wird Qualität erreicht?

In der Entsorgungslogistik können Fehler oftmals weitaus größere Auswirkungen haben, als dies bei der Beschaffung oder Distribution von Gütern (ausgenommen Gefahrgütern) der Fall ist. Auf der einen Seite wirkt sich ein Fehler in diesem logistischen Teilsystem meist nicht nur auf die unmittelbar Beteiligten aus; er kann erhebliche, sogar katastrophale Folgen auch für Unbeteiligte und die Umwelt haben. Auf der anderen Seite unterstützt gerade dieses logistische Teilsystem alle Bestrebungen, mit den Rohstoffvorräten sorgsam umzugehen und bei Produktion und Nutzung die Umwelt zu schonen.

QUALITÄT

Eine hohe Qualität ist daher gerade in der Entsorgungslogistik von ganz besonderer Wichtigkeit. Sie wird erreicht durch Maßnahmen zur Sicherung und zur Steuerung der Prozessqualität.

5.7.1 Sicherung der Prozessqualität

Zur Sicherung der Prozessqualität müssen vor allem die folgenden Bereiche berücksichtigt werden:

(1) Einhaltung der umfangreichen rechtlichen Regelungen

Es ist selbstverständlich, dass die Beachtung der umfangreichen rechtlichen Regelungen Grundvoraussetzung für das richtige Verhalten und damit für die Sicherung der Qualität in der Entsorgungslogistik ist. Die wesentlichen Vorschriften sind in Kapitel 5.1.3 zusammengefasst; sie müssen ergänzt werden durch die Vorschriften über den Umgang mit Gefahrgut.

(2) Qualifizierung der Mitarbeiter

In der Entsorgungslogistik sind in besonders großem Umfang Fachkenntnisse erforderlich. Die Mitarbeiter müssen systematisch in den Grundlagen geschult und kontinuierlich über die Änderungen und Entwicklungen informiert werden. In bestimmten Bereichen sind die Kenntnisse und Fähigkeiten auch in entsprechenden Prüfungen nachzuweisen.

(3) Entwicklung geeigneter Einrichtungen und Verfahren

Schließlich sind vielfältige technische Einrichtungen notwendig, z. B. Speziallager und Geräte zur Behandlung der zu entsorgenden Güter. Diese Einrichtungen erfordern meist erhebliche Investitionen. Zur richtigen Gestaltung der Verfahren gehört daher auch die aus wirtschaftlichen Gründen erforderliche Auslastung. Die Prozesse des Sammelns und Transportierens schaffen dazu die Grundlage und wirken so mit bei der Gewährleistung einer hohen Qualität.

5.7.2 Steuerung der Prozessqualität

Ebenso wie für die anderen funktionsorientierten logistischen Teilsysteme werden auch für die Entsorgungslogistik immer aussage- und leistungsfähigere spezielle Instrumente zur Steuerung und Bewertung entwickelt. So liegt inzwischen bereits ein Gesamtsystem von Kennzahlen vor, eine Balanced Scorecard zur Steuerung von Recyclingunternehmen.

BALANCED
SCORECARD

Für alle Steuerungsinstrumente ist ein umfangreicher Katalog von Kennzahlen notwendig. Kennzahlen sind für eine hohe Qualität der Entsorgungslogistik unverzichtbare Voraussetzung.

RAHMENDATEN

Rahmendaten der Entsorgungsvorgänge
• Anzahl der Kunden
• Umsatz je Kunde
• Mengen/Stückzahl der Entsorgungsobjekte
• Zusammensetzung/Beschaffenheit der Entsorgungsobjekte
• Kapazitäten der Infrastruktur (Lagerflächen, Behälter, Umschlageinrichtungen, Verarbeitungsmöglichkeiten)

Kennzahlen zur Steuerung der Produktivität	PRODUKTIVITÄT

- Sammelmengen je Tag
- Trennungsleistung je Zeiteinheit
- Aufbereitete Mengen je Zeiteinheit
- Entsorgte Objekte je Zeiteinheit

Kennzahlen zur Steuerung der Wirtschaftlichkeit	WIRTSCHAFT-LICHKEIT

- Kosten des Sammelns je Gewichtseinheit (z. B. t oder kg)
- Lager- und Transportkosten je Gewichtseinheit (z. B. t oder kg)
- Kosten der Materialtrennung je Gewichtseinheit (z. B. t oder kg)
- Kosten der Umarbeitung/Bearbeitung je Gewichtseinheit oder Objekte

Kennzahlen zur Steuerung der Qualität	QUALITÄT

- Abweichungen zwischen zugesagten und tatsächlichen Abholzeiten (Sammeln)
- Zuverlässigkeit bei Trennvorgängen (Anteil falscher Bestandteile nach dem Sortieren)
- Beanstandungsquote bei bestimmten Aktivitäten
- Schäden bei Retouren/Reparaturaufträgen

Fallstudie 5.1: Ein Entsorgungsangebot entwickeln

Ausgangssituation

Sie sind Außendienstmitarbeiter einer international tätigen Spedition. Das Unternehmen wickelt seit über zwei Jahren für einen Hersteller von EDV-Peripherie (preisgünstige Hochleistungs-Drucker, Scanner usw.) die Auslieferung der Geräte an die Endkunden ab (überwiegend B2B, vereinzelt B2C, bisher vorwiegend in der Bundesrepublik Deutschland). Dafür wird das eigene, europaweit gut funktionierende Netz in Anspruch genommen, das ursprünglich für den Spediteur-Sammelgut-Verkehr eingerichtet wurde und auch für diesen Geschäftszweig noch intensiv genutzt wird.

Anlässlich einer Besprechung mit Ihrem Auftraggeber über Zukunftsaussichten und Möglichkeiten der Weiterentwicklung bringt Ihr Gesprächspartner u.a. folgende Argumente vor:

- Der Markt für Drucker stagniert, die Verkaufszahlen der Vergangenheit können trotz großer Anstrengungen nicht gesteigert werden.
- Die Verkäufer Ihres Auftraggebers hören bei Ihren Verkaufsgesprächen vorwiegend zwei Argumente:
  1. „Wir würden die verbesserte Druckerqualität gerne nutzen, aber schließlich kosten die neuen Drucker ja auch Geld."
  2. „Unsere Drucker funktionieren ja noch; was sollen wir denn damit anfangen, wenn wir neue Geräte kaufen?"

Aufgabe 1

Wieder zurück in Ihrer Spedition bitten Sie zwei Ihrer Kollegen, die schon einige interessante und erfolgreiche Lösungen für spezielle Kundenprobleme entwickelt haben, zu einem Gespräch. Sie wollen Lösungsvorschläge für Ihren Kunden, den Hersteller der Hochleistungs-Drucker, erarbeiten.

Nach Genehmigung durch die Geschäftsführung der Spedition möchten Sie diese Vorschläge dem Auftraggeber vorstellen.

Entwickeln Sie eine für Ihren Kunden interessante Lösung.

Aufgabe 2

Bereiten Sie sich auf das Gespräch mit Ihrem Chef vor.

Sie wissen, dass er grundsätzlich Verbesserungsvorschlägen gegenüber sehr offen, dabei aber auch sehr kritisch ist. Er weist immer wieder darauf hin, dass eine Steigerung des Umsatzes der Spedition nicht zwangsläufig eine Verbesserung der Ertragssituation (Gewinnerhöhung) mit sich bringt.

Damit Sie bei diesem Gespräch die schlagkräftigen Argumente wirkungsvoll präsentieren und Ihren Chef von Ihrer Lösung überzeugen können, bereiten Sie eine aussagefähige Präsentation (mit Powerpoint auf PC/Laptop oder auf Folie) vor.

Aufgabe 3

Gehen Sie davon aus, dass Sie Ihren Chef für Ihre Vorschläge begeistern konnten.

Bereiten Sie nun die Argumente und Ihre Präsentation (grundsätzlich Präsentation mit PC/Laptop) vor, mit deren Hilfe Sie Ihren Auftraggeber von Ihrem Konzept überzeugen wollen.

Fallstudie 5.2: Den Entsorgungsprozess steuern

Situation

Das Unternehmen MARK, Hersteller von Elektro-Großgeräten (Waschmaschinen, Kühlschränken, Elektroherden usw.) möchte seinen Betrieb umweltfreundlicher ausrichten. MARK wird in Zukunft seinen Kunden (Einzelhandelsfachgeschäften im Bereich elektronischer Haushaltsgeräte) die Rücknahme von Verpackungsmaterial anbieten und auch Altgeräte, sofern es sich um MARK-Produkte handelt, beim Kauf eines neuen Gerätes zurücknehmen.

Die Spedition EUROCARGO soll als federführender Logistikdienstleister ein Konzept für die logistische Bewältigung dieser Aufgaben erstellen.

Aufgabe 1

Ihr Chef delegiert diese Aufgabe an Sie weiter. Sie bilden daraufhin mit erfahrenen Mitarbeitern eine Arbeitsgruppe und sammeln in einer ersten Sitzung grundsätzliche Fragen zur Entsorgungslogistik:

> - Welcher Entsorgungsbedarf entsteht bei MARK durch den Vertrieb der Elektro-Großgeräte?
> - Wo entsteht in der Lieferkette **MARK – Einzelhändler – Endverbraucher** Entsorgungsbedarf?
> - Zu welchem Zeitpunkt sind welche Mengen zu entsorgen?
> - Welche Zielorte sind vorgesehen?
> - Welche Kosten entstehen bei der Entsorgung?
> - Welche rechtlichen Grundlagen sind bei der Entsorgung zu beachten?

Auftrag:

Versuchen Sie, mit Ihrem Nachbarn anhand dieser Leitfragen herauszubekommen, welche zusätzlichen konkreten Informationen Sie noch benötigen, um bei der Bearbeitung des Entsorgungsprojektes MARK weiterzukommen!

Aufgabe 2

Aufgrund unseres Informationsdefizits stellt uns MARK auf Anfrage folgende Daten zur Verfügung:

> - In Ulm und um Ulm herum (Großstadt mit ca. 80.000 Einwohner) entsteht in 15 Einzelhandelsfachgeschäften Rückgabebedarf an Verpackungsmaterial (Kartons, Folien, Styropor, Holz).
> - Die Einzelhandelsgeschäfte dienen als Sammelstellen für Kartons, Papier, Pappen, Folien usw. der jeweiligen Kunden.
> - Verpackungsmaterial als Abfall entsteht bei der Aufstellung der Elektro-Großgeräte beim Endverbraucher.
> - Pro Sammelstelle fallen in einer Woche fünf gitterähnliche Boxen Verpackungsmaterial an: zwei Boxen **Kartonage**, eine Box **Holz**, eine Box **Styropor** und eine Box **Folien**.
> - Altgeräte muss die Spedition bei den Endverbrauchern nach Bedarf einsammeln und MARK zuführen.

- Etwa vier Altgeräte werden wöchentlich in jedem Einzelhandelsgeschäft als abholbereit von den Kunden gemeldet.
- Eine Sortier- und Verwertungsanlage für Papier/Pappe/Kartons/Holz befindet sich in 20 km Entfernung von Ulm.
- Die Kunden wohnen in einem Radius von ca. 10 km um die Einzelhandelsgeschäfte.
- Die Entsorgung des Verpackungsmaterial soll EUROCARGO eigenverantwortlich abwickeln.
- Zu beachten ist das **Kreislaufwirtschafts- und Abfallgesetz**. Es regelt den ökonomischen und ökologischen Umgang mit Abfällen.

Hauptaufgabe:

Entwickeln Sie mit Ihrem Nachbarn oder in einer Arbeitsgruppe ein kleines Konzept der Entsorgungslogistik für das Unternehmen MARK![5]

Hilfsmittel (je nach Equipment der Schule): Computer, Stellwände, Plakate, Folien, Flipcharts, Filzstifte etc.

MARK wünscht, dass in diesem Konzept auf jeden Fall die folgenden Fragen geklärt werden:

2.1   Wie viel Rücklaufintervalle (Zeiträume, Zeitabstände) sollen eingerichtet werden?

2.2   Welches Volumen hat der mengenmäßige Rücklauf?

2.3   Wo sollen Sammelpunkte zur Bündelung des Rücklaufs eingerichtet werden?

2.4   Wie soll der Rücklauf disponiert werden?

2.5   Welche Lkw-Fahrzeuge sollen wie oft eingesetzt werden?

2.6   Welche ungefähren monatlichen Transportkosten (Größenordnungen) entstehen? Ein Lkw-Einsatz wird mit einem Tagessatz von 200,00 EUR und einem Kilometersatz von 0,50 EUR/km angeboten.
Eine Tour (Einsammeln und Verbringen zur Sortier- und Verwertungsanlage) besteht aus ca. 300 km Fahrstrecke (einfach).
Berücksichtigen Sie einen Gewinnzuschlag von 25%!

2.7   Welche grundsätzliche Aussage macht das Kreislaufwirtschafts- und Abfallgesetz zu dieser Problematik?

Zusatzaufgaben:

Nehmen Sie das **Kreislaufwirtschafts- und Abfallgesetz** und die Verpackungsordnung zur Hand!

2.8   Klären Sie mithilfe der **Verpackungsordnung** die Begriffe **Verpackungen**, **Umverpackungen** und **Transportverpackungen** am Beispiel der Elektro-Großgeräte!

2.9   Die Begriffe **Vermeiden – Verwerten – Entsorgen** befinden sich im Kreislaufwirtschafts- und Abfallgesetz. Wenden Sie diese Begriffe konkret auf das Entsorgungsprojekt der Firma MARK an!

2.10   Finden Sie heraus, ob die anfallenden Abfälle zur Verwertung oder zur Beseitigung geeignet sind!

---

[5] Hinweis:
Sollten Sie einige konkrete Planungsdaten bei der Erstellung des Konzeptes vermissen, so ergänzen Sie diese durch eigene plausibel Vorgaben, so dass ein schlüssiger Entwurf entsteht.

Abschlussaufgaben:

2.11 Unterbreiten Sie MARK konkrete Vorschläge, wie letztendlich die Entsorgung des Verpackungsmaterials und die Rückholung der Altgeräte geregelt werden soll.

2.12 Nehmen Sie fundiert Stellung dazu, wer (Hersteller, Einzelhändler, Endverbraucher) sich in welchem Umfang an den Kosten der Entsorgung beteiligen soll?

2.13 Zeigen Sie auf, welche möglichen Vorteile MARK durch die Einführung dieser entsorgungslogistischen Maßnahmen entstehen!

Wiederholungsaufgaben 5

1 Erläutern Sie Entsorgungsaktivitäten auf den unterschiedlichen Wertschöpfungsstufen.

2 Stellen Sie bitte kurz dar, welche wesentlichen Ziele mithilfe der Entsorgungslogistik erreicht werden sollen.

3 Erläutern Sie bitte wesentliche Gründe für die zunehmende Bedeutung der Entsorgungslogistik.

4 Skizzieren Sie bitte die wesentlichen Entwicklungen in der Entsorgungslogistik.

5 Nennen und umschreiben Sie bitte wichtige rechtliche Rahmenbedingungen in der Entsorgungslogistik.

6 Fertigen Sie bitte eine gegliederte Übersicht über die Objekte der Entsorgungslogistik an.

7 Erklären Sie bitte die verschiedenen Formen der Entsorgungslogistik.

8 Stellen Sie bitte die ökonomischen Ziele der Entsorgungslogistik dar.

9 Stellen Sie bitte die ökologischen Ziele der Entsorgungslogistik dar.

10 Beschreiben Sie bitte Einzelaufgaben der Entsorgungslogistik.

11 Beschreiben Sie bitte Recycling-Aufgaben.

12 Stellen Sie bitte kurz die Funktionen der Verpackung von Waren dar.

13 Erläutern Sie bitte die wesentlichen Fragen zur Gestaltung von Verpackungssystemen.

14 Stellen Sie bitte die Vor- und Nachteile von Einweg- und Mehrwegsystemen einander gegenüber.

15 Nennen Sie bitte ein praktisches Beispiel für die Entsorgung von Elektro- oder Elektronikschrott.

16 Beschreiben Sie bitte die aktuelle Vorgehensweise bei der Altautoverwertung.

17 Skizzieren Sie bitte die Zielsetzung der Automobilentsorgungslogistik in der Zukunft.

18 Entwickeln Sie bitte beispielhaft einige Kennzahlen zur Steuerung der Produktivität in der Entsorgungslogistik.

19 Entwickeln Sie bitte beispielhaft einige Kennzahlen zur Steuerung der Wirtschaftlichkeit in der Entsorgungslogistik.

20 Entwickeln Sie bitte beispielhaft einige Kennzahlen zur Steuerung der Qualität in der Entsorgungslogistik.

6 Marketingmaßnahmen entwickeln und durchführen

Welche Spedition möchte sich nicht erfolgreich auf dem Markt für speditionelle Dienstleistungen behaupten, Zukunftsmärkte erschließen und neue Kunden hinzugewinnen? Dies ist aber eine schwierige Aufgabe, weil viele Konkurrenten um wenige Aufträge kämpfen. Seit der Deregulierung[1] des Verkehrsmarktes hat sich der Wettbewerb zwischen den Speditionen verschärft. Aus einem Verkäufermarkt, in dem eine begrenzte Anzahl von Anbietern vielen Nachfragern gegenüberstand, ist ein **Käufermarkt** geworden, auf dem das Angebot die Nachfrage übersteigt. Das einfache Rezept, nur mit niedrigeren Preisen als die Konkurrenz Aufträge zu akquirieren, hat nur kurzfristig Erfolg und oft fatale Folgen für die Spedition. Zwar werden die attraktiven Preise zu einem steigenden Auftragsvolumen führen. Die Durchführung der Aufträge wird aber auch höhere Kosten verursachen. Dadurch wird der Erlös pro Auftrag niedriger. Fällt deswegen der Gesamtgewinn oder entsteht sogar ein Verlust, so müssen dringende Neuinvestitionen, wie z. B. der Bau einer modernen Lagerhalle, unterbleiben. Die Spedition wird langfristig dadurch weniger konkurrenzfähig.

KÄUFERMARKT

6.1 Was ist Marketing?

Nur ein systematisches, langfristig angelegtes Marketing, das sich konsequent am Markt orientiert, verhilft der Spedition zum gewünschten Erfolg! Ein erfolgreiches Marketing zeichnet sich durch folgende Merkmale aus:

KENNZEICHEN EINES ERFOLGREICHEN MARKETINGS

Kennzeichen eines erfolgreichen Marketings	Erläuterung
Kundenorientierung	Gezielte Orientierung an den Problemen, Wünschen und Bedürfnissen der Kunden
Organisationsanpassung	Anpassung der gesamten Unternehmensorganisation an die Anforderungen des Kunden
Marktsegmentierung	Aufteilung des Gesamtmarktes in gleichartige Teilmärkte, z. B. durch Konzentration auf bestimmte geographische Gebiete oder auf bestimmte Kundenbedürfnisse, wie das Befördern von Kleinsendungen
Wettbewerbsorientierung	Streben nach einem Wettbewerbsvorteil gegenüber der Konkurrenz
Markterschließung	Systematische Suche nach neuen Märkten und deren Erschließung
Zielorientierung	Ausrichtung aller Aktivitäten an den Marketing- und Unternehmenszielen der Spedition

Marketing ist keine einmalige Maßnahme, sondern läuft als ein Prozess ab, der sich in mehrere Phasen gliedert. Der **Marketing-Prozess** vollzieht sich in folgenden Schritten:

MARKETING-PROZESS

- **Analyse der Marketing-Situation:** Unter Einsatz von Marktforschungsinstrumenten wird die Position der Spedition am Markt für speditionelle Dienstleistungen untersucht. Auf Basis dieser Informationen kann dann das Marketing-Konzept erarbeitet werden.

- **Entwicklung des Marketing-Konzeptes:** Die **Ziele des Marketing** werden festgelegt, häufig ist dies die Optimierung des Gewinns. Auf dieser Grundlage wird dann eine **Strategie** entwickelt, mit der diese Ziele erreicht werden können.

- **Ergreifen von Marketing-Maßnahmen:** Geeignete und konkrete Maßnahmen zur Verwirklichung des Marketing-Konzepts werden ausgewählt **(Marketing-Mix-Planung)** und durchgeführt. Dabei müssen eventuell erst die organisatorischen und personellen Voraussetzungen in der Spedition geschaffen werden **(Marketing-Mix-Realisierung)**.

- **Kontrolle der Ergebnisse:** Nach Durchführung der Maßnahmen muss überprüft werden, ob der beabsichtigte Erfolg erreicht worden ist. Dies kann zu einer erneuten Überarbeitung des Marketing-Prozesses führen.

---

[1] Öffnung des Marktzugangs für Wettbewerber; Befreiung von staatlichen Restriktionen

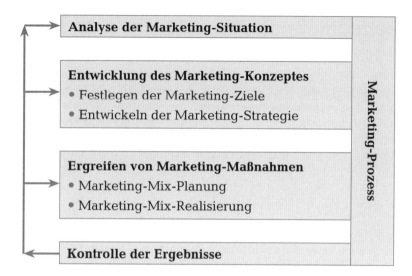

6.2 Wie erfolgt die Analyse der Marketing-Situation?

Die Analyse der Marketing-Situation umfasst folgende Teilbereiche:

- Marktanalyse
- Stärken-Schwächen-Analyse
- Konkurrenzanalyse
- Analyse der Kundenstruktur
- Portfolio-Analyse

6.2.1 Marktanalyse

Im Rahmen der Marktanalyse wird ermittelt,

- welches Umsatzvolumen ein Markt hat,
- welchen Anteil die Spedition daran hat,
- wie das künftige Wachstum eingeschätzt wird,
- welche Bedürfnisse die Kunden haben.

6.2.2 Stärken-Schwächen-Analyse

Bei der Stärken-Schwächen-Analyse werden verschiedene Faktoren untersucht, die für den Erfolg der Spedition entscheidend sind. Werden alle Erfolgsfaktoren gemeinsam betrachtet, so ergibt sich hieraus das **Erfolgsprofil** einer Spedition.

ERFOLGSPROFIL

Erfolgsfaktoren	Einstufung				
Dienstleistungsangebot	1	2	3	4	5
	vollständig ←		→		spezialisiert
Service	1	2	3	4	5
	intensiv ←		→		niedrig
Preis	1	2	3	4	5
	hoch ←		→		niedrig
Kosten	1	2	3	4	5
	hoch ←		→		niedrig
Marktanteil	1	2	3	4	5
	hoch ←		→		niedrig
Image	1	2	3	4	5
	positiv, klar ←		→		diffus, negativ
Marketing-Konzept	1	2	3	4	5
	gut ←		→		schwach

Veranschaulichung der Stärken-Schwächen-Analyse an einem Beispiel:		
Erfolgsfaktoren	**Einstufung**	**Erläuterung**
Dienstleistungs-angebot	5	Die Spedition bietet ausschließlich logistische Leistungen für Sportartikelhersteller an.
Service	1	Qualifiziertes Fachpersonal betreut die Kunden und löst deren individuelle Probleme.
Preis	1	Der Preis für den kundenfreundlichen Service ist hoch.
Kosten	2	Die hohen Personalkosten können durch konsequenten DV-Einsatz etwas ausgeglichen werden.
Marktanteil	3	Der Marktanteil in einem Umkreis von 50 km beträgt 20 Prozent.
Image	3	Der Bekanntheitsgrad unter den möglichen Kunden ist noch nicht zufriedenstellend.
Marketing-Konzept	2	Das Marketing-Konzept ist gut, kann aber noch weiter optimiert werden.

ERFOLGSFAKTOREN

Ein interessantes Beispiel (Stand 2016) zur Veranschaulichung der SWOT-Analyse (SWOT = Strengths, Weaknesses, Opportunities, Threats) für den Marketingplan eines internationalen Automobilherstellers findet man bei Wikipedia – SWOT-Analyse, Praxisbeispiel (Volkswagen-Konzern).

SWOT-Analyse		Interne Analyse	
		Stärken (Strengths)	**Schwächen (Weaknesses)**
Externe Analyse	**Chancen (Opportunities)**	(1) Starke Nachfragebelebung bei verbrauchsgünstigen Motoren als Folge einer drastischen Mineralölsteuererhöhung. (2) Nachfrageverlagerung von Oberklasse- zu Mittelklasse-Pkw aufgrund wachsender Preissensibilität der Verbraucher..	(1) Starkes Marktanteilswachstum leistungsstarker Sport- und Fun-Pkw. (2) Nachfragesteigerung bei zweisitzigen, elektrisch betriebenen Stadtautos aufgrund technischer Innovationen außerhalb des Unternehmens.
	Risiken (Threats)	(1) Die chinesische Regierung erlaubt zahlreichen Konkurrenten den Aufbau von Fabriken in China ohne weitere Auflagen. (2) Schwächen der Marke Volkswagen aufgrund umfangreicher Verwendung von Gleichteilen bei allen Konzerngesellschaften.	(1) Starkes Nachfragewachstum in der Kompaktwagenklasse in den USA aufgrund steigender Benzinpreise und schlechter Wirtschaftsentwicklung. (2) Geringe Partizipation am US-Marktwachstum wegen des niedrigen VW-Marktanteils in den USA.

6.2.3 Konkurrenzanalyse

Vergleicht man das eigene Erfolgsprofil mit den Stärken und Schwächen der Konkurrenten im Rahmen einer Konkurrenzanalyse, so können hieraus Schlüsse hinsichtlich der Erfolgsaussichten gezogen werden. Das Schema der Stärken-Schwächen-Analyse kann auch zur Beurteilung der Konkurrenz verwendet werden. Werden dabei dieselben Erfolgsfaktoren verwendet, so lassen sich die Ergebnisse der Analyse aussagekräftig gegenüberstellen.

Eine weitere wirkungsvolle Methode zur Beurteilung der Situation ist das **Benchmarking**[2]. Man nimmt z. B. den Umsatz pro Mitarbeiter der besten Spedition als Benchmark. Mit diesem branchenbesten Wert, der als Bezugspunkt für die Einschätzung der eigenen Leistung

BENCHMARKING

---

[2] Der Begriff **Benchmark** ist ein Fachausdruck der Landvermessung. Ein Benchmark ist ein fester Punkt mit bekannter Lage und Höhe, der als Bezugspunkt verwendet wird, um andere Höhen zu bestimmen. Auf wirtschaftliche Sachverhalte übertragen bezeichnet „Benchmark" einen Standard oder Bezugspunkt zum Messen und Beurteilen von Qualität, Wert usw.

dient, vergleicht man den Umsatz pro Mitarbeiter der eigenen Spedition oder auch die Werte anderer Unternehmen. Untersuchungskriterien können z. B. sein:

- Ertragskraft der Spedition
- Leistungen in Form von Kilometern, Tonnen, Stunden u. a.
- Umsatz je Mitarbeiter
- Krankenstand
- Mitarbeiterschulung

6.2.4 Analyse der Kundenstruktur

ABC-MODELL

Wertvolle Informationen über die sinnvolle, aber teuere Betreuungsintensität der Kunden kann eine Analyse der Kunden nach dem **ABC-Modell** geben. Die Prozentangaben in der Tabelle beruhen auf Erfahrungswerten.

Kategorie	Umsatz[3]	Erläuterung	Strategie
A	Sehr groß	10 % der Kunden erbringen 55 % des Umsatzes	Besonderer Betreuungsaufwand erforderlich
B	Groß	25 % der Kunden erbringen 30 % des Umsatzes	Keine Vernachlässigung, sondern Beobachtung; nimmt bei einem Kunden der Umsatz stark zu, so könnte dies ein A-Kunde von morgen sein!
C	Schwach	65 % der Kunden erbringen 15 % des Umsatzes	

6.2.5 Portfolio-Analyse

MARKTANTEIL-/ MARKTWACHS- TUMS-MATRIX

Mithilfe der Portfolio-Analyse[4] kann das Sortiment nach den Kriterien Marktwachstum und relativer Marktanteil bewertet und in einer **Marktanteil-/Marktwachstums-Matrix** veranschaulicht werden.

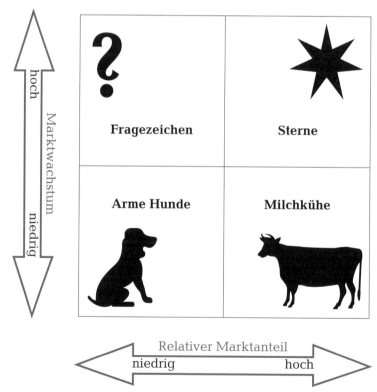

---

[3] Oft ist es sinnvoll, auch den Deckungsbeitrag oder die Rentabilität zu betrachten, da die Kennziffer Umsatz den „Wert" eines Kunden für das Unternehmen nicht immer eindeutig wiedergibt, auch die damit verbundenen Kosten sind entscheidend. Es kann aber auch sein, dass nicht quantitative Größen erst endgültige Aussagen über einen Kunden zulassen.

[4] Portfolio: Zusammensetzung des Angebots an speditionellen Dienstleistungen.

Dienstleistungen	Erläuterung	Strategie
Sterne	Besonders gefragte Dienstleistungen, die große Umsätze mit hoher Rentabilität erzielen.	Mit Investitionen den Umsatz steigern. Eine Zunkunftsstrategie entwickeln
Milchkühe	Erfolgreiche Dienstleistungen; sie setzen finanzielle Mittel frei.	Marktanteil halten, Gewinn abschöpfen
Fragezeichen	Die weitere Entwicklung ist noch unklar. Für einen Erfolg benötigen sie weitere Investitionen.	Ausbauen oder eliminieren
Arme Hunde	Die Marktstellung ist unbedeutend, die Marktaussichten sind gering.	Eliminieren, verkaufen oder ggf. halten, wenn es für <u>andere</u> Produkte wichtig ist!

6.3 Welche Überlegungen führen zum Marketing-Konzept?

Die Spedition wird nach Analyse der Ist-Situation darangehen, ein Konzept für ihr Marketing zu erstellen. Entscheidend hierfür ist, welche Ziele die Spedition damit verfolgen will. Mögliche **Zielsetzungen** können sein:

ZIELSETZUNGEN

- **Anbieten neuer Dienstleistungen**, z. B. Seeverkehre

- **Verändern bestehender Dienstleistungen**, z. B. Sammelgutverkehr mit Same-Day-Garantie

- **Expansion** in fremde Märkte, z. B. ins europäische Ausland

- **Verdrängung von Konkurrenten**, z. B. durch aggressive Preispolitik oder Aufkaufen der Wettbewerber

- **Marktsegmentierung**: Absetzen von der Konkurrenz und Erreichen einer **„Unique Selling Proposition"** z. B. durch das Angebot besonderer Dienstleistungen, durch den Service oder durch die Preisgestaltung. Man spricht hier auch vom Finden einer Marktnische.

UNIQUE SELLING PROPOSITION

Unter Berücksichtigung der Kriterien **Beratungsintensität** und **Dienstleistungsspektrum** könnten folgende grundsätzliche **Marketing-Strategien** verfolgt werden:

MARKETING-STRATEGIEN

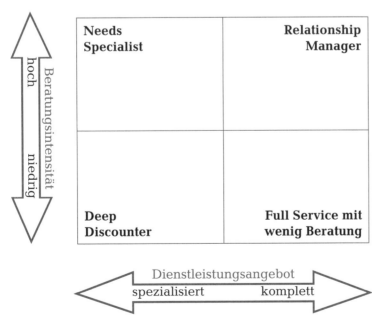

- **Needs Specialist:** Diese Spedition bietet im Extremfall nur eine Dienstleistung an, z. B. ein Logistikangebot. Dafür wird aber ein sehr intensiver Kontakt zum Kunden gepflegt. Durch geschultes Fachpersonal, das auch die Belange des Kunden kennt, erfolgt eine umfassende Beratung. Der Preis dieser Dienstleistung spielt wegen der Servicequalität und -intensität eine untergeordnete Rolle.

- **Deep Discounter:** Auch hier wird nur eine Dienstleistung angeboten, z. B. regelmäßige Transporte von Neu-Ulm nach Hamburg im Nachtsprung. Durch die Spezialisierung auf ein standardisiertes Produkt können Kostenvorteile erwirtschaftet werden, die als niedrige Angebotspreise an die Kunden weitergegeben werden. Da kein zusätzlicher Service geboten wird, ist der (niedrige) Preis für Aufträge entscheidend.

- **Relationship Manager:** Diese Spedition versucht, ihren Kunden ein umfassendes Angebot an Dienstleistungen bei hoher Beratungsintensität anzubieten. Dadurch versucht sie, den Preiswettbewerb zu vermeiden und zum Kunden eine langfristige und Gewinn bringende Beziehung aufzubauen.

- **Full Service mit wenig Beratung:** Diese Spedition verfügt zwar über ein umfassendes Dienstleistungsangebot, bietet aber keinen zusätzlichen Service. Der Wettbewerb findet weitgehend über den Preis statt.

6.4 Wie werden Marktdaten gewonnen?

Um Marketingziele richtig setzen und Marketing-Instrumente optimal einsetzen zu können ist es erforderlich, dass die Spedition verlässliche und aussagekräftige Daten über ihren Markt hat. Die Gewinnung dieser Informationen ist Aufgabe der **Marktforschung**.

MARKTFORSCHUNG

6.4.1 Untersuchungsobjekte der Marktforschung

Speditionsmarkt nach geografischen Gesichtspunkten

Wo können zusätzliche Aufträge akquiriert werden? In der unmittelbaren Umgebung der Spedition und der Niederlassungen, also in einem Umkreis von ca. 50 km, kann der Raum sehr intensiv und mit geringen Kosten bedient werden. Der Kundenbetreuer hat kurze Wege und Fahrzeiten. Es bestehen oft persönliche Kontakte, Veränderungen werden schnell bekannt.

Eine räumliche Ausweitung der Aktivitäten wird zunehmend schwieriger, insbesondere bei einer starken Konkurrenz vor Ort.

AUSWAHL MÖGLI-
CHER KUNDEN-
GRUPPEN

Auswahl möglicher Kundengruppen

Einige Grundregeln für die Auswahl von Kundenzielgruppen:

- Jedes Unternehmen, das Güter produziert oder handelt, kann als potenzieller Kunde betrachtet werden.

- Kunden, die nur die Transportleistung wollen, können nur über den Preis gewonnen werden.

- Kleine Firmen sind leichter zu gewinnende Kunden als große, da sie von der Konkurrenz nicht so sehr umworben werden.

- Unternehmen, die Werkverkehr betreiben, sind wegen ihrer besonderen Bedürfnisse an Logistikangeboten interessiert.

- Verlader von sehr schadensanfälligen Gütern sind eher bereit, angemessene Preise zu bezahlen.

- Kunden mit Waren, die nicht der üblichen Transportnorm entsprechen, werden von der Konkurrenz nicht so stark umworben.

- Verlader, die komplexe Logistikleistungen in Anspruch nehmen, sind treu.

VERHALTEN VON
KUNDEN

Verhalten von Kunden

Es ist schwierig und erfordert einen hohen finanziellen Aufwand, neue Kunden zu gewinnen. Daher ist es besonders wichtig, alte Kunden zu halten. Hier einige Untersuchungsergebnisse zum Kundenverhalten:

- Sehr wenige unzufriedene Kunden beschweren sich; die Mehrheit wechselt wortlos zur Konkurrenz.

- Kunden, deren Beschwerden zufriedenstellend behandelt wurden, kommen gerne mit neuen Aufträgen wieder.

- Speditionen mit sehr zufriedenen Kunden sind um ein Vielfaches rentabler als solche mit vielen unzufriedenen Kunden.

- Unzufriedene Kunden erzählen ihr Negativerlebnis sehr vielen weiter, zufriedene nur wenigen.

- Werden die Erwartungen des Kunden übertroffen, erteilt er dreimal so häufig beim gleichen Spediteur einen Auftrag wie ein Kunde, dessen Erwartungen nur erfüllt wurden.

Es ist daher außerordentlich wichtig zu wissen, wie zufrieden die Kunden mit den Dienstleistungen sind. Informationen darüber erhält man durch eine Marktuntersuchung, die als Sekundär- oder als Primärforschung durchgeführt werden kann.

6.4.2 Sekundärforschung und Primärforschung

Bei der **Sekundärforschung** werden bereits vorhandene Daten gesammelt, analysiert und ausgewertet. Die kostengünstige und schnelle Sekundärforschung verwendet interne und externe Datenquellen:

SEKUNDÄR-
FORSCHUNG

Sekundärforschung	
Interne Datenquellen	**Externe Datenquellen**
• Kundendaten • Besuchsberichte des Akquisiteurs • Mitteilungen der Sachbearbeiter • Mitteilungen des Fahrpersonals • Umsatzstatistiken • Reklamationsberichte • Kostenrechnung • Rechnungswesen	• Statistiken von Bund, Ländern, Kommunen • Materialien der Verbände, IHK, Innungen • Tages- und Wirtschaftspresse, Fachpresse • Auskunfteien • Adressbücher, „Gelbe Seiten", Auskunft-CD • Internet • Preislisten und Kataloge der Unternehmen • Firmenpublikationen

Sind die Ergebnisse der Sekundärforschung für eine Entscheidung noch nicht ausreichend, so müssen mittels der **Primärforschung** Daten erstmals aus dem Markt erhoben werden. Die Spedition selbst oder ein (teueres) Marktforschungsinstitut sammelt die Informationen. Die Durchführung erfolgt als Voll- oder Teilerhebung.

PRIMÄR-
FORSCHUNG

AUSWAHLVER-
FAHREN

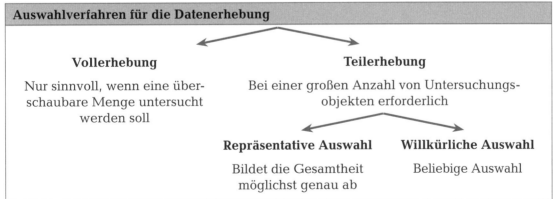

Bei einer Vollerhebung werden alle Kunden befragt, bei einer Teilerhebung begnügt man sich mit einigen. Die Teilerhebung ist schneller und kostengünstiger durchzuführen, da der Umfang der Befragung kleiner ist. Dennoch sind die Ergebnisse insbesondere bei einer repräsentativen Auswahl genau. Bei einem homogenen[5] Untersuchungsgegenstand genügt auch eine willkürliche Auswahl.

---

[5] homogen = gleichartig zusammengesetzt

6.4.3 Methoden der Marktforschung

<table>
<tr><td>PANELVERFAHREN</td><td>Zu den Methoden der Marktforschung zählen u. a. Panelverfahren, Prognose, Beobachtung und Befragung. Beim **Panelverfahren** werden dieselben, repräsentativen Kunden über einen längeren Zeitraum hinweg regelmäßig zum gleichen Untersuchungsgegenstand befragt. So lassen sich zeitliche Veränderungen deutlich aufzeigen.</td></tr>
<tr><td>PROGNOSEN</td><td>Mittels einer Trendrechnung oder aufgrund von Kundenbefragungen können **Prognosen** über zukünftige Entwicklungen erstellt werden.</td></tr>
<tr><td>BEOBACHTUNG</td><td>Die **Beobachtung** erfolgt durch Personen oder Apparate, z. B. Kameras. Beispiele für Beobachtungsmöglichkeiten: das Erscheinungsbild der Konkurrenten in der Öffentlichkeit, Aussehen und Zustand der Transportmittel, Kleidung und Auftreten der Fahrer, Anzeigen in Zeitungen. Oft kann auch das Fahrpersonal wichtige Hinweise geben, z. B. über Fahrzeugbewegungen beim Kunden.</td></tr>
<tr><td>BEFRAGUNG</td><td>**Kundenbefragungen** sind in der Marktforschung sehr beliebt, da sie der Spedition genaue Auskünfte über die Meinung ihrer Kunden liefern können. Je nach der Form der Durchführung werden persönliche, schriftliche und telefonische Befragungen unterschieden.</td></tr>
</table>

Befragungsformen	Erläuterung
Persönlich Kundengespräch durch den Akquisiteur, Gespräche auf Fachmessen etc.	• Es lassen sich auch schwierige Dinge klären. • Nachfragen sind sofort möglich. • Auskünfte werden selten verweigert. • Interviewer-Einfluss: Die Persönlichkeit des Interviewers kann die Antworten beeinflussen. • Zeitaufwändig und teuer.
Schriftlich Umfragen, Fragebogen	• Kostengünstig • Kein Interviewer-Einfluss • Niedrige Rücklaufquote • Für komplexe Sachverhalte nicht geeignet • Geringe Genauigkeit der Ergebnisse
Telefonisch	• Billig • Schnelle Durchführbarkeit • Interviewer-Einfluss • Nur kurze Befragungen möglich • Geringe Auskunftsbereitschaft

<table>
<tr><td>FRAGEBOGEN</td><td>In der Praxis werden gerne Fragebögen eingesetzt. Bei der Gestaltung eines Fragebogens sollten jedoch einige Dinge beachtet werden, um wirklich aussagefähige Ergebnisse zu erhalten.</td></tr>
</table>

Ist der Fragebogen nicht verständlich gestaltet oder nimmt die Beantwortung zu viel Zeit in Anspruch, so wird er beim Kunden im Papierkorb landen. Sind die Fragen nicht eindeutig oder beeinflussen sie die Antwort des Kunden, so sind die Antworten wertlos, weil sie nicht aussagefähig sind. Hier einige Tipps zur Gestaltung des Fragebogens und zur Formulierung von Fragen:

- Verständlichkeit: kurze und einfache Sätze, Fremdworte vermeiden, praxisnah!

- Formulierungen so objektiv/neutral wie möglich, um Beeinflussung zu vermeiden!

- Unterschiedliche Fragetechniken verwenden wegen der Abwechslung!

- An die Auswertung/Umsetzung denken!

Fragenarten		Beispiel	Erläuterungen
Offene Frage	Wie beurteilen Sie die Beratungskompetenz unserer Mitarbeiter?	Freie Antwort	• Hinweise auf noch unbekannte Schwachstellen möglich • Wird manchmal nicht beantwortet • Auswertung schwierig
Geschlossene Frage	Sind Sie mit der Beratungskompetenz unserer Mitarbeiter zufrieden?	( ) ja ( ) nein	• Einfache Auswertung • Aussagekraft nicht sehr hoch
Frage mit Auswahlantworten	Sind Sie mit der Beratungskompetenz unserer Mitarbeiter zufrieden?	( ) sehr zufrieden ( ) zufrieden ( ) weniger zufrieden ( ) unzufrieden	• Einfache Auswertung • Nur Gefragtes wird beantwortet

Ferner sollte zusätzlich ein Anreiz für die Kunden geschaffen werden, die Fragen möglichst schnell zu beantworten, z. B. durch die Teilnahme der ersten 100 Einsender an einer Verlosung oder Ähnliches.

6.5 Welche Marketing-Instrumente nutzt die Spedition?

Als Marketing-Instrumente kann eine Spedition die Produkt- und die Preispolitik, die akquisitorische Distributions- und die Kommunikationspolitik einsetzen.

6.5.1 Produktpolitik

Die Produkte der Spedition sollen den Bedürfnissen der Kunden entsprechend gestaltet werden! Entscheidend ist, welche speditionellen und logistischen Dienstleistungen die **Kunden** wollen.

Produktpolitische Instrumente		Erläuterung
Produktpolitik im engeren Sinn	Qualität	Ein Paketdienst rechnet z. B. mit einer Schadenquote von 5 % und einer termingenauen Lieferung in 92 % aller Fälle.
	Markenpolitik	Eine unverwechselbare Marke auf dem Markt zu positionieren ist Ziel vieler Marketing-Bestrebungen. Beispiele: ICE (Bahn), Kombiverkehr
Sortimentspolitik	Sortimentsgestaltung	Gestaltung des Angebots an Dienstleistungen
	Sortimentsbreite	Verschiedenartige Dienstleistungen, die angeboten werden, z. B. Sammelladung, Ladungsverkehr und Paketdienst
	Sortimentstiefe	Bei einer Dienstleistung, z. B. dem Paketdienst, werden mehrere Varianten angeboten: Über-Nacht-, 24-Stunden-, 48-Stunden-Lieferung
	Produktinnovation	Einführung eines neuen Angebotes, z. B. neues Logistiklager
	Produktelimination	Streichung einer alten Dienstleistung, z. B. Auflösung der unrentablen Bahnverkehre

Produktpolitische Instrumente		Erläuterung
Kundendienst (Servicepolitik)	**Beratung**	Grad der Beratungsintensität; gute Beratung erfordert gut ausgebildete und sachkundige Mitarbeiter sowie Zeit.
	Information	z. B. über den Fortschritt der Beförderung. Sendungsverfolgungssysteme können über das Internet angeboten werden.
Garantieleistungs- politik	**Garantie**	z. B. im Rahmen des gesetzlichen Haftungs- spielraums
	Reklamations- beratung	Jede Kundenbeschwerde sollte sorgfältig überprüft werden. Dauert die Bearbeitung länger, sollte zunächst der Eingang bestätigt und später die ausführliche Antwort erfol- gen. Beachten Sie: • Zufriedene Kunden sind treue Kunden! • Weist die Beschwerde auf eine betrieb- liche Schwachstelle hin?

6.5.2 Preispolitik

Zur Preispolitik gehört es, die Verkaufspreise, die Zahlungsbedingungen und die Rabatte festzulegen. Die Preispolitik ist absatzpolitisch sehr wichtig und zudem von anderen Marke- tinginstrumenten stark abhängig. Einmal getroffene Preisentscheidungen können nur schwer wieder verändert werden. Die Preise haben unmittelbar Einfluss auf Umsatz und Gewinn.

VERKAUFSPREISE

Verkaufspreise

Die Verkaufspreise einer Spedition sind abhängig von den Kosten der Leistungserstellung, also von den Selbstkosten. Ferner spielt aber auch die Nachfragesituation, die Stärke der Konkurrenz und der Wettvewerb auf dem Markt eine große Rolle.

Wie wichtig ist den Verladern der Preis? Bei Befragungen unter Speditionskunden zeigte sich schon im Jahre 1997, dass der Preis bedeutend ist, aber bei den Wünschen der Verlader nicht immer an erster Stelle steht.[6]

Top-Wünsche der Verlader		
1	Zuverlässigkeit	95 %
2	Termintreue	88 %
3	Rechtzeitige Information	81 %
4	Geringe Schadenquote	73 %
5	Hohe Flexibilität	71 %
6	Preiswürdigkeit, davon	
	• sehr wichtig	6 %
	• wichtig	40 %
	• weniger wichtig	44 %
	• nicht entscheidend	9 %

Entscheidend ist der Preis insbesondere bei reinen Transportleistungen, da hier die Ange- bote der Spedition leicht mit denen der Konkurrenten verglichen werden können. Werden zusätzlich komplexe Logistikleistungen oder ein Dienstleistungspaket angeboten, so rückt der Preis in den Hintergrund.[7]

---

[6] Umfrage der Schenker International Deutschland unter 525 Kunden, zitiert nach: TRANS-AKTUELL, 7/97
[7] Vgl. hierzu auch die Ausführungen zum Kapitel 6.3 „Welche Überlegungen führen zum Marketing-Konzept?"

Weitere Elemente der Preispolitik	Erläuterung
Hoher Preis	Symbol für hohe Qualität
Preisdifferenzierung nach Marktsegmenten	Unterschiedliche Preise z. B. nach • Regionen • Speditionszweigen • Fachsparten • Güterarten (Rohstoffe, industrielle Güter usw.) • Jahreszeiten (Saison) • Unternehmensgrößen der Kunden (Groß-, Klein- und Mittelbetriebe)
Produktübergreifende Preispolitik	Verluste in einem Bereich können durch Gewinne in anderen Bereichen ausgeglichen werden.

Zahlungsbedingungen und Rabattpolitik

Rechtliche Bestimmungen	
ADSp 18.1	**BGB § 288**
Rechnungen des Spediteurs sind sofort zu begleichen.	Die Schuld ist während des Verzugs mit 5 % p. a. über dem Basiszinssatz bei Privatkunden und mit 9 % p.a. über dem Basiszinssatz bei Kaufleuten zu verzinsen.

Weitergehende Bestimmungen hinsichtlich eines möglichen Zahlungsverzugs und seiner Konsequenzen sind schon seit der Novellierung der ADSp zum 1. Januar 2003 nicht mehr generell geregelt.

Wegen der hohen Herstellungskosten, wie z. B. auftragsbedingten Auslagen an Fuhrunternehmer, Vorlagen für Einfuhrabgaben u. ä., ist es wichtig, dass die Kunden frühzeitig die Rechnungen des Spediteurs bezahlen, um Zinskosten für beanspruchtes Fremdkapital oder Illiquidität zu vermeiden. Bekanntlich zahlen aber einige Kunden erst verspätet. Wie können nun diese mit kundenfreundlichen Zahlungs- und Kreditbedingungen zur rechtzeitigen Begleichung der Rechnungen veranlasst werden? Beispielsweise kann eine Kombination aus einem Bonus für besonders schnelle Bezahlung durch Einräumung eines Skontos und eine Verteuerung durch die Berechnung von Verzugszinsen für verspätetes Zahlen Kunden zu dem gewünschten Verhalten verleiten. Dies führt z. B. zu folgender Zahlungsbedingung:

Zahlungsbedingung:
- Zahlung innerhalb von 7 Tagen: 2 % Skonto
- Zahlung innerhalb von 14 Tagen: Rechnungsbetrag ohne Abzug
- Zahlung innerhalb von 30 Tagen: Rechnungsbetrag, zuzüglich 9 % Verzugszinsen bei Kaufleuten

ZAHLUNGS-BEDINGUNG

Rabatte sind Preisermäßigungen. Durch sie können z. B. im Rahmen der **Rabattpolitik** Nachlässe auf den Haustarif eingeräumt werden. Einen Überblick über die Rabattarten und die unterschiedlichen Zielsetzungen gibt folgender Überblick:

RABATTPOLITIK

Rabattarten	Erläuterung
• Zeitrabatt	Wird zeitlich begrenzt gewährt
• Einführungsrabatt	Z. B. beim Start eines neuen Linienverkehrs
• Aktionsrabatt	Zu bestimmten Anlässen, z. B. 10 Jahre EUROCARGO
• Saisonrabatt	Z. B. in auftragsschwachen Zeiten
Mengenrabatt	Wenn z. B. bestimmte Umsätze erreicht wurden; ebenso im Nachhinein als Bonus möglich
Treuerabatt	Ähnlich wie Mengenrabatt, um Kunden zu binden

RABATTARTEN

6.5.3 Akquisitorische Distributionspolitik

Speditionelle Dienstleistungen können über mehrere Vertriebswege angeboten werden:

Vertriebswege	Erläuterung
Akquisiteure, Geschäftsleitung	Sehr effizient, aber zeitaufwändig, personalintensiv, teuer
Messen, Ausstellungen	Angebotspalette wird präsentiert, viele Kunden können in kurzer Zeit kontaktiert werden.
Makler und Agenturen	Sie arbeiten kostengünstig für mehrere Verkehrsbetriebe.

Regeln für die Vorbereitung und den Ablauf eines Verkaufsgesprächs

Der erfolgreiche Verkäufer zieht seinen Kunden weder über den Tisch, noch haut er ihn übers Ohr! Eine Strategie dieser Art wirkt nur einmal. Einer Spedition sind zufriedene Dauerkunden wichtig! Um dies zu erreichen, muss der Verkäufer die spezifischen Kundenbedürfnisse ermitteln und gemeinsam mit seinem Kunden Lösungen für dessen Probleme finden. Er verhilft seinem Kunden zu Wettbewerbsvorteilen auf dessen Markt.

Offen und ehrlich wird das Gespräch geführt unter Einbindung der gesamten Persönlichkeit, d.h. sowohl der Verstand als auch die Gefühle müssen berücksichtigt werden.

Versuchen Sie nicht, den Kunden im Gespräch zu besiegen!

Ablauf des Gesprächs
Begrüßung und Eröffnung des Gesprächs
Erläuterung des Angebots • Nutzen für den Kunden („Das bedeutet für Sie, dass …") • Eingehen auf Kundeneinwände („Zu teuer!" –> „Warum?" oder „Wie meinen Sie das?") • Kunden reden lassen!

6.5.4 Kommunikations-Politik

Mittels der Kommunikationspolitik sollen vorhandene und potenzielle Kunden sowie die Öffentlichkeit über unsere Spedition und ihr Angebot informiert werden. Die Einstellung zur Spedition und das Kaufverhalten soll positiv beeinflusst werden.

Kommunikations-Instrumente	Erläuterung
Werbung	Die klassische unpersönliche Kommunikationsform. Die Zielpersonen sollen durch Werbemittel im Sinne der Spedition beeinflusst werden. Werbung kommt aus dem Konsumbereich.
Werbebotschaft	Information an die Umworbenen in Schrift, Wort, Ton, Bild
Werbemittel	Gestaltete Form der Werbebotschaft: Anzeige, Plakat, TV-Spot
Werbeträger	Werbemittel sind enthalten in Werbeträgern: Zeitung, Zeitschrift, TV
Direktwerbung	Persönliche Ansprache der möglichen Käufer. Diese können hier direkt antworten (Telefon, Fax, Brief, Internet).
Internet-Werbung	Werbung auf **fremden** Internetseiten • Suchmaschinen weisen beim Aufruf definierter Suchbegriffe auf die Spedition hin. • Links auf die Spedition Werbung auf der **eigenen** Homepage mit Informationen zur Spedition und ihren Dienstleistungen. • Unmittelbare Auftragserteilung möglich

Sales Promotion (Verkaufsförderung)	Schaffung weiterer Kaufanreize, z. B. durch Schulung der Kunden (richtige Verpackung, Akkreditive usw.), Werbegeschenke, Preisaktionen, Sales Folder und Video-Filme für die Verkäufer, Preisausschreiben, Verlosungen, Treueprämien
Persönlicher Verkauf	Der Verkäufer kann persönlich die Probleme des Kunden erfragen und unmittelbar mit Lösungsvorschlägen reagieren. Die Wirkung auf den Gesprächspartner ist sichtbar
	Teuer! Der Erfolg hängt von der Qualität des Verkäufers ab!
Public Relations (Öffentlichkeitsarbeit)	Maßnahmen, um eine positive Einstellung der Öffentlichkeit zur Spedition zu schaffen. Beispiele für mögliche Maßnahmen:
	Informationen für Journalisten und Politiker, PR-Anzeigen, Tag der offenen Tür, Stiftungen, Beiträge in Zeitschriften
Corporate-Identity (CI)	Einheitliches Erscheinungs- und Verhaltensbild, um sich von der Konkurrenz abzuheben:
	• CI nach innen, z. B. Leitbild: gemeinsame Verhaltensgrundsätze
	• CI nach außen, z. B. gleichartige Kleidung, Logo, Slogan
Sponsoring	Förderung von Personen und/oder Organisationen, z. B. Sportlern, Sportvereinen und Sportveranstaltungen; Kultursponsoring, z. B. eine Musikveranstaltung; Sponsoring sozialer oder Umwelt-Einrichtungen; Förderung von TV- und Rundfunk-Programmen
	Beim **Product-Placement** werden Produkte in Filmen, TV-Sendungen usw. platziert, z. B. ein Lkw mit Firmenplane

PRODUCT-
PLACEMENT

Was kann das Internet für die Spedition leisten?

Viele Speditionen haben bereits den Nutzen des World Wide Web erkannt und nutzen das Internet erfolgreich. Einen Überblick über seine Möglichkeiten liefert die folgende Zusammenstellung:

Nutzen des Internets für die Spedition	
Verbesserung der Kommunikations-Politik	• Werbewirksame Gestaltung der Homepage • Vorteilhafte Präsentation der Spedition • Verkaufsförderung durch Online-Gewinnspiele, Preisausschreiben usw. • Bekanntgabe eigener Messeauftritte oder des Sponsorings von Events • Aufzeigen des Engagements für Gesellschaft und Umwelt • Publikation von Referaten, Pressemitteilungen usw.
Unterstützung des Verkaufs	• Anschauliche Präsentation der eigenen Dienstleistungen (Text, Bild, Ton, Video) • Verbreitung aktueller Angebote • Weltweite Übertragung des Angebots • Verkaufsdialoge sind möglich durch E-Mail-Kontakte und Einrichtung von Diskussionsforen. Persönliche Kontakte werden angebahnt durch Nennung von Ansprechpartnern, Telefonnummern usw.
Kostenvorteile	• Eintragungen werden auf einer Homepage nur einmal erfasst und stehen dann allen Interessenten weltweit zur Verfügung. Kosten für Vertreterbesuche oder für Porti entstehen nicht. • Kunden können Ihre Daten über Masken selbst angeben (Anschriften, Sendungsdaten usw.)
Aktualität	• Wegen der einfachen zentralen Aktualisierung und der praktisch zeitgleichen Übermittlung über das Internet können stets neueste Informationen angeboten werden.

NUTZEN DES
INTERNETS

Nutzung von Internet-Angeboten	• Teilnahme an Frachtenbörsen, Auktionen, Ausschreibungen • Abfrage von Schiffslisten, Flugplänen, Fahrplänen • Wettervorhersage, usw.
Schnelligkeit der Datenübertragung	• Austausch von E-Mails mit rascher Antwortmöglichkeit • Transfer von Dateien (auch umfangreiche Datenbestände)
Neuartige Service-Leistungen	• Möglichkeit von Online-Buchungen • Sendungsverfolgung, usw.

TENDER MANAGEMENT

Eine besondere Bedeutung für das Marketing der Logistikdienstleister hat in jüngster Zeit vermehrt das auf die Anwendungsmöglichkeiten des Internets gestützte Tender Management erlangt, das deshalb im Folgenden ausführlicher dargestellt wird.

6.5.5 Tender Management

TENDERFLUT

Die zunehmende Nutzung von Ausschreibungsplattformen („Tenderflut") seitens der Verlader bietet dem Logistikdienstleister einerseits zwar in zunehmendem Maße Chancen für neue Aufträge, erhöht andererseits aber auch das Risiko, ein Geschäft an Wettbewerber zu verlieren, insbesondere weil der Markt dadurch transparenter wird und sich die Teilnahmemöglichkeiten verbessern.

PLATTFORMEN

ARBEITS-BELASTUNG

In jedem Fall bringt die systematische Nutzung von Ausschreibungen via Plattformen eine erhebliche Arbeitsbelastung mit sich. Große Tender können durchaus mehrere Arbeitstage Bearbeitungszeit erfordern und manche Logistikleistungen werden dazu auch noch häufiger als jährlich ausgeschrieben. Um die sich bietenden Chancen erfolgreich nutzen zu können, die damit verbundene Arbeitsbelastung durch die Bearbeitung und Abgabe der Angebote aber in vertretbaren Grenzen zu halten, ist eine effektive und effiziente Vorgehensweise ein wesentlicher Erfolgsfaktor. Nachfolgend werden einige wesentliche Aspekte dazu kurz skizziert[8].

---

(1) Begriff und Bedeutung

Eine Ausschreibung im Tender Management ist das Bekanntgeben eines Bedarfs, verbunden mit der Aufforderung an geeignete Interessenten, ein meist kostenloses Angebot abzugeben. Je nach Art des ausschreibenden Unternehmens kann es sich dabei um das Angebot für die Herstellung eines Produkts oder um die Erbringung einer Dienstleistung handeln.

Da für die Dienstleistung, für die der LDL ein Angebot abgeben soll, zahlreiche genaue Angaben notwendig sind ist es vorteilhaft, wenn die Anfragen vorstrukturiert sind. Das erleichtert die Erarbeitung des Angebots und hilft ganz wesentlich, zeitraubende Rückfragen wegen ungenauer oder noch fehlender Angaben zu vermeiden.

Da wir hier nur elektronische Ausschreibungssysteme betrachten (s. e-Procurement) erfolgen diese auf elektronischen Marktplätzen/Plattformen.

---

(2) Formen elektronischer Märkte[9]

Horizontale Marktplätze	Auf diesen Märkten werden Waren und Dienstleistungen gehandelt, die **branchenunabhängig** von (vielen) Unternehmen angeboten und nachgefragt werden; Beispiele dafür sind standardisierte Produkte wie Büroartikel oder ständig benötigte Artikel des täglichen Bedarfs.
	Der Zugang für die Marktteilnehmer ist einfach; oft handelt es sich um einmalige Transaktionen zwischen Käufer und Verkäufer, d.h. es entstehen meist keine dauerhaften Partnerschaften.

---

8 Vgl. auch Kap. 1.7.1 (3)
9 Vgl. auch Kap. 1.7.4

Vertikale Marktplätze	Auf diesen Märkten werden Waren und Dienstleistungen gehandelt, die **branchenspezifisch** sind, häufig auch aus einem zusammenhängenden, kundenspezifisch zusammengestellten Angebot bestehen.
	In der Regel entsteht zwischen den Marktpartnern eine länger andauernde Zusammenarbeit, für die zu Beginn gegenseitig Vertrauen aufgebaut werden muss; zur Vorbereitung des Abschlusses eines Kauf- oder Dienstleistungsvertrags müssen von beiden Seiten umfangreiche Informationen und Daten bereitgestellt werden.
Offene Marktplätze	Alle interessierten Unternehmen können sich an der Ausschreibung beteiligen; evtl. sind damit eine Bonitäts-Überprüfung und/oder die Registrierung des Unternehmens verbunden.
Geschlossene Marktplätze	Nur die von der ausschreibenden Unternehmung aus unternehmensinternen Gründen zugelassenen Interessenten können sich beteiligen.
Viele Anbieter – Viele Nachfrager	Diese Form wird üblicherweise als **Marktplatz** bezeichnet; viele Einkäufer und viele Verkäufer nutzen die Marktplätze für Einkaufs-/Verkaufstransaktionen.
Wenige Anbieter – Viele Nachfrager	Diese Form wird üblicherweise als **Fachportal** bezeichnet; Verkauf und Service stehen im Vordergrund.
Viele Anbieter – Wenige Nachfrager	Diese Situation kennzeichnet **Einkaufsplattformen**; Einkäufer wählen hier Produkte/Lieferanten aus.
Frachtenbörse	Spediteure vereinbaren auf diesen Spotmärkten kurzfristig und für einen Einzelfall mit Frachtführern (i.d.R. Güterkraftverkehrsunternehmen) die Erledigung sog. Überhangfrachten.
Logistikplattform	Verlader und Spediteure oder Verlader und Frachtführer (Güterkraftverkehrsunternehmen) vereinbaren den Transport von überwiegend kompletten Wagenladungen; die Zusammenarbeit kann – manchmal auch unregelmäßig – über einen längeren Zeitraum erfolgen und sich auf fest vereinbarte Mengen beziehen.
Ausschreibungsplattform	Verlader und Spediteure, Spediteure und Frachtführer oder Verlader und Frachtführer (Güterkraftverkehrsunternehmer, Carrier, Reedereien) schließen im Regelfall längerfristige Verträge über logistische Dienstleistungen. Diese können sich auf den Transport von Komplettladungen beschränken, durchaus aber auch Logistikaufträge für komplexe Projekte aus den Bereichen Intra- bzw. Kontraktlogistik umfassen.

Die häufigsten Transaktionen sind Ausschreibungen oder Auktionen; wo es sinnvoll ist, z.B. zur Preisfindung, können diese Transaktionsformen auch miteinander verknüpft werden.

Tender Management wird in den meisten Fällen auf **vertikalen** sowie meist **geschlossenen** Märkten abgewickelt, die entsprechend ihrer Teilnehmerzahl (ein Anbieter = das ausschreibende Unternehmen) als **Fachportal** bezeichnet werden können.

(3) Funktionen elektronischer Marktplätze

Die elektronischen Marktplätze erfüllen üblicherweise folgende Funktionen:

- Die Suchfunktion — z.B. nach Lieferanten/Dienstleistern
- Die Sammel-/Speicherfunktion — z.B. allgemeine (Trends) oder konkrete (Produkte, Dienstleistungen) Informationen (auch: Informationsfunktion)
- Kommunikationsfunktion — z.B. rascher Austausch von Daten/Informationen
- Kontrollfunktion — z.B. die Kontrolle der Teilnehmer in geschlossenen Ausschreibungen
- Bedarfsanzeige — z. B. konkrete logistische Dienstleistungen verschiedenster Arten
- Verhandlungsfunktion — z.B. Verhandlungen über Preise und Lieferkonditionen
- Entwicklungsfunktion — z.B. Konzeptionierung und Entwicklung von Waren oder Dienstleistungen zusammen mit Lieferanten
- Abwicklungsfunktion — z.B. finanzielle Abwicklung

(4) Vorgehensweise bei der Ausschreibungserstellung

Das Vorgehen erfolgt üblicherweise in vier Phasen:

Vorbereitungsphase	Sorgfältige, genaue Definition der gewünschten logistischen Dienstleistung mit genauer Angabe aller notwendigen Informationen, z.B. der Produkte, der Mengen, Anzahl und Dislozierung der Beteiligten etc. sowie Vorgaben hinsichtlich der Transportart.
Durchführungsphase	**Aktive** Ausschreibung – potenzielle Bieter werden gezielt angesprochen. **Passive** Ausschreibung – Bieter suchen nach interessant erscheinenden Ausschreibungen und entscheiden sich unabhängig, ob sie an der Ausschreibung teilnehmen wollen. Der Verlader stellt alle notwendigen Informationen zur Verfügung und wartet auf das Angebot des Logistikdienstleisters. Dabei sind eine Vielzahl von wesentlichen Besonderheiten zu beachten (z.B. ggf. Kosten des Angebots, Abrechnungsform für die logistische Dienstleistung), auf die in dieser kurzen Übersicht nicht weiter eingegangen werden kann.
Verhandlungsphase	Nach Auswertung der Angebote, ggf. auch Nachbesserungen zur Beseitigung von Unklarheiten und/oder Unvollständigkeiten und/oder zur Herstellung der Vergleichbarkeit mit anderen Angeboten wählt das ausschreibende Unternehmen die Anbieter aus, die in die engere Wahl kommen und entscheidet sich schließlich, nachdem die Anbieter ihr Angebot erläutern konnten, für einen Logistikdienstleister, mit dem dann endgültig der Dienstleistungsvertrag abgeschlossen wird. Auf die Vielzahl unterschiedlichster, äußerst wichtiger Erfolgsfaktoren, die schließlich einen Anbieter die Ausschreibung „gewinnen" lassen, wird hier ebenfalls nicht eingegangen.
Implementierungsphase	Nach Abschluss des Vertrags zwischen der ausschreibenden Unternehmung und dem oder auch den Logistikdienstleister(n) wird von allen Beteiligten die Implementierung geplant. In einem ersten Schritt wird ein Zeitplan erstellt, sodann werden die logistischen Prozesse im Detail demonstriert und dokumentiert. Üblicherweise wird auch die Ausschreibung als Ganzes dokumentiert, um ggf. Bausteine davon bei späteren Ausschreibungen verwenden zu können.

(5) Vorgehensweise bei der Angebotserstellung

Im Interesse einer professionellen und effizienten Bearbeitung sollte dieser Prozess von einer zentralen, auf die Bearbeitung von Angeboten für Ausschreibungen spezialisierten Abteilung vorgenommen werden. Sofern es sich um global tätige Unternehmen handelt, muss allerdings auch die Zusammenarbeit mit den Niederlassungen reibungslos organisiert sein. Diese müssen alle notwendigen regionalen Daten und Informationen liefern, die für die Durchführung der angebotenen Dienstleistung erforderlich sind. Wesentliche Voraussetzungen für eine rasche und reibungslose Angebotserstellung sind leistungsfähige IT-Instrumente.

Nach erfolgreicher Angebotsabgabe wird (s.o.) gemeinsam mit dem Auftraggeber zunächst der Implementierungszeitplan erstellt. Dann werden die Prozesse im Detail geschult; schließlich dokumentiert auch der Anbieter die Ausschreibung, um ggf. Bausteine davon bei späteren Ausschreibungen wieder verwenden zu können.

(6) IT-Unterstützung

Wie unter (5) erwähnt sind leistungsfähige IT-Instrumente wesentliche Voraussetzungen für eine erfolgreiche Teilnahme an Ausschreibungen.

Kernfunktionen einer leistungsfähige Tender-Software:

- Automatische Bereitstellung von feststehenden Preisen/Raten

- Zentrale Bereitstellung der aktuellen Frachtraten; es muss gewährleistet sein, dass mehrere anbietende Niederlassungen/Geschäftsstellen eines Konzerns für vergleichbare Leistungen auch mit den gleichen Preisen kalkulieren

- Zentrale Bereithaltung von Daten/Informationen, die in mehreren Ausschreibungen Verwendung finden können

- Standardisierte Erstellung und Dokumentation der Angebote; einfacher Zugriff bei Nachfragen und bei gewünschter und sinnvoller Verwendung von Teilen eines früheren Angebotes für Angebote im Zusammenhang mit anderen Ausschreibungen

- Möglichkeiten individueller Anpassung an Ausschreibungsbesonderheiten, z.B. gewünschte alternative Währung oder besondere Maße/Gewichte

(7) Merkmale von Plattformen

Plattformen weisen bestimmte Merkmale/Inhalte/Strukturen auf, anhand derer sie bewertet und auch verglichen werden können. Wesentliche mögliche Merkmale sind:

- Selbstdarstellung im Internet mit Hinweisen auf die Qualität (Erfahrung, Bekanntheitsgrad)

- Angabe der möglichen Transaktionen

- Tätigkeitsbereich der Plattform (regional, national, international)

- Mögliche Sprachen, in denen das Angebot abgegeben werden kann

- Anzahl der Ausschreibungen, die im Vergleichszeitraum über die Plattform abgewickelt wurden

- Kosten der Plattformnutzung

- Angaben über die Anzahl teilnehmender Verlader bzw. Dienstleister zur Einschätzung der Wettbewerbssituation

- Leistungsangebote der Plattformen (z.B. Ausschreibungsmanagement, Frachtenmanagement, Zeitfenstermanagement usw.)

- Angaben zur IT-Sicherheit

- Referenzen

(8) Vorteile für die Beteiligten

- Es ist offensichtlich, dass die Nutzung von elektronischen Marktplätzen für das Tender-Management der Verlader Vorteile wie z. B. Kostensenkung, Effizienzsteigerung bei Ausschreibungsverfahren, Steigerung der Markttransparenz usw. mit sich bringt.

- Aber auch der Logistikdienstleister kann Vorteile nutzen wie z. B. Erzielen von Marketingeffekten durch Erhöhung des Bekanntheitsgrades und Steigerung des Ansehens (image) des LDL, Verbesserung der Ertragssituation durch verbesserte Auslastung, Ausweitung des Aktionsbereichs, Vereinfachung der Akquisition, Erhöhung der branchenspezifischen Kenntnisse als Folge von Detailinformationen auf den Plattformen.

(9) Qualitätsanforderungen für Ausschreibungen

Die Erarbeitung eines Angebots wird vielfach durch Mängel in den Ausschreibungsunterlagen erschwert; Verlader sollten daher bestimmte inhaltliche Grundsätze berücksichtigen; sie können dadurch die Bereitschaft seitens der Logistikdienstleister, sich an der Ausschreibung zu beteiligen, ohne großen Mehraufwand erhöhen und auf diese Weise eine größere Auswahl an interessanten Angeboten erhalten.
Wesentliche Anforderungen an eine gut strukturierte, aussagekräftige Ausschreibung, die alle notwendigen Informationen enthält:

- Vollständige Beschreibung der Produkte einschließlich der Gebindegrößen und Angaben zu den Verpackungen (z. B. Mehrwegverpackungen, Rückführung, Verwertung)

- Zutreffende, aussagekräftige Angaben über Mengen/Volumina und ggf. (saisonale) Schwankungen

- Anforderungen an die Verkehrsmittel einschließlich Umschlags- und Fördereinrichtungen

- Anforderungen an die einzelnen Prozessschritte, insbesondere Abholung und Zustellung

- Angaben über zusätzlich geforderte speditionelle Leistungen, z. B. Dokumentenerstellung, Verzollung, Inkasso

- Geforderte IT-Infrastruktur und Software

Natürlich muss dem Logistikdienstleister auch ausreichend Zeit zugestanden werden, ein korrektes, aussagefähige Angebot zu erarbeiten; die Auswertung muss zügig erfolgen, da Angaben zu den Preisen angesichts starker Schwankungen der Frachtraten vor allem bei Luft- und Seetransporten nur begrenzte Zeit zutreffend sein können.

ELEKTRONISCHE
MARKTPLÄTZE
LEITFADEN

Ein Logistikdienstleister, der systematisch elektronische Marktplätze nutzen möchte, braucht eine gute organisatorische Basis für effizientes Vorgehen beim Tender Management. Als hilfreich hat sich hier in der Praxis ein Leitfaden für die beteiligten Mitarbeiter erwiesen, der noch an Bedeutung zunimmt, wenn mehrere Niederlassungen bestehen und durch zweckmäßige Zusammenarbeit und Informationsaustausch Mehrfacharbeit vermieden werden kann. Wichtig in dem Leitfaden sind vor allem

VORGABEN
- die Vorgaben für eine rationelle Bearbeitung der Prozessschritte einer Ausschreibung,

HILFEN
- Hilfen zur Bewertung der Angaben/Anforderungen einer Ausschreibung sowie

VORLAGEN
- Vorlagen für immer wieder benötigte Bausteine eines Angebotes, z. B. Textbausteine bzw. Formulierungsvorschläge für Standardschreiben an das ausschreibende Unternehmen.

TENDERFLUT
Mit einer derartigen Bearbeitungshilfe ist es dem Logistikdienstleister leichter möglich, sich am Wettbewerb in dieser „Tenderflut" mit Aussicht auf Erfolg zu beteiligen.

6.6 Wie werden Marketing-Maßnahmen durchgeführt?

Um ein bestimmtes Marktziel zu erreichen, z. B. die Gewinnung zusätzlicher Kunden vor Ort für einen Paketdienst, muss eine **Strategie** entwickelt werden. Dazu sind aus der Gesamtheit der **Marketinginstrumente** die geeignetsten **auszuwählen**. Die Instrumente Produktpolitik, Preispolitik, akquisitorische Distributionspolitik und Kommunikationspolitik dürfen aber nicht isoliert voneinander betrachtet werden, da sie zeitlich und inhaltlich voneinander abhängen. So müssen Zielgruppe, Werbemaßnahmen, Akquisition und Preise aufeinander abgestimmt werden. Viele Faktoren spielen dabei eine Rolle, daher ist die Entscheidung für die geeignetsten Instrumente und ihr zeitlicher Einsatz schwierig. Diese Kombination der absatzpolitischen Instrumente bezeichnet man als **Marketing-Mix.** Danach müssen die anfallenden **Kosten** berechnet werden, die entstehen, wenn die Maßnahmen durchgeführt werden. Sind diese im Verhältnis zu dem zu erwartenden Ertrag zu hoch, so muss die **Planung überarbeitet** werden. Ein **Zeitplan** zeigt, wann welche Maßnahmen stattfinden sollen. Anschließend wird der Plan umgesetzt, es kommt zur **Realisierung** des Marketing-Mix. Möglichst schon während, spätestens aber nach Ablauf der Maßnahmen sind alle **Ergebnisse** zu **kontrollieren**.

STRATEGIE

MARKETING-MIX

REALISIERUNG

KONTROLLE

Fallstudie 6.1: Marktforschung – Befragung von Kunden

Situation 1

Im Rahmen der regelmäßig durchgeführten Stärken-Schwächen-Analyse sollen unsere Kunden befragt werden, wie sie mit bestimmten Service-Leistungen von EUROCARGO zufrieden sind. Untersucht werden soll die Zufriedenheit der Kunden mit

- den Abhol- und Zustellzeiten,
- der Schnelligkeit,
- unserer Liefertermintreue,
- der Regelmäßigkeit,
- der Möglichkeit der Sendungsverfolgung.

Die Kunden sollen die Möglichkeit haben, eigene Wünsche zu den einzelnen Punkten zu äußern.

Aufgabe 1

Erstellen Sie in Gruppenarbeit und unter Verwendung eines PCs einen Fragebogen für EUROCARGO! Da der Fragebogen an die Kunden versandt werden soll, ist auch auf die äußere Gestaltung großer Wert zu legen.

Aufgabe 2

Testen Sie Ihren Fragebogen in den anderen Gruppen!

Eine Beantwortung der Fragen muss ohne Rückfragen möglich sein, da ja der Fragebogen an Kunden versandt werden soll. Sind dem Kunden Fragen unverständlich, so wird er diese nicht beantworten oder die Antworten entsprechen nicht der Frageabsicht.

Aufgabe 3

Werten Sie die Ergebnisse der Testbefragung der anderen Gruppen hinsichtlich der Fragetechnik in Ihrer Gruppe aus! Haben Sie Ihre Fragen verständlich und objektiv formuliert? Entsprechen die gegebenen Antworten Ihrer Frageabsicht?

Aufgabe 4

Alle Gruppen: Präsentieren Sie Ihren Fragebogen vor der Klasse und besprechen Sie die Gestaltung!

Situation 2

EUROCARGO hat ihre Kunden nach der Zufriedenheit mit der Kundenbetreuung befragt. Die Ergebnisse sind bereits in einer Tabelle zusammengestellt worden:

Fragen	prima	ok	naja	unzufrieden
Außendienstbesuche	22	38	15	15
Freundlichkeit der Mitarbeiter	56	25	6	3
Kompetenz der Mitarbeiter	16	42	30	2
Reklamationsbearbeitung	15	51	17	7

Aufgabe 1

Stellen Sie diese Ergebnisse mithilfe eines Tabellenkalkulationsprogramms anschaulich dar!

Aufgabe 2

Welche Verbesserungsvorschläge hinsichtlich der Kundenbetreuung können Sie der Geschäftsleitung aufgrund der Ergebnisse machen?

Fallstudie 6.2: Durchführung eines Verkaufsgesprächs

Situation 1

Zur Vorbereitung eines Verkaufsgesprächs soll mittels zweier Übungen verdeutlicht werden, welche Wünsche Kunden haben und wie sich Gefühle während eines Verkaufsgesprächs durch Körpersprache äußern könnten.

Aufgabe 1

Erforschen von Kundenwünschen

Lächeln beim Kunden genügt nicht! Überlegen Sie in Gruppenarbeit, welche Bedürfnisse und Erwartungen Kunden haben könnten. Viele Wünsche werden beim Verkaufsgespräch geäußert, einige aber nicht. Berücksichtigen Sie bei Ihren Überlegungen auch persönliche Wünsche des Gesprächspartners wie Arbeitserleichterung oder Lob durch die Geschäftsleitung!

Schreiben Sie jeweils einen Kundenwunsch auf ein Blatt Papier! Erstellen Sie anschließend gemeinsam in der Klasse ein Mindmap. Versuchen Sie gleichartige Kundenwünsche nach Gruppen zu ordnen!

Aufgabe 2

Unwillkürlich reagiert der Körper und sagt damit viel aus. Aber: Nicht immer ist die Aussage eindeutig!
Ordnen Sie in der Tabelle die möglichen Antworten den körpersprachlichen Signalen richtig zu!

Körpersprache	Richtige Antwort	Mögliche Antwort
Abwenden des Oberkörpers		„Herr der Lage"
Kunde schaut aus dem Fenster, Augenkontakt wird vermieden		Abweisungsgeste
Die Sitzhaltung des Kunden ist genüsslich zurückgelehnt		Angriff, Schuldzuweisung
Der Oberkörper des Kunden ist nach vorn geneigt		Desinteresse
Der Kunde verschränkt die Arme vor der Brust		Verschlossenheit, Ablehnung
Die Beine sind um die Stuhlbeine geschlungen		Interesse, Aufmerksamkeit
Der Finger des Kunden zeigt auf eine andere Person		Lockere Art, oft schlechte Manieren
Hände in den Taschen		Selbstfesselung, Angst

Situation 2

EUROCARGO möchte einen neuen Kombi-Verkehr nach Italien in den Markt einführen. Sie sollen einen Kunden besuchen, von dem Sie wissen, dass er nach Italien bereits kleinere Mengen versendet.

Aufgabe 1

Bereiten Sie in Gruppen das Gespräch vor, indem sich eine Gruppe in die Situation des Kunden versetzt und überlegt, welche Interessen dieser haben könnte. Die andere Gruppe vertritt die Position des Spediteurs und erarbeitet eine überzeugende Argumentation.

Aufgabe 2

Führen Sie das Verkaufsgespräch als Rollenspiel durch! Ein Schüler/eine Schülerin ist Akquisiteur, der/die andere Kunde. Die übrigen Gruppenmitglieder dürfen Hilfestellung leisten! Zeichnen Sie das Gespräch mit Video auf!

Aufgabe 3

Werten Sie das Rollenspiel aus hinsichtlich

- Argumentation
- Gesprächsatmosphäre
- Körpersprache
- Eingehen auf den Gesprächspartner

Aufgabe 4

Wiederholen Sie das Rollenspiel mit anderen Gruppen!

Fallstudie 6.3: Erfolgreich telefonieren

Situation

Ein Kunde ruft verärgert an, weil seine Sendung trotz Vereinbarung eines festen Liefertermins immer noch nicht bei ihm eingetroffen ist.

Aufgabe 1

Vorbereitung des Telefongesprächs: Überlegen Sie in Gruppen, welche Gründe der Kunde vorbringen könnte und was die Ursachen für die Verspätung sein könnten.

Aufgabe 2

Rollenspiel: Ein Schüler spielt den ungeduldigen Kunden, ein anderer den Sachbearbeiter von EUROCARGO. Eine Hilfestellung durch je einen weiteren Schüler, der dem Spieler Argumente und Anregungen von hinten zuflüstert, ist möglich. Eine Videoaufzeichnung erleichtert die folgende Auswertung.

Aufgabe 3

Gruppenarbeit:

Welche Argumente, Redewendungen, Gefühlsäußerungen haben zu einem Erfolg bzw. Misserfolg geführt?

Wie hätte sich der Mitarbeiter/die Mitarbeiterin verhalten müssen, um aus dem unzufriedenen Anrufer einen zufriedenen Kunden zu machen?

Aufgabe 4

Erstellen Sie in Gruppenarbeit eine Sammlung von Regeln für erfolgreiches Telefonieren! Das Blatt soll zum Aushang an Ihrem Arbeitsplatz dienen.

Aufgabe 5

Rollenspiel: Wiederholen Sie das Rollenspiel mit „Schauspielern" aus den anderen Gruppen!

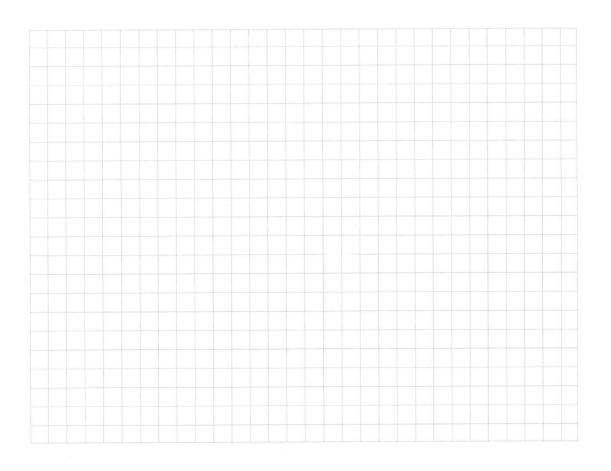

Fallstudie 6.4: Erarbeitung eines Marketing-Plans

EUROCARGO möchte einen neuen Kombi-Verkehr nach Italien auf dem Markt einführen. Sie sollen hierzu in einer mehrstündigen Gruppenarbeit eine Marketing-Strategie entwickeln und diese anschließend vor der Klasse präsentieren.

Situation 1: Entwurf eines Firmenlogos und eines Slogans

Aufgabe 1

Ergänzen Sie in der Tabelle die Logos der genannten Unternehmen!

Gestaltung mit ...	Beispiele	Logos
ZeichenAdidas, Nike, Lacoste		
Buchstaben (mit Zeichen) Sparkasse	Deutsche Telekom,	
Texte (mit Zeichen) Europa-Lehrmittel	Coca Cola,	

Aufgabe 2

Entwerfen Sie für EUROCARGO ein neues, eigenes Firmenlogo! Das Logo muss einprägsam und einmalig sein. Dadurch soll die Firma unverwechselbar werden. Sie können das Logo zeichnen oder auch am PC gestalten.

Aufgabe 3

Die Slogans sind in der Tabelle etwas durcheinander geraten. Ordnen Sie die Slogans den Unternehmen wieder richtig zu!

1 Linking Markets	A Deutsche VerkehrsBank	5 Connecting People	E Lufthansa Cargo
2 Wir unternehmen Sicherheit	B P&O Nedlloyd	6 Neue Wege für die Straße	F MAN
3 Wir machen den Weg frei	C Gerling Versicherung	7 Thinking in new directions	G Kombiverkehr
4 Mit uns bleiben Sie in Bewegung	D Volksbanken Raiffeisenbanken	8 In motion	H Nokia

Aufgabe 4

Entwerfen Sie einen Slogan für EUROCARGO! Ein Slogan betont ebenso wie das Logo die Einmaligkeit des Unternehmens. Er wird zusammen mit dem Logo verwendet und soll die Firma im Gedächtnis verankern.

Situation 2: Erstellung eines Werbebriefes (Mailing)

EUROCARGO hat bereits Mailing-Aktionen durchgeführt. In der Werbeabteilung liegt folgende Information vor:

Bei einem Mailing (Werbebrief) hängt der **Erfolg der Aktion** zu 40 Prozent von der Auswahl der Zielgruppe und zu 40 Prozent von der Qualität der speditionellen Dienstleistung ab. Die restlichen 20 Prozent des Erfolges machen Text und Gestaltung aus.

Die **Rücklaufquote**, also die Anzahl der zurückkommenden Antwortschreiben, ist **gering**. Bei zwei durchgeführten Aktionen betrug bei 1800 Anschreiben die Rücklaufquote in der

      1. Aktion: 4 %, davon wurden 4 Kunden

      2. Aktion: 7 %, davon wurden 6 Kunden

Dennoch rechnen sich solche Aktionen, denn die **Kosten sind niedrig**:

      Adressen besorgen, Brief einmal erstellen, kuvertieren, frankieren

WERBEBRIEF

Regeln für die Gestaltung eines Werbebriefes

1. Der Briefteil

- Die persönliche Anrede in einem Werbebrief erhöht die Erfolgsquote bei dieser Art der Werbung.
- Der Leser sollte seinen Vorteil auf einer Briefseite in etwa zwei Sekunden überblicken!
- Zeigen Sie die größten Leservorteile in Bildern, in bildähnlichen Elementen oder in Headlines (Überschriften)!
- Ergänzen Sie jedes Bild und jede Headline mit einem Textblock!
- Welche Vorteile hat der Empfänger von Ihrem Angebot? Zeigen/Beschreiben Sie diese bildlich!
- Sagen Sie deutlich, was der Leser tun kann, wenn er mit der Leistung nicht zufrieden war!
- Zeigen Sie dem Leser, wie kompetent Sie in Ihrem Bereich sind!
- Maximal sechs bis sieben Zeilen pro Absatz!
- Unterstreichen Sie im Brief nur Vorteile für Ihre Leser!
- Formulieren Sie den Brief als Antwort auf unausgesprochene Leserfragen auf das Produkt!
- Die Headlines, Subheads (Textzeile unterhalb der Headline) und Bildunterschriften sollten auf einen Blick alle wesentlichen Vorteile herausstellen!
- In der zuerst beachteten Headline sollte der größte Vorteil für den Leser stehen. Verwenden Sie hier die kürzesten Wörter (durchschnittlich 1,5 Silben).
- Aktivieren Sie den Leser mit vielen persönlichen Fürwörtern!
- Schreiben Sie im Verbalstil! Texten Sie mit bildhaften, konkreten Worten statt mit allgemeinen und abstrakten Begriffen!

2. Das PS (Postscript)

- Das PS in einem Werbebrief wird häufig vor dem eigentlichen Brieftext gelesen. Wenn Sie den Leser hier fesseln, liest er den Brief!

3. Der Antwortteil – Die Antwortkarte

- Zeigen Sie dem Leser auf dem Reaktions-Mittel bildlich, was er abrufen soll!
- Gestalten Sie die Antwort als Bestellformular (Brief und Fax)!
- Nennen Sie den zuständigen Gesprächspartner!
- Versuchen Sie, den Leser möglichst schnell zu einer Antwort zu bewegen, z. B. durch eine Auslosung unter den ersten 100 Antworten!

Aufgabe 1

Sammeln Sie Werbebriefe. Analysieren Sie diese in Gruppenarbeit nach den genannten Kriterien für die Gestaltung von Werbebriefen. Besprechen Sie die Ergebnisse!

Aufgabe 2

Erstellen Sie einen Werbebrief, in dem Sie die Kunden über Ihr neues Produkt, den Kombi-Verkehr nach Italien, informieren! Verwenden Sie Ihr Logo und Ihren Slogan!

Aufgabe 3

Erfassen Sie die Adressdaten von fünf möglichen Kunden mit einem Datenbankprogramm und führen Sie anschließend die Datenbank mit dem Mailing-Schreiben zu einem Serienbrief zusammen. Der Serienbrief ist an eine individuelle Adresse gerichtet, der Kunde wird mit seinem Namen angesprochen.

Situation 3: Marketing-Mix und Präsentation

Aufgabe 1

Erarbeiten Sie einen Plan für ein Marketing-Mix zur Markteinführung des neuen Kombi-Verkehrs nach Italien. Der Plan soll folgende Details umfassen:

- Marketing-Konzeption/Marketing-Strategie
- Produktpolitik
- Kontrahierungspolitik
- Akquisitionspolitik
- Kommunikationspolitik
- Kontrolle

Aufgabe 2

Präsentieren Sie die Gesamtergebnisse (Logo, Slogan, Mailing, Marketing-Plan) anschaulich vor der Klasse!

Fallstudie 6.5: Marketing im Internet

Weltweit wird das World Wide Web bereits von vielen Menschen genutzt – Tendenz stark steigend. E-Commerce[10] verspricht hohe Gewinne. Auch EUROCARGO möchte das Internet erfolgreich für sich nutzen. Zur Einführung erhalten Sie von Ihrem Abteilungsleiter einige Tipps zum Umgang mit dem Internet.

Situation 1: Finden von Informationen

Um Informationen aus dem Internet zu bekommen, muss die Homepage[11] des Informationsanbieters aufgerufen werden. Dessen Internet-Adresse ist in den Browser[12] einzugeben. Ist die URL[13] aber nicht bekannt, so kann ein Internet-Suchdienst weiterhelfen.

Internet-Suchdienste	
Kataloge (= Verzeichnisse)	**Suchmaschinen**
Kataloge suchen in ihren (manuell) ausgewählten Verzeichnissen. Auf ihrer Homepage bieten sie bereits einen Überblick über das Informationsangebot.	Suchmaschinen durchforsten maschinell das World Wide Web nach den gewählten Suchbegriffen.

Schnell und gezielt kann durch die Eingabe von Suchbegriffen auf der Homepage der Suchdienste nach den gewünschten Informationen gesucht werden:

Aufgabe 1

Suchen Sie mithilfe der sechs unten genannten Suchdienste nach Informationen über den Hafen Hamburg. Notieren Sie, wie viele Informationsstellen jeweils gefunden worden sind.

Kataloge	Trefferanzahl	Suchmaschinen	Trefferanzahl
www.yahoo.de		www.altavista.de	
www.web.de		www.hotbot.com	
www.dino-online.de		www.google.com	

Aufgabe 2

Sie werden bei der Aufgabe 1 zum Teil sehr viele Treffer angezeigt bekommen haben. Es wäre zu zeitaufwändig, alle Fundstellen auszuwerten. Weniger Ergebnisse, aber dafür genauere, erzielt man durch die gleichzeitige Eingabe mehrerer Suchbegriffe, die alle im gesuchten Dokument enthalten sein sollen. Beispiel: **„Hamburg Hafen Logistik"**. Bei einigen Suchdiensten verbessert die Eingabe mit vorangestelltem Pluszeichen (= AND) die Ergebnisse. Testen Sie das Beispiel: **„+Hamburg +Hafen +Logistik"** in den verschiedenen Suchdiensten. Zwischen dem Suchbegriff und dem Plus-Zeichen muss sich eine Leerstelle befinden. Mehr zur Verbesserung der Suchergebnisse finden Sie beispielsweise unter www.google.de. Beachten Sie ferner: Unterschiedliche Ergebnisse liefert z. B. auch die Eingabe von „Hamburg Hafen" bzw. „Hamburg**er** Hafen".

Aufgabe 3

Versuchen Sie die Homepages der Cargoabteilungen von British Airways und von Hapag Lloyd durch Eingabe geeigneter Suchbegriffe zu finden! Notieren Sie den verwendeten Suchdienst, die benutzten Suchbegriffe und bei erfolgreicher Suche die zwei gefundenen URLs!

---

[10] Elektronischer Handel: Geschäfte unter Nutzung des Internets
[11] Erste Seite einer Website. Die „Website" ist das gesamte Informationsangebot einschließlich der Unterseiten.
[12] Software zum Lesen von Web-Dokumenten. Bekannte Browser sind der „Navigator" von Netscape und der „Internet Explorer" von Microsoft.
[13] URL: Uniform Resource Locator, die Fundstelle oder Adresse eines Dokuments im Internet

Situation 2: Nutzen und Gestalten einer Homepage

Aufgabe 1

Untersuchen Sie die Homepages von drei Speditionen hinsichtlich ihres Informationsgehalts! Die Speditionen können Sie selbst auswählen bzw. die URL mit einem Suchdienst suchen, wenn Ihnen die Adresse nicht bekannt ist.

Spedition mit URL	Produktinformationen (Lagerei, Logistik …)	Zusätzliche Leistungen (Nachrichten, Links …)	Kontakt- möglichkeit (Adresse, Telefon …)

Aufgabe 2

Überprüfen Sie den Internetauftritt und die Gestaltung der Homepages der drei Speditionen (vgl. die vorhergehende Aufgabe). Bedenken Sie, dass ein Surfer selbst entscheidet, was er sehen möchte. Ist eine Homepage schlecht gestaltet, so wird meist zum nächsten Angebot geklickt!

Beurteilungskriterien	Antwort	1. Spedition	2. Spedition	3. Spedition
Wie lange dauert es, die Homepage zu laden?	Sekunden Note (1-6)			
Gibt die Homepage einen guten Überblick über das Angebot?	Note (1-6)			
Ist der Informationsgehalt hoch?	Note (1-6)			
Ist die Navigation einfach?	Note (1-6)			
Werden Ansprechpartner und Adressen genannt?	Ja / nein			
Macht der Besuch der Website Spaß?	Note (1-6)			
Gesamturteil	Note (1-6)			

Wiederholungsaufgaben 6

1 Begründen Sie, warum der Kundenorientierung im Rahmen des Marketing ein so hoher Wert beigemessen wird!

2 Die Stufen des Marketing-Prozesses sind hier etwas durcheinander geraten. Bringen Sie diese wieder in die richtige Reihenfolge!

falsche Reihenfolge	richtiger Ablauf des Marketing-Prozesses
Marketing-Mix-Realisierung	
Entwicklung einer Strategie	
Festlegen der Marketingziele	
Kontrolle der Ergebnisse	
Marketing-Mix-Planung	
Situationsanalyse	

3 Sie sollen eine Portfolio-Analyse durchführen. Aus dem Rechnungswesen liegen Ihnen folgende Zahlen vor (Wertangaben in 1.000 €):

Dienstleistungen von EUROCARGO	Umsatz in 1.000 €		Spedi-tionskos-ten	Beschäf-tigte	Betriebs-kosten	Markt-wachs-tum in %	Gewinn
	Jahr 1	Jahr 2					
Sammelgut	308	309	200	10			
Ladungsverkehr	150	145	120	5			
Kühltransporte	150	230	200	4			
Kurierdienst	40	60	50	3			

Die Betriebskosten betragen 110.000 €. Sie werden den Abteilungen im Verhältnis der Beschäftigten zugerechnet.

Beurteilen Sie bei den verschiedenen Produkten das Marktwachstum und berechnen Sie den Gewinn! Kategorisieren Sie die Produkte (Sterne usw.) und entwerfen Sie jeweils eine mögliche Strategie!

4 Was versteht man unter Marktsegmentierung? Nennen Sie eine Spedition in Ihrer Region, die diese Strategie erfolgreich umgesetzt hat!

5 Welche vier grundsätzlichen Marketing-Strategien lassen sich hinsichtlich Beratungsintensität und Vollständigkeit des Dienstleistungsangebots unterscheiden?

6 Unterscheiden Sie zwischen Primär- und Sekundärforschung!

7 Nennen Sie je 4 interne und externe Datenquellen, die in der Sekundärforschung verwendet werden!

8 Welchen Vorteil bietet die Befragung einer repräsentativen Auswahl?

9 Worin unterscheiden sich Produktpolitik im engeren Sinne und Sortimentspolitik?

10 Bei welchen Speditionsdienstleistungen spielt der Preis eine entscheidende Rolle für die Kaufentscheidung?

11 Ordnen Sie die folgenden Kommunikations-Maßnahmen den Kommunikations-Instrumenten zu:

Kommunikations-Instrumente	Richtige Zuordnung	Kommunikations-Maßnahmen
Werbung		Eigene Homepage
		Einheitliche Kleidung der Fahrer
Sales Promotion		Fahrer in Firmenkleidung liefert in einem Kriminalfilm ein Paket aus
Persönlicher Verkauf		
		Fernseh-Spot
Public Relations		Flyer (Informationsblatt)
Corporate Identity		Kundenbesuch des Akquisiteurs
		Mailing (adressiertes Werbeschreiben)
Direktwerbung		Preisausschreiben
Sponsoring		Unterstützung des Fußball-Vereins
		Tag der offenen Tür
Internet-Werbung		Zeitschriften-Werbung

12 In der DVZ hat EUROCARGO eine Anzeige geschaltet, in der sie ihren neuen same-day-Verkehr bekannt macht. Was ist in diesem Beispiel der Werbeträger, das Werbemittel und die Werbebotschaft?

13 Um welchen Fragetyp handelt es sich? (Offene Frage, geschlossene Frage, Alternativ-Frage, Suggestiv-Frage)

Wie viele Tonnen haben Sie pro Jahr nach Frankreich zu befördern?	
Haben Sie diese Lieferungen regelmäßig?	
Soll die Sendung noch heute befördert werden oder reicht morgen?	
Stimmen Sie mir zu, dass der Preis meistens nicht über einen Auftrag entscheidet?	
Warum legen Sie so großen Wert auf die Einhaltung des Liefertermins?	

14 Kreuzworträtsel

Senkrecht: Schlüssel für einen dauerhaften Erfolg am Markt

Waagerecht:

1. Werbebrief
2. Vergleich mit Wettbewerbern
3. Informationsgewinnung über den Markt
4. Objekt des Marketings
5. Öffentlichkeitsarbeit
6. Modernes Marketing-Medium
7. Befragung
8. Klassische unpersönliche Kommunikationsform
9. Ergebnis erfolgreichen Marketings

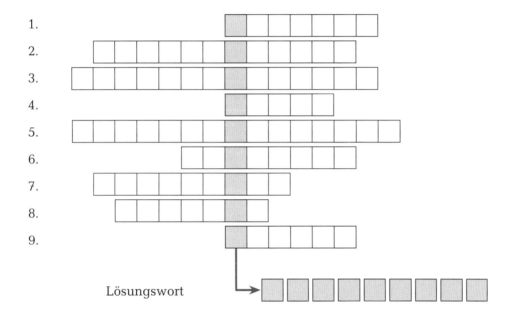

7   Logistik-Glossar und Internet-Adressen

7.1   Welche aktuellen Begriffe muss der Logistikdienstleister kennen?

Was bedeutet ...?

Administration to Administration	A2A	Elektronischer Daten- und Informationsaustausch zwischen Behörden/Verwaltungen.
Allgemeine Geschäftsbedingungen	AGB	Von einem Unternehmen formulierte Bedingungen für die mit ihnen abzuschließenden Verträge.
Application Service Provider	ASP	Ein DV-Anbieter stellt leistungsfähige Anwenderprogramme gegen Entgelt zur Nutzung zur Verfügung. Der LDL kauft die Software nicht, sondern muss nur die Zeit der Programmnutzung bezahlen.
Automated Guided vehicle	AGV	Fahrerlose, innerbetriebliche (z. B. im Seehafenterminal) Transportsysteme (FTS) mit eigenem Antrieb (Diesel- oder Elektromotor); das Fahrzeug wird automatisch gesteuert und zum Transport von Material/Behältern (Container) eingesetzt.
Available to Promise	ATP	ATP ist derjenige Anteil an verfügbaren Materialbeständen und Produktionskapazitäten, der nicht für bereits vorhandene Bestellungen (vgl. → Pull-Prinzip) eingeplant ist, sondern über den noch verfügt werden kann, z. B. bei der Annahme neuer Aufträge.
Balanced Scorecard	BSC	Ein Kennzahlensystem, mit dessen Hilfe ein Unternehmen aus unterschiedlichen Blickwinkeln (qualitativ und quantitativ) betrachtet und bei Bedarf gesteuert werden kann. Üblicherweise (in Amerika entwickelt) besteht eine BSC im Grundaufbau aus 4 Perspektiven: der Finanzwirtschafts-, der Kunden-, der Mitarbeiter- und der internen Prozessperspektive.
Barcode		Eine bestimmte Anordnung von Strichen (daher auch der Begriff Strichcode) oder kleinen Quadraten, mit deren Hilfe Ziffern, Buchstaben oder andere Zeichen verschlüsselt werden. Die Daten (Artikelnummer, Sendungsangaben, Adressen) werden mit einem → MDE-Gerät (Scanner) erfasst und vom DV-System verarbeitet.
Benchmark		Bezugsgröße, Bezugspunkt, Standard
Benchmarking		Das Messen der eigenen Unternehmung an Bezugsgrößen (Benchmarks), die meist aus besonders erfolgreichen Praxislösungen („Lernen von den Besten") entwickelt werden.
Benchmarking Center	BMC	Zusammenschluss von Unternehmen zum Erfahrungsaustausch, organisiert und moderiert von der Fraunhofer Arbeitsgruppe für Technologien der Logistikdienstleistungswirtschaft ATL in Nürnberg.
Break Bulk Point		Knotenpunkt in der Supply Chain. Dort werden zusammengefasste Sendungen/Sammelladungen in die Einzelsendungen aufgeteilt und diese an die Endempfänger weitertransportiert. Siehe → GVZ

Business to Business	B2B	Daten- und Informationsaustausch/Verträge von Unternehmen zu Unternehmen auf elektronischem Weg.
Business to Consumer	B2C	Daten- und Informationsaustausch/Verträge zwischen Unternehmen und Verbrauchern auf elektronischem Weg.
Business to Public Authorities/ Administration	B2A	Daten- und Informationsaustausch/Verträge zwischen Unternehmen und Behörden/ Verwaltungen auf elektronischem Weg
Category Management	CM	Warengruppen-Management. Hersteller und Händler behandeln zusammengehörige Warengruppen bei Planung, Produktion und Lieferung als Einheit, z. B. „Alles zum Grillen".
Change Management		Veränderungsmanagement; damit sind alle Maßnahmen und Aktivitäten in einem Unternehmen angesprochen, die umfassende und tiefgreifende Änderungen von Strategien, Abläufen und Systemen in einer Unternehmung/ einer Organisation herbeiführen sollen.
Convention relative au Contrat de transport international des marchandises par route	CMR	Übereinkommen über den Beförderungsvertrag im internationalen Straßengüterverkehr (CMR). Mit CMR wird auch der Internationale Frachtbrief für Beförderungen auf der Straße bezeichnet.
Collaborative Planning, Forecasting and Replenishment	CPFR	Erweiterung der Kooperationsstrategie → ECR. Im Mittelpunkt steht die Intensivierung der Zusammenarbeit v.a. zwischen Lieferern und Einzelhandel. Insbesondere die gemeinsame Bewertung der zukünftigen Entwicklung und die darauf gegründete Planung sollen weitere Verbesserungsmöglichkeiten eröffnen.
Completely Knocked Down	CKD	In der Automobillogistik werden – z. B. um Transportkosten und/oder Abgaben zu sparen – Neufahrzeuge vollständig zerlegt und verpackt in das „Produktionsland" transportiert und dort zusammengebaut. Eine weitere, häufig praktizierte Möglichkeit ist das Verfahren → SKD.
Consolidation Point	CP	Knotenpunkt in der Supply Chain. Dort werden Einzelsendungen zu gemeinsamen Sendungen/ Sammelladungen zusammengefasst.
Consumer to Consumer	C2C	Daten- und Informationsaustausch/Verträge zwischen Verbrauchern auf elektronischem Weg.
Continuous Improvement Process	CIP	System zur ständigen Verbesserung der Prozesse im Unternehmen durch Vorschläge von Mitarbeitern, meist kombiniert mit einem Anreizsystem, z.B. Prämien und andere Belohnungen (→ KVP).
Continuous Replenishment	CRP	Fortlaufende (kontinuierliche) Versorgung aller Glieder der logistischen Kette vom Hersteller bis zum Händler mit Gütern. Gesteuert und durchgeführt wird diese Versorgung (Nachschub) entsprechend der tatsächlichen Nachfrage bzw. der Bedarfsprognose (Vorhersage) unter Anwendung der Instrumente und Methoden von → ERP.

Council of Logistics Management	CLM	Amerikanischer Logistikverband. Der CLM hat eine umfassende, schon mehrmals aktualisierte Definition des Begriffs → Logistik veröffentlicht.
Council of Supply Chain Management Professionals	CSCMP	Der CLM wurde umbenannt und heißt jetzt CSCMP.
Cross Docking/Cross Docking-Center	CD/ CDC	Verfahren zur Rationalisierung von Transporten. Anstelle zahlreicher Direktfahrten zwischen mehreren → Quellen und → Senken werden die Transporte von den Quellen am CDC zusammengeführt. Vom CDC werden die angelieferten Güter sofort zu den Senken weiterbefördert.
Customer Relationship Management	CRM	System von kundenbezogenen Geschäftsprozessen zur besseren Betreuung/Information der Kunden. Im Mittelpunkt des CRM in der Logistik stehen vor allem die kundenorientierte Steuerung des Materialflusses und die damit verbundenen Informationen einschließlich Kundendienst und die systematische Marktbearbeitung auf der Grundlage umfangreicher datenbankbasierter Kundeninformationen. Ziel ist eine möglichst starke Kundenbindung.
Deutsches Institut für Normung – Europäische Norm	DIN EN ISO	Diese Organisation gibt Normvorschriften z.B. für Qualitätsmanagement (DIN EN ISO 9001: 2015) und Umweltmanagement (DIN EN ISO 14001:2015) heraus → ISO.
Duales System Deutschland	DSD	An der Duales System Deutschland GmbH sind Handel, Industrie und Entsorgungsunternehmen beteiligt. Die DSD-GmbH nimmt anstelle der rücknahmepflichtigen Hersteller und Verkäufer die gekennzeichneten Verpackungen zurück und verwertet diese Wertstoffe weiter. Dieses System ist auch als System „Grüner Punkt" bekannt.
E-Business		Auf digitaler Grundlage aufgebaute und abgewickelte Prozesse/Transaktionen, gestützt auf das Internet. Im Mittelpunkt stehen Marketing-Informationen (Unternehmenspräsentationen, Produktkataloge) und die Abwicklung von Kauf-/Verkaufsaktionen und spezieller Serviceleistungen.
E-Commerce		Auf digitaler Grundlage aufgebaute und abgewickelte Prozesse/Transaktionen (v.a. Kauf und Verkauf von Waren) zwischen Verbrauchern und Unternehmen, gestützt auf das Internet.
E-Customs		Bezeichnung für die bevorstehenden, bedeutenden Änderungen auf EU-Ebene im Zollbereich. Die aktuelle Modernisierung des Zollrechts bringt eine umfassende automatisierte Abwicklung der Zollverfahren mit sich.
Efficient Assortment	EA	Effiziente Sortimentsgestaltung – eine der vier Basisstrategien von → ECR. Vornehmlich im Bereich des Handels wird das Sortiment von Hersteller und Handel gemeinsam unter Nutzung umfassender Informationen über Kaufverhalten und Bedürfnisse der Kunden geplant. Es sollen

alle Aktivitäten optimal zum Nutzen aller Partner (win-win) gestaltet werden.

Efficient Consumer Response	ECR	Effiziente Antwort (Reaktion) auf Kundenwünsche bzw. Kundenanforderungen. Eine Kooperationsstrategie zwischen Industrie, Handel und den Logistikdienstleistern in einer Supply Chain mit dem Ziel, für alle Beteiligten einen Nutzen zu erreichen, den ein Partner alleine nicht verwirklichen könnte (Win-Win- oder Win-Win-Win-Situation). ECR umfasst die Basisstrategien ➜ EA, ➜ EPI, ➜ ERP und ➜ EP.
Efficient Product Introduction	EPI	Effiziente Entwicklung und Einführung neuer Produkte – eine der vier Basisistrategien von ➜ ECR. Vornehmlich im Bereich der Industrie sollen alle diese Aktivitäten optimal zum Nutzen aller Partner gestaltet werden.
Efficient Promotion	EP	Effiziente Verkaufsförderung – eine der vier Basisstrategien von ➜ ECR. Die Verkaufsförderung planen und gestalten die Partner gemeinsam mit dem Ziel, entsprechend der Verbraucherbedürfnisse den Service zu verbessern und – bei möglichst geringen Warenbeständen – doch stets lieferfähig (nie „out of stock") zu sein.
Efficient Replenishment	ERP	Effizienter Informations- und Güterfluss – eine der vier Basisstrategien von ➜ ECR. Vornehmlich im Bereich der Logistikdienstleister sollen alle logistischen Aktivitäten optimal zum Nutzen aller Partner gestaltet werden.
		Achtung: In der Praxis ist diese Abkürzung noch in anderer Bedeutung gebräuchlich: ERP = Enterprise Resource Planning – Software zur Planung und Steuerung des Materialflusses aus der Sicht der Produktion.
Efficient Unit Load	EUL	Effiziente, standardisierte Lade- und Transporteinheiten, z. B. Container und Euro-Paletten; Instrumente/Techniken der Basisstrategie ➜ ERP.
Electronic Data Interchange	EDI	Elektronischer Austausch von Daten zwischen den Partnern in der Supply Chain auf der Grundlage fest vereinbarter Datenformate (Standards), in zunehmendem Maße auch via Internet.
Electronic Data Interchange for Administration, Commerce and Transport	EDI-FACT	Standardisierte Informationen (weltweit angewandter Standard/UN-Standard) über Bestellungen/Lieferungen/Rechnungen, die v.a. in den genannten Branchen angewandt werden.
E-Procurement		Auf digitaler Grundlage aufgebaute und abgewickelte Prozesse/Transaktionen, überwiegend zwischen Unternehmen (v.a. Bestellen, Einkaufen), meist gestützt auf das Internet.
E-Purchasing		Operativer Einkauf auf elektronischem Weg (Internet, Intranet).
E-Sourcing		Strategischer Einkauf auf elektronischem Weg (Internet, Intranet).
E-Tendering		Elektronische Abwicklung von Verfahren zur Auftragsvergabe.

Fourth Party Logistics Provider	4PL	Ein Logistikdienstleister ohne eigene logistische Einrichtungen, der komplexe Supply Chains steuert und zur Durchführung der vielfältigen Logistikprozesse Speditionen, Frachtführer und weitere Logistikdienstleister einsetzt.
		<u>4PL sind in der Praxis kaum anzutreffen.</u>
		Gründe: V.a. die hohe Komplexität der Aufgabe und das große Risiko aufgrund der vielfältigen Abhängigkeit von den zahlreichen Beteiligten.
Global Positioning System	GPS	US-amerikanischer satellitengestützter Navigationsdienst (wird in Europa voraussichtlich durch das System Galileo ersetzt).
Güterverkehrszentrum	GVZ	Logistisches Zentrum, das von mehreren Unternehmen, oft auch unter Beteiligung der Städte und Gemeinden eingerichtet und betrieben wird.
		Im GVZ können mehrere Verkehrsträger (mindestens 2, z. B. Straßen- und Schienenverkehr) unter Einsatz von geeigneten Infrastrukturschnittstellen (Umschlagterminals, Verlade- und Umladeeinrichtungen) miteinander verknüpft werden.
Güterverteilzentrum	GVZ	Logistisches Zentrum (oft auch als Hub = Nabe, **Haupt**umschlags**b**asis bezeichnet), das von einem großen Logistikdienstleister oder einem Zusammenschluss von Dienstleistern (Kooperationen, Partnerschaften, Allianzen) eingerichtet und betrieben wird.
		Im GVZ werden die Fernverkehrstransporte/ Sammelladungen mit den Abholverkehren und den Transporten zur Feinverteilung verknüpft.
International Standardization Organisation	ISO	Internationale Organisation für Normung in Genf, ein Zusammenschluss von nationalen Normungsinstitutionen (z. B. → DIN).
Just in Sequenz	JIS	Beschaffungsstrategie, vor allem in der Automobillogistik. Lieferung zur vereinbarten Zeit und in der richtigen Reihenfolge (z.B. Autositze mit den bestellten Stoff- oder Lederbezügen, spezielle Felgen usw.).
Just in Time	JIT	Eine weit verbreitete Beschaffungsstrategie. Die Lieferung erfolgt genau zur vereinbarten Zeit (= Einsparung von Lagerkapazitäten).
Kanban		Dem Kanban-System liegt das → Pull-Prinzip (Hol-Prinzip) zu Grunde. Die verbrauchende Abteilung (→ Senke) holt bei der liefernden/produzierenden Abteilung (→ Quelle) ab, was zur Erledigung einer Bestellung notwendig ist. Dafür braucht die liefernde/produzierende Abteilung rechtzeitige Informationen, welche Teile in welcher Anzahl und zu welchem Zeitpunkt bereitstehen müssen. Diese Informationen wurden ursprünglich durch Karten (= jap. → Kanban) übermittelt, die zwischen den Abteilungen pendelten.

Kleinladungsträger	KLT	Genormte Behälter unterschiedlicher Größen, die sich ohne Platzverlust zusammenstellen/ stapeln lassen. Für den Platz sparenden Rücktransport können die KLTs meist zusammengeklappt werden.
Kontinuierlicher Verbesserungsprozess	KVP	System zur ständigen Verbesserung der Prozesse im Unternehmen durch Vorschläge von Mitarbeitern, meist kombiniert mit einem Anreizsystem, z. B. Prämien und andere Belohnungen (→ CIP).
Lead Logistics Provider	LLP	Der Lead Logistics Provider realisiert für seinen Auftraggeber komplexe Supply-Chain-Lösungen. Dabei erbringt er selbst einen Teil der logistischen Dienstleistungen, kauft aber zusätzlich in größerem Umfang weitere notwendige Dienstleistungen ein und bietet insgesamt mit dieser Kombination von eigenen und fremden Leistungen seinem Kunden die effektivste Logistikleistung.
Logistics Service Provider	LSP	Logistikdienstleister LDL
Logistik		Definition des → CSCMP: „Logistik ist der Prozess des effizienten, kosteneffektiven Lagerns und Fließens von Rohstoffen, Halb- und Fertigfabrikaten von der Quelle bis zur Senke einschließlich der dazugehörigen Informationen gemäß den Anforderungen des Kunden."
Logistik-AGB		Für Logistikverträge, speziell für Verträge in der Kontraktlogistik verfasste Allgemeine Geschäftsbedingungen
M-Commerce	MC	Mobile Commerce. Electronic Commerce mit mobilen Endgeräten.
Mobile Datenerfassung	MDE	Bei diesem Verfahren werden die im → Barcode verschlüsselten Daten mithilfe eines Scanners (Mobiles Datenerfassungsgerät) erfasst (eingelesen/gescannt), sofort (online) per Funk an die DV-Basisstation übertragen und dort weiterverarbeitet.
Mobiles Daten Terminal	MDT	Mithilfe des MDT werden die im → Barcode verschlüsselten Daten erfasst (eingelesen), aber erst nach Abschluss der Erfassung an die DV-Basisstation weitergeleitet (offline).
Original Equipment Manufacturer	OEM	So werden Hersteller bezeichnet, die ein Endprodukt aus den Komponenten anderer Hersteller zusammenbauen (z. B. Automobilhersteller).
Organization for Data Exchange by Tele Transmission in Europe	ODETTE	DV-Standard der europäischen Automobillogistik. ODETTE ist eine vereinfachte Untergruppe (Subset) des → EDIFACT-Standards; sie enthält nur die unbedingt branchennotwendigen Informationen.
Point of Sale	POS	Verkaufsstelle, z. B. die Kasse im Supermarkt
Publicly Available Specification	PAS	Öffentlich verfügbare Spezifikation; eine PAS beschreibt, ebenso wie eine Norm, bestimmte Anforderungen, hat jedoch noch nicht den Status einer verbindlichen Norm.

Pull-Prinzip (Hol-Prinzip)		Dieses Prinzip besagt, dass von der verbrauchenden Stelle erst dann Teile angefordert/abgeholt werden, wenn ein konkreter Auftrag eines Kunden vorliegt. s. auch → Kanban
Pure Car Carrier	PCC	Als Autotransporter konstruiertes Seeschiff, das je nach Autogröße auf ca. 13 Ebenen 5000 bis 6000 Pkws transportieren kann.
Push-Prinzip (Bring-Prinzip)		Dieses Prinzip besagt, dass von der liefernden/produzierenden Stelle Teile geliefert werden, wenn die Teile fertig gestellt sind. Die Teile werden dann so lange bereitgehalten (eingelagert), bis eine Kundenbestellung erfolgt.
Qualitätsmanagementsystem	QMS	System von Verfahren/Maßnahmen zur Steuerung, Sicherung und Verbesserung der Qualität im Unternehmen.
Quelle		Lieferer/liefernde Abteilung in der Logistikkette.
Radio Frequency Identification	RFID	Datenübertragung mithilfe von → Transpondern (transmit und response) per Funk.
Regelmäßig – saisonal – unregelmäßig	RSU	Regelmäßiger, saisonabhängiger, unregelmäßiger Bedarf (→ XYZ).
Roll Cage Sequencing	RCS	Technik/Instrument der Basisstrategie → ERP. Sendungen für einen Empfangspunkt oder einen Empfänger werden in Rollbehältern gesammelt, können bei Abholung schnell verladen und am Ziel schnell entladen werden. In der Regel wird der volle Rollbehälter gegen den inzwischen geleerten Behälter der letzten Lieferung getauscht, der evtl. Verpackungsmaterial und/oder andere zu entsorgende Güter enthält. Bei Paketdiensten/KEP-Dienstleistern werden die Rollbehälter stets befüllt im Pendelverkehr eingesetzt.
Semi Knocked Down	SKD	Verfahren der Automobillogistik. Baugruppen und vormontierte Teile für ein Fahrzeug werden kommissioniert, Raum sparend verpackt, kostengünstig in das Zielland transportiert und dort zusammengebaut. Eine weitere, häufig praktizierte Möglichkeit ist das Verfahren → CKD.
Senke		Verbraucher/verbrauchende Abteilung in der Logistikkette.
Stock Keeping Unit	SKU	Einheit eingelagerter Güter (z. B. Karton, Stück oder Palette).
Supply Chain Event Management	SCEM	Für einen logistischen Prozess wird im Voraus ein idealer Verlauf festgelegt. Der tatsächliche Ablauf wird ständig mit den Sollwerten des idealen Verlaufs (z. B. Durchlaufzeiten) verglichen. Bei Abweichungen werden Maßnahmen ergriffen, die für diesen Fall (= Event) ebenfalls bereits vorher von den Beteiligten gemeinsam festgelegt wurden.
Supply Chain Integration	SCI	Integration des eigenen Systems/der eigenen Systeme mit den IT-Systemen der Zulieferer.

Supply Chain Management	SCM	Planung, Gestaltung, Steuerung und Kontrolle der Logistik von der Beschaffung/Distribution der Rohstoffe bis zur Distribution der Fertigwaren an den Endverbraucher.
		Grundlage dafür sind Logistiknetzwerke, in denen meist eine Vielzahl von Logistikdienstleistern zusammenarbeitet. Im Idealfall erfolgt die Steuerung (das Supply Chain Management) jedoch durch nur einen (➜ LLP/➜ 4 PL) Logistikdienstleister.
Supply Net	SN	Verbindung/Verknüpfung mehrerer Supply Chains zu einem Netz.
Third Party Logistics Provider	3 PL	Dieser Dienstleister bietet eine umfangreiche Komplettleistung (Speditionsleistungen, Transporte und Nebenleistungen) aus einer Hand an. Nur wenn die eigenen Kapazitäten und Möglichkeiten (z. B. See- oder Lufttransport) nicht ausreichen, werden weitere Dienstleister eingesetzt.
Total Quality Management	TQM	Umfassendes System von Maßnahmen zur Sicherung einer möglichst hohen Qualität ➜ QMS.
Tracking and Tracing-System	TTS	Internetgestütztes System zur Feststellung, wo sich eine bestimmte Sendung auf dem Weg zum Empfänger gerade befindet ➜ Tag, ➜ RFID.
Transponder/Tag	Tag	Mobiler Datenspeicher (Chip) an Behältern und Gütern zur Steuerung und Kontrolle des Ablaufs in der Supply Chain.
Travelling Salesman Problem	TSP	Bezeichnung für ein IT-gestütztes Verfahren zur optimalen Planung einer einzelnen Tour.
TUL-Logistik	TUL	Transport, Umschlag, Lagerei.
		Grundlegende Aufgaben der Logistik, auch als „Logistik im engeren Sinne" bezeichnet.
Uniform Resource Locator	URL	Standardisierte Anzeige von Internetquellen (informiert über Zugriffsmethode und Ort im Internet).
Unit Load Devices	ULD	Standardisierte Ladungsträger/Container/Behälter.
		So wird auch ein Instrument mit dem dazugehörigen Verfahren der ➜ ECR-Basisstrategie ➜ ERP bezeichnet; gemeint ist der rationelle, standardisierte Umschlag.
Value Added Services	VAS	Logistische Zusatzleistungen (neben den Leistungen der ➜ TUL-Logistik) wie z. B. Preisauszeichnung, Umverpackung, Kommissionierung in Verkaufsdisplays einschließlich Auslieferung und Aufstellen der Displays usw.
Vehicel Scheduling Problem	VSP	Bezeichnung für ein IT-gestütztes Verfahren zur optimalen Tourenplanung für mehrere/eine Vielzahl von Touren.

Vendor Managed Inventory	VMI	Technik/Instrument der Basisstrategie → ERP. Der Lieferer ist online ständig über die Bestands- und Verkaufsdaten seines Kunden informiert und für die Höhe der Bestände im Lager und die Verfügbarkeit der Waren bei seinem Kunden verantwortlich.
Wireless Application Protocoll	WAP	Protokoll zur komprimierten Übertragung von Internet-Seiten auf Mobiltelefone, z. B. zur Information von Fahrern.
XYZ-Analyse	XYZ	siehe → RSU

7.2 Welche Internet-Adressen sind nützlich?

Die Adressen – eine kleine, beliebige Auswahl aus dem großen Angebot – eröffnen den Zugang zu Glossars und Erläuterungen logistischer Fachbegriffe (Stand: Januar 2016).

7.2.1 Logistikdienstleister/Speditionen, Reedereien, Airlines

Auf diesen Homepages finden Sie Übersichten (z.B. INCOTERMS 2010) und/oder Glossare, aber auch Spiele/Quizfragen, Apps.

http://www.kombiverkehr.de/web/Deutsch/Startseite/Wissen/Glossar/	Glossar
http://www.transportberater.portal-c.info/glossar.html	Glossar
http://www.rail.dbschenker.de/rail-deutschland-de/start/unternehmen/wissenswertes/glossar/2302456/t_u.html	Glossar
http://www.mumnet.com/publications20.html?&L=1	INCOTERMS (pdf)
http://www.oocl.com/eng/resourcecenter/shippinglossary/ Pages/default.aspx?CurrentPageNo=1	Umfangreiches Shipping Glossary
http://www.hapag-lloyd.de/de/fleet/hapag_lloyd_vessels.html	HAPAG Schiffsinformationen
http://www.hapag-lloyd.de/de/fleet/container_type_groups.html	HAPAG Container-Informationen
http://www.dachser.com/de/de/Magazine_323.htm	Online Game (s. Newsroom)
http://www.gw-world.com/de/logistics-expert.aspx	Logistics Expert App
http://www.streck-transport.com/streck_online/downloads/ sonstiges/glossar_spedition	Glossar
http://www.hellmann.de/de/ueber_hellmann/quiz_fun	Quiz and fun

7.2.2 See- und Flughäfen

Seehäfen

www.amsterdamports.nl	Hafen Amsterdam: FAQs, Views of the port
www.portofantwerp.be	Hafen Antwerpen: FAQs, Links
www.bremen-ports.de	Know how – Seefracht-Einmaleins
www.eurogate.de	Infos zum Terminalbetreiber
www.hafen-hamburg.de	Port inside, Interaktives Glossar
www.port-direct.de	Infos zum Seeverkehr (Dakosy)
www.portofrotterdam.com	Hafen Rotterdam
www.rppc.nl	Hafenvertretung Rotterdam, Links
www.flaggenserver.de	Flaggen aus aller Welt
www.vektor-flaggen.de	Flaggen aus aller Welt

Flughäfen

www.cargocity.de	Infos zum Flughafen Frankfurt – Cargo
www.fraport.de	Infos zum Flughafen Frankfurt

7.2.3 Zeitungen, Zeitschriften

www.dvz.de	aktuelle News der Branche, Archiv
www.logistik-inside.de	Umfangreiches Lexikon
www.verkehrsrundschau.de	Aktuelle Infos zur Branche
www.logistik-heute.de	Logistik-Links, Logistik-Lexikon (nur im Abonnentenbereich)

7.2.4 Verbände, Institutionen

Verbände

www.binnenschiff.de	Infos zur Binnenschifffahrt, Links, Downloads
www.marktplatz-transport.de	Infos, Links
www.reederverband.de	Infos zur Deutschen Seeschifffahrt, Links
www.spediteure.de	Informationsmarktplatz für Spediteure
http://dslv.org/de/site/221//sn221/page/dokucenter/index.xml	Broschüren – aktuelle Daten
http://www.iata.org/whatwedo/cargo/cargo2000/Pages/index.aspx	Informationen über Cargo 2000

Institutionen

www.warehouse-logistics.com	Veröffentlichungen, Glossar, Links
www.zoll.de	Zoll-Lexikon

7.2.5 IT-Anbieter (Auswahl)

www.transporeon.com/	TRANSPOREON ist eine webbasierte Logistikplattform, die Industrie- und Handelsunternehmen mit ihren bestehenden Logistikpartnern vernetzt.
www.ticontract.com/	TICONTRACT ist die führende, webbasierte Plattform für Logistik- und Frachtausschreibungen und das Management von Frachtraten, -verträgen und -kosten.
www.cargoclix.com/	Cargoclix Tender – Ausschreibung von langfristigen Transport- und Logistikkontrakten
	CargoMarkets – Logistikmarktplatz zur Vergabe von Transport- und Logistikaufträgen, kurz- und langfristig
	Cargoclix Spot – Logistikmarktplatz zur Vergabe von Transport- und Logistikaufträgen, kurz, tagesaktuell
	Cargoclix TimeSlot – Zeitfenstermanagement für die Optimierung Ihrer Abläufe an der Rampe.
www.timocom.de/	Plattform für europaweite Transport-Ausschreibungen
www.logintrans.de/	Börse für Transporte und Ladungen
www.cargonis.com/	Frachtausschreibungen ist für Frachtführer, Spediteure und Transportunternehmer
www.teleroute.de/	Online-Lösungen für den gesamten Frachtmanagementprozess

7.2.6 Sprachwörterbücher

www.chinalink.de	Wörterbuch, Schriftzeichen
www.logistik-woerterbuch.de	Interaktives Wörterbuch Deutsch-Englisch und Englisch-Deutsch Interaktives Lexikon
http://de.wiktionary.org	Wörterbuch – alle Sprachen

7.2.7 Sonstige Adressen, Lexika/Wörterbücher

www.edi-software.de	EDI, Glossar, FAQs
www.logistiklexikon.de	Logistiklexikon, Links
www.logistikwoerterbuch.or.at	Interaktives Logistikwörterbuch, Abkürzungen
www.still.de	Glossar
www.stratedi.de	Informationen, FAQ's, Success Stories
http://www.still.de/de_search. 0.0.html?&no_cache=1	Glossar
http://de.pons.eu/deutsch- englisch/Lufthansa+Cargo	Wörterbuch

natürlich auch

http://de.wikipedia.org/wiki/ Wikipedia:Hauptseite	Online-Lexikon

Geographie – Entfernungen

http://www.luftlinie.org/	Entfernungsrechner
http://www.laenderservice.de/ entfernungen.aspx	Lexas – Mediadateien und Länderinformationen, Entfernungsrechner

Sachwortverzeichnis